# 线性代数

## 第四版

主编 王长群 赵可琴

中国教育出版传媒集团
高等教育出版社·北京

内容提要

　　本书是一本颇具特色的线性代数教材,先从向量空间入手,将矩阵作为工具贯穿全书,论及线性代数的基本内容,并简要介绍抽象代数的基本概念,强调基础,侧重计算,由浅入深,便于教学。

　　本书内容包括:预备知识,向量代数、空间中直线与平面,行列式与克拉默法则,矩阵,线性方程组,特征值,二次型,线性空间,线性变换,抽象代数简介等。本书配备丰富的数字资源,包括知识拓展、知识点讲解和部分习题参考答案与提示,其中知识拓展是对各章基本内容的补充和深化,用以开拓学生的视野。

　　本书可作为高等学校理工科各专业线性代数课程的教材,也可作为学生的自学用书。

**图书在版编目（CIP）数据**

　　线性代数 / 王长群,赵可琴主编 . --4 版 .

北京 : 高等教育出版社,2024.8.　　--ISBN 978-7-04
-062480-9

　　I. O151.23

中国国家版本馆 CIP 数据核字第 2024JQ4852 号

Xianxing Daishu

| | | | | | | | |
|---|---|---|---|---|---|---|---|
| 策划编辑　朱　瑾 | | 责任编辑　朱　瑾 | | 封面设计　杨伟露 | | 版式设计　明　艳 | |
| 责任绘图　于　博 | | 责任校对　刘丽娴 | | 责任印制　刁　毅 | | | |

| | | |
|---|---|---|
| 出版发行　高等教育出版社 | 网　　址 | http://www.hep.edu.cn |
| 社　　址　北京市西城区德外大街 4 号 | | http://www.hep.com.cn |
| 邮政编码　100120 | 网上订购 | http://www.hepmall.com.cn |
| 印　　刷　北京市鑫霸印务有限公司 | | http://www.hepmall.com |
| 开　　本　787mm×1092mm　1/16 | | http://www.hepmall.cn |
| 印　　张　12.5 | 版　　次 | 2001 年 9 月第 1 版 |
| | | 2024 年 8 月第 4 版 |
| 字　　数　280 千字 | | |
| 购书热线　010-58581118 | 印　　次 | 2024 年 8 月第 1 次印刷 |
| 咨询电话　400-810-0598 | 定　　价 | 33.80 元 |

本书如有缺页、倒页、脱页等质量问题,请到所购图书销售部门联系调换

版权所有　侵权必究

物 料 号　62480-00

# 第四版前言

随着现代化信息技术的飞速发展，各种新形态教材问世。新形态教材能更好满足读者的学习需要。为了方便学生学习，提升教学质量，我们对第三版教材进行了修订。第四版增加了部分习题和例题，修订了第三版中的个别印刷错误，对第三版中矩阵的秩的内容的次序进行了少许的合理改动，使教材内容的逻辑性更强。另外，我们为教材中近 40 个知识点录制了教学视频，以二维码的形式在教材中展示出来，方便学生随时学习，充分体现以学生为中心的教育理念。

本次修订工作得到郑州大学数学与统计学院许多老师的鼓励和帮助，也得到河南省教育厅教改项目和郑州大学教改项目的大力支持，我们在此深表感谢。由于作者水平有限，书中难免有不足之处，敬请广大同仁及读者不吝赐教。

王长群　赵可琴

2024 年 4 月

# 第三版前言

线性代数是理工科各专业的公共基础课，对培养学生的抽象思维能力、逻辑推理能力、空间想象能力，以及通过数学建模解决实际问题的能力都起着至关重要的作用。第三版教材在继续强化代数与几何的有机联系的宗旨下，做了如下修订：

(1) 增加了知识拓展内容，开拓学生的视野。我们把第二版教材每章后的附录内容作为知识拓展穿插到正文中，并且增加了利用分块矩阵解决矩阵秩和求逆的问题、最小二乘法简介等内容，使教材内容与知识拓展的联系更加紧密，更方便学生学习。同时，把抽象代数简介一章作为数字资源放到网上，使教材更加简洁。以上内容可供学生课外自学，拓宽学生的知识面。

(2) 除了增加和修改每节后的部分习题外，每章后还增加了本章的复习题，帮助学生巩固相关知识点。这些习题大部分是综合性的，部分习题是针对教材内容的拓展和延伸，可以帮助学生更好地理解和把握这些知识点。由于这些习题具有一定难度，建议学生初学时可以暂时不做，等到课程学习完做总复习时再做。

本次修订工作得到了郑州大学教务处和数学与统计学院领导的大力支持，学院许多老师提出了宝贵的修订意见，并提供了热情的帮助，在此表示衷心的感谢。由于编者水平有限，书中难免有不足之处，恳请大家批评指正。

王长群

2020 年 4 月

# 第二版前言

线性代数是高等学校理工科各专业的一门重要的基础理论课。学生对该课程的掌握程度不仅直接影响到后续课程的学习，而且对以后的工作也会产生重要的影响。学生通过学习该课程，需力求做到理解线性代数的基本概念，掌握基本理论和方法，逐步提高自己的逻辑推理能力、抽象思维能力、运算能力和综合运用能力。

第二版教材是在原有教材的基础上，根据教育部最新的线性代数课程教学基本要求修订的。具体地讲，除了增添一些习题和例题外，还增加了复数的相关知识、线性方程组解的理论的应用、二次型理论在平面曲线及空间曲面的方程标准化方面的应用等内容，以增强代数与几何的密切联系，加深对线性代数基本内容的理解，开阔学生的视野。

本次修订工作得到了郑州大学教务处和数学系领导的大力支持，也得到了数学系许多老师的热情帮助。在此，我们深表谢意。由于作者水平有限，书中难免会有疏漏和不足之处，敬请读者与同仁不吝赐教。

王长群

2012 年 3 月

# 第一版前言

本书是为大学非数学类理工科各专业和文科部分专业编写的教材。主要内容如下: 第 1 章介绍了向量代数及向量在 3 维几何空间中直线、平面方程上的应用, 并且为下面的 $n$ 维向量空间 $P^n$ 中的讨论做了一些铺垫; 第 2、3、4、5、6 章是线性代数的基本内容, 分别讨论了行列式的计算、矩阵的运算、求解线性方程组以及 $n$ 维向量空间 $P^n$ 的性质、二次型、特征值理论。矩阵作为一个重要的研究对象和研究工具一直贯穿全书, 学生须熟练掌握, 尤其是对矩阵的三个标准形: 等价标准形、相似标准形和合同标准形; 第 7 章和第 8 章介绍了线性空间和线性变换, 这也是线性代数的基本研究对象, 通过对这两章的学习, 学生会对矩阵的相似有更深刻的理解; 最后第 9 章简要介绍了抽象代数中群、环、域的基本概念作为选学内容, 进一步开拓学生的视野。

讲授本书大约需要 60 多个学时 (不包括第 9 章)。如果学时不够, 教师可以根据情况适当取舍, 但是我们认为至少要学完前六章, 并且要了解线性空间和线性变换的基本概念。书中附录的内容可以让学生自己阅读, 本书最后有部分习题答案、提示, 供大家参考。我们强调指出, 学生在做习题时必须独立解答而不能先看答案, 这样才能达到巩固所学知识的目的。

在本书的编写过程中, 得到了郑州大学教务处和数学系领导的鼓励和支持, 也得到了数学系众多老师的帮助。在本书初稿试用的几年中, 许多教师都对其中的错误加以指正, 并提出了宝贵的修改意见。在此, 我们对他们的支持和帮助表示衷心的感谢。本书可能还会有错误和不足之处, 恳请各位专家和使用本书作为教材的教师们指正。

王长群

2001 年 8 月 20 日

# 目　录

# 第 0 章　预备知识

## §0.1　复数　数域

人们在认识自然界的过程中, 最先接触到的数是正整数. 随后, 人们又认识了零和负整数, 建立了整数系的概念. 整数系对于数的加法、减法、乘法都是封闭的, 即任意两个整数的和、差、积仍然是一个整数. 但是两个整数的商 (除数不为 0) 却未必是整数. 于是人们引入了分数, 建立了有理数系. 任意两个有理数的和、差、积、商 (除数不为 0) 仍然是一个有理数. 后来, 人们通过小数引入无理数的概念, 进而建立了实数系. 任意两个实数的和、差、积、商 (除数不为 0) 仍然是一个实数, 并且实数集与数轴上的点集一一对应. 实数集具有稠密性、连续性.

人们发现, 有些实系数多项式 (例如 $x^2+1$) 没有实数根. 人们希望寻找一个数系, 使该数系上的任意次数大于 0 的多项式都有根. 这就需要把实数系加以扩充.

**定义**　设 $a,b$ 为实数, 则称表达式 $z=a+b\mathrm{i}$ 为一个复数, 其中 $a,b$ 分别称为复数 $z$ 的实部、虚部, i 称为虚数单位, 它是方程 $x^2+1=0$ 的根.

设复数 $z=a+b\mathrm{i}, w=c+d\mathrm{i}$, 其中 $a,b,c,d\in\mathbf{R}$. 规定 $z$ 与 $w$ 相等当且仅当它们的实部、虚部分别对应相等, 即 $a=c$ 且 $b=d$.

设 $a,b,c,d$ 为实数, 复数 $z=a+b\mathrm{i}$ 和 $w=c+d\mathrm{i}$ 的和、差、积、商分别定义为

$$z\pm w=(a+b\mathrm{i})\pm(c+d\mathrm{i})=(a\pm c)+(b\pm d)\mathrm{i},$$
$$zw=(a+b\mathrm{i})(c+d\mathrm{i})=(ac-bd)+(bc+ad)\mathrm{i}.$$

如果 $c+d\mathrm{i}\neq0$, 即 $c^2+d^2\neq0$, 那么

$$\frac{z}{w}=\frac{a+b\mathrm{i}}{c+d\mathrm{i}}=\frac{(a+b\mathrm{i})(c-d\mathrm{i})}{(c+d\mathrm{i})(c-d\mathrm{i})}=\frac{(ac+bd)+(bc-ad)\mathrm{i}}{c^2+d^2}.$$

根据定义, 实数 $a$ 可看成复数 $a+0\mathrm{i}$, 并且, 如果 $a,b$ 为实数, 那么 $(a+0\mathrm{i})\pm(b+0\mathrm{i})=(a\pm b)+0\mathrm{i}, (a+0\mathrm{i})(b+0\mathrm{i})=ab+0\mathrm{i}, \dfrac{a+0\mathrm{i}}{b+0\mathrm{i}}=\dfrac{a}{b}+0\mathrm{i}\ (b\neq0)$.

我们把形如 $b\mathrm{i}$ ($b$ 为非零实数) 的复数叫纯虚数. 根据 $\mathrm{i}^2=-1$, 复数乘法的定义可以理解为

$$(a+b\mathrm{i})(c+d\mathrm{i})=ac+(bc+ad)\mathrm{i}+bd\mathrm{i}^2=(ac-bd)+(bc+ad)\mathrm{i}.$$

可以看出, 任意两个复数的和、差、积、商 (除数不为 0) 仍然是一个复数. 我们还可以引入共轭复数的概念. 称复数 $a-b\mathrm{i}$ 为复数 $a+b\mathrm{i}$ 的共轭复数, 其中 $a,b$ 为实数. 复数 $z$ 的共轭复数记为 $\overline{z}$.

读者可根据共轭复数的定义验证这些性质.

共轭复数具有如下性质: 设 $z,w$ 为复数, 则

(1) $\overline{\overline{z}}=z$;

(2) $\overline{(z\pm w)}=\overline{z}\pm\overline{w}$;

(3) $\overline{zw}=\overline{z}\ \overline{w}$;

(4) $\overline{\left(\dfrac{z}{w}\right)}=\dfrac{\overline{z}}{\overline{w}}(w\neq 0)$;

(5) $z$ 为实数当且仅当 $\overline{z}=z$, $z$ 为纯虚数当且仅当 $\overline{z}=-z$.

定义复数 $z=a+b\mathrm{i}$ $(a,b$ 为实数) 的模为 $|z|=\sqrt{a^2+b^2}$. 显然, $|z|^2=z\overline{z}$, $|\overline{z}|=|z|$. 容易证明, 复数的模还具有下列性质:

读者可根据复数模的定义验证这些性质.

(1) $|zw|=|z|\,|w|$;

(2) $\left|\dfrac{z}{w}\right|=\dfrac{|z|}{|w|}(w\neq 0)$;

(3) $|z|-|w|\leqslant|z+w|\leqslant|z|+|w|$.

设复数 $z=a+b\mathrm{i}$, $a,b$ 为实数. 在平面 $\mathbf{R}^2$ 上建立一个平面直角坐标系 $Oxy$, 分别把两个坐标轴 $x$ 轴、$y$ 轴叫实轴、虚轴, 用向量 $(a,b)$ 表示复数 $z=a+b\mathrm{i}$, 就得到了复平面, 如图 0.1 所示. 这样, 复数 $z$ 的实部、虚部分别为它对应向量的第一、第二个坐标, 复数 $z$ 的模就是这个向量的长度, 复数的加法可以按平行四边形法则进行. 我们用 $\mathrm{e}^{\mathrm{i}\theta}$ 表示 $\cos\theta+\mathrm{i}\sin\theta$, 它是一个与正实轴方向成 $\theta$ 角的单位向量, 那么任意一个非零复数总可以表示为 $z=|z|\,\mathrm{e}^{\mathrm{i}\theta}$, 其中 $\theta$ 为向量 $z$ 与正实轴方向所成的角 ($z$ 的辐角). 这样, 两个复数的乘法可以按如下方式理解: 如果 $z=|z|\,\mathrm{e}^{\mathrm{i}\theta}$, $w=|w|\,\mathrm{e}^{\mathrm{i}\varphi}$ 是两个非零复数, 根据三角函数公式不难得到

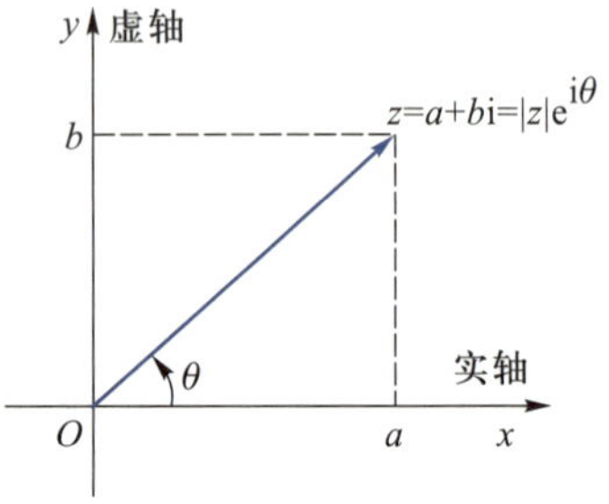

图 0.1

$$zw=|z|\,\mathrm{e}^{\mathrm{i}\theta}\,|w|\,\mathrm{e}^{\mathrm{i}\varphi}=(|z|\,|w|)\mathrm{e}^{\mathrm{i}(\theta+\varphi)},$$

$\sin(\theta+\varphi)=\sin\theta\cos\varphi+\cos\theta\sin\varphi$, $\cos(\theta+\varphi)=\cos\theta\cos\varphi-\sin\theta\sin\varphi$.

即, 乘积的模等于它们模的乘积, 乘积的辐角等于它们辐角的和. 特别地, 设 $z=|z|\,\mathrm{e}^{\mathrm{i}\theta}$ 为复数, $\theta$ 为辐角, $n$ 为正整数, 则 $z^n=|z|^n\,\mathrm{e}^{\mathrm{i}n\theta}$.

我们不加证明地给出代数学基本定理:

**代数学基本定理** 任意一个正次数的复系数多项式都至少有一个复数根.

**推论** 设 $f(x)$ 为一个正次数的复系数多项式, 则存在复数 $c_1,c_2,\cdots,c_n$ 使 $f(x)=k(x-c_1)(x-c_2)\cdots(x-c_n)$, 其中 $n$ 为 $f(x)$ 的次数, $k$ 为 $f(x)$ 表示式中 $x^n$ 的系数 (最高次项系数).

通常, 我们分别用 $\mathbf{N},\mathbf{Z},\mathbf{Q},\mathbf{R},\mathbf{C}$ 表示自然数集、整数集、有理数集、实数集、复数集.

设 $P$ 为复数集 $\mathbf{C}$ 的一个子集合, 如果对 $P$ 中任意两个数作某种运算, 其结果仍在 $P$ 中, 那么称 $P$ 对该运算**封闭**. 显然, 有理数集 $\mathbf{Q}$, 实数域 $\mathbf{R}$, 复数集 $\mathbf{C}$ 对加、减、乘、除 (除数不为 0) 都是封闭的; 整数集 $\mathbf{Z}$ 对加、减、乘运算封闭, 但对除 (除数不为 0) 却不封闭.

下面我们引入数域的概念.

设 $P$ 为复数集 $\mathbf{C}$ 的子集, 且 $0,1\in P$. 如果 $P$ 对加、减、乘、除 (除数不为 0) 都是封闭的, 那么称 $P$ 为一个**数域**.

整数集对除法不封闭, 无理数集对四则运算不封闭.

显然, 有理数集 $\mathbf{Q}$、实数集 $\mathbf{R}$、复数集 $\mathbf{C}$ 都是数域, 而整数集、无理数集则不构成数域. (为什么?)

**例 1** 证明 $\mathbf{Q}(\sqrt{2})=\{a+b\sqrt{2}\,|\,a,b\in\mathbf{Q}\}$ 是一个数域.

**证明** 因为 $1=1+0\cdot\sqrt{2}, 0=0+0\cdot\sqrt{2}$, 所以 $0,1\in\mathbf{Q}(\sqrt{2})$. 容易看出, $\mathbf{Q}(\sqrt{2})$ 对于加法、减法是封闭的.

设 $a,b,c,d\in\mathbf{Q}$, 则

$$\begin{aligned}&(a+b\sqrt{2})(c+d\sqrt{2})\\=&(ac+2bd)+(ad+bc)\sqrt{2}\in\mathbf{Q}(\sqrt{2}),\end{aligned}$$

所以 $\mathbf{Q}(\sqrt{2})$ 对于乘法是封闭的.

又设 $a+b\sqrt{2}\neq 0$, 则 $a-b\sqrt{2}\neq 0$(为什么?), 于是

$$\begin{aligned}\frac{c+d\sqrt{2}}{a+b\sqrt{2}}&=\frac{(c+d\sqrt{2})(a-b\sqrt{2})}{(a+b\sqrt{2})(a-b\sqrt{2})}\\&=\frac{ac-2bd}{a^2-2b^2}+\frac{ad-bc}{a^2-2b^2}\cdot\sqrt{2}\in\mathbf{Q}(\sqrt{2}).\end{aligned}$$

即 $\mathbf{Q}(\sqrt{2})$ 对于除法 (除数不等于 0) 也是封闭的, 所以它是一个数域. □

**定理** 任意一个数域 $P$ 都包含有理数域 $\mathbf{Q}$, 因此有理数域 $\mathbf{Q}$ 是最小的数域.

**证明** 设 $P$ 为任意数域, 则 $0,1\in P$. 因为 $P$ 对加法运算封闭, 所以有任意正整数 $n$, 有

$$n=\underbrace{1+1+\cdots+1}_{n\text{ 个}}\in P.$$

又因为 $P$ 对减法封闭, 所以 $-n=0-n\in P$. 因此 $P$ 包含整数集 $\mathbf{Z}$. 因为任意一个有理数 $a\in\mathbf{Q}$ 都可以写成 $\dfrac{m}{n}(m,n\in\mathbf{Z},n\neq 0)$ 的形式, 依数域 $P$ 对除法 (除数不为 0) 的封闭性可知 $a\in P$, 所以 $\mathbf{Q}\subseteq P$. □

## 习题 0.1

1. 计算:

(1) $(2+3\mathrm{i})(3-2\mathrm{i})$;　　(2) $(1+\mathrm{i})(3+2\mathrm{i})$;

(3) $(1+\mathrm{i})^n$ ($n$ 为正整数);　　(4) $\dfrac{3-2\mathrm{i}}{1+\mathrm{i}}-\dfrac{3+2\mathrm{i}}{1-\mathrm{i}}$.

2. 证明: (1) 设 $z=|z|\,\mathrm{e}^{\mathrm{i}\theta}$, $w=|w|\,\mathrm{e}^{\mathrm{i}\varphi}$, 其中 $\theta,\varphi$ 分别为 $z,w$ 的辐角, 则 $zw=|z|\,|w|\,\mathrm{e}^{\mathrm{i}(\theta+\varphi)}$, $\dfrac{z}{w}=\dfrac{|z|}{|w|}\mathrm{e}^{\mathrm{i}(\theta-\varphi)}$;

(2) 设 $z=|z|\,\mathrm{e}^{\mathrm{i}\theta}$, $\theta$ 为 $z$ 的辐角, 则对任意整数 $n$, 有 $z^n=|z|^n\,\mathrm{e}^{\mathrm{i}n\theta}$.

3. 讨论 $P_1$={全体奇数}, $P_2=\{n\pi|n\in\mathbf{Z}\}$, $P_3=\{n\mathrm{i}|n\in\mathbf{Z}$, i 为虚数单位$\}$, $P_4=\{a\mathrm{i}|a\in\mathbf{Q}$, i 为虚数单位$\}$ 是否构成数域? 为什么?

4. 证明: $\mathbf{Q}(\mathrm{i})=\{a+b\mathrm{i}|a,b\in\mathbf{Q}\}$ 构成一个数域.

5. 证明: 数域 $\mathbf{Q}(\mathrm{i})=\{a+b\mathrm{i}|a,b\in\mathbf{Q}\}$ 不包含除 $\mathbf{Q}$ 和 $\mathbf{Q}(\mathrm{i})$ 以外的其他数域.

(提示: 设 $P$ 为包含在 $\mathbf{Q}(\mathrm{i})$ 中的一个数域, $P\neq\mathbf{Q}$, 证明 $P=\mathbf{Q}(\mathrm{i})$.)

6. 证明: $\mathbf{Q}(\pi)=\left\{\dfrac{a_0+a_1\pi+\cdots+a_m\pi^m}{b_0+b_1\pi+\cdots+b_n\pi^n}\right|$ $m,n$ 为非负整数, $a_i,b_j\in\mathbf{Q}$, 且

$$\left.b_0,b_1,\cdots,b_n \text{ 不全为 } 0\right\}\text{ 是一个数域.}$$

## §0.2 二、三阶行列式

中学已经学过二元、三元线性方程组. 设

$$\begin{cases} a_{11}x_1+a_{12}x_2=b_1, \\ a_{21}x_1+a_{22}x_2=b_2. \end{cases}$$

当 $a_{11}a_{22}-a_{12}a_{21}\neq 0$ 时, 其一般解为

$$\begin{cases} x_1=\dfrac{b_1a_{22}-b_2a_{12}}{a_{11}a_{22}-a_{12}a_{21}}, \\ x_2=\dfrac{b_2a_{11}-b_1a_{21}}{a_{11}a_{22}-a_{12}a_{21}}. \end{cases}$$

引入符号 $D=\begin{vmatrix} a_{11} & a_{12} \\ a_{21} & a_{22} \end{vmatrix}=a_{11}a_{22}-a_{12}a_{21}$, 称为二阶行列式, 并令

$$D_1=\begin{vmatrix} b_1 & a_{12} \\ b_2 & a_{22} \end{vmatrix}=b_1a_{22}-b_2a_{12},\quad D_2=\begin{vmatrix} a_{11} & b_1 \\ a_{21} & b_2 \end{vmatrix}=a_{11}b_2-a_{21}b_1,$$

于是其解可表示为

$$x_1=\frac{D_1}{D},\quad x_2=\frac{D_2}{D}.$$

同样, 在解三元一次线性方程组

$$\begin{cases} a_{11}x_1+a_{12}x_2+a_{13}x_3=b_1, \\ a_{21}x_1+a_{22}x_2+a_{23}x_3=b_2, \\ a_{31}x_1+a_{32}x_2+a_{33}x_3=b_3 \end{cases}$$

中, 引入符号

$$\begin{aligned} D&=\begin{vmatrix} a_{11} & a_{12} & a_{13} \\ a_{21} & a_{22} & a_{23} \\ a_{31} & a_{32} & a_{33} \end{vmatrix} \\ &=a_{11}a_{22}a_{33}+a_{12}a_{23}a_{31}+a_{13}a_{21}a_{32}-a_{11}a_{23}a_{32}-a_{12}a_{21}a_{33}-a_{13}a_{22}a_{31}, \end{aligned}$$

称为三阶行列式, 并令

$$D_1=\begin{vmatrix} b_1 & a_{12} & a_{13} \\ b_2 & a_{22} & a_{23} \\ b_3 & a_{32} & a_{33} \end{vmatrix},\quad D_2=\begin{vmatrix} a_{11} & b_1 & a_{13} \\ a_{21} & b_2 & a_{23} \\ a_{31} & b_3 & a_{33} \end{vmatrix},\quad D_3=\begin{vmatrix} a_{11} & a_{12} & b_1 \\ a_{21} & a_{22} & b_2 \\ a_{31} & a_{32} & b_3 \end{vmatrix}.$$

当 $D\neq 0$ 时, 其解可表示为 $x_1=\dfrac{D_1}{D},x_2=\dfrac{D_2}{D},x_3=\dfrac{D_3}{D}$ (证明留作习题).

**例 1** 求解二元一次方程组

$$\begin{cases}2x_1-\ \ x_2=5,\\3x_1+2x_2=11.\end{cases}$$

**解** $D=\begin{vmatrix}2 & -1\\3 & 2\end{vmatrix}=4+3=7\neq 0,\quad D_1=\begin{vmatrix}5 & -1\\11 & 2\end{vmatrix}=10+11=21,$

$$D_2=\begin{vmatrix}2 & 5\\3 & 11\end{vmatrix}=22-15=7,$$

于是

$$x_1=\frac{D_1}{D}=\frac{21}{7}=3,\quad x_2=\frac{D_2}{D}=\frac{7}{7}=1.$$ □

**例 2** 求解三元一次方程组

$$\begin{cases}2x_1-\ \ x_2+3x_3=9,\\ \ \ x_1-2x_2-\ \ x_3=-6,\\4x_1+\ \ x_2+2x_3=12.\end{cases}$$

**解** $D=\begin{vmatrix}2 & -1 & 3\\1 & -2 & -1\\4 & 1 & 2\end{vmatrix}=27,\quad D_1=\begin{vmatrix}9 & -1 & 3\\-6 & -2 & -1\\12 & 1 & 2\end{vmatrix}=27,$

$$D_2=\begin{vmatrix}2 & 9 & 3\\1 & -6 & -1\\4 & 12 & 2\end{vmatrix}=54,\quad D_3=\begin{vmatrix}2 & -1 & 9\\1 & -2 & -6\\4 & 1 & 12\end{vmatrix}=81,$$

于是

$$x_1=\frac{D_1}{D}=\frac{27}{27}=1,$$
$$x_2=\frac{D_2}{D}=\frac{54}{27}=2,$$
$$x_3=\frac{D_3}{D}=\frac{81}{27}=3.$$ □

通过二元、三元线性方程组的求解公式可以看出: $x_i$ 是两个行列式的商 $\dfrac{D_i}{D}$, 其中 $D$ 是由方程组未知量的系数组成的行列式, $D_i$ 是把 $D$ 的第 $i$ 列换成常数列而得到的行列式. 在第 2 章中, 我们将把这个结论推广到一般 $n$ 元线性方程组——克拉默法则.

## 习题 0.2

1. 对于三元一次方程组, 当 $D\neq 0$ 时, 证明本节中的求解公式.

2. 证明

$$\begin{vmatrix} a_{11} & a_{12} & a_{13} \\ a_{21} & a_{22} & a_{23} \\ a_{31} & a_{32} & a_{33} \end{vmatrix} = a_{11}\begin{vmatrix} a_{22} & a_{23} \\ a_{32} & a_{33} \end{vmatrix} - a_{12}\begin{vmatrix} a_{21} & a_{23} \\ a_{31} & a_{33} \end{vmatrix} + a_{13}\begin{vmatrix} a_{21} & a_{22} \\ a_{31} & a_{32} \end{vmatrix}$$

$$= a_{11}\begin{vmatrix} a_{22} & a_{23} \\ a_{32} & a_{33} \end{vmatrix} - a_{21}\begin{vmatrix} a_{12} & a_{13} \\ a_{32} & a_{33} \end{vmatrix} + a_{31}\begin{vmatrix} a_{12} & a_{13} \\ a_{22} & a_{23} \end{vmatrix}.$$

3. 证明

$$\begin{vmatrix} a_{11} & a_{12} & a_{13} \\ a_{21} & a_{22} & a_{23} \\ a_{31} & a_{32} & a_{33} \end{vmatrix} = \begin{vmatrix} a_{11} & a_{21} & a_{31} \\ a_{12} & a_{22} & a_{32} \\ a_{13} & a_{23} & a_{33} \end{vmatrix}.$$

# 第 1 章　向量代数、空间中直线与平面

物理学、力学、工程学、经济学等学科以及数学本身都要用到向量的思想方法. 本章将介绍向量的基本概念及其代数运算, 并用向量来讨论空间中的平面与直线. §1.1—§1.5 是向量代数的基本内容, 包括了向量的概念及其代数运算; §1.6 和 §1.7 应用向量的方法去研究空间的平面与直线的方程.

## §1.1　空间直角坐标系

由高中平面解析几何知道, 建立平面直角坐标系后, 平面中的点 $P$ 可以与二元有序实数组 $(x, y)$ 建立一一对应. 于是我们可以用代数的方法去研究直线、曲线等平面几何问题. 类似地, 我们可以在空间中建立直角坐标系, 用同样的方法去研究空间中的平面、直线、曲面、曲线等问题.

在空间中任意取定一点 $O$, 过 $O$ 作三条两两互相垂直且取定方向的直线 $Ox$, $Oy$, $Oz$, 并取一个线段作为长度单位. 这样三条有向直线 $Ox$, $Oy$, $Oz$ 在取 $O$ 为坐标原点后都成为数轴 (即直线上点与全体实数成为一一对应). 用这样三条有公共原点 $O$ 的两两互相垂直的数轴 $Ox$, $Oy$, $Oz$ 就建立了一个空间直角坐标系 (图 1.1), 记作 $\{O; x, y, z\}$, 点 $O$ 称为坐标系的**原点**, $Ox$,$Oy$,$Oz$ 称为**坐标轴**, 依次称为**$x$ 轴、$y$ 轴、$z$ 轴**; 由两个坐标轴所决定的平面称为**坐标平面** (简称**坐标面**), 依次称为 $Oxy$ 平面,$Oyz$ 平面,$Ozx$ 平面. 如果 $Ox$,$Oy$,$Oz$ 的顺序符合**右手规则**, 即, 右手四指指向 $x$ 轴正向, 然后右手四指向 $y$ 轴正向转, 右手大拇指恰好指向 $z$ 轴正向, 那么称该坐标系为**右手系**; 否则称之为**左手系**. 习惯上, 我们建立的坐标系为右手系. 三个坐标平面将空间分成八部分, 这八个部分叫做**卦限**, 分别称为第 I, 第 II, 第 III, 第 IV, 第 V, 第 VI, 第 VII 及第 VIII 卦限.

设 $P$ 为空间中任意一点, 过 $P$ 点分别作平行于三个坐标面的平面, 分别交 $x$ 轴于 $A$ 点, 交 $y$ 轴于 $B$ 点, 交 $z$ 轴于 $C$ 点 (图 1.2). 如果 $A$,$B$,$C$ 在三个数轴上的坐标分别为 $x$,$y$,$z$, 那么称有序三元实数组 $(x$,$y$,$z)$ 为 $P$ 点的**坐标**.

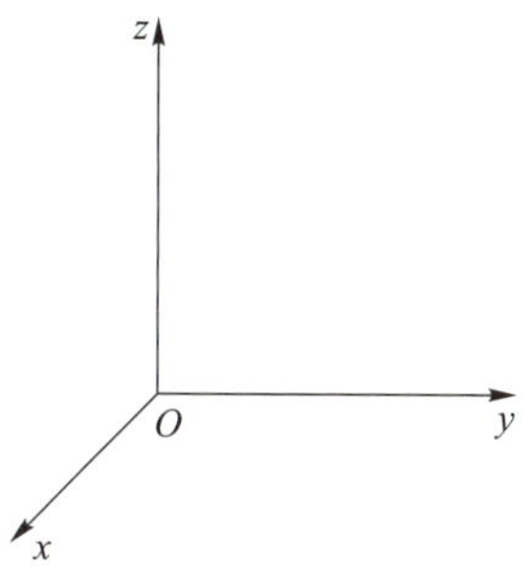

图 1.1

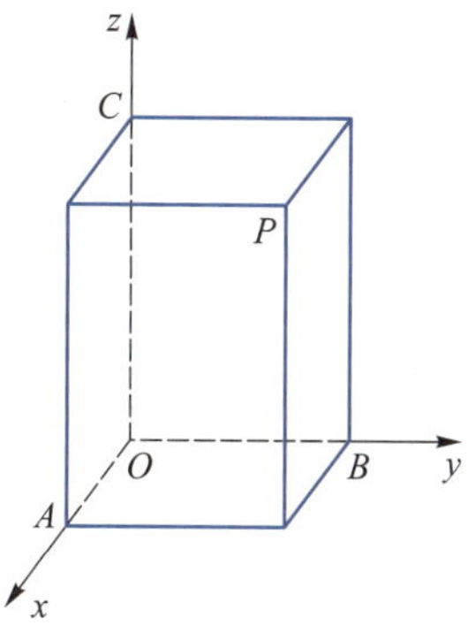

图 1.2

显见, 空间中全部点集合 $V_3$ 与全体有序三元实数组集合 $\mathbf{R}^3$ 有着一一对应关系. 即

$$P \xleftrightarrow{1-1} (x,y,z),$$

其中 $P \in V_3, (x,y,z) \in \mathbf{R}^3$. 我们可以把点 $P$ 写为 $P(x,y,z)$, 有时把三元实数组 $(x,y,z)$ 看成空间中以 $(x,y,z)$ 为坐标的点. 这样, 空间的八个卦限可以写成

$$\begin{aligned}
&\text{第 I 卦限 } \{(x,y,z)|x>0,y>0,z>0\},\\
&\text{第 II 卦限 } \{(x,y,z)|x<0,y>0,z>0\},\\
&\text{第 III 卦限 } \{(x,y,z)|x<0,y<0,z>0\},\\
&\text{第 IV 卦限 } \{(x,y,z)|x>0,y<0,z>0\},\\
&\text{第 V 卦限 } \{(x,y,z)|x>0,y>0,z<0\},\\
&\text{第 VI 卦限 } \{(x,y,z)|x<0,y>0,z<0\},\\
&\text{第 VII 卦限 } \{(x,y,z)|x<0,y<0,z<0\},\\
&\text{第 VIII 卦限 } \{(x,y,z)|x>0,y<0,z<0\}.
\end{aligned}$$

下面研究空间中两点的距离.

设 $P_1(x_1,y_1,z_1)$, $P_2(x_2,y_2,z_2)$ 为空间中任意两点. 过 $P_1,P_2$ 分别作平行于三个坐标面的平面, 这六个平面围成一个长方体 (图 1.3), 而 $P_1P_2$ 恰好是该长方体的对角线. 于是有

$$\begin{aligned}
|P_1P_2|^2 &= |P_1M_1|^2 + |M_1M_2|^2 + |M_2P_2|^2\\
&= (y_2-y_1)^2 + (x_2-x_1)^2 + (z_2-z_1)^2,
\end{aligned}$$

故有

$$|P_1P_2| = \sqrt{(x_2-x_1)^2+(y_2-y_1)^2+(z_2-z_1)^2}.$$

**例 1** 求 $P(-1,2,3)$ 到 $z$ 轴的距离.

**解** 过 $P$ 作直线 $PM \perp z$ 轴, 交 $z$ 轴于 $M(0,0,3)$ (图 1.4), 则点 $P$ 到 $z$ 轴的距离为

$$|PM| = \sqrt{(-1-0)^2+(2-0)^2+(3-3)^2} = \sqrt{5}.$$

□

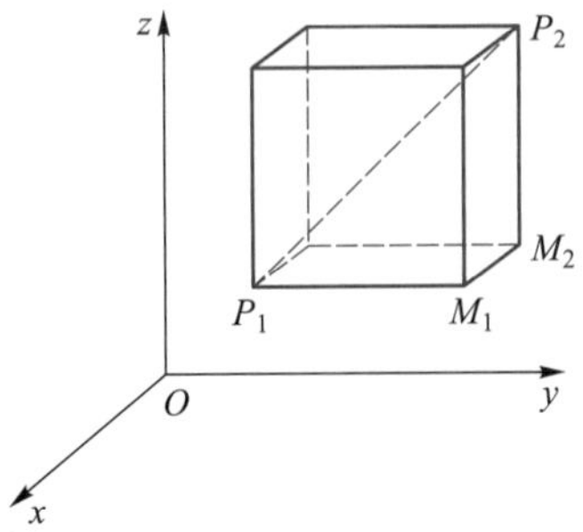


图 1.3

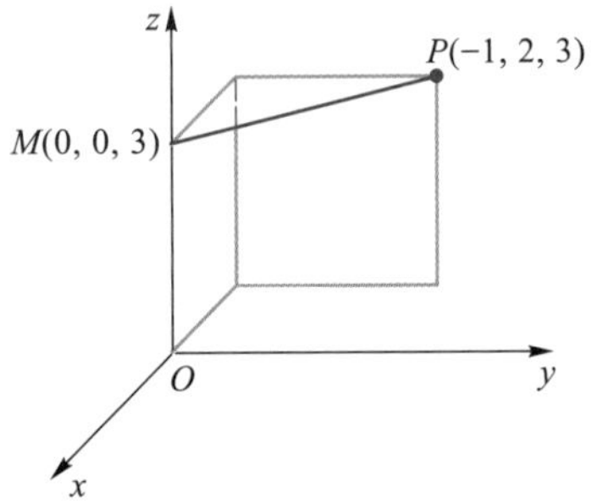


图 1.4

### 习题 1.1

1. 在空间直角坐标系下, 作具有下列坐标的点:
$A_1(1,2,3)$, $A_2(-1,-2,-3)$, $A_3(-1,2,3)$, $A_4(1,-2,3)$,
$A_5(1,2,-3)$, $A_6(1,-2,-3)$, $A_7(-1,-2,3)$, $A_8(-1,2,-3)$.
2. 求点 $A(4,-3,5)$ 与原点间的距离, 并求 $A$ 到各坐标轴的距离.

## §1.2 向量的概念

生活中常见的量有两种. 一种量只有大小, 如长度、面积、温度、时间、功等, 可以用一个实数来表示, 这样的量称为**数量** (或**标量**). 另一种量既有大小又有方向, 如速度、加速度、位移、力等, 这样的量称为**向量** (或**矢量**).

向量通常用一个带箭头的有向线段来表示 (图 1.5), 箭头所指的方向称为向量的方向, 线段 $AB$ 的长度称为向量的长度 (或大小或模), 称 $A$ 为向量的**起点**, $B$ 为向量的**终点**, 记为 $\boldsymbol{a}$ 或 $\overrightarrow{AB}$. 向量 $\overrightarrow{AB}$ 的长度记为 $|\overrightarrow{AB}|$. 若 $|\overrightarrow{AB}|=1$, 则称 $\overrightarrow{AB}$ 为**单位向量** (**幺矢**). 长度为 0 的向量叫**零向量**, 记为 $\mathbf{0}$. 需要注意, 零向量且仅有零向量的方向不定.

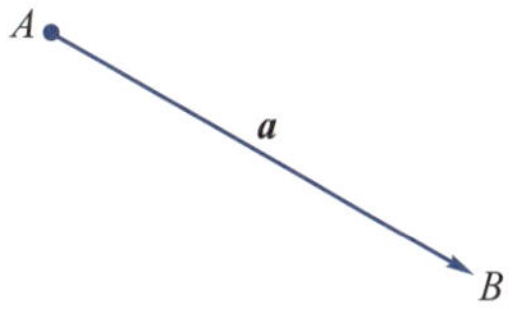

图 1.5

设 $\boldsymbol{a}$ 为向量, 与 $\boldsymbol{a}$ 长度相同而方向相反的向量称为 $\boldsymbol{a}$ 的**负向量** (或**相反向量**), 记作 $-\boldsymbol{a}$.

设 $\boldsymbol{a},\boldsymbol{b}$ 为两个向量, 若它们长度相等且方向相同, 则称 $\boldsymbol{a}$ 和 $\boldsymbol{b}$ **相等**, 记 $\boldsymbol{a}=\boldsymbol{b}$. 因此我们这里所定义的向量相等与向量的起点、终点无关, 也就是说, 向量是可以平行移动的. 在这种意义下, 向量又称为**自由向量**. 本书中的向量都是指自由向量. 在研究一组向量之间的关系时, 我们可以把它们都平行移动到同一个起点上. 这时如果它们是共线 (或共面) 的, 那么称这组向量是**共线** (**或共面**) 的. 共线向量又称为**平行向量**. 若 $\boldsymbol{a},\boldsymbol{b}$ 为平行向量, 则可记为 $\boldsymbol{a}//\boldsymbol{b}$. 特别地, 规定零向量与任意向量都平行.

### 习题 1.2

1. 在平行四边形 $ABCD$ 中, 向量 $\overrightarrow{AB},\overrightarrow{BC},\overrightarrow{CD},\overrightarrow{BA},\overrightarrow{DA},\overrightarrow{CB},\overrightarrow{DC},\overrightarrow{AD}$ 中, 哪些是相等的向量? 哪些是相反的向量? 哪些是共面向量? 哪些是共线向量?

2. 以单位圆的圆心为始点, 以单位圆上点为终点的所有向量是否都相等, 为什么?

3. 在空间中, 任意一个三角形各边所构成的向量都是共面向量, 但一个空间四边形的各边所构成的向量不一定是共面向量, 为什么?

4. 两个平行平面上的所有向量都共面, 对吗? 为什么?

# §1.3　向量的线性运算

所谓向量的线性运算是向量的加法、减法和数乘运算的统称.

## 一、向量的加法、减法

首先看一个例子. 质点 $P$ 从点 $A$ 移动到点 $B$, 再从点 $B$ 移动到点 $C$, 其结果就是从点 $A$ 移动到点 $C$. 这就是说, 质点 $P$ 先位移 $\overrightarrow{AB}$, 再位移 $\overrightarrow{BC}$, 其结果就是位移 $\overrightarrow{AC}$. 我们称 $\overrightarrow{AC}$ 为 $\overrightarrow{AB}$ 与 $\overrightarrow{BC}$ 之和.

一般地, 已知向量 $\boldsymbol{a},\boldsymbol{b}$ (图 1.6), 任取一点 $A$ 作 $\overrightarrow{AB}=\boldsymbol{a}$, 再作 $\overrightarrow{BC}=\boldsymbol{b}$, 并连接 $A,C$, 得到一个新向量 $\overrightarrow{AC}$, $\overrightarrow{AC}$ 称为 $\boldsymbol{a}$ 与 $\boldsymbol{b}$ 之和, 记作 $\overrightarrow{AC}=\boldsymbol{a}+\boldsymbol{b}$.

这种首尾相连求向量和的方法称为向量的三角形法则. 由图 1.7 不难看出, 中学力学里对力的合成 (加法) 所用的平行四边形法则与现在规定的三角形法则是一致的, 即以 $A$ 为始点作 $\overrightarrow{AB}=\boldsymbol{a}$, 再作 $\overrightarrow{AC}=\boldsymbol{b}$, 则以 $\boldsymbol{a},\boldsymbol{b}$ 为边的平行四边形 $ABCD$ 的对角线向量 $\overrightarrow{AD}$ 就是 $\boldsymbol{a}$ 与 $\boldsymbol{b}$ 的和.

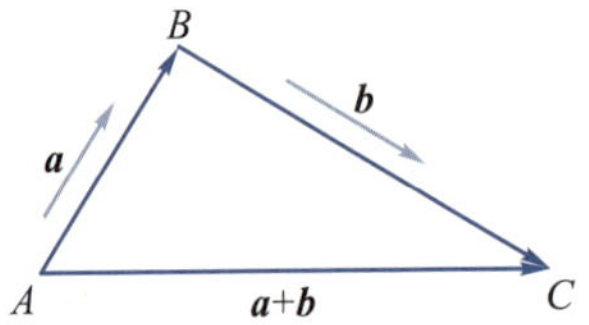


图 1.6

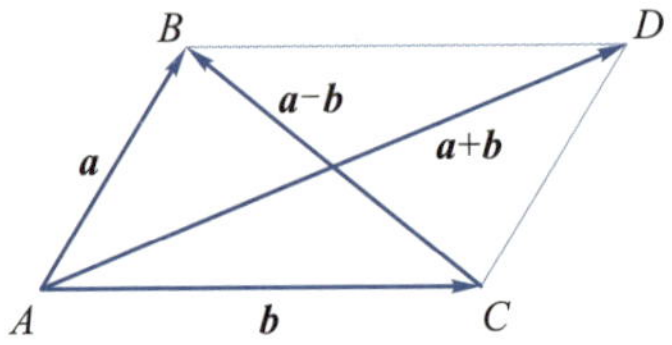


图 1.7

可以验证向量的加法有如下性质:

(1) (交换律) $\boldsymbol{a}+\boldsymbol{b}=\boldsymbol{b}+\boldsymbol{a}$;

(2) (结合律) $(\boldsymbol{a}+\boldsymbol{b})+\boldsymbol{c}=\boldsymbol{a}+(\boldsymbol{b}+\boldsymbol{c})$;

(3) $\boldsymbol{a}+\boldsymbol{0}=\boldsymbol{a}$;

(4) $\boldsymbol{a}+(-\boldsymbol{a})=\boldsymbol{0}$,

其中 $\boldsymbol{a},\boldsymbol{b},\boldsymbol{c}$ 为任意向量.

利用向量的加法运算, 我们可以规定向量的减法运算如下:

$$\boldsymbol{a}-\boldsymbol{b}=\boldsymbol{a}+(-\boldsymbol{b}).$$

从图 1.7 可以看出, $\boldsymbol{a}-\boldsymbol{b}$ 恰好是平行四边形的另一条对角线向量 $\overrightarrow{CB}$. 不难看出向量的减法运算是向量加法的逆运算, 即

$$(\boldsymbol{a}+\boldsymbol{b})-\boldsymbol{b}=(\boldsymbol{a}-\boldsymbol{b})+\boldsymbol{b}=\boldsymbol{a}.$$

## 二、向量的数量乘法

一般地, 两个非零共线向量的长度可以不同, 其方向相同或者相反, 它们的长度相差一个正倍数. 如果规定用这个倍数的正负来协调它们的方向, 可以通过向量的数量乘法直接建立这两个共线向量之间的关系, 通过实数的正负性来确定这两个共线向量到底是同向还是反向. 为此我们引入实数与向量的乘法.

设 $\boldsymbol{a}$ 是一个向量, $\lambda$ 为一个实数, 规定 $\lambda\boldsymbol{a}$ (或 $\boldsymbol{a}\lambda$) 是这样一个向量, $\lambda\boldsymbol{a}$ 的长度 $|\lambda\boldsymbol{a}|=|\lambda|\cdot|\boldsymbol{a}|$, 当 $\lambda>0$ 时, $\lambda\boldsymbol{a}$ 与 $\boldsymbol{a}$ 同向; 当 $\lambda<0$ 时, $\lambda\boldsymbol{a}$ 与 $\boldsymbol{a}$ 反向. 称 $\lambda\boldsymbol{a}$ 为实数 $\lambda$ 与向量 $\boldsymbol{a}$ 的**乘积**, 又称**数乘向量**. 这样, 我们在实数与向量之间建立了一种运算, 称之为向量的**数乘运算**或向量的**数量乘法**.

可以证明 (留作习题): $\lambda\boldsymbol{a}=\boldsymbol{0}$ 当且仅当 $\lambda=0$ 或 $\boldsymbol{a}=\boldsymbol{0}$; $(-1)\boldsymbol{a}=-\boldsymbol{a}$; 两个向量 $\boldsymbol{a},\boldsymbol{b}$ 平行的充要条件是其中一个向量是另一个向量的倍数.

向量的数量乘法还具有如下性质:

(5) $1\boldsymbol{a}=\boldsymbol{a}$;

(6) $\lambda(\mu\boldsymbol{a})=(\lambda\mu)\boldsymbol{a}$;

这里的 (6) 表明向量的数量乘法与实数之间的乘法具有相容性. 向量的加法与数量乘法之间还有如下相容性:

(7) $\lambda(\boldsymbol{a}+\boldsymbol{b})=\lambda\boldsymbol{a}+\lambda\boldsymbol{b}$;

(8) $(\lambda+\mu)\boldsymbol{a}=\lambda\boldsymbol{a}+\mu\boldsymbol{a}$.

**例 1** 设 $\boldsymbol{a}\neq\boldsymbol{0}$, 则 $\dfrac{1}{|\boldsymbol{a}|}\boldsymbol{a}$ 是唯一与 $\boldsymbol{a}$ 同方向的单位向量. 记 $\boldsymbol{a}_0=\dfrac{1}{|\boldsymbol{a}|}\boldsymbol{a}$, 则 $\boldsymbol{a}=|\boldsymbol{a}|\boldsymbol{a}_0$. 因此任意一个非零向量 $\boldsymbol{a}$ 都可以写成其长度和与 $\boldsymbol{a}$ 同方向的单位向量的乘积. □

* **例 2** 证明平行四边形的两条对角线互相平分.

**证明** 如图 1.8, 设平行四边形 $ABCD$ 两条对角线 $AC,BD$ 交于 $O$. 由于 $\overrightarrow{AO}$ 与 $\overrightarrow{AC}$ 共线, $\overrightarrow{BO}$ 与 $\overrightarrow{BD}$ 共线, 我们可设 $\overrightarrow{AO}=k\overrightarrow{AC}$, $\overrightarrow{BO}=l\overrightarrow{BD}$, 其中 $k,l$ 为实数.

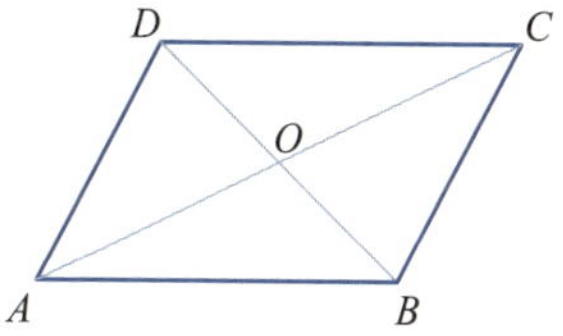

图 1.8

显然 $\overrightarrow{AC}=\overrightarrow{AB}+\overrightarrow{AD}$, $\overrightarrow{BD}=\overrightarrow{AD}-\overrightarrow{AB}$, 所以 $\overrightarrow{AO}=k(\overrightarrow{AB}+\overrightarrow{AD})$, $\overrightarrow{BO}=l(\overrightarrow{AD}-\overrightarrow{AB})$. 又 $\overrightarrow{AB}=\overrightarrow{AO}-\overrightarrow{BO}$, 故

$$\overrightarrow{AB}=k(\overrightarrow{AB}+\overrightarrow{AD})-l(\overrightarrow{AD}-\overrightarrow{AB}),$$

即

$$(1-k-l)\overrightarrow{AB}=(k-l)\overrightarrow{AD}.$$

因为 $\overrightarrow{AB},\overrightarrow{AD}$ 为不共线非零向量, 所以有

$$\begin{cases}1-k-l=0,\\ \quad\ \ k-l=0.\end{cases}$$

故 $k=l=\dfrac{1}{2}$. 所以平行四边形的两条对角线互相平分. □

## 习题 1.3

1. 设 $\lambda$ 为实数, $\boldsymbol{a}$ 为向量, 证明:

(1) $\lambda\boldsymbol{a}=\boldsymbol{0}$ 当且仅当 $\lambda=0$ 或 $\boldsymbol{a}=\boldsymbol{0}$;

(2) $(-1)\boldsymbol{a}=-\boldsymbol{a}$;

(3) 两个向量 $\boldsymbol{a},\boldsymbol{b}$ 平行的充要条件是其中一个向量是另一个向量的倍数;

(4) 三个向量 $\boldsymbol{a},\boldsymbol{b},\boldsymbol{c}$ 共面的充要条件是存在实数 $k,l$, 使 $\boldsymbol{a}=k\boldsymbol{b}+l\boldsymbol{c}$ 或 $\boldsymbol{b}=k\boldsymbol{a}+l\boldsymbol{c}$ 或 $\boldsymbol{c}=k\boldsymbol{a}+l\boldsymbol{b}$.

2. 设 $AD,BE,CF$ 是 $\triangle ABC$ 的三条中线 (图 1.9), 证明:

$$\overrightarrow{AD}+\overrightarrow{BE}+\overrightarrow{CF}=\mathbf{0}.$$

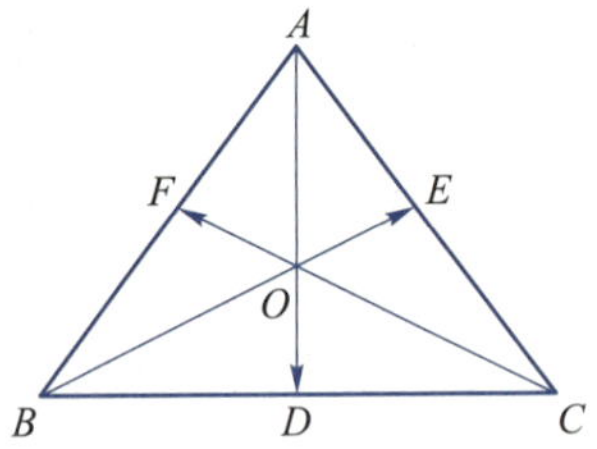

图 1.9

3. 设 $\boldsymbol{a},\boldsymbol{b}$ 为向量, 证明:

$$||\boldsymbol{a}|-|\boldsymbol{b}||\leqslant|\boldsymbol{a}+\boldsymbol{b}|\leqslant|\boldsymbol{a}|+|\boldsymbol{b}|.$$

## §1.4 向量的数量积、向量积、混合积

本节引入向量的乘积运算: 数量积、向量积、混合积. 它们在几何学、力学、工程学中都有广泛的应用.

### 一、数量积

在中学物理中, 力 $\boldsymbol{f}$ 作用在质点上, 产生位移 $\boldsymbol{s}$, 则力 $\boldsymbol{f}$ 所做的功为 $W=|\boldsymbol{f}|\cdot|\boldsymbol{s}|\cos\langle\boldsymbol{f},\boldsymbol{s}\rangle$, 其中 $\langle\boldsymbol{f},\boldsymbol{s}\rangle$ 为两向量 $\boldsymbol{f},\boldsymbol{s}$ 的夹角. 实际上, $W$ 就是 $\boldsymbol{f}$ 在 $\boldsymbol{s}$ 上的投影 $|\boldsymbol{f}|\cos\langle\boldsymbol{f},\boldsymbol{s}\rangle$ 与 $|\boldsymbol{s}|$ 的乘积. 下面我们引入两个向量的数量积的概念.

**定义 1.1** 设 $\boldsymbol{a},\boldsymbol{b}$ 为向量, 称数量 $|\boldsymbol{a}||\boldsymbol{b}|\cos\langle\boldsymbol{a},\boldsymbol{b}\rangle$ 为 $\boldsymbol{a}$ 与 $\boldsymbol{b}$ 的**数量积** (或**内积**), 其中 $\langle\boldsymbol{a},\boldsymbol{b}\rangle$ 表示 $\boldsymbol{a}$ 与 $\boldsymbol{b}$ 的**夹角** $(0\leqslant\langle\boldsymbol{a},\boldsymbol{b}\rangle\leqslant\pi)$. $\boldsymbol{a}$ 与 $\boldsymbol{b}$ 的数量积记为 $\boldsymbol{a}\cdot\boldsymbol{b}$, 即

$$\boldsymbol{a}\cdot\boldsymbol{b}=|\boldsymbol{a}||\boldsymbol{b}|\cos\langle\boldsymbol{a},\boldsymbol{b}\rangle.$$

显然, $\boldsymbol{a}\cdot\boldsymbol{b}=0$ 当且仅当 $\boldsymbol{a}$ 与 $\boldsymbol{b}$ 中至少一个为零向量或 $\langle\boldsymbol{a},\boldsymbol{b}\rangle=\dfrac{\pi}{2}$.

两向量 $\boldsymbol{a},\boldsymbol{b}$ 的内积 $\boldsymbol{a}\cdot\boldsymbol{b}$ 的几何意义是: 向量 $\boldsymbol{a}$ (或 $\boldsymbol{b}$) 的长度与另一向量 $\boldsymbol{b}$ (或 $\boldsymbol{a}$) 在该向量上的投影 $|\boldsymbol{b}|\cos\langle\boldsymbol{a},\boldsymbol{b}\rangle$ (或 $|\boldsymbol{a}|\cos\langle\boldsymbol{a},\boldsymbol{b}\rangle$) 的乘积.

若物体在力 $\boldsymbol{f}$ 作用下产生位移 $\boldsymbol{s}$, 则力 $\boldsymbol{f}$ 所做的功可以用内积写成 $W=\boldsymbol{f}\cdot\boldsymbol{s}$.

根据内积的定义, 可以看出:

(1) 若 $\boldsymbol{a}_0$ 与 $\boldsymbol{b}_0$ 都是单位向量, 则 $\boldsymbol{a}_0\cdot\boldsymbol{b}_0=\cos\langle\boldsymbol{a}_0,\boldsymbol{b}_0\rangle$, 即两个单位向量的内积等于这两个向量夹角的余弦; 若 $\boldsymbol{a}_0$ 为单位向量, $\boldsymbol{b}$ 为任意向量, 则向量 $\boldsymbol{b}$ 在 $\boldsymbol{a}_0$ 上的投影向量为 $(\boldsymbol{b}\cdot\boldsymbol{a}_0)\boldsymbol{a}_0$. 一般地, 如果向量 $\boldsymbol{a}\neq\mathbf{0}$, 那么向量 $\boldsymbol{b}$ 在 $\boldsymbol{a}$ 上的投影向量为

$$(\boldsymbol{b}\cdot\boldsymbol{a}_0)\boldsymbol{a}_0=\frac{\boldsymbol{b}\cdot\boldsymbol{a}}{|\boldsymbol{a}|^2}\boldsymbol{a},$$

其中, $\boldsymbol{a}_0$ 为与 $\boldsymbol{a}$ 同向的单位向量.

(2) 两个向量 $\boldsymbol{a},\boldsymbol{b}$ 互相垂直的充要条件是 $\boldsymbol{a}\cdot\boldsymbol{b}=0$, 这里我们规定零向量与任意向量都垂直.

(3) 两个向量内积的正负取决于这两个向量的夹角是锐角还是钝角.

(4) $\boldsymbol{a}\cdot\boldsymbol{a}=|\boldsymbol{a}|^2$.

向量的数量积有以下运算规律:

(1) $\boldsymbol{a}\cdot\boldsymbol{b}=\boldsymbol{b}\cdot\boldsymbol{a}$;

(2) $(\lambda\boldsymbol{a})\cdot\boldsymbol{b}=\lambda(\boldsymbol{a}\cdot\boldsymbol{b})$;

(3) $\boldsymbol{a}\cdot(\boldsymbol{b}+\boldsymbol{c})=\boldsymbol{a}\cdot\boldsymbol{b}+\boldsymbol{a}\cdot\boldsymbol{c}$,
其中 $\boldsymbol{a},\boldsymbol{b},\boldsymbol{c}$ 为任意向量, $\lambda$ 是任意实数.

(1),(2) 容易证明,(3) 的证明参见知识拓展 1–1.

**知识拓展 1–1** $\boldsymbol{a}\cdot(\boldsymbol{b}+\boldsymbol{c})=\boldsymbol{a}\cdot\boldsymbol{b}+\boldsymbol{a}\cdot\boldsymbol{c}$ 的证明

* **例 1** 证明菱形的对角线互相垂直.

**证明** 设四边形 $ABCD$ 为菱形 (图 1.10). 要证 $AC$ 与 $BD$ 垂直, 只要证明 $\overrightarrow{AC}\cdot\overrightarrow{BD}=0$ 即可. 事实上, $\overrightarrow{AC}=\overrightarrow{AB}+\overrightarrow{AD}$, $\overrightarrow{BD}=\overrightarrow{AD}-\overrightarrow{AB}$. 故有

$$\begin{aligned}\overrightarrow{AC}\cdot\overrightarrow{BD}&=(\overrightarrow{AB}+\overrightarrow{AD})\cdot(\overrightarrow{AD}-\overrightarrow{AB})\\&=|\overrightarrow{AD}|^2-|\overrightarrow{AB}|^2=0.\end{aligned}$$

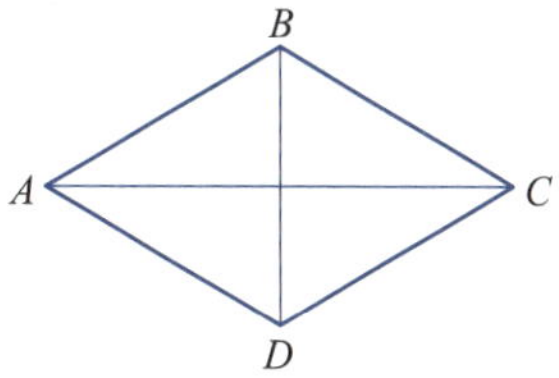

图 1.10

□

## 二、向量积

设 $OA$ 为一根固定端点 $O$ 的棍子, 如图 1.11. 当一个与 $\overrightarrow{OA}$ 夹角为 $\alpha$ 的力 $\boldsymbol{f}$ 作用于 $A$ 点时, 棍子会产生转动. 显然它能转动的转动轴与 $\overrightarrow{OA}$ 和 $\boldsymbol{f}$ 确定的平面垂直. 它绕转动轴转动的方式有两种. 如果规定 $\overrightarrow{OA},\boldsymbol{f}$ 按右手法则确定的转动方向为正, 那么可以用一个与该转动轴方向平行的向量来表示力 $\boldsymbol{f}$ 对棍子的作用效果. 它的大小是力与力臂的乘积, 即 $|\overrightarrow{OA}||\boldsymbol{f}|\sin\alpha$. 方向与 $\overrightarrow{OA}$ 和 $\boldsymbol{f}$ 都垂直, 且 $\overrightarrow{OA},\boldsymbol{f}$ 和该方向作成右手系. 这个向量称为作用于 $A$ 点的力 $\boldsymbol{f}$ 对点 $O$ 的力矩. 于是 $\overrightarrow{OA}$ 和 $\boldsymbol{f}$ 按上述规则确定一个向量, 称它为 $\overrightarrow{OA}$ 与 $\boldsymbol{f}$ 的向量积 (矢量积). 需要注意: 在考察力矩时, $\boldsymbol{f}$ 作用于端点 $A$ 因而不能再看成自由向量.

一般地, 我们引入两个向量的向量积的概念.

**定义 1.2** 设 $\boldsymbol{a},\boldsymbol{b}$ 为向量, 规定如下向量为 $\boldsymbol{a}$ 与 $\boldsymbol{b}$ 的**向量积** (或**矢量积**或**外积**) (记为 $\boldsymbol{a}\times\boldsymbol{b}$):

其大小为: $|\boldsymbol{a}\times\boldsymbol{b}|=|\boldsymbol{a}||\boldsymbol{b}|\sin\langle\boldsymbol{a},\boldsymbol{b}\rangle$;

其方向为: 与 $\boldsymbol{a},\boldsymbol{b}$ 都垂直, 且 $\boldsymbol{a},\boldsymbol{b},\boldsymbol{a}\times\boldsymbol{b}$ 构成右手系 (图 1.12).

伸开右手, 四指指向向量 $\boldsymbol{a}$ 的方向, 然后四指向向量 $\boldsymbol{b}$ 的方向转动 (角度在 $[0,\pi]$, 手掌不动), 那么大拇指指向 $\boldsymbol{a}\times\boldsymbol{b}$.

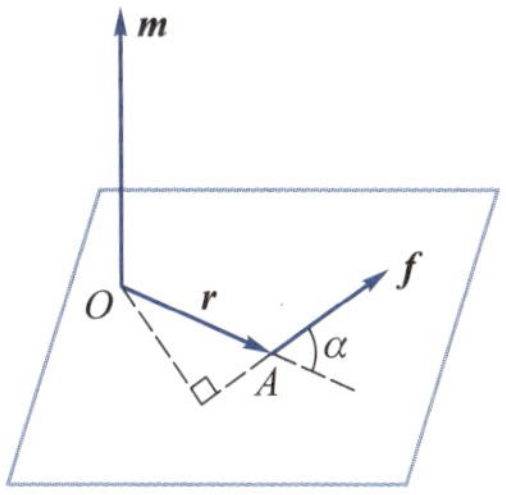

图 1.11

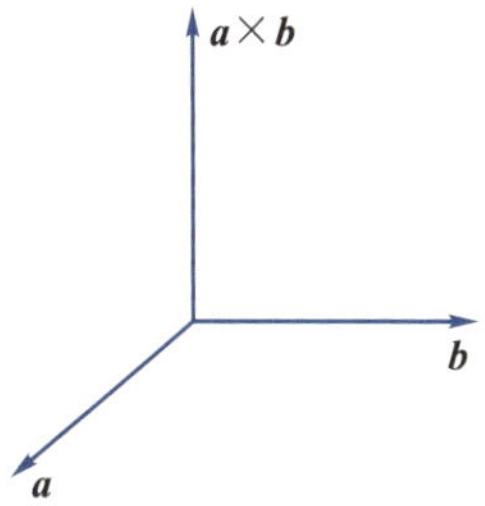

图 1.12

显然, $\boldsymbol{a}\times\boldsymbol{b}=\boldsymbol{0}$ 当且仅当 $\boldsymbol{a},\boldsymbol{b}$ 中至少有一个为零向量, 或 $\langle\boldsymbol{a},\boldsymbol{b}\rangle=0$ 或 $\pi$.

不难看出, 在前面例子中力矩 $\boldsymbol{m}=\boldsymbol{r}\times\boldsymbol{f}$.

由向量积定义立得:

(1) 向量 $\boldsymbol{a}\times\boldsymbol{b}$ 的长度恰为以 $\boldsymbol{a},\boldsymbol{b}$ 为边做成的平行四边形的面积;

(2) 设 $\boldsymbol{e}$ 为与 $\boldsymbol{a}\times\boldsymbol{b}$ 同向的单位向量, 则有

$$\boldsymbol{a}\times\boldsymbol{b} = |\boldsymbol{a}||\boldsymbol{b}|\sin\langle\boldsymbol{a},\boldsymbol{b}\rangle\boldsymbol{e};$$

(3) 两个向量 $\boldsymbol{a},\boldsymbol{b}$ 互相平行的充要条件是 $\boldsymbol{a}\times\boldsymbol{b} = \boldsymbol{0}$, 这里我们规定零向量与任意向量都平行;

规定零向量与任意向量既平行又垂直.

(4) $\boldsymbol{a}\times\boldsymbol{a} = \boldsymbol{0}$.

向量积具有以下运算规律: 设 $\boldsymbol{a},\boldsymbol{b},\boldsymbol{c}$ 都是向量, $\lambda$ 为实数, 则

(1) $\boldsymbol{a}\times\boldsymbol{b} = -\boldsymbol{b}\times\boldsymbol{a}$;

(2) $(\lambda\boldsymbol{a})\times\boldsymbol{b} = \lambda(\boldsymbol{a}\times\boldsymbol{b})$;

(3) $\boldsymbol{a}\times(\boldsymbol{b}+\boldsymbol{c}) = \boldsymbol{a}\times\boldsymbol{b}+\boldsymbol{a}\times\boldsymbol{c}$.

(1),(2) 比较容易证明, (3) 的证明参见知识拓展 1–2.

**知识拓展 1–2** $\boldsymbol{a}\times(\boldsymbol{b}+\boldsymbol{c}) = \boldsymbol{a}\times\boldsymbol{b}+\boldsymbol{a}\times\boldsymbol{c}$ 的证明

**例 2** 设 $\triangle ABC$ 的边向量是向量 $\overrightarrow{AB} = \boldsymbol{c}$, $\overrightarrow{AC} = \boldsymbol{b}$, 如图 1.13, 试用 $\boldsymbol{b},\boldsymbol{c}$ 表示三角形的面积 $S$ 与边 $AB$ 上的高 $h$.

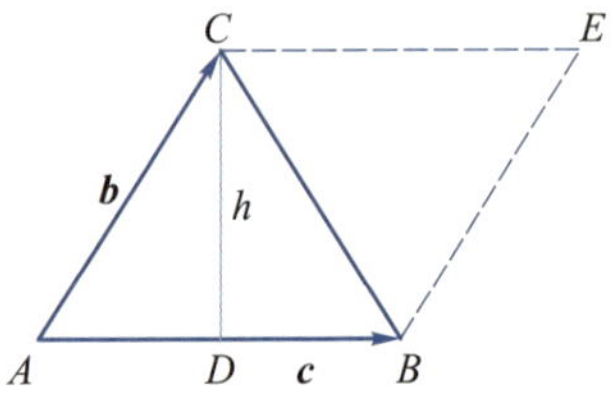

图 1.13

**解** 以 $AC$,$AB$ 为邻边作平行四边形 $ABEC$, 因为平行四边形 $ABEC$ 的面积为 $|\boldsymbol{b}\times\boldsymbol{c}|$, 所以 $\triangle ABC$ 的面积

$$S = \frac{1}{2}|\boldsymbol{b}\times\boldsymbol{c}|,$$

从而 $AB$ 边上的高 $h = \dfrac{2S}{|\boldsymbol{c}|} = \dfrac{|\boldsymbol{b}\times\boldsymbol{c}|}{|\boldsymbol{c}|}$. □

## 三、混合积

下面我们讨论如何求以不共面的三个向量 $\boldsymbol{a},\boldsymbol{b},\boldsymbol{c}$ 为棱做成的平行六面体的体积 (如图 1.14).

假设 $h$ 为底面上的高, $\boldsymbol{e}$ 为与 $\boldsymbol{a}\times\boldsymbol{b}$ 同向的单位向量, $\alpha = \langle\boldsymbol{c},\boldsymbol{e}\rangle$ 为 $\boldsymbol{c}$ 与 $\boldsymbol{e}$ 的夹角. 则底面积 $S = |\boldsymbol{a}\times\boldsymbol{b}|$, 高 $h = |\boldsymbol{c}||\cos\alpha|$. 因此平行六面体的体积

$$V = Sh = |\boldsymbol{a}\times\boldsymbol{b}||\boldsymbol{c}|\cdot|\cos\alpha| = |(\boldsymbol{a}\times\boldsymbol{b})\cdot\boldsymbol{c}|.$$

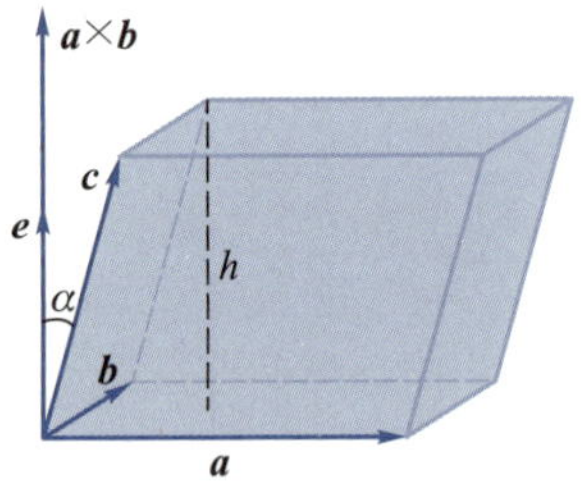

图 1.14

我们由此引入混合积的概念.

图 1.14 是 $\boldsymbol{a},\boldsymbol{b},\boldsymbol{c}$ 成右手系的情况. 如果交换 $\boldsymbol{a},\boldsymbol{b}$ 的位置, 那么 $\boldsymbol{a},\boldsymbol{b},\boldsymbol{c}$ 成左手系 ($\boldsymbol{a}\times\boldsymbol{b}$ 方向向下).

**定义 1.3** 设 $\boldsymbol{a},\boldsymbol{b},\boldsymbol{c}$ 为三个向量, 先作向量积 $\boldsymbol{a}\times\boldsymbol{b}$, 再与第三个向量 $\boldsymbol{c}$ 作数量积, 则 $(\boldsymbol{a}\times\boldsymbol{b})\cdot\boldsymbol{c}$ 是一个数量, 称为 $\boldsymbol{a},\boldsymbol{b},\boldsymbol{c}$ 的**混合积**, 记为 $(\boldsymbol{a},\boldsymbol{b},\boldsymbol{c})$, 即

$$(\boldsymbol{a},\boldsymbol{b},\boldsymbol{c}) = (\boldsymbol{a}\times\boldsymbol{b})\cdot\boldsymbol{c}.$$

设 $\boldsymbol{a},\boldsymbol{b},\boldsymbol{c}$ 为非零向量, 则下列事实成立:

(1) 三个不共面的向量 $\boldsymbol{a},\boldsymbol{b},\boldsymbol{c}$ 的混合积, 其绝对值恰是以 $\boldsymbol{a},\boldsymbol{b},\boldsymbol{c}$ 为棱的平行六面体的体积, 并且当 $\boldsymbol{a},\boldsymbol{b},\boldsymbol{c}$ 做成右手系时, $(\boldsymbol{a},\boldsymbol{b},\boldsymbol{c})$ 取正号; 当 $\boldsymbol{a},\boldsymbol{b},\boldsymbol{c}$ 做成左手系时, $(\boldsymbol{a},\boldsymbol{b},\boldsymbol{c})$ 取负号.

(2) 三个向量 $\boldsymbol{a},\boldsymbol{b},\boldsymbol{c}$ 共面的充要条件是混合积 $(\boldsymbol{a},\boldsymbol{b},\boldsymbol{c})=0$. 特别地, 若 $\boldsymbol{a},\boldsymbol{b},\boldsymbol{c}$ 三者中有两个向量共线, 则它们的混合积为 0.

三个向量的混合积还满足下列规律:

(1) $(\boldsymbol{a},\boldsymbol{b},\boldsymbol{c})=(\boldsymbol{b},\boldsymbol{c},\boldsymbol{a})=(\boldsymbol{c},\boldsymbol{a},\boldsymbol{b})$.

**证明** 当 $\boldsymbol{a},\boldsymbol{b},\boldsymbol{c}$ 共面时显然成立. 若 $\boldsymbol{a},\boldsymbol{b},\boldsymbol{c}$ 不共面, 则 $(\boldsymbol{a},\boldsymbol{b},\boldsymbol{c})$ 的绝对值等于以 $\boldsymbol{a},\boldsymbol{b},\boldsymbol{c}$ 为棱做成的平行六面体的体积. 注意, 轮换不改变右手系, 即 $\boldsymbol{a},\boldsymbol{b},\boldsymbol{c}$ 与 $\boldsymbol{b},\boldsymbol{c},\boldsymbol{a}$ 和 $\boldsymbol{c},\boldsymbol{a},\boldsymbol{b}$ 三组向量同时构成右 (左) 手系. 因此, $(\boldsymbol{a},\boldsymbol{b},\boldsymbol{c}),(\boldsymbol{b},\boldsymbol{c},\boldsymbol{a}),(\boldsymbol{c},\boldsymbol{a},\boldsymbol{b})$ 的符号总相同. 故 (1) 成立. □

(2) $(\boldsymbol{a}\times\boldsymbol{b})\cdot\boldsymbol{c}=\boldsymbol{a}\cdot(\boldsymbol{b}\times\boldsymbol{c})$.

**证明** 由 (1), $(\boldsymbol{a}\times\boldsymbol{b})\cdot\boldsymbol{c}=(\boldsymbol{b}\times\boldsymbol{c})\cdot\boldsymbol{a}=\boldsymbol{a}\cdot(\boldsymbol{b}\times\boldsymbol{c})$. □

**例 3** 设 $\boldsymbol{a},\boldsymbol{b},\boldsymbol{c}$ 是三个不共面的向量, 求满足等式 $\boldsymbol{d}=\lambda\boldsymbol{a}+\mu\boldsymbol{b}+\nu\boldsymbol{c}$ 的实数 $\lambda,\mu,\nu$.

**解** 在等式 $\boldsymbol{d}=\lambda\boldsymbol{a}+\mu\boldsymbol{b}+\nu\boldsymbol{c}$ 两边用 $\boldsymbol{b}\times\boldsymbol{c}$ 作内积, 得

$$\begin{aligned}(\boldsymbol{b}\times\boldsymbol{c})\cdot\boldsymbol{d}&=(\boldsymbol{b}\times\boldsymbol{c})\cdot(\lambda\boldsymbol{a}+\mu\boldsymbol{b}+\nu\boldsymbol{c})\\&=\lambda(\boldsymbol{b},\boldsymbol{c},\boldsymbol{a})+\mu(\boldsymbol{b},\boldsymbol{c},\boldsymbol{b})+\nu(\boldsymbol{b},\boldsymbol{c},\boldsymbol{c})\\&=\lambda(\boldsymbol{a},\boldsymbol{b},\boldsymbol{c}).\end{aligned}$$

知识拓展 1–3
外积与混合积的几何意义

因为 $\boldsymbol{a},\boldsymbol{b},\boldsymbol{c}$ 不共面, 所以 $(\boldsymbol{a},\boldsymbol{b},\boldsymbol{c})\neq0$, 故

$$\lambda=\frac{(\boldsymbol{b},\boldsymbol{c},\boldsymbol{d})}{(\boldsymbol{a},\boldsymbol{b},\boldsymbol{c})}.$$

同理可得

$$\mu=\frac{(\boldsymbol{c},\boldsymbol{a},\boldsymbol{d})}{(\boldsymbol{a},\boldsymbol{b},\boldsymbol{c})},\quad\nu=\frac{(\boldsymbol{a},\boldsymbol{b},\boldsymbol{d})}{(\boldsymbol{a},\boldsymbol{b},\boldsymbol{c})}.$$ □

## 习题 1.4

1. 证明: $\boldsymbol{a}\cdot\boldsymbol{b}=\dfrac{1}{2}(|\boldsymbol{a}|^2+|\boldsymbol{b}|^2-|\boldsymbol{a}-\boldsymbol{b}|^2)$.

2. 设 $\boldsymbol{a},\boldsymbol{b},\boldsymbol{c}$ 不共线, 且 $\boldsymbol{a}\times\boldsymbol{b}=\boldsymbol{b}\times\boldsymbol{c}=\boldsymbol{c}\times\boldsymbol{a}$, 证明: $\boldsymbol{a}+\boldsymbol{b}+\boldsymbol{c}=\boldsymbol{0}$.

3. 证明: $|\boldsymbol{a}\times\boldsymbol{b}|^2=|\boldsymbol{a}|^2|\boldsymbol{b}|^2-(\boldsymbol{a}\cdot\boldsymbol{b})^2$.

4. 讨论向量 $\boldsymbol{a},\boldsymbol{b}$ 必须满足什么几何性质, 以下各式才能成立:

(1) $\boldsymbol{a}\cdot\boldsymbol{a}=0$;　　(2) $|\boldsymbol{a}+\boldsymbol{b}|=|\boldsymbol{a}|+|\boldsymbol{b}|$;

(3) $|\boldsymbol{a}+\boldsymbol{b}|=|\boldsymbol{a}|-|\boldsymbol{b}|$;　　(4) $|\boldsymbol{a}-\boldsymbol{b}|=|\boldsymbol{a}|+|\boldsymbol{b}|$;

(5) $|\boldsymbol{a}-\boldsymbol{b}|=|\boldsymbol{a}|-|\boldsymbol{b}|$;　　(6) $\boldsymbol{a}+\boldsymbol{b}=\lambda(\boldsymbol{a}-\boldsymbol{b}),\lambda$ 为实数.

5. 设 $\overrightarrow{AB}=\boldsymbol{a}+5\boldsymbol{b},\overrightarrow{BC}=2(\boldsymbol{b}-\boldsymbol{a}),\overrightarrow{CD}=3(\boldsymbol{a}+\boldsymbol{b})$, 证明: $A$、$B$、$D$ 三点共线.

6. 在四边形 $ABCD$ 中, $\overrightarrow{AC}=\boldsymbol{a}+2\boldsymbol{b}$, $\overrightarrow{BC}=4\boldsymbol{a}+\boldsymbol{b},\overrightarrow{BD}=-5\boldsymbol{a}+4\boldsymbol{b}$, 其中向量 $\boldsymbol{a},\boldsymbol{b}$ 不共线. 证明: $A,B,C,D$ 四点围成的图形是梯形.

7. 证明广义勾股定理: 一个平行四边形四个边长的平方和等于两条对角线的平方和.

## §1.5 向量的坐标

### 一、向量的坐标

本书所说的向量都是自由向量, 即可以平行移动, 因此任意向量都可用以原点为起点的有向线段表示. 当规定向量的起点为原点时, 向量就由其终点唯一确定. 按这个规则, 可以建立空间中点集与向量集的如下一一对应:

$$P \in V_3 \xleftrightarrow{1-1} \overrightarrow{OP}.$$

这时, 我们称 $\overrightarrow{OP}$ 为 $P$ 点的**径向**或**定位向量**.

在空间直角坐标系 $\{O;x,y,z\}$ 中, 设 $\boldsymbol{i},\boldsymbol{j},\boldsymbol{k}$ 分别是起点在原点 $O$, 方向分别指向 $x$ 轴、$y$ 轴、$z$ 轴正向的单位向量 (图 1.15).

若 $P(x,y,z)$ 为空间内任意一点, $\overrightarrow{OP}=\boldsymbol{r}$, 则由向量加法的三角形法则可得

$$\boldsymbol{r}=x\boldsymbol{i}+y\boldsymbol{j}+z\boldsymbol{k}.$$

向量的坐标就是把向量的起点放在坐标系的原点后向量终点的坐标.

由于点 $P$ 与径向 $\boldsymbol{r}=\overrightarrow{OP}$ 一一对应, 我们称 $P$ 点的坐标 $(x,y,z)$ 为 $P$ 点径向 $\boldsymbol{r}$ 的**坐标**, 又称 $x\boldsymbol{i},y\boldsymbol{j},z\boldsymbol{k}$ 为 $\boldsymbol{r}$ 沿 $x$ 轴、$y$ 轴、$z$ 轴的**分量**. 于是我们可以把向量 $\boldsymbol{r}$ 与其坐标 $(x,y,z)$ 不加区别地写成 $\boldsymbol{r}=(x,y,z)$.

对于空间中任意向量 $\overrightarrow{P_1P_2}$, 设 $\overrightarrow{OP_1}=\boldsymbol{r}_1=x_1\boldsymbol{i}+y_1\boldsymbol{j}+z_1\boldsymbol{k}$, $\overrightarrow{OP_2}=\boldsymbol{r}_2=x_2\boldsymbol{i}+y_2\boldsymbol{j}+z_2\boldsymbol{k}$ (图 1.16), 则

$$\begin{aligned}\overrightarrow{P_1P_2}&=(x_2-x_1)\boldsymbol{i}+(y_2-y_1)\boldsymbol{j}+(z_2-z_1)\boldsymbol{k}\\&=(x_2-x_1,y_2-y_1,z_2-z_1).\end{aligned}$$

因此向量 $\overrightarrow{P_1P_2}$ 的坐标等于终点坐标减去始点坐标, 即

$$\overrightarrow{P_1P_2}=(x_2-x_1,y_2-y_1,z_2-z_1).$$

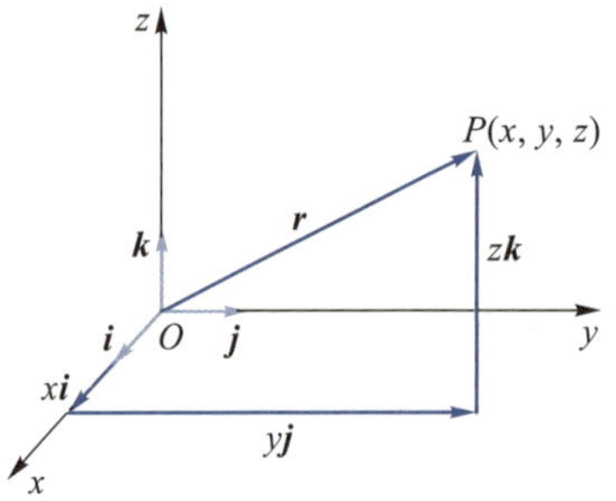


图 1.15

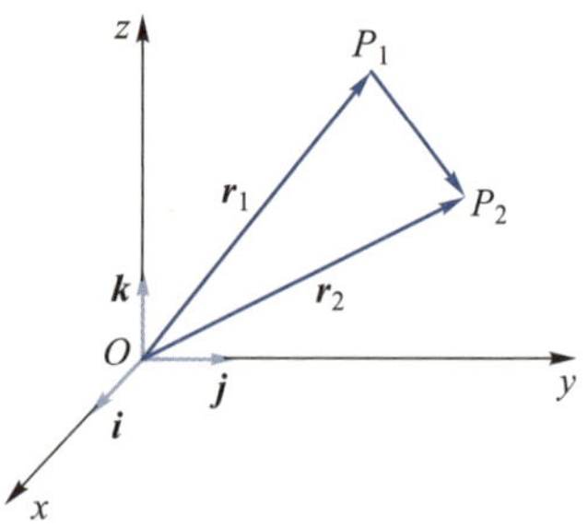


图 1.16

### 二、向量的坐标运算

引入向量的坐标以后, 我们可以很方便地对向量做各种运算.

(1) 向量加 (减) 法的坐标运算

设 $\boldsymbol{a}_1 = x_1\boldsymbol{i} + y_1\boldsymbol{j} + z_1\boldsymbol{k}, \boldsymbol{a}_2 = x_2\boldsymbol{i} + y_2\boldsymbol{j} + z_2\boldsymbol{k}$, 则有

$$\boldsymbol{a}_1 \pm \boldsymbol{a}_2 = (x_1 \pm x_2)\boldsymbol{i} + (y_1 \pm y_2)\boldsymbol{j} + (z_1 \pm z_2)\boldsymbol{k},$$

即两个向量的和 (或差) 的坐标等于它们对应坐标的和 (或差).

(2) 向量数乘 (即数乘向量) 的坐标运算

设 $\boldsymbol{a} = x\boldsymbol{i} + y\boldsymbol{j} + z\boldsymbol{k}$, $\lambda$ 为实数, 则有

$$\lambda\boldsymbol{a} = (\lambda x)\boldsymbol{i} + (\lambda y)\boldsymbol{j} + (\lambda z)\boldsymbol{k},$$

即数乘向量的坐标等于该数与向量坐标的乘积.

**例 1** 设 $\boldsymbol{\alpha} = (-1, 2, 3), \boldsymbol{\beta} = (0, 1, -2)$, 计算 $3\boldsymbol{\alpha} - 2\boldsymbol{\beta}$.

**解** $3\boldsymbol{\alpha} - 2\boldsymbol{\beta} = (-3, 6, 9) - (0, 2, -4) = (-3, 4, 13)$. □

(3) 数量积的坐标运算

设 $\boldsymbol{a}_1 = x_1\boldsymbol{i} + y_1\boldsymbol{j} + z_1\boldsymbol{k}, \boldsymbol{a}_2 = x_2\boldsymbol{i} + y_2\boldsymbol{j} + z_2\boldsymbol{k}$, 则有

$$\boldsymbol{a}_1 \cdot \boldsymbol{a}_2 = x_1x_2 + y_1y_2 + z_1z_2.$$

即两向量的数量积等于这两个向量的坐标乘积之和.

事实上,

$$\begin{aligned}\boldsymbol{a}_1 \cdot \boldsymbol{a}_2 &= (x_1\boldsymbol{i} + y_1\boldsymbol{j} + z_1\boldsymbol{k})(x_2\boldsymbol{i} + y_2\boldsymbol{j} + z_2\boldsymbol{k}) \\ &= x_1x_2\boldsymbol{i}\cdot\boldsymbol{i} + x_1y_2\boldsymbol{i}\cdot\boldsymbol{j} + x_1z_2\boldsymbol{i}\cdot\boldsymbol{k} + y_1x_2\boldsymbol{j}\cdot\boldsymbol{i} + \\ &\quad y_1y_2\boldsymbol{j}\cdot\boldsymbol{j} + y_1z_2\boldsymbol{j}\cdot\boldsymbol{k} + z_1x_2\boldsymbol{k}\cdot\boldsymbol{i} + z_1y_2\boldsymbol{k}\cdot\boldsymbol{j} + z_1z_2\boldsymbol{k}\cdot\boldsymbol{k}.\end{aligned}$$

根据向量的数量积对加法运算的分配律展开为 9 项.

因为 $\boldsymbol{i}, \boldsymbol{j}, \boldsymbol{k}$ 为两两垂直的单位向量, 我们有

$$\begin{aligned}&\boldsymbol{i}\cdot\boldsymbol{i} = \boldsymbol{j}\cdot\boldsymbol{j} = \boldsymbol{k}\cdot\boldsymbol{k} = 1, \\ &\boldsymbol{i}\cdot\boldsymbol{j} = \boldsymbol{i}\cdot\boldsymbol{k} = \boldsymbol{j}\cdot\boldsymbol{k} = \boldsymbol{j}\cdot\boldsymbol{i} = \boldsymbol{k}\cdot\boldsymbol{i} = \boldsymbol{k}\cdot\boldsymbol{j} = 0,\end{aligned}$$

所以

$$\boldsymbol{a}_1 \cdot \boldsymbol{a}_2 = x_1x_2 + y_1y_2 + z_1z_2.$$

另证. 首先, 一个向量长度的平方等于其各个坐标的平方和. 由习题 1.4 的第 1 题知

$$\begin{aligned}\boldsymbol{a}_1 \cdot \boldsymbol{a}_2 &= \frac{1}{2}(|\boldsymbol{a}_1|^2 + |\boldsymbol{a}_2|^2 - |\boldsymbol{a}_1 - \boldsymbol{a}_2|^2) \\ &= \frac{1}{2}[x_1^2 + y_1^2 + z_1^2 + x_2^2 + y_2^2 + z_2^2 - ((x_1 - x_2)^2 + (y_1 - y_2)^2 + (z_1 - z_2)^2)] \\ &= x_1x_2 + y_1y_2 + z_1z_2.\end{aligned}$$

(4) 向量积的坐标运算

设 $\boldsymbol{a}_1 = x_1\boldsymbol{i} + y_1\boldsymbol{j} + z_1\boldsymbol{k}, \boldsymbol{a}_2 = x_2\boldsymbol{i} + y_2\boldsymbol{j} + z_2\boldsymbol{k}$, 则

$$\boldsymbol{a}_1 \times \boldsymbol{a}_2 = \begin{vmatrix} y_1 & z_1 \\ y_2 & z_2 \end{vmatrix}\boldsymbol{i} + \begin{vmatrix} z_1 & x_1 \\ z_2 & x_2 \end{vmatrix}\boldsymbol{j} + \begin{vmatrix} x_1 & y_1 \\ x_2 & y_2 \end{vmatrix}\boldsymbol{k},$$

或写成

$$\boldsymbol{a}_1\times\boldsymbol{a}_2=\begin{vmatrix}\boldsymbol{i}&\boldsymbol{j}&\boldsymbol{k}\\x_1&y_1&z_1\\x_2&y_2&z_2\end{vmatrix}.$$

事实上,

$$\begin{aligned}\boldsymbol{a}_1\times\boldsymbol{a}_2&=(x_1\boldsymbol{i}+y_1\boldsymbol{j}+z_1\boldsymbol{k})\times(x_2\boldsymbol{i}+y_2\boldsymbol{j}+z_2\boldsymbol{k})\\&=x_1x_2\boldsymbol{i}\times\boldsymbol{i}+x_1y_2\boldsymbol{i}\times\boldsymbol{j}+x_1z_2\boldsymbol{i}\times\boldsymbol{k}+\\&\quad y_1x_2\boldsymbol{j}\times\boldsymbol{i}+y_1y_2\boldsymbol{j}\times\boldsymbol{j}+y_1z_2\boldsymbol{j}\times\boldsymbol{k}+\\&\quad z_1x_2\boldsymbol{k}\times\boldsymbol{i}+z_1y_2\boldsymbol{k}\times\boldsymbol{j}+z_1z_2\boldsymbol{k}\times\boldsymbol{k}.\end{aligned}$$

因为

向量 $\boldsymbol{i},\boldsymbol{j},\boldsymbol{k}$ 的这些关系可以用 $\boldsymbol{i}\to\boldsymbol{j}\to\boldsymbol{k}\to\boldsymbol{i}$ 表示.

$$\boldsymbol{i}\times\boldsymbol{i}=\boldsymbol{j}\times\boldsymbol{j}=\boldsymbol{k}\times\boldsymbol{k}=\boldsymbol{0},\quad \boldsymbol{i}\times\boldsymbol{j}=\boldsymbol{k},\quad \boldsymbol{j}\times\boldsymbol{k}=\boldsymbol{i},$$
$$\boldsymbol{k}\times\boldsymbol{i}=\boldsymbol{j},\quad \boldsymbol{j}\times\boldsymbol{i}=-\boldsymbol{k},\quad \boldsymbol{k}\times\boldsymbol{j}=-\boldsymbol{i},\quad \boldsymbol{i}\times\boldsymbol{k}=-\boldsymbol{j},$$

代入上式, 得

$$\boldsymbol{a}_1\times\boldsymbol{a}_2=\begin{vmatrix}y_1&z_1\\y_2&z_2\end{vmatrix}\boldsymbol{i}+\begin{vmatrix}z_1&x_1\\z_2&x_2\end{vmatrix}\boldsymbol{j}+\begin{vmatrix}x_1&y_1\\x_2&y_2\end{vmatrix}\boldsymbol{k}.$$

计算出 $\boldsymbol{a}_1\times\boldsymbol{a}_2$ 后可以验算一下, 看看它与 $\boldsymbol{a}_1,\boldsymbol{a}_2$ 是否都垂直.

**例 2** 设 $\boldsymbol{a}_1=(3,0,-1),\boldsymbol{a}_2=(2,1,1)$, 求 $\boldsymbol{a}_1\cdot\boldsymbol{a}_2$ 和 $\boldsymbol{a}_1\times\boldsymbol{a}_2$.

**解** $\boldsymbol{a}_1\cdot\boldsymbol{a}_2=3\times2+0\times1+(-1)\times1=6+0-1=5$,

$$\begin{aligned}\boldsymbol{a}_1\times\boldsymbol{a}_2&=\begin{vmatrix}0&-1\\1&1\end{vmatrix}\boldsymbol{i}+\begin{vmatrix}-1&3\\1&2\end{vmatrix}\boldsymbol{j}+\begin{vmatrix}3&0\\2&1\end{vmatrix}\boldsymbol{k}\\&=\boldsymbol{i}-5\boldsymbol{j}+3\boldsymbol{k}.\end{aligned}$$

□

(5) 混合积的坐标运算

设 $\boldsymbol{a}_1=(x_1,y_1,z_1),\boldsymbol{a}_2=(x_2,y_2,z_2),\boldsymbol{a}_3=(x_3,y_3,z_3)$, 则

$$(\boldsymbol{a}_1,\boldsymbol{a}_2,\boldsymbol{a}_3)=\begin{vmatrix}x_1&y_1&z_1\\x_2&y_2&z_2\\x_3&y_3&z_3\end{vmatrix}.$$

事实上,

利用行列式的定义, 把这 3 个二阶行列式和 1 个三阶行列式展开, 比较等式两边各项, 得到最后一个等式.

$$\begin{aligned}(\boldsymbol{a}_1,\boldsymbol{a}_2,\boldsymbol{a}_3)&=(\boldsymbol{a}_1\times\boldsymbol{a}_2)\cdot\boldsymbol{a}_3=\left(\begin{vmatrix}y_1&z_1\\y_2&z_2\end{vmatrix},\begin{vmatrix}z_1&x_1\\z_2&x_2\end{vmatrix},\begin{vmatrix}x_1&y_1\\x_2&y_2\end{vmatrix}\right)\cdot(x_3,y_3,z_3)\\&=\begin{vmatrix}y_1&z_1\\y_2&z_2\end{vmatrix}x_3+\begin{vmatrix}z_1&x_1\\z_2&x_2\end{vmatrix}y_3+\begin{vmatrix}x_1&y_1\\x_2&y_2\end{vmatrix}z_3=\begin{vmatrix}x_1&y_1&z_1\\x_2&y_2&z_2\\x_3&y_3&z_3\end{vmatrix}.\end{aligned}$$

(6) 向量的长度和两向量夹角的坐标表示

设 $\boldsymbol{a}=x\boldsymbol{i}+y\boldsymbol{j}+z\boldsymbol{k}$, 则 $\boldsymbol{a}\cdot\boldsymbol{a}=x^2+y^2+z^2$. 因为 $|\boldsymbol{a}|^2=\boldsymbol{a}\cdot\boldsymbol{a}$, 所以

$$|\boldsymbol{a}|=\sqrt{\boldsymbol{a}\cdot\boldsymbol{a}}=\sqrt{x^2+y^2+z^2}.$$

又设 $\boldsymbol{a}_i=(x_i,y_i,z_i)(i=1,2)$, 则由内积定义, 得

$$\cos\langle\boldsymbol{a}_1,\boldsymbol{a}_2\rangle=\frac{\boldsymbol{a}_1\cdot\boldsymbol{a}_2}{|\boldsymbol{a}_1||\boldsymbol{a}_2|}=\frac{x_1x_2+y_1y_2+z_1z_2}{\sqrt{x_1^2+y_1^2+z_1^2}\cdot\sqrt{x_2^2+y_2^2+z_2^2}}.$$

由以上坐标运算立即可得, 若 $\boldsymbol{a}_i=(x_i,y_i,z_i), i=1,2,3$, 则

(i) $\boldsymbol{a}_1/\!/\boldsymbol{a}_2$ 当且仅当 $\dfrac{x_1}{x_2}=\dfrac{y_1}{y_2}=\dfrac{z_1}{z_2}$;

(ii) $\boldsymbol{a}_1\perp\boldsymbol{a}_2$ 当且仅当 $x_1x_2+y_1y_2+z_1z_2=0$;

(iii) $\boldsymbol{a}_1,\boldsymbol{a}_2,\boldsymbol{a}_3$ 共面当且仅当 $\begin{vmatrix}x_1 & y_1 & z_1\\ x_2 & y_2 & z_2\\ x_3 & y_3 & z_3\end{vmatrix}=0$.

**例 3** 利用向量的坐标运算, 导出两点间距离公式和定比分点公式.

**解** 设 $P(x,y,z)$ 是 $P_1(x_1,y_1,z_1),P_2(x_2,y_2,z_2)$ 连线上的一点, 并且 $\dfrac{P_1P}{PP_2}=\lambda$, 则

(1) $P_1,P_2$ 两点间的距离是

$$\begin{aligned}d=|P_1P_2|&=|(x_2-x_1,y_2-y_1,z_2-z_1)|\\&=\sqrt{(x_2-x_1)^2+(y_2-y_1)^2+(z_2-z_1)^2}.\end{aligned}$$

(2) 由 $\dfrac{P_1P}{PP_2}=\lambda$ 得 $\overrightarrow{P_1P}=\lambda\overrightarrow{PP_2}$, 即

$$(x-x_1,y-y_1,z-z_1)=\lambda(x_2-x,y_2-y,z_2-z),$$

所以有

$$\begin{aligned}x-x_1&=\lambda(x_2-x),\\y-y_1&=\lambda(y_2-y),\\z-z_1&=\lambda(z_2-z),\end{aligned}$$

于是

$$x=\frac{x_1+\lambda x_2}{1+\lambda},\quad y=\frac{y_1+\lambda y_2}{1+\lambda},\quad z=\frac{z_1+\lambda z_2}{1+\lambda}.$$ □

**例 4** 设向量 $\boldsymbol{a}=(x,y,z)$ 和 $x$ 轴、$y$ 轴、$z$ 轴正向的夹角分别是 $\alpha,\beta,\gamma$, 则 $\alpha,\beta,\gamma$ 称为 $\boldsymbol{a}$ 的**方向角**, 其余弦值 $\cos\alpha,\cos\beta,\cos\gamma$ 称为 $\boldsymbol{a}$ 的**方向余弦**, 试证:

$$\cos^2\alpha+\cos^2\beta+\cos^2\gamma=1.$$

**证明** 由 $\boldsymbol{a}=x\boldsymbol{i}+y\boldsymbol{j}+z\boldsymbol{k}$, 得

$$\boldsymbol{i}\cdot\boldsymbol{a}=x,\quad \boldsymbol{j}\cdot\boldsymbol{a}=y,\quad \boldsymbol{k}\cdot\boldsymbol{a}=z.$$

又因为

$$\boldsymbol{i}\cdot\boldsymbol{a}=|\boldsymbol{i}||\boldsymbol{a}|\cos\langle\boldsymbol{i},\boldsymbol{a}\rangle=|\boldsymbol{a}|\cos\alpha,$$

所以

$$\cos\alpha = \frac{x}{|\boldsymbol{a}|} = \frac{x}{\sqrt{x^2+y^2+z^2}}.$$

同理可得

$$\cos\beta = \frac{y}{|\boldsymbol{a}|} = \frac{y}{\sqrt{x^2+y^2+z^2}},$$
$$\cos\gamma = \frac{z}{|\boldsymbol{a}|} = \frac{z}{\sqrt{x^2+y^2+z^2}}.$$

从而有 $\cos^2\alpha+\cos^2\beta+\cos^2\gamma=1$. □

## 习题 1.5

1. 已知点 $P_1(3,1,5), P_2(2,-1,0), P_3(1,-1,3)$, 求向量 $\overrightarrow{P_1P_2}, \overrightarrow{P_2P_3}$ 和 $2\overrightarrow{P_3P_1}$ 的坐标.

2. 设 $\boldsymbol{a}=(2,4,-1), \boldsymbol{b}=(-1,-2,k)$, 问 $k$ 为何值时, $\boldsymbol{a}$ 与 $\boldsymbol{b}$ 垂直; 又 $k$ 为何值时, $\boldsymbol{a}$ 与 $\boldsymbol{b}$ 平行.

3. 求向量 $\boldsymbol{a}=(1,1,1)$ 的长度、方向余弦和与 $\boldsymbol{a}$ 同方向的单位向量.

4. 设 $\boldsymbol{a}=(1,-3,1), \boldsymbol{b}=(2,-1,3)$, 求以 $\boldsymbol{a},\boldsymbol{b}$ 为边的平行四边形的面积.

5. 试判断空间中四点 $P_1(1,0,1), P_2(4,4,6), P_3(2,2,3), P_4(10,14,17)$ 是否共面.

6. 设四面体的顶点是 $A(1,1,0), B(0,1,1), C(-1,0,1), D(0,0,-1)$, 求它的体积以及从顶点 $A$ 所作的高.

7. 已知 $\boldsymbol{a},\boldsymbol{b},\boldsymbol{c}$ 满足 $\boldsymbol{a}+\boldsymbol{b}+\boldsymbol{c}=\boldsymbol{0}$, 证明:

$$\boldsymbol{a}\times\boldsymbol{b}=\boldsymbol{b}\times\boldsymbol{c}=\boldsymbol{c}\times\boldsymbol{a}.$$

8. 已知向量 $\boldsymbol{a}=(1,1,0), \boldsymbol{b}=(1,0,1), \boldsymbol{c}=(0,1,1)$,

(1) 验证向量 $\boldsymbol{a},\boldsymbol{b},\boldsymbol{c}$ 不共面;

(2) 求实数 $k_1,k_2,k_3$, 使 $k_1\boldsymbol{a}+k_2\boldsymbol{b}+k_3\boldsymbol{c}=(1,2,3)$;

(3) 证明: 对任意一个向量 $\boldsymbol{d}=(x,y,z)$, 总存在实数 $k_1,k_2,k_3$, 使 $\boldsymbol{d}=k_1\boldsymbol{a}+k_2\boldsymbol{b}+k_3\boldsymbol{c}$.

9. 利用混合积的运算性质证明三阶行列式的如下性质:

(1) 交换三阶行列式任意两行, 行列式反号;

(2) 任意一行的公因式可以提到行列式外面;

(3) 若三阶行列式的某两行成比例, 则行列式为 0;

(4) 若三阶行列式某行的元素都是两个元素之和, 则行列式就可写成两个行列式和的形式;

(5) 把三阶行列式任意一行的任意常数倍加到另一行上去, 行列式不变.

10. 设平面直角坐标系 $Oxy$ 中三点坐标分别为 $(x_1,y_1),(x_2,y_2),(x_3,y_3)$, 证明: 以

这三点围成的三角形的面积为 $\frac{1}{2}\begin{vmatrix} 1 & 1 & 1 \\ x_1 & x_2 & x_3 \\ y_1 & y_2 & y_3 \end{vmatrix}$ 的绝对值; 并由此得出这三点共线的条件.

11. (1) 求向量 $\boldsymbol{a}=(x,y,z)$ 在三个坐标面上的投影向量;

(2) 求向量 $\boldsymbol{a}=(x,y,z)$ 在三个坐标轴上的投影向量.

12. 利用向量积的坐标计算公式证明: $(\boldsymbol{a}\times\boldsymbol{b})\times\boldsymbol{c}=(\boldsymbol{a}\cdot\boldsymbol{c})\boldsymbol{b}-(\boldsymbol{b}\cdot\boldsymbol{c})\boldsymbol{a}$.

## §1.6 平面方程

本节应用向量代数的理论研究空间中平面的方程.

在空间直角坐标系 $\{O;x,y,z\}$ 中, 设 $\pi$ 为一个平面, 我们称与 $\pi$ 垂直的任意非零向量为 $\pi$ 的**法向量** (或**法矢**), 如图 1.17. 显然, 对于任意平面 $\pi$, $\pi$ 的法向量的方向有两种取法, 它们方向相反. 从几何直观上不难理解, 平面 $\pi$ 由平面上的任一点 $P_0(x_0,y_0,z_0)$ 和 $\pi$ 的任意一个法向量 $\boldsymbol{n}$ 唯一确定.

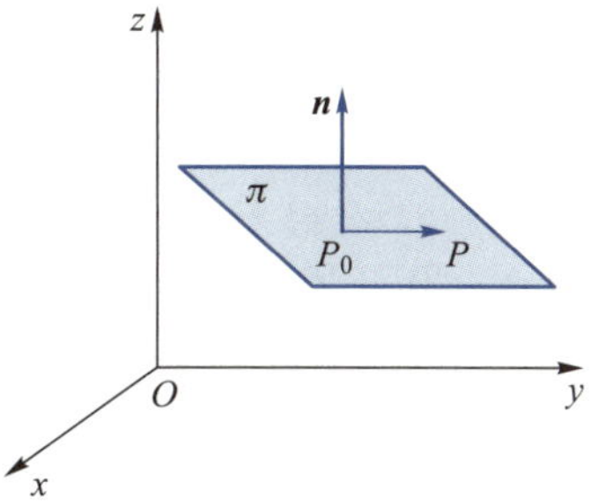

图 1.17

对于空间中任意一点 $P(x,y,z)$. 设 $\pi$ 为过固定点 $P_0(x_0,y_0,z_0)$ 且法向量为 $\boldsymbol{n}=(A,B,C)$ 的平面, 则 $P$ 在 $\pi$ 上的充要条件是 $\overrightarrow{P_0P}\perp\boldsymbol{n}$ (或 $\overrightarrow{P_0P}\cdot\boldsymbol{n}=0$).

由于 $\overrightarrow{P_0P}=(x-x_0)\boldsymbol{i}+(y-y_0)\boldsymbol{j}+(z-z_0)\boldsymbol{k}$, $\boldsymbol{n}=A\boldsymbol{i}+B\boldsymbol{j}+C\boldsymbol{k}$, 代入 $\overrightarrow{P_0P}\cdot\boldsymbol{n}=0$, 得

$$A(x-x_0)+B(y-y_0)+C(z-z_0)=0, \tag{1}$$

即

$$Ax+By+Cz-Ax_0-By_0-Cz_0=0.$$

令 $D=-Ax_0-By_0-Cz_0$, 得

$$Ax+By+Cz+D=0. \tag{2}$$

由此得到如下结果:

> 要证明方程 (2) 是过 $P_0$, 法向量为 $\boldsymbol{n}$ 的平面方程, 需要证明两点: a. 平面上任意点都满足方程 (2); b. 满足方程 (2) 的所有点都落在平面上.

**定理 1.1** 在空间直角坐标系下, 任何平面方程都可以用一个三元一次方程 (2) 来表示.

**定理 1.2** 在空间直角坐标系下, 任何一个三元一次方程 (2) 都表示一个平面, 且非零向量 $(A,B,C)$ 是该平面的一个法向量.

**证明** 设 $x_0,y_0,z_0$ 满足 (2) 式, 即

$$Ax_0+By_0+Cz_0+D=0, \tag{3}$$

(2) − (3), 得

$$A(x-x_0)+B(y-y_0)+C(z-z_0)=0. \tag{4}$$

因为 $A, B, C$ 不全为 0, 所以 $\boldsymbol{n}=(A, B, C) \neq \mathbf{0}$, (4) 表示过 $P_0(x_0, y_0, z_0)$ 且与 $\boldsymbol{n}$ 垂直的点集——平面. 把 (4) 式展开后, 再由 (3) 式, 即 $D=-(Ax_0+By_0+Cz_0)$, 得

$$Ax+By+Cz+D=0.$$

因此 (2) 式是一个平面方程, 且以 $\boldsymbol{n}=(A, B, C)$ 为法向量. □

这两个定理结合起来说明空间中一个平面的方程就是一个三元一次方程. 我们称 (1) 式为平面的点法式方程, (2) 式为平面的一般方程. 从平面的点法式方程 (1), 我们可以"读出"该平面的法向量和平面上的一个固定点, 而从平面的一般方程 (2), 我们只能直接"读出"平面的法向量.

**例 1** 求过点 $A(1,-1,0)$, 法向量为 $\boldsymbol{n}=(-1,3,2)$ 的平面方程.

**解** 由 (1) 式得

$$(-1)(x-1)+3(y+1)+2(z-0)=0,$$

即 $x-3y-2z-4=0$. □

**例 2** 求过点 $P_1(1,0,-1), P_2(2,1,1), P_3(-1,1,2)$ 的平面方程.

**解** 设所求的平面方程为 $Ax+By+Cz+D=0$, 分别以三点的坐标代入得

$$\begin{cases} A \quad\quad - \ C+D=0, \\ 2A+B+\ C+D=0, \\ -A+B+2C+D=0. \end{cases}$$

解之得

$$\begin{cases} A=\dfrac{D}{2}, \\ B=-\dfrac{7D}{2}, \\ C=\dfrac{3D}{2}. \end{cases}$$

所求平面方程为

$$\frac{D}{2}x-\frac{7D}{2}y+\frac{3D}{2}z+D=0,$$

例 2 用的是待定系数法求解方程组.

因为 $A, B, C$ 不全为 0, 所以 $D \neq 0$. 消去 $D$ 得

$$x-7y+3z+2=0.$$ □

**例 3** 求过 $x$ 轴和点 $A(1,0,-1)$ 的平面 $\pi$ 的方程.

**解** 因为平面 $\pi$ 过 $x$ 轴, 所以必过点 $O(0,0,0), B(1,0,0)$, 这就转化为求过三点 $A, O, B$ 的平面方程问题. 以三点坐标代入 $Ax+By+Cz+D=0$ 得

例 3 也可以先找两个向量. 求向量积得到平面的法向量, 用点法式方程求解.

$$\begin{cases} A-C+D=0, \\ \quad\quad\quad D=0, \\ A \quad\quad +D=0. \end{cases}$$

解之得

$$\begin{cases} A=0, \\ C=0, \\ D=0, \\ B=B, \end{cases}$$

其中 $B$ 是自由未知量. 取 $B=1$, 代入方程得 $y=0$, 即得所求平面为 $Ozx$ 平面. □

**例 4** 设三点 $P_1(x_1,y_1,z_1), P_2(x_2,y_2,z_2), P_3(x_3,y_3,z_3)$ 不共线, 证明过这三点的平面方程是

$$\begin{vmatrix} x-x_1 & y-y_1 & z-z_1 \\ x_2-x_1 & y_2-y_1 & z_2-z_1 \\ x_3-x_1 & y_3-y_1 & z_3-z_1 \end{vmatrix}=0.$$

**证明** 令 $P(x,y,z)$ 为所求平面 $\pi$ 上任意一点, 显然 $\overrightarrow{P_1P}, \overrightarrow{P_1P_2}, \overrightarrow{P_1P_3}$ 共面, 即

$$\begin{vmatrix} x-x_1 & y-y_1 & z-z_1 \\ x_2-x_1 & y_2-y_1 & z_2-z_1 \\ x_3-x_1 & y_3-y_1 & z_3-z_1 \end{vmatrix}=0.$$

反之, 对满足上式的任意点 $P(x,y,z)$, 都有 $\overrightarrow{P_1P}, \overrightarrow{P_1P_2}, \overrightarrow{P_1P_3}$ 共面, 从而 $P$ 在 $P_1, P_2, P_3$ 所确定的平面 $\pi$ 上. □

在空间坐标系中画平面的图形时, 常常利用截距式方程.

**例 5** 求过点 $(a,0,0),(0,b,0)(0,0,c)$ (其中 $a,b,c$ 全不为 0) 的平面方程.

**解** 由例 4, 所求平面方程为

$$\begin{vmatrix} x-a & y & z \\ -a & b & 0 \\ -a & 0 & c \end{vmatrix}=0,$$

得 $bc(x-a)+acy+abz=0$, 即

$$\frac{x}{a}+\frac{y}{b}+\frac{z}{c}=1.$$

称上式为平面的**截距式方程**, $a,b,c$ 分别叫做平面在 $x$ 轴、$y$ 轴、$z$ 轴上的截距. □

最后, 我们导出空间中点到平面的距离公式.

**例 6** 点 $P_0(x_0,y_0,z_0)$ 到平面 $\pi: Ax+By+Cz+D=0$ 的距离是

$$d=\frac{|Ax_0+By_0+Cz_0+D|}{\sqrt{A^2+B^2+C^2}}.$$

另解: 任取平面 $\pi$ 上一点 $P_2(x_2, y_2, z_2)$, 则所求距离 $d$ 就是向量 $\overrightarrow{P_0P_2}$ 在平面法向量 $\boldsymbol{n}$ 上投影向量的长度, 类似也可得到该公式.

**证明** 如图 1.18, 过 $P_0$ 作 $\pi$ 的垂线交 $\pi$ 于 $P_1(x_1,y_1,z_1)$, 则 $\overrightarrow{P_1P_0}//\boldsymbol{n}=(A,B,C)$, 于是 $\overrightarrow{P_1P_0}=\pm d\dfrac{\boldsymbol{n}}{|\boldsymbol{n}|}$. 因为 $\overrightarrow{P_1P_0}=(x_0-x_1,y_0-y_1,z_0-z_1), |\boldsymbol{n}|=\sqrt{A^2+B^2+C^2}$, 所以有

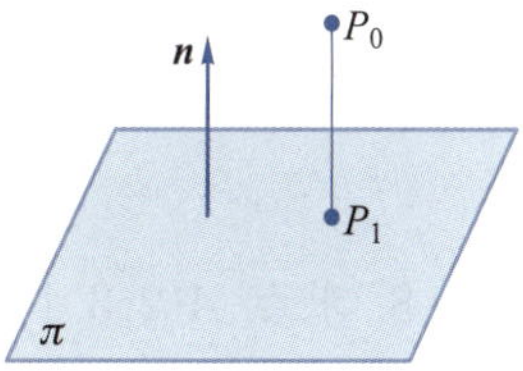

图 1.18

$$x_0-x_1=\frac{\pm Ad}{\sqrt{A^2+B^2+C^2}},$$
$$y_0-y_1=\frac{\pm Bd}{\sqrt{A^2+B^2+C^2}},$$

$$z_0 - z_1 = \frac{\pm Cd}{\sqrt{A^2+B^2+C^2}}.$$

又因为 $P_1$ 在 $\pi$ 上, 所以有 $Ax_1+By_1+Cz_1+D=0$, 由此得

$$d = \frac{\pm(Ax_0+By_0+Cz_0+D)}{\sqrt{A^2+B^2+C^2}},$$

考虑距离 $d$ 的非负性, 得

$$d = \frac{|Ax_0+By_0+Cz_0+D|}{\sqrt{A^2+B^2+C^2}}.$$ □

利用平面的法向量, 我们可以判定两个平面的位置关系.

请读者自己证明下面的定理.

**定理 1.3** 设 $\pi_1,\pi_2$ 为两个平面, 其方程分别为

$$\pi_1: A_1x+B_1y+C_1z+D_1=0,$$
$$\pi_2: A_2x+B_2y+C_2z+D_2=0,$$

则

两个平面重合可以理解为这两个平面平行的特殊情况: 既平行, 又相交.

(1) $\pi_1$ 与 $\pi_2$ 平行的充要条件是 $\boldsymbol{n}_1=(A_1,B_1,C_1)$ 与 $\boldsymbol{n}_2=(A_2,B_2,C_2)$ 共线, 即这两个向量的分量成比例.

(2) $\pi_1$ 与 $\pi_2$ 相交的充要条件是 $\boldsymbol{n}_1=(A_1,B_1,C_1)$ 与 $\boldsymbol{n}_2=(A_2,B_2,C_2)$ 不共线, 即这两个向量的分量不成比例.

(3) $\pi_1$ 与 $\pi_2$ 重合的充要条件是 $\boldsymbol{n}_1=(A_1,B_1,C_1)$ 与 $\boldsymbol{n}_2=(A_2,B_2,C_2)$ 共线, 且 $\pi_1$ 与 $\pi_2$ 有公共点.

## 习题 1.6

1. 求过点 $P_1(1,2,3)$ 且和向量 $\boldsymbol{n}=(-2,0,1)$ 垂直的平面方程.
2. 求过点 $A(1,1,1)$ 且过 $y$ 轴的平面方程.
3. 求过点 $(1,1,-1)$ 且与平面 $x-2y+3z=0$ 平行的平面方程.
4. 求过两点 $P_1(1,-5,1)$ 和 $P_2(3,2,-2)$ 且平行于 $y$ 轴的平面方程.
5. 求过三点 $P_1(1,-1,-2),P_2(0,3,2),P_3(3,-1,1)$ 的平面方程.
6. 求过 $x$ 轴, 且垂直于平面 $5x+3y-2z+3=0$ 的平面方程.
7. 证明: 空间中四点 $P_i(x_i,y_i,z_i)(i=1,2,3,4)$ 共面的充要条件是

$$\begin{vmatrix} x_2-x_1 & y_2-y_1 & z_2-z_1 \\ x_3-x_1 & y_3-y_1 & z_3-z_1 \\ x_4-x_1 & y_4-y_1 & z_4-z_1 \end{vmatrix} = 0.$$

8. 求点 $A(2,3,1)$ 到平面 $x+y-z+1=0$ 的距离.
9. 设平面 $\pi$ 与平面 $6x+3y+2z+12=0$ 平行, 且原点到 $\pi$ 的距离是 6 单位长, 求 $\pi$ 的方程.
10. 求两个平行平面 $3x+2y-6z-35=0$ 与 $3x+2y-6z-56=0$ 的距离.

*11. 设 $P_1,P_2,P_3,P_4$ 为空间中不共面的四个点, 求一个平面 $\pi$, 使这四个点到该平面的距离都相等. 这样的平面有多少个?

## §1.7 直线方程

在这一节, 我们应用向量代数去研究空间中直线的方程.

在空间直角坐标系 $\{O;x,y,z\}$ 中, 我们称与直线 $l$ 平行的任意非零向量为直线 $l$ 的**方向向量**. 由几何直观可知, 直线 $l$ 可由其上任意一个点和 $l$ 的任意一个方向向量唯一确定.

设直线 $l$ 过点 $P_0(x_0,y_0,z_0)$, 其方向向量为 $\boldsymbol{v}=(X,Y,Z)\neq\boldsymbol{0}$, 如图 1.19. 下面求直线 $l$ 的方程.

假设 $P(x,y,z)$ 为直线 $l$ 上的任意一点, 则 $\overrightarrow{P_0P}//\boldsymbol{v}$, 于是存在实数 $t$ 使 $\overrightarrow{P_0P}=t\boldsymbol{v}$, 即

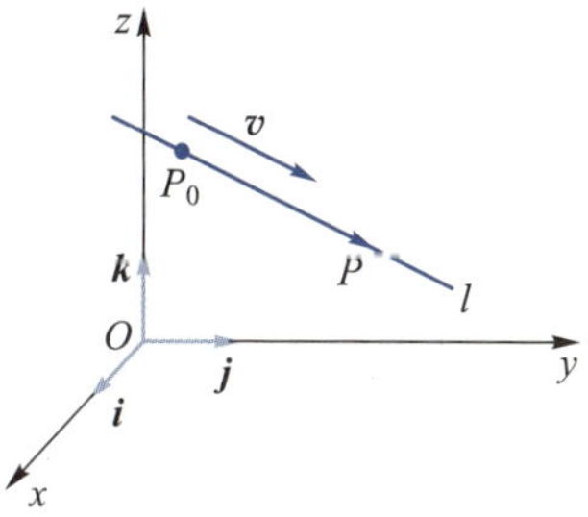

图 1.19

$$(x-x_0,y-y_0,z-z_0)=(tX,tY,tZ),$$

由此可得

$$\begin{cases}x=x_0+tX,\\ y=y_0+tY,\\ z=z_0+tZ.\end{cases}\tag{5}$$

易知满足 (5) 式的点恰好位于过 $P_0(x_0,y_0,z_0)$ 且平行于 $\boldsymbol{v}=(X,Y,Z)$ 的直线上, 因此 (5) 式就是所求直线 $l$ 的方程, 称为直线的**参数方程**. 由 (5) 式消去参数 $t$, 得

$$\frac{x-x_0}{X}=\frac{y-y_0}{Y}=\frac{z-z_0}{Z},\tag{6}$$

(6) 式称为直线的**点向式方程** (或**对称方程**).

由直线的点向式方程很容易看出, 该直线过定点 $(x_0,y_0,z_0)$ 且方向向量为 $(X,Y,Z)$.

**说明** 在 (6) 式中, 若分母 $X,Y,Z$ 中某一个或两个为 0, 仍然写成这种形式. 例如当 $X\neq0,Y=0,Z\neq0$ 时, (6) 式化为

$$\frac{x-x_0}{X}=\frac{y-y_0}{0}=\frac{z-z_0}{Z},$$

它要理解为 $\begin{cases}\dfrac{x-x_0}{X}=\dfrac{z-z_0}{Z},\\ y=y_0,\end{cases}$ 即两个平面 $\pi_1:\dfrac{x-x_0}{X}=\dfrac{z-z_0}{Z}$ 和 $\pi_2:y=y_0$ 的交线. 当 $X\neq0,Y=Z=0$ 时, (6) 式化为

$$\frac{x-x_0}{X}=\frac{y-y_0}{0}=\frac{z-z_0}{0},$$

它要理解为 $\begin{cases}y=y_0,\\ z=z_0,\end{cases}$ 即两个平面 $\pi_1:y=y_0$ 和 $\pi_2:z=z_0$ 的交线.

把直线看成两个相交平面的交线, 这种观点更具有普遍性. 下面基于这种观点, 引入直线的一般方程.

设 $\pi_1, \pi_2$ 是两个相交平面, 其方程分别为

$$\pi_1: A_1x+B_1y+C_1z+D_1=0,$$
$$\pi_2: A_2x+B_2y+C_2z+D_2=0,$$

那么, 它们的交线就可以用 $\pi_1, \pi_2$ 的一般方程联立来表示, 即

$$\begin{cases} A_1x+B_1y+C_1z+D_1=0, \\ A_2x+B_2y+C_2z+D_2=0, \end{cases} \tag{7}$$

(7) 式称为直线的**一般方程**.

利用直线的对称方程很容易得到直线的一般方程. 那么, 怎样从直线的一般方程来得到直线的对称方程呢?

假设相交平面 $\pi_1, \pi_2$ 的方程如前所述, 如图 1.20 所示, $\boldsymbol{n}_1=(A_1,B_1,C_1)$, $\boldsymbol{n}_2=(A_2,B_2,C_2)$ 分别为 $\pi_1, \pi_2$ 的法向量. 它们的交线 $l$ 的方向向量必与 $\boldsymbol{n}_1$ 和 $\boldsymbol{n}_2$ 都垂直, 因此 $l$ 的方向向量 $\boldsymbol{v}$ 可以取成

$$\begin{aligned} \boldsymbol{v} &= \boldsymbol{n}_1 \times \boldsymbol{n}_2 \\ &= \left( \begin{vmatrix} B_1 & C_1 \\ B_2 & C_2 \end{vmatrix}, \begin{vmatrix} C_1 & A_1 \\ C_2 & A_2 \end{vmatrix}, \begin{vmatrix} A_1 & B_1 \\ A_2 & B_2 \end{vmatrix} \right). \end{aligned}$$

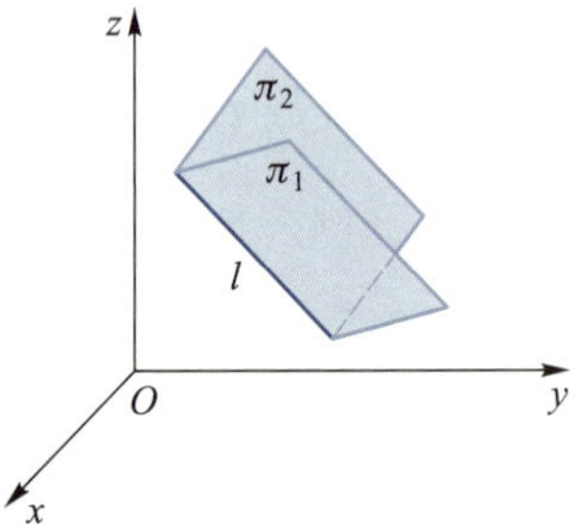


图 1.20

如果再在交线 $l$ 上任意选定一点 $P_0(x_0,y_0,z_0)$, 就可得到交线 $l$ 的对称方程

$$\frac{x-x_0}{\begin{vmatrix} B_1 & C_1 \\ B_2 & C_2 \end{vmatrix}} = \frac{y-y_0}{\begin{vmatrix} C_1 & A_1 \\ C_2 & A_2 \end{vmatrix}} = \frac{z-z_0}{\begin{vmatrix} A_1 & B_1 \\ A_2 & B_2 \end{vmatrix}}.$$

**例 1** 求过点 $A(3,2,-1)$ 且和 $\boldsymbol{v}=(1,2,0)$ 平行的直线方程.

**解** 所求直线方程是

$$\frac{x-3}{1}=\frac{y-2}{2}=\frac{z+1}{0},$$

或写成

$$\begin{cases} \dfrac{x-3}{1}=\dfrac{y-2}{2}, \\ z=-1. \end{cases}$$

□

先在直线上找一个点, 再根据向量积求出直线的方向向量, 就可以直接写出直线的点向式方程.

**例 2** 写出直线 $\begin{cases} 2x+y-z-1=0, \\ x-2y+z=0 \end{cases}$ 的对称方程.

**解** 令 $z=0$, 代入方程得 $2x+y=1, x-2y=0$, 解之得 $x=\dfrac{2}{5}$, $y=\dfrac{1}{5}$. 所以 $\left(\dfrac{2}{5},\dfrac{1}{5},0\right)$ 是方程组的一个解, 即点 $P_0\left(\dfrac{2}{5},\dfrac{1}{5},0\right)$ 在直线上.

又因为 $\boldsymbol{n}_1=(2,1,-1), \boldsymbol{n}_2=(1,-2,1)$, 所以可取

$$\boldsymbol{v}=\boldsymbol{n}_1\times\boldsymbol{n}_2=\left( \begin{vmatrix} 1 & -1 \\ -2 & 1 \end{vmatrix}, \begin{vmatrix} -1 & 2 \\ 1 & 1 \end{vmatrix}, \begin{vmatrix} 2 & 1 \\ 1 & -2 \end{vmatrix} \right)=(-1,-3,-5)$$

作为方向向量. 于是该直线的对称方程是

$$\frac{x-\frac{2}{5}}{-1}=\frac{y-\frac{1}{5}}{-3}=\frac{z}{-5},\quad 即\quad \frac{x-\frac{2}{5}}{1}=\frac{y-\frac{1}{5}}{3}=\frac{z}{5}.$$ □

大家知道, 空间中任意两点都可以唯一确定一条直线. 下面给出根据两点求直线方程的方法.

**例 3** 设直线 $l$ 过两个不同点 $P_1(x_1,y_1,z_1)$ 和 $P_2(x_2,y_2,z_2)$, 求 $l$ 的方程.

**解** 显然直线 $l$ 和 $\overrightarrow{P_1P_2}$ 平行, 故可取

$$\overrightarrow{P_1P_2}=(x_2-x_1,y_2-y_1,z_2-z_1)$$

作为方向向量. 又因为 $l$ 过 $P_1(x_1,y_1,z_1)$, 所以 $l$ 的方程是

$$\frac{x-x_1}{x_2-x_1}=\frac{y-y_1}{y_2-y_1}=\frac{z-z_1}{z_2-z_1},\tag{8}$$

(8) 式称为直线的**两点式方程**. □

关于空间中两条直线位置关系有如下定理, 请读者自行证明.

由直线的方向向量、平面的法向量的定义可以证明定理 1.4 和定理 1.5.

**定理 1.4** 设 $l_1,l_2$ 为分别过 $P_1(x_1,y_1,z_1)$, $P_2(x_2,y_2,z_2)$ 的两条直线, 其方程分别为

$$l_1:\frac{x-x_1}{X_1}=\frac{y-y_1}{Y_1}=\frac{z-z_1}{Z_1},\boldsymbol{v}_1=(X_1,Y_1,Z_1)\neq\boldsymbol{0},$$
$$l_2:\frac{x-x_2}{X_2}=\frac{y-y_2}{Y_2}=\frac{z-z_2}{Z_2},\boldsymbol{v}_2=(X_2,Y_2,Z_2)\neq\boldsymbol{0},$$

则

(1) $l_1/\!/l_2$ 的充要条件是 $\boldsymbol{v}_1$ 与 $\boldsymbol{v}_2$ 共线;

(2) $l_1$ 与 $l_2$ 重合的充要条件是 $\boldsymbol{v}_1,\boldsymbol{v}_2,\overrightarrow{P_1P_2}$ 三个向量共线;

(3) $l_1$ 与 $l_2$ 相交的充要条件是 $\boldsymbol{v}_1,\boldsymbol{v}_2$ 不共线且混合积 $(\overrightarrow{P_1P_2},\boldsymbol{v}_1,\boldsymbol{v}_2)=0$;

(4) $l_1$ 与 $l_2$ 为异面直线的充要条件是 $(\overrightarrow{P_1P_2},\boldsymbol{v}_1,\boldsymbol{v}_2)\neq0$.

关于空间中直线与平面的位置关系, 我们不难证明如下定理 (证明过程略).

**定理 1.5** 设空间中直线 $l$ 的方程为 $\dfrac{x-x_0}{X}=\dfrac{y-y_0}{Y}=\dfrac{z-z_0}{Z}$, 其中 $\boldsymbol{v}=(X,Y,Z)\neq\boldsymbol{0}$, 又设空间中平面 $\pi$ 的方程为 $Ax+By+Cz+D=0$, 其中 $\boldsymbol{n}=(A,B,C)\neq\boldsymbol{0}$, 则

(1) $l$ 与 $\pi$ 平行的充要条件是 $AX+BY+CZ=0$;

(2) $l$ 在 $\pi$ 上的充要条件是 $AX+BY+CZ=0$ 且 $Ax_0+By_0+Cz_0+D=0$;

(3) $l$ 与 $\pi$ 相交的充要条件是 $AX+BY+CZ\neq0$;

(4) $l$ 与 $\pi$ 垂直相交的充要条件是存在实数 $\lambda$ 使 $\boldsymbol{n}=\lambda\boldsymbol{v}$.

最后, 我们研究空间中一点到直线的距离 (即最短距离).

**定理 1.6** 点 $P_1(x_1,y_1,z_1)$ 到过点 $P_0(x_0,y_0,z_0)$ 的直线 $l:\dfrac{x-x_0}{X}=\dfrac{y-y_0}{Y}=\dfrac{z-z_0}{Z}$ 的距离是 $d=\dfrac{\left|\boldsymbol{v}\times\overrightarrow{P_0P_1}\right|}{|\boldsymbol{v}|}$, 其中 $\boldsymbol{v}=(X,Y,Z)$.

**证明** 设 $\boldsymbol{v}_0$ 是 $l$ 上一单位向量, $\boldsymbol{v}_0=\overrightarrow{P_0P_2}$. 易见 $\boldsymbol{v}_0=\dfrac{\pm\boldsymbol{v}}{|\boldsymbol{v}|}$ (图 1.21). 平行四边形 $P_0P_1P_3P_2$ 的面积是

$$S=\left|\boldsymbol{v}_0\times\overrightarrow{P_0P_1}\right|.$$

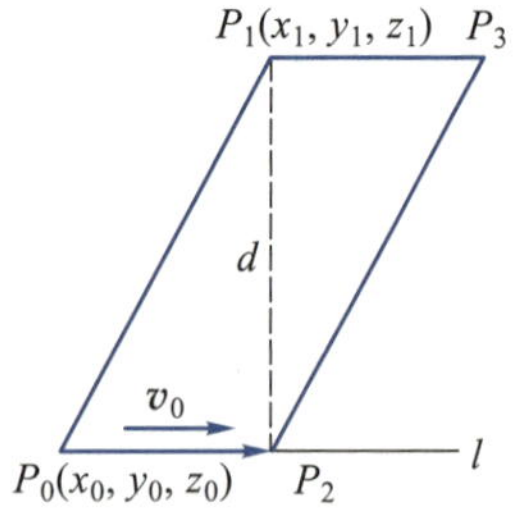

图 1.21

设 $d$ 为点 $P_1$ 到直线 $l$ 的距离, 则 $S=|\boldsymbol{v}_0|\,d$, 所以有

$$d=\frac{\left|\boldsymbol{v}_0\times\overrightarrow{P_0P_1}\right|}{|\boldsymbol{v}_0|}=\frac{\left|\boldsymbol{v}\times\overrightarrow{P_0P_1}\right|}{|\boldsymbol{v}|},$$

即

$$d=\frac{\left|\boldsymbol{v}\times\overrightarrow{P_0P_1}\right|}{|\boldsymbol{v}|}.$$ □

**定理 1.7** 两条异面直线 $l_i:\dfrac{x-x_i}{X_i}=\dfrac{y-y_i}{Y_i}=\dfrac{z-z_i}{Z_i}$, $\boldsymbol{v}_i=(X_i,Y_i,Z_i)\neq\boldsymbol{0}$ $(i=1,2)$ 的距离 (最短距离) 为

$$d=\frac{\left|(\overrightarrow{P_1P_2},\boldsymbol{v}_1,\boldsymbol{v}_2)\right|}{|\boldsymbol{v}_1\times\boldsymbol{v}_2|},$$

其中 $P_i$ 的坐标为 $(x_i,y_i,z_i), i=1,2$.

**证明** 如图 1.22, 过 $l_1$ 作一个平面 $\pi$, 使它与直线 $l_2$ 平行, 过点 $P_2$ 作平面 $\pi$ 的垂线 $P_2P_3$, 交 $\pi$ 于 $P_3$, 则 $\left|\overrightarrow{P_2P_3}\right|$ 就是所求的距离 $d$. 实际上, $d=\left|\overrightarrow{P_2P_3}\right|$ 是 $\overrightarrow{P_1P_2}$ 在平面 $\pi$ 的法方向 $\boldsymbol{n}=\boldsymbol{v}_1\times\boldsymbol{v}_2$ 上投影向量的长度. 设 $\boldsymbol{e}$ 为与 $\boldsymbol{n}$ 同向的单位向量, 则有

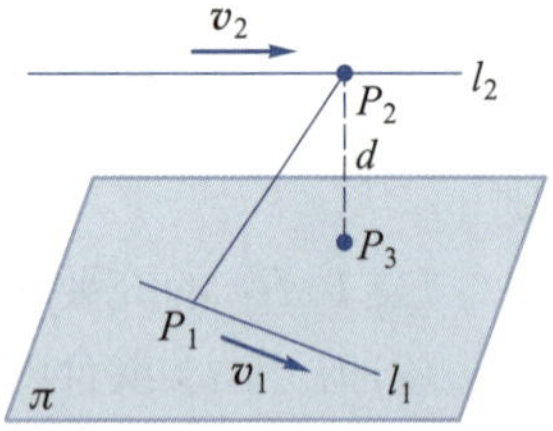

图 1.22

$$d=\left|\overrightarrow{P_1P_2}\cdot\boldsymbol{e}\right|=\left|\overrightarrow{P_1P_2}\cdot\frac{\boldsymbol{v}_1\times\boldsymbol{v}_2}{|\boldsymbol{v}_1\times\boldsymbol{v}_2|}\right|=\frac{\left|(\overrightarrow{P_1P_2},\boldsymbol{v}_1,\boldsymbol{v}_2)\right|}{|\boldsymbol{v}_1\times\boldsymbol{v}_2|}.$$ □

## 习题 1.7

1. 求过点 $A(1,1,1)$ 且平行于向量 $\boldsymbol{v}=(1,0,0)$ 的直线方程.
2. 求过点 $A_1(1,2,-1)$ 和 $A_2(1,0,2)$ 的直线方程.
3. 求过点 $(2,1,1)$ 且和平面 $\pi: x-2y+z-4=0$ 垂直的直线方程.
4. 把直线 $\begin{cases}2x+y-3z-1=0,\\ x+2y-2z+2=0\end{cases}$ 化为对称方程.
5. 求过点 $P_0(2,-1,0)$ 且和 $x$ 轴平行的直线方程.
6. 写出过点 $P_1(1,1,1)$ 和 $P_2(-1,0,1)$ 的直线 $l$ 的参数方程.
7. 证明: 过直线

$$l_1:\frac{x-x_1}{X_1}=\frac{y-y_1}{Y_1}=\frac{z-z_1}{Z_1}$$

且平行于直线

$$l_2:\frac{x-x_2}{X_2}=\frac{y-y_2}{Y_2}=\frac{z-z_2}{Z_2}$$

的平面方程是

$$\begin{vmatrix} x-x_1 & y-y_1 & z-z_1 \\ X_1 & Y_1 & Z_1 \\ X_2 & Y_2 & Z_2 \end{vmatrix}=0.$$

8. 判断下列各对直线的位置关系:

(1) $\frac{x-1}{2}=\frac{y-7}{1}=\frac{z-3}{4}$ 与 $\frac{x-6}{3}=\frac{y+1}{-2}=\frac{z+2}{1}$;

(2) $\frac{x-1}{2}=\frac{y-2}{-2}=\frac{z-1}{1}$ 与 $\frac{x}{-2}=\frac{y+5}{3}=\frac{z-4}{0}$;

(3) $\begin{cases} x-2+4t, \\ y=-6t, \\ z=-1-8t \end{cases}$ 与 $\begin{cases} x=7-6t, \\ y=2+9t, \\ z=1+2t. \end{cases}$

9. 求点 $P_1(3,4,2)$ 到直线 $\frac{x-1}{6}=\frac{y-2}{6}=\frac{z-3}{7}$ 的距离.

10. 求两平行线 $\frac{x}{2}=\frac{y}{-1}=\frac{z}{1}$, $\frac{x-3}{4}=\frac{y+1}{-2}=\frac{z}{2}$ 的距离.

11. 求直线 $\frac{x-3}{1}=\frac{y-1}{1}=\frac{z-2}{2}$ 与直线 $\frac{x}{-1}=\frac{y-2}{3}=\frac{z}{3}$ 间的最短距离.

12. 若光线沿直线 $\frac{x-1}{-1}=\frac{y-2}{1}=\frac{z}{3}$ 投射到平面 $x+y+z+1=0$ 上, 求反射光线的方程.

## 研究题 1

1. 设直线 $l$ 的一般方程为 $\begin{cases} A_1x+B_1y+C_1z+D_1=0, \\ A_2x+B_2y+C_2z+D_2=0, \end{cases}$ 证明: 过点 $P_0(x_0,y_0,z_0)$ 且与 $l$ 平行的直线方程为 $\begin{cases} A_1x+B_1y+C_1z+d_1=0, \\ A_2x+B_2y+C_2z+d_2=0, \end{cases}$ 其中 $d_1=-A_1x_0-B_1y_0-C_1z_0$, $d_2=-A_2x_0-B_2y_0-C_2z_0$.

2. 求过点 $P_0(x_0,y_0,z_0)$ 且与 $\pi: Ax+By+Cz+D=0$ 平行的平面方程.

3. 求点 $P_0(x_0,y_0,z_0)$ 到由两条相交直线 $l_1:\frac{x-x_1}{X_1}=\frac{y-y_1}{Y_1}=\frac{z-z_1}{Z_1}$ 和 $l_2:\frac{x-x_1}{X_2}=\frac{y-y_1}{Y_2}=\frac{z-z_1}{Z_2}$ 所确定平面的距离.

4. 求点 $P_0(x_0,y_0,z_0)$ 到直线 $l:\begin{cases} A_1x+B_1y+C_1z+D_1=0, \\ A_2x+B_2y+C_2z+D_2=0 \end{cases}$ 的距离, 其中 $A_1A_2+B_1B_2+C_1C_2=0$.

5. 已知直线 $l:\frac{x-x_0}{X}=\frac{y-y_0}{Y}=\frac{z-z_0}{Z}$ 与平面 $\pi: A(x-x_0)+B(y-y_0)+C(z-z_0)=0$ 不垂直, 求直线 $l$ 在平面 $\pi$ 上投影直线的方程.

6. 证明: 过直线 $l:\begin{cases}A_1x+B_1y+C_1z+D_1=0,\\ A_2x+B_2y+C_2z+D_2=0\end{cases}$ 的任意一个平面的方程可以写成 $\lambda(A_1x+B_1y+C_1z+D_1)+\mu(A_2x+B_2y+C_2z+D_2)=0$, 其中 $\lambda,\mu$ 为不全为 0 的实数.

7. 求点 $P_0(x_0,y_0,z_0)$ 关于平面 $\pi: Ax+By+Cz+D=0$ 的对称点 $P_1(x_1,y_1,z_1)$.

# 第 2 章 行列式与克拉默法则

## §2.1 行列式的定义

从二、三阶行列式的定义可以得出:

$$\begin{vmatrix} a_{11} & a_{12} & a_{13} \\ a_{21} & a_{22} & a_{23} \\ a_{31} & a_{32} & a_{33} \end{vmatrix} = a_{11}\begin{vmatrix} a_{22} & a_{23} \\ a_{32} & a_{33} \end{vmatrix} - a_{21}\begin{vmatrix} a_{12} & a_{13} \\ a_{32} & a_{33} \end{vmatrix} + a_{31}\begin{vmatrix} a_{12} & a_{13} \\ a_{22} & a_{23} \end{vmatrix}.$$

因此, 三阶行列式可以由二阶行列式来定义.

下面, 我们讨论 $n$ 阶行列式. 首先, 称由 $n$ 行 $n$ 列元素组成的式子

$$D = \begin{vmatrix} a_{11} & a_{12} \cdots & a_{1n} \\ a_{21} & a_{22} \cdots & a_{2n} \\ \vdots & \vdots & \vdots \\ a_{n1} & a_{n2} \cdots & a_{nn} \end{vmatrix} \text{(简记为 } |a_{ij}|_n \text{ 或 } |a_{ij}|\text{)}$$

为一个 $n$ **阶行列式**. 在 $n$ 阶行列式 $D$ 中, 我们把第 $i$ 行、第 $j$ 列元素 $a_{ij}$ 的**余子式**定义为由行列式 $D$ 中划去第 $i$ 行、第 $j$ 列剩下的 $n-1$ 行、$n-1$ 列元素按原来位置次序所组成的 $n-1$ 阶行列式 $M_{ij}$, 即

$$M_{ij} = \begin{vmatrix} a_{11} & \cdots & a_{1,j-1} & a_{1,j+1} & \cdots & a_{1n} \\ \vdots & & \vdots & \vdots & & \vdots \\ a_{i-1,1} & \cdots & a_{i-1,j-1} & a_{i-1,j+1} & \cdots & a_{i-1,n} \\ a_{i+1,1} & \cdots & a_{i+1,j-1} & a_{i+1,j+1} & \cdots & a_{i+1,n} \\ \vdots & & \vdots & \vdots & & \vdots \\ a_{n1} & \cdots & a_{n,j-1} & a_{n,j+1} & \cdots & a_{nn} \end{vmatrix}.$$

下面用归纳法定义 $n$ 阶行列式的具体意义.

**定义 2.1** 当 $n=1$ 时, $D=|a_{ij}|_n$ 定义为 $a_{11}$. 假定对 $n-1$ 阶行列式已定义, 那么对任意 $i,j\in\{1,2,\cdots,n\}$, 上面定义的元素 $a_{ij}$ 的余子式 $M_{ij}$ 为一个 $n-1$ 阶行列式. 由于假设是已经定义好的, 我们规定 $D=|a_{ij}|_n$ 如下:

$$D = a_{11}M_{11} - a_{21}M_{21} + \cdots + (-1)^{i+1}a_{i1}M_{i1} + \cdots + (-1)^{n+1}a_{n1}M_{n1}.$$

对任意自然数 $n$, 定义 2.1 给出 $n$ 阶行列式 (它是一个数!) 的计算方法: 将 $n$ 阶行列式化成 $n-1$ 阶行列式, 再化成 $n-2$ 阶行列式 …… 最后求出 $D$ 的值. 不难验证, 定义 2.1 与前面二、三阶行列式的定义是一致的 (证明留作习题).

习惯上, 我们把 $n$ 阶行列式 $D=|a_{ij}|_n$ 的第 $i$ 行第 $j$ 列的元素 $a_{ij}$ 叫做 $D$ 的 $(i,j)$ 元.

为了方便起见, 我们再引入代数余子式的概念.

**定义 2.2** 在 $n$ 阶行列式 $D=|a_{ij}|_n$ 中, 第 $i$ 行第 $j$ 列元素 $a_{ij}$ 的**代数余子式** $A_{ij}$ 定义为 $(-1)^{i+j}M_{ij}$, 其中 $M_{ij}$ 是 $a_{ij}$ 在 $D$ 中的余子式.

于是, 有 $D=a_{11}A_{11}+a_{21}A_{21}+\cdots+a_{n1}A_{n1}$, 即 $n$ 阶行列式 $D$ 就是第一列元素

与其代数余子式乘积之和.

**例 1** 求

$$D=\begin{vmatrix}1&0&-1&3\\0&2&-5&4\\3&-2&-1&1\\0&0&2&1\end{vmatrix}.$$

例 1 中, 因为 $a_{21}=a_{41}=0$, 所以按定义计算行列式时不必计算代数余子式 $A_{21}$ 和 $A_{41}$.

**解** $D$ 中第 1 行第 1 列元素 $a_{11}(=1)$ 的余子式为

$$M_{11}=\begin{vmatrix}2&-5&4\\-2&-1&1\\0&2&1\end{vmatrix}=-32,$$

$a_{11}$ 的代数余子式为 $A_{11}=(-1)^{1+1}M_{11}=-32$.

$D$ 中第 3 行第 1 列元素 $a_{31}(=3)$ 的余子式为 $M_{31}=\begin{vmatrix}0&-1&3\\2&-5&4\\0&2&1\end{vmatrix}=14$, $a_{31}$ 的代数余子式 $A_{31}=(-1)^{3+1}M_{31}=14$.

所以, $D=a_{11}A_{11}+a_{21}A_{21}+a_{31}A_{31}+a_{41}A_{41}=-32+3\times14=10$. □

**例 2** 求

$$D=\begin{vmatrix}a_{11}&a_{12}&\cdots&a_{1n}\\0&a_{22}&\cdots&a_{2n}\\\vdots&\vdots&&\vdots\\0&0&\cdots&a_{nn}\end{vmatrix}.$$

**解** 这个行列式称为上三角形行列式, 其特点是: 当 $i>j$ 时, $a_{ij}=0$, 或者说主对角线 (即 $a_{11},a_{22},\cdots,a_{nn}$ 所在的一条对角线) 以下的元素都等于 0.

依定义, 注意到 $D$ 的第 1 列仅有 $a_{11}$ 可能不为 0, 我们有

$$D=a_{11}A_{11}=a_{11}M_{11}=a_{11}\begin{vmatrix}a_{22}&a_{23}&\cdots&a_{2n}\\0&a_{33}&\cdots&a_{3n}\\\vdots&\vdots&&\vdots\\0&0&\cdots&a_{nn}\end{vmatrix}.$$

显然, $M_{11}$ 也是上三角形行列式, 其阶数为 $n-1$, 于是类似有

$$M_{11}=a_{22}\begin{vmatrix}a_{33}&a_{34}&\cdots&a_{3n}\\0&a_{44}&\cdots&a_{4n}\\\vdots&\vdots&&\vdots\\0&0&\cdots&a_{nn}\end{vmatrix},$$

从而

$$D=a_{11}a_{22}\begin{vmatrix} a_{33} & a_{34} & \cdots & a_{3n} \\ 0 & a_{44} & \cdots & a_{4n} \\ \vdots & \vdots & & \vdots \\ 0 & 0 & \cdots & a_{nn} \end{vmatrix}.$$

依次类推, 不难得出

$$D=a_{11}a_{22}\cdots a_{nn}=\prod_{i=1}^{n}a_{ii}.$$

因此上三角形行列式等于主对角线上元素之积. □

### 习题 2.1

1. 求下列行列式中各元素的余子式及代数余子式, 并计算行列式:

(1) $\begin{vmatrix} 2 & -5 & 1 \\ 0 & 3 & -2 \\ -1 & -3 & 4 \end{vmatrix}$;　　(2) $\begin{vmatrix} 1 & 2 & 3 \\ 2 & 3 & 4 \\ 3 & 4 & 5 \end{vmatrix}$.

2. 求下列行列式:

(1) $D=\begin{vmatrix} 0 & \cdots & 0 & a_1 \\ 0 & \cdots & a_2 & 0 \\ \vdots & & \vdots & \vdots \\ a_n & \cdots & 0 & 0 \end{vmatrix}$;　　(2) $D=\begin{vmatrix} 0 & 2 & 0 & \cdots & 0 \\ 0 & 0 & 3 & \cdots & 0 \\ \vdots & \vdots & \vdots & & \vdots \\ 0 & 0 & 0 & \cdots & n \\ 1 & 0 & 0 & \cdots & 0 \end{vmatrix}$;

(3) $D=\begin{vmatrix} 0 & 2 & 0 & 0 \\ 0 & 1 & 2 & 0 \\ 0 & 0 & 1 & 2 \\ 2 & 0 & 0 & 1 \end{vmatrix}$;　　(4) $D=\begin{vmatrix} a & 0 & 0 & b \\ 0 & a & b & 0 \\ b & 0 & a & 0 \\ 0 & b & 0 & a \end{vmatrix}$.

## §2.2 行列式性质及计算

通过观察三阶行列式

$$\begin{aligned} D&=\begin{vmatrix} a_{11} & a_{12} & a_{13} \\ a_{21} & a_{22} & a_{23} \\ a_{31} & a_{32} & a_{33} \end{vmatrix} \\ &=a_{11}a_{22}a_{33}+a_{12}a_{23}a_{31}+a_{13}a_{21}a_{32}-a_{11}a_{23}a_{32}-a_{12}a_{21}a_{33}-a_{13}a_{22}a_{31}. \end{aligned}$$

可以看出, $D=a_{11}A_{11}+a_{21}A_{21}+a_{31}A_{31}$, $D=a_{12}A_{12}+a_{22}A_{22}+a_{32}A_{32}$, $D=a_{13}A_{13}+a_{23}A_{23}+a_{33}A_{33}$. 这表明 $D$ 等于其任意一列元素与其相应的代数余子式乘积之和, 这个规律对于一般 $n$ 阶行列式也是对的. 我们不加证明地给出下面的展开定理 (按列展开).

**定理 2.1** 设 $D=|a_{ij}|_n$ 是一个 $n$ 阶行列式, 则对任意 $j=1,2,\cdots,n$, 有 $D=a_{1j}A_{1j}+a_{2j}A_{2j}+\cdots+a_{nj}A_{nj}$ (该式称为 $n$ 阶行列式 $D$ 按第 $j$ 列的展开式, 这样 $n$ 阶行列式的定义可看成按第 1 列展开的展开式).

**例 1** 求

$$D=\begin{vmatrix} a_{11} & 0 & \cdots & 0 \\ a_{21} & a_{22} & \cdots & 0 \\ \vdots & \vdots & & \vdots \\ a_{n1} & a_{n2} & \cdots & a_{nn} \end{vmatrix}.$$

**解** 这个行列式称为下三角形行列式, 其特点是: 主对角线以上的元素都是 0. 我们利用定理 2.1, 对 $D$ 按第 $n$ 列展开, 得到

$$D=a_{nn}\begin{vmatrix} a_{11} & 0 & \cdots & 0 \\ a_{21} & a_{22} & \cdots & 0 \\ \vdots & \vdots & & \vdots \\ a_{n-1,1} & a_{n-1,2} & \cdots & a_{n-1,n-1} \end{vmatrix}.$$

再按第 $n-1$ 列, 第 $n-2$ 列 $\cdots\cdots$ 顺序展开, 可得

$$D=a_{nn}a_{n-1,n-1}\cdots a_{22}a_{11}=\prod_{i=1}^{n}a_{ii}. \qquad \square$$

例 1 的结论后面经常用到.

按行列式的定义及按列展开定理计算的行列式有如下特点: 它或者含有许多 0 元素 (例如上、下三角形行列式), 或者阶数较小. 对于一般 $n$ 阶行列式的计算, 工作量通常很大, 要借助于行列式的性质来化简. 下面我们不加证明给出一般 $n$ 阶行列式的性质. 实际上, 习题 0.2 的第 2、3 题和习题 1.5 的第 9 题验证了 $n=3$ 的情形.

首先给出行列式转置的定义.

**定义 2.3** 设

$$D=|a_{ij}|_n=\begin{vmatrix} a_{11} & a_{12} & \cdots & a_{1n} \\ a_{21} & a_{22} & \cdots & a_{2n} \\ \vdots & \vdots & & \vdots \\ a_{n1} & a_{n2} & \cdots & a_{nn} \end{vmatrix}$$

为 $n$ 阶行列式, 则称

$$D^{\mathrm{T}}=\begin{vmatrix} a_{11} & a_{21} & \cdots & a_{n1} \\ a_{12} & a_{22} & \cdots & a_{n2} \\ \vdots & \vdots & & \vdots \\ a_{1n} & a_{2n} & \cdots & a_{nn} \end{vmatrix}$$

为 $D$ 的转置 (行列式), 它是把 $D$ 的行改为列, 列改为行 (即行列互换) 所得到的 $n$ 阶行列式.

**性质 1** 行列式 $D$ 的转置 $D^{\mathrm{T}}$ 与 $D$ 相等, 即 $D^{\mathrm{T}}=D$.

性质 1 也可表述为行列互换, 行列式不变.

由性质 1, 行列式中“行”与“列”的位置是对等的, 即行列式关于“列”成立的性质, 对“行”也对, 反之亦然. 因此, 我们有如下行列式按行展开定理.

**定理 2.2** 设 $D=|a_{ij}|_n$, 则 $D=a_{i1}A_{i1}+a_{i2}A_{i2}+\cdots+a_{in}A_{in}(i=1,2,\cdots,n)$.

**性质 2** 行列式 $D$ 的某一行 (列) 各元素的公因子可以提到行列式的前面, 即

性质 2 也可表述为一个数乘一个行列式, 等于用这个数乘行列式的一行 (列).

$$\begin{vmatrix} a_{11} & a_{12} & \cdots & a_{1n} \\ \vdots & \vdots & & \vdots \\ ka_{i1} & ka_{i2} & \cdots & ka_{in} \\ \vdots & \vdots & & \vdots \\ a_{n1} & a_{n2} & \cdots & a_{nn} \end{vmatrix} = k\begin{vmatrix} a_{11} & a_{12} & \cdots & a_{1n} \\ \vdots & \vdots & & \vdots \\ a_{i1} & a_{i2} & \cdots & a_{in} \\ \vdots & \vdots & & \vdots \\ a_{n1} & a_{n2} & \cdots & a_{nn} \end{vmatrix}.$$

特别地, 若行列式有一行 (列) 为 0, 则行列式等于 0.

**性质 3** 互换行列式中任意两行 (列) 的位置得到的行列式与原行列式反号, 即

在利用性质 3 计算行列式时, 交换行列式中两行 (列) 位置时行列式要反号. 这个负号容易漏掉, 要特别注意.

$$\begin{vmatrix} a_{11} & a_{12} & \cdots & a_{1n} \\ \vdots & \vdots & & \vdots \\ a_{p1} & a_{p2} & \cdots & a_{pn} \\ \vdots & \vdots & & \vdots \\ a_{q1} & a_{q2} & \cdots & a_{qn} \\ \vdots & \vdots & & \vdots \\ a_{n1} & a_{n2} & \cdots & a_{nn} \end{vmatrix} = -\begin{vmatrix} a_{11} & a_{12} & \cdots & a_{1n} \\ \vdots & \vdots & & \vdots \\ a_{q1} & a_{q2} & \cdots & a_{qn} \\ \vdots & \vdots & & \vdots \\ a_{p1} & a_{p2} & \cdots & a_{pn} \\ \vdots & \vdots & & \vdots \\ a_{n1} & a_{n2} & \cdots & a_{nn} \end{vmatrix}.$$

**性质 4** 若行列式 $D$ 中两行 (列) 对应元素成比例, 则 $D=0$. 特别地, 若 $D$ 中两行 (列) 相同, 则 $D=0$.

**性质 5** 若行列式 $D$ 的某一行 (列) 各元素都可写成两项之和, 则 $D$ 可写成两个行列式之和, 即

$$\begin{vmatrix} a_{11} & a_{12} & \cdots & a_{1n} \\ \vdots & \vdots & & \vdots \\ a_{i1}+b_{i1} & a_{i2}+b_{i2} & \cdots & a_{in}+b_{in} \\ \vdots & \vdots & & \vdots \\ a_{n1} & a_{n2} & \cdots & a_{nn} \end{vmatrix} = \begin{vmatrix} a_{11} & a_{12} & \cdots & a_{1n} \\ \vdots & \vdots & & \vdots \\ a_{i1} & a_{i2} & \cdots & a_{in} \\ \vdots & \vdots & & \vdots \\ a_{n1} & a_{n2} & \cdots & a_{nn} \end{vmatrix} + \begin{vmatrix} a_{11} & a_{12} & \cdots & a_{1n} \\ \vdots & \vdots & & \vdots \\ b_{i1} & b_{i2} & \cdots & b_{in} \\ \vdots & \vdots & & \vdots \\ a_{n1} & a_{n2} & \cdots & a_{nn} \end{vmatrix}.$$

**性质 6** 行列式的某一行 (列) 的任意倍数加到另一行 (列) 上去, 行列式不变. 或者说, 行列式的某一行 (列) 加上另一行 (列) 的任意倍, 行列式不变.

下面利用行列式的这些性质及按行 (列) 展开定理来计算行列式.

该方法也可理解为: 先用行列式性质造 "0", 然后用展开定理把行列式降阶.

假定 $D=|a_{ij}|$ 为 $n$ 阶行列式. 若 $a_{11}\neq 0$, 那么利用性质 6, 分别把第 1 行的若干倍加到第 2 行 $\cdots\cdots$ 第 $n$ 行上去, 可得

$$D=\begin{vmatrix} a_{11} & a_{12} & \cdots & a_{1n} \\ 0 & a'_{22} & \cdots & a'_{2n} \\ \vdots & \vdots & & \vdots \\ 0 & a'_{n2} & \cdots & a'_{nn} \end{vmatrix} = a_{11}\begin{vmatrix} a'_{22} & \cdots & a'_{2n} \\ \vdots & & \vdots \\ a'_{n2} & \cdots & a'_{nn} \end{vmatrix},$$

这样就把一个 $n$ 阶行列式计算问题化成 $n-1$ 阶行列式的计算来处理, 达到了 "降

阶”的目的. 如果 $a_{11}=0$, 那么可以互换第一行与下面某一行, 使得 $a'_{11}\neq 0$, 化为前面的情形.

一般而言, 利用行列式按行 (列) 展开定理把一个 $n$ 阶行列式转化为 $n$ 个 $n-1$ 阶行列式的计算问题, 工作量并没有减少. 如果我们先用行列式的性质把行列式中某一行 (列) 中元素除了一个元素外全部化为零, 再把行列式按这一行 (列) 展开, 就把 $n$ 阶行列式转化为一个 $n-1$ 阶行列式的计算问题. 这种把一个高阶行列式计算问题转化为若干低阶行列式计算的方法, 叫做“降阶法”.

**例 2** 计算

$$D=\begin{vmatrix}1 & -1 & 0 & 1\\3 & -1 & 1 & 0\\0 & -2 & 1 & -1\\2 & 4 & -1 & 3\end{vmatrix}.$$

**解**

$$D=\begin{vmatrix}1 & -1 & 0 & 1\\3 & -1 & 1 & 0\\0 & -2 & 1 & -1\\2 & 4 & -1 & 3\end{vmatrix}=\begin{vmatrix}1 & -1 & 0 & 1\\0 & 2 & 1 & -3\\0 & -2 & 1 & -1\\0 & 6 & -1 & 1\end{vmatrix}=\begin{vmatrix}2 & 1 & -3\\-2 & 1 & -1\\6 & -1 & 1\end{vmatrix}$$

$$=\begin{vmatrix}2 & 1 & -3\\0 & 2 & -4\\0 & -4 & 10\end{vmatrix}=2\begin{vmatrix}2 & -4\\-4 & 10\end{vmatrix}=8.$$

□

注 我们可按行列式的性质及展开定理把行列式“降阶”处理, 从而求出行列式. 也可以先化成上三角形行列式, 再计算.

**例 3** 计算

$$D=\begin{vmatrix}3 & 2 & 6 & 8\\2 & 0 & 6 & -2\\4 & -2 & 0 & 1\\5 & 0 & 0 & 3\end{vmatrix}.$$

**解**

$$D=\begin{vmatrix}3 & 2 & 6 & 8\\2 & 0 & 6 & -2\\4 & -2 & 0 & 1\\5 & 0 & 0 & 3\end{vmatrix}=\begin{vmatrix}1 & 2 & 0 & 10\\2 & 0 & 6 & -2\\4 & -2 & 0 & 1\\5 & 0 & 0 & 3\end{vmatrix}=\begin{vmatrix}1 & 2 & 0 & 10\\0 & -4 & 6 & -22\\0 & -10 & 0 & -39\\0 & -10 & 0 & -47\end{vmatrix}$$

$$=\begin{vmatrix}-4 & 6 & -22\\-10 & 0 & -39\\-10 & 0 & -47\end{vmatrix}=2\begin{vmatrix}-2 & 3 & -11\\-10 & 0 & -39\\-10 & 0 & -47\end{vmatrix}=2\begin{vmatrix}-2 & 3 & -11\\0 & -15 & 16\\0 & -15 & 8\end{vmatrix}$$

$$=-4\begin{vmatrix}-15 & 16\\-15 & 8\end{vmatrix}=-480.$$

实际上, 我们可根据行列式特点, 灵活运用行列式按行 (列) 展开定理, 使问题更

简化, 例如按第 3 列展开

$$D=\begin{vmatrix}1&2&0&10\\2&0&6&-2\\4&-2&0&1\\5&0&0&3\end{vmatrix}=-6\begin{vmatrix}1&2&10\\4&-2&1\\5&0&3\end{vmatrix}=-6\begin{vmatrix}1&2&10\\5&0&11\\5&0&3\end{vmatrix}=12\begin{vmatrix}5&11\\5&3\end{vmatrix}=-480.$$

□

**例 4** 计算 $n$ 阶行列式

$$D=\begin{vmatrix}a&b&\cdots&b\\b&a&\cdots&b\\\vdots&\vdots&&\vdots\\b&b&\cdots&a\end{vmatrix}.$$

例 4 的行列式具有特点: 主对角线外元素都相同, 主对角线上元素也都相同.

**解** 把第 $i$ 行加到第 1 行上,$i=2,3,\cdots,n$, 得

$$D=\begin{vmatrix}a+(n-1)b&a+(n-1)b&\cdots&a+(n-1)b\\b&a&\cdots&b\\\vdots&\vdots&&\vdots\\b&b&\cdots&a\end{vmatrix}$$

$$=[a+(n-1)b]\begin{vmatrix}1&1&\cdots&1\\b&a&\cdots&b\\\vdots&\vdots&&\vdots\\b&b&\cdots&a\end{vmatrix}=[a+(n-1)b]\begin{vmatrix}1&1&\cdots&1\\0&a-b&\cdots&0\\\vdots&\vdots&&\vdots\\0&0&\cdots&a-b\end{vmatrix}$$

$$=[a+(n-1)b](a-b)^{n-1}.$$

□

**例 5** 计算 $n$ 阶范德蒙德行列式

$$D_n=\begin{vmatrix}1&1&1&\cdots&1\\a_1&a_2&a_3&\cdots&a_n\\a_1^2&a_2^2&a_3^2&\cdots&a_n^2\\\vdots&\vdots&\vdots&&\vdots\\a_1^{n-1}&a_2^{n-1}&a_3^{n-1}&\cdots&a_n^{n-1}\end{vmatrix}\text{(它的 }(i,j)\text{ 元是 }a_j^{i-1}).$$

注意, 这里对范德蒙德行列式变形的次序: 先把第 $n-1$ 行的 $-a_1$ 倍加到第 $n$ 行上, 再把第 $n-2$ 行的 $-a_1$ 倍加到第 $n-1$ 行 …… 最后把第 1 行的 $-a_1$ 倍加到第 2 行. 这样做的目的是, 使下面利用行列式展开定理后所得到的 $n-1$ 阶行列式仍然可以转化为一个 $n-1$ 阶范德蒙德行列式, 进而可采用递推法或数学归纳法解决问题.

**解** 对 $i=n-1,n-2,\cdots,2,1$ 依次把第 $i$ 行的 $-a_1$ 倍加到第 $i+1$ 行上去, 就把第 1 列 (1,1) 位置下的元素都变成了 0, 得

$$D_n=\begin{vmatrix}1&1&1&\cdots&1\\0&a_2-a_1&a_3-a_1&\cdots&a_n-a_1\\0&a_2(a_2-a_1)&a_3(a_3-a_1)&\cdots&a_n(a_n-a_1)\\\vdots&\vdots&\vdots&&\vdots\\0&a_2^{n-2}(a_2-a_1)&a_3^{n-2}(a_3-a_1)&\cdots&a_n^{n-2}(a_n-a_1)\end{vmatrix}$$

$$
=\begin{vmatrix} a_2-a_1 & a_3-a_1 & \cdots & a_n-a_1 \\ a_2(a_2-a_1) & a_3(a_3-a_1) & \cdots & a_n(a_n-a_1) \\ \vdots & \vdots & & \vdots \\ a_2^{n-2}(a_2-a_1) & a_3^{n-2}(a_3-a_1) & \cdots & a_n^{n-2}(a_n-a_1) \end{vmatrix}_{(n-1)\times(n-1)}
$$

$$
=(a_2-a_1)(a_3-a_1)\cdots(a_n-a_1)\begin{vmatrix} 1 & 1 & \cdots & 1 \\ a_2 & a_3 & \cdots & a_n \\ \vdots & \vdots & & \vdots \\ a_2^{n-2} & a_3^{n-2} & \cdots & a_n^{n-2} \end{vmatrix}_{(n-1)\times(n-1)},
$$

其中, 最后一步是把第 $2,3,\cdots,n$ 列的公因子提出来. 可以看出, $n-1$ 阶行列式

$$
\begin{vmatrix} 1 & 1 & \cdots & 1 \\ a_2 & a_3 & \cdots & a_n \\ \vdots & \vdots & & \vdots \\ a_2^{n-2} & a_3^{n-2} & \cdots & a_n^{n-2} \end{vmatrix}
$$

也是一个范德蒙德行列式. 用类似的方法可得

$$
\begin{vmatrix} 1 & 1 & \cdots & 1 \\ a_2 & a_3 & \cdots & a_n \\ \vdots & \vdots & & \vdots \\ a_2^{n-2} & a_3^{n-2} & \cdots & a_n^{n-2} \end{vmatrix}=(a_3-a_2)\cdots(a_n-a_2)\begin{vmatrix} 1 & 1 & \cdots & 1 \\ a_3 & a_4 & \cdots & a_n \\ \vdots & \vdots & & \vdots \\ a_3^{n-3} & a_4^{n-3} & \cdots & a_n^{n-3} \end{vmatrix}.
$$

如此做下去 (用递推法), 不难得出

$$
\begin{aligned} D_n &= (a_2-a_1)(a_3-a_1)\cdots(a_n-a_1)(a_3-a_2)(a_4-a_2)\cdots(a_n-a_2)\cdots(a_n-a_{n-1}) \\ &= \prod_{1\leqslant j<i\leqslant n}(a_i-a_j). \end{aligned}
$$

□

上面结果也可以用数学归纳法证明 (留作习题).

* **例 6** 证明

$$
\begin{vmatrix} a_{11} & \cdots & a_{1m} & 0 & \cdots & 0 \\ \vdots & & \vdots & \vdots & & \vdots \\ a_{m1} & \cdots & a_{mm} & 0 & \cdots & 0 \\ c_{11} & \cdots & c_{1m} & b_{11} & \cdots & b_{1n} \\ \vdots & & \vdots & \vdots & & \vdots \\ c_{n1} & \cdots & c_{nm} & b_{n1} & \cdots & b_{nn} \end{vmatrix}=\begin{vmatrix} a_{11} & \cdots & a_{1m} \\ \vdots & & \vdots \\ a_{m1} & \cdots & a_{mm} \end{vmatrix}\begin{vmatrix} b_{11} & \cdots & b_{1n} \\ \vdots & & \vdots \\ b_{n1} & \cdots & b_{nn} \end{vmatrix}.
$$

**证明** 我们对 $n$ 作数学归纳法. 当 $n=1$ 时, 显然有

$$
\begin{vmatrix} a_{11} & \cdots & a_{1m} & 0 \\ \vdots & & \vdots & \vdots \\ a_{m1} & \cdots & a_{mm} & 0 \\ c_{11} & \cdots & c_{1m} & b_{11} \end{vmatrix}=b_{11}\begin{vmatrix} a_{11} & \cdots & a_{1m} \\ \vdots & & \vdots \\ a_{m1} & \cdots & a_{mm} \end{vmatrix},
$$

命题成立.

记原等号左边的 $m+n$ 阶行列式为 $D$. 假设命题对 $n-1$ 成立, 下面考察 $n$ 的情况. 把等式左边的 $m+n$ 阶行列式按第 $m+n$ 列展开, 得

$$D=\sum_{i=1}^{n}(-1)^{m+i+m+n}b_{in}M_{m+i,m+n}=\sum_{i=1}^{n}(-1)^{i+n}b_{in}M_{m+i,m+n},$$

其中 $M_{m+i,m+n}$ 为 $m+n$ 阶行列式 $D$ 的 $(m+i,m+n)$ 元素的余子式, 即

$$M_{m+i,m+n}=\begin{vmatrix} a_{11} & \cdots & a_{1m} & 0 & \cdots & 0 \\ \vdots & & \vdots & \vdots & & \vdots \\ a_{m1} & \cdots & a_{mm} & 0 & \cdots & 0 \\ c_{11} & \cdots & c_{1m} & b_{11} & \cdots & b_{1,n-1} \\ \vdots & & \vdots & \vdots & & \vdots \\ c_{i-1,1} & \cdots & c_{i-1,m} & b_{i-1,1} & \cdots & b_{i-1,n-1} \\ c_{i+1,1} & \cdots & c_{i+1,m} & b_{i+1,1} & \cdots & b_{i+1,n-1} \\ \vdots & & \vdots & \vdots & & \vdots \\ c_{n1} & \cdots & c_{nm} & b_{n1} & \cdots & b_{n,n-1} \end{vmatrix}.$$

由归纳假设得

$$M_{m+i,m+n}=\begin{vmatrix} a_{11} & \cdots & a_{1m} \\ \vdots & & \vdots \\ a_{m1} & \cdots & a_{mm} \end{vmatrix}\cdot\begin{vmatrix} b_{11} & \cdots & b_{1,n-1} \\ \vdots & & \vdots \\ b_{i-1,1} & \cdots & b_{i-1,n-1} \\ b_{i+1,1} & \cdots & b_{i+1,n-1} \\ \vdots & & \vdots \\ b_{n1} & \cdots & b_{n,n-1} \end{vmatrix}.$$

由行列式按列展开定理得

$$\begin{aligned} D&=\begin{vmatrix} a_{11} & \cdots & a_{1m} \\ \vdots & & \vdots \\ a_{m1} & \cdots & a_{mm} \end{vmatrix}\cdot\sum_{i=1}^{n}(-1)^{i+n}b_{in}\begin{vmatrix} b_{11} & \cdots & b_{1,n-1} \\ \vdots & & \vdots \\ b_{i-1,1} & \cdots & b_{i-1,n-1} \\ b_{i+1,1} & \cdots & b_{i+1,n-1} \\ \vdots & & \vdots \\ b_{n1} & \cdots & b_{n,n-1} \end{vmatrix} \\ &=\begin{vmatrix} a_{11} & \cdots & a_{1m} \\ \vdots & & \vdots \\ a_{m1} & \cdots & a_{mm} \end{vmatrix}\begin{vmatrix} b_{11} & \cdots & b_{1n} \\ \vdots & & \vdots \\ b_{n1} & \cdots & b_{nn} \end{vmatrix}. \end{aligned}$$

□

## 习题 2.2

1. 计算下列行列式:

(1) $\begin{vmatrix} x & y & 0 & 0 \\ 0 & x & y & 0 \\ 0 & 0 & x & y \\ y & 0 & 0 & x \end{vmatrix}$;　　(2) $\begin{vmatrix} a & 0 & 0 & b \\ 0 & a & b & 0 \\ 0 & b & a & 0 \\ b & 0 & 0 & a \end{vmatrix}$;

(3) $\begin{vmatrix} 1 & 2 & 3 & \cdots & n \\ -1 & 0 & 3 & \cdots & n \\ -1 & -2 & 0 & \cdots & n \\ \vdots & \vdots & \vdots & & \vdots \\ -1 & -2 & -3 & \cdots & 0 \end{vmatrix}$.

2. 证明下列等式:

(1) $\begin{vmatrix} a_{11} & a_{12} & 0 & 0 \\ a_{21} & a_{22} & 0 & 0 \\ a_{31} & a_{32} & a_{33} & a_{34} \\ a_{41} & a_{42} & a_{43} & a_{44} \end{vmatrix} = \begin{vmatrix} a_{11} & a_{12} \\ a_{21} & a_{22} \end{vmatrix} \begin{vmatrix} a_{33} & a_{34} \\ a_{43} & a_{44} \end{vmatrix}$;

(2) $\begin{vmatrix} b+c & c+a & a+b \\ b_1+c_1 & c_1+a_1 & a_1+b_1 \\ b_2+c_2 & c_2+a_2 & a_2+b_2 \end{vmatrix} = 2 \begin{vmatrix} a & b & c \\ a_1 & b_1 & c_1 \\ a_2 & b_2 & c_2 \end{vmatrix}$;

(3) $\begin{vmatrix} 1 & 1 & 1 \\ a_1 & a_2 & a_3 \\ a_1^2 & a_2^2 & a_3^2 \end{vmatrix} = (a_2-a_1)(a_3-a_1)(a_3-a_2)$.

3. 行列式

$$D = \begin{vmatrix} 0 & a_{12} & a_{13} & \cdots & a_{1n} \\ -a_{12} & 0 & a_{23} & \cdots & a_{2n} \\ -a_{13} & -a_{23} & 0 & \cdots & a_{3n} \\ \vdots & \vdots & \vdots & & \vdots \\ -a_{1n} & -a_{2n} & -a_{3n} & \cdots & 0 \end{vmatrix}$$

称为反称行列式. 试证明: 当 $n$ 为奇数时, $D=0$.

4. 计算下列行列式:

(1) $\begin{vmatrix} 1 & 2 & 3 & 4 \\ 2 & 3 & 4 & 1 \\ 3 & 4 & 1 & 2 \\ 4 & 1 & 2 & 3 \end{vmatrix}$;　　(2) $\begin{vmatrix} 0 & 2 & 2 & 2 \\ -2 & 0 & 2 & 2 \\ -2 & -2 & 0 & 2 \\ -2 & -2 & -2 & 0 \end{vmatrix}$;

(3) $\begin{vmatrix} 1+x & 1 & 1 & 1 \\ 1 & 1-x & 1 & 1 \\ 1 & 1 & 1+y & 1 \\ 1 & 1 & 1 & 1-y \end{vmatrix}$;　　(4) $\begin{vmatrix} 246 & 427 & 327 \\ 1014 & 543 & 443 \\ -342 & 721 & 621 \end{vmatrix}$;

(5) $\begin{vmatrix} 3 & 2 & 4 & 0 \\ 2 & 1 & -1 & 1 \\ 1 & 0 & 2 & -2 \\ 2 & 3 & 1 & 1 \end{vmatrix}$; (6) $\begin{vmatrix} 0 & 5 & -1 & 3 \\ 2 & 4 & 1 & 1 \\ 3 & 0 & 2 & 4 \\ 2 & 3 & -1 & 4 \end{vmatrix}$.

5. 计算下列行列式:

(1) $\begin{vmatrix} a_0 & -1 & 0 & \cdots & 0 & 0 \\ a_1 & x & -1 & \cdots & 0 & 0 \\ a_2 & 0 & x & \cdots & 0 & 0 \\ \vdots & \vdots & \vdots & & \vdots & \vdots \\ a_{n-1} & 0 & 0 & \cdots & x & -1 \\ a_n & 0 & 0 & \cdots & 0 & x \end{vmatrix}$;

(2) $\begin{vmatrix} a_0 & 1 & 1 & \cdots & 1 & 1 \\ 1 & a_1 & 0 & \cdots & 0 & 0 \\ 1 & 0 & a_2 & \cdots & 0 & 0 \\ \vdots & \vdots & \vdots & & \vdots & \vdots \\ 1 & 0 & 0 & \cdots & 0 & a_n \end{vmatrix}$ $(a_i \neq 0, i=1,2,\cdots,n)$;

(3) $\begin{vmatrix} 1+a_1 & 1 & 1 & \cdots & 1 & 1 \\ 1 & 1+a_2 & 1 & \cdots & 1 & 1 \\ 1 & 1 & 1+a_3 & \cdots & 1 & 1 \\ \vdots & \vdots & \vdots & & \vdots & \vdots \\ 1 & 1 & 1 & \cdots & 1 & 1+a_n \end{vmatrix}$;

(4) $\begin{vmatrix} a+b & ab & 0 & \cdots & 0 & 0 \\ 1 & a+b & ab & \cdots & 0 & 0 \\ 0 & 1 & a+b & \cdots & 0 & 0 \\ \vdots & \vdots & \vdots & & \vdots & \vdots \\ 0 & 0 & 0 & \cdots & a+b & ab \\ 0 & 0 & 0 & \cdots & 1 & a+b \end{vmatrix}_{n\times n}$;

(5) $\begin{vmatrix} 1+a_1b_1 & 1+a_1b_2 & \cdots & 1+a_1b_n \\ 1+a_2b_1 & 1+a_2b_2 & \cdots & 1+a_2b_n \\ \vdots & \vdots & & \vdots \\ 1+a_nb_1 & 1+a_nb_2 & \cdots & 1+a_nb_n \end{vmatrix}$.

6. 用数学归纳法证明:

$$\begin{vmatrix} 1 & 1 & 1 & \cdots & 1 \\ a_1 & a_2 & a_3 & \cdots & a_n \\ a_1^2 & a_2^2 & a_3^2 & \cdots & a_n^2 \\ \vdots & \vdots & \vdots & & \vdots \\ a_1^{n-1} & a_2^{n-1} & a_3^{n-1} & \cdots & a_n^{n-1} \end{vmatrix} = \prod_{1\leqslant j<i\leqslant n}(a_i-a_j).$$

## §2.3 克拉默法则

前面讨论过行列式按某一行 (列) 展开的定理, 有

$$D=\sum_{i=1}^{n}a_{ij}A_{ij}=\sum_{j=1}^{n}a_{ij}A_{ij},$$

即行列式 $D$ 等于它的任意一行 (列) 各元素与其代数余子式对应乘积之和. 那么, 如果把行列式的某一行 (列) 各元素与另一行 (列) 的代数余子式的乘积求和, 结果如何呢?

我们有下面的拉普拉斯定理.

**定理 2.3** 设 $D=|a_{ij}|$ 为 $n$ 阶行列式, $A_{ij}$ 为 $a_{ij}$ 在行列式 $D$ 中的代数余子式, 则有

$$\sum_{j=1}^{n}a_{ij}A_{sj}=\begin{cases}D, & i=s,\\ 0, & i\neq s,\end{cases}\quad i=1,2,\cdots,n.$$

$$\sum_{i=1}^{n}a_{ij}A_{ik}=\begin{cases}D, & k=j,\\ 0, & k\neq j,\end{cases}\quad j=1,2,\cdots,n.$$

注意, 定理 2.3 的证明中, 行列式 $d$, $D$ 的第 $s$ 行的代数余子式都相同.

**证明** 由于行列式中行、列的位置是对等的, 我们只要证明第一个式子成立即可. 当 $i\neq s$ 时, 把行列式 $D$ 的第 $s$ 行用 $D$ 的第 $i$ 行替换, 得到一个新的 $n$ 阶行列式

$$d=\begin{vmatrix}a_{11} & a_{12} & \cdots & a_{1n}\\ \vdots & \vdots & & \vdots\\ a_{i1} & a_{i2} & \cdots & a_{in}\\ \vdots & \vdots & & \vdots\\ a_{i1} & a_{i2} & \cdots & a_{in}\\ \vdots & \vdots & & \vdots\\ a_{n1} & a_{n2} & \cdots & a_{nn}\end{vmatrix}\begin{matrix}\\ \\ (\text{第 } i \text{ 行})\\ \\ (\text{第 } s \text{ 行})\\ \\ \\ \end{matrix}.$$

由性质 4, $d=0$. 再按第 $s$ 行展开, 又得

$$d=a_{i1}A_{s1}+a_{i2}A_{s2}+\cdots+a_{in}A_{sn}=\sum_{j=1}^{n}a_{ij}A_{sj}.$$

故知 $\sum\limits_{j=1}^{n}a_{ij}A_{sj}=0$. 对 $i=s$, 显然成立 (按行展开定理). □

引入记号

$$\delta_{ij}=\begin{cases}1, & i=j,\\ 0, & i\neq j.\end{cases}$$

则定理 2.3 中两个式子可改写成

$$\sum_{j=1}^{n}a_{ij}A_{sj}=\delta_{is}D\quad(i=1,2,\cdots,n),$$

$$\sum_{i=1}^{n} a_{ij}A_{ik} = \delta_{jk}D \quad (j=1,2,\cdots,n).$$

**例 1** 设行列式 $d = \begin{vmatrix} 1 & 2 & 3 \\ 2 & 3 & 4 \\ 5 & 6 & 7 \end{vmatrix}$, 它的 $(i,j)$ 元素的余子式和代数余子式分别为 $M_{ij}$ 和 $A_{ij}$.

求 (1) $A_{31}+2A_{32}+3A_{33}$;

(2) $M_{31}+2M_{32}+3M_{33}$.

**解** (1) $A_{31}+2A_{32}+3A_{33} = \begin{vmatrix} 1 & 2 & 3 \\ 2 & 3 & 4 \\ 1 & 2 & 3 \end{vmatrix} = 0.$

(2) $M_{31}+2M_{32}+3M_{33} = A_{31}-2A_{32}+3A_{33} = \begin{vmatrix} 1 & 2 & 3 \\ 2 & 3 & 4 \\ 1 & -2 & 3 \end{vmatrix} = -8.$ □

对于 $n$ 个未知量 $n$ 个方程的线性方程组

$$\begin{cases} a_{11}x_1 + a_{12}x_2 + \cdots + a_{1n}x_n = b_1, \\ a_{21}x_1 + a_{22}x_2 + \cdots + a_{2n}x_n = b_2, \\ \cdots\cdots\cdots\cdots \\ a_{n1}x_1 + a_{n2}x_2 + \cdots + a_{nn}x_n = b_n, \end{cases} \tag{1}$$

我们称由未知量前的系数 $a_{ij}(i,j=1,2,\cdots,n)$ 构成的行列式

$$D = \begin{vmatrix} a_{11} & a_{12} & \cdots & a_{1n} \\ a_{21} & a_{22} & \cdots & a_{2n} \\ \vdots & \vdots & & \vdots \\ a_{n1} & a_{n2} & \cdots & a_{nn} \end{vmatrix}$$

为方程组 (1) 的**系数行列式**.

需要注意, 只有未知量个数与方程组的方程个数相等时, 才能谈系数行列式. 对于前面二元、三元线性方程组的结果, 可以推广到一般 $n$ 元线性方程组上:

**定理 2.4 (克拉默法则)** 如果线性方程组 (1) 的系数行列式 $D\neq 0$, 那么 (1) 有唯一解 $x_1 = \dfrac{D_1}{D}, x_2 = \dfrac{D_2}{D}, \cdots, x_n = \dfrac{D_n}{D}$. 其中, $D_j$ 是把系数行列式 $D$ 的第 $j$ 列换成常数列 $b_1, b_2, \cdots, b_n$ 后所得到的 $n$ 阶行列式 $(j=1,2,\cdots,n)$.

注意, 克拉默法则的条件有两个:
(1) 未知量个数与方程个数相同;
(2) 系数行列式不为 0.
结论有三个:
(1) 解的存在性;
(2) 解的唯一性;
(3) 解的表达式.

**证明** 首先验证 $x_1 = \dfrac{D_1}{D}, x_2 = \dfrac{D_2}{D}, \cdots, x_n = \dfrac{D_n}{D}$ 是 (1) 的解.

我们把 $x_1 = \dfrac{D_1}{D}, x_2 = \dfrac{D_2}{D}, \cdots, x_n = \dfrac{D_n}{D}$ 代入第 $i$ 个方程 $\sum\limits_{j=1}^{n} a_{ij}x_j = b_i$ 进行验证, 得

$$\sum_{j=1}^{n} a_{ij}x_j = \sum_{j=1}^{n} a_{ij}\frac{D_j}{D} = \frac{1}{D}\sum_{j=1}^{n} a_{ij}D_j.$$

由行列式按列展开定理得 $D_j = \sum\limits_{k=1}^{n} b_k A_{kj}$, 其中 $A_{kj}$ 为系数行列式 $D$ 中元素 $a_{kj}$

的代数余子式, 所以有

$$\begin{aligned}\sum_{j=1}^{n} a_{ij}x_j &= \frac{1}{D}\sum_{j=1}^{n} a_{ij}\left(\sum_{k=1}^{n} b_k A_{kj}\right) = \frac{1}{D}\sum_{j=1}^{n}\sum_{k=1}^{n}(a_{ij}b_kA_{kj}) \\ &= \frac{1}{D}\sum_{k=1}^{n}\sum_{j=1}^{n}(a_{ij}b_kA_{kj}) = \frac{1}{D}\sum_{k=1}^{n} b_k\left(\sum_{j=1}^{n} a_{ij}A_{kj}\right) \\ &= \frac{1}{D}\sum_{k=1}^{n} b_k\cdot\delta_{ik}D = b_i \quad (i=1,2,\cdots,n).\end{aligned}$$

其中第三个等号利用和号交换次序 $\left(\sum\limits_{i=1}^{n}\sum\limits_{j=1}^{n}c_{ij}=\sum\limits_{j=1}^{n}\sum\limits_{i=1}^{n}c_{ij}\right)$, 第五个等号用到了拉普拉斯定理. 这就证明了 $x_1=\dfrac{D_1}{D}, x_2=\dfrac{D_2}{D},\cdots,x_n=\dfrac{D_n}{D}$ 的确是 (1) 的解.

**知识拓展 2–1**
连加号 $\sum$ 与连乘号 $\prod$

下面证明解的唯一性. 利用拉普拉斯定理进行消元. 任取 $i\in\{1,2,\cdots,n\}$, 考虑方程 $\sum\limits_{j=1}^{n}a_{ij}x_j=b_i$. 对 $k\in\{1,2,\cdots,n\}$, 方程两端同乘元素 $a_{ik}$ 在 $D$ 中的代数余子式 $A_{ik}$, 得

$$A_{ik}\sum_{j=1}^{n}a_{ij}x_j=b_iA_{ik},$$

再对 $i$ 求和, 得 $\sum\limits_{i=1}^{n}\sum\limits_{j=1}^{n}a_{ij}A_{ik}x_j=\sum\limits_{i=1}^{n}b_iA_{ik}$, 即

$$\sum_{i=1}^{n}\sum_{j=1}^{n}a_{ij}A_{ik}x_j=D_k.$$

左端的双重和式交换次序, 得

$$\begin{aligned}\sum_{i=1}^{n}\sum_{j=1}^{n}a_{ij}A_{ik}x_j &= \sum_{j=1}^{n}\left(\sum_{i=1}^{n}a_{ij}A_{ik}x_j\right) \\ &= \sum_{j=1}^{n}\left(\sum_{i=1}^{n}a_{ij}A_{ik}\right)x_j=\sum_{j=1}^{n}\delta_{jk}D\cdot x_j=Dx_k,\end{aligned}$$

其中倒数第二个等式用到了拉普拉斯定理.

因此, 得到 $Dx_k=D_k$, 故 $x_k=\dfrac{D_k}{D}, k=1,2,\cdots,n$. 这表明, 方程组 (1) 的解只可能是 $x_k=\dfrac{D_k}{D}, k=1,2,\cdots,n$.

在下一章, 利用逆矩阵及分块矩阵, 可以更简便地证明克拉默法则.

这就证明了克拉默法则. □

**推论** 对于 $n$ 个未知量 $n$ 个方程的线性方程组

$$\begin{cases}a_{11}x_1+a_{12}x_2+\cdots+a_{1n}x_n=0,\\ a_{21}x_1+a_{22}x_2+\cdots+a_{2n}x_n=0,\\ \cdots\cdots\cdots\cdots\\ a_{n1}x_1+a_{n2}x_2+\cdots+a_{nn}x_n=0,\end{cases}\tag{2}$$

如果它的系数行列式不为 0, 那么 (2) 只有零解. 换言之, 如果 (2) 有非零解, 那么系数行列式为 0.

**例 2** 设线性方程组

$$\begin{cases}\lambda x_1+x_2+x_3=0,\\ x_1+\lambda x_2+x_3=0,\\ x_1+x_2+\lambda x_3=0\end{cases}$$

有非零解, 求参数 $\lambda$ 的值.

**解** 系数行列式

$$D=\begin{vmatrix}\lambda & 1 & 1\\ 1 & \lambda & 1\\ 1 & 1 & \lambda\end{vmatrix}=(\lambda+2)(\lambda-1)^2.$$

若原方程组有非零解, 则 $D=0$, 得 $\lambda=-2$ 或 $\lambda=1$. 容易看出, 如果 $\lambda=-2$ 或 $\lambda=1$, 原方程组的确有非零解. □

注意, 要验证当 $\lambda=1$ 或 $\lambda=-2$ 时, 原方程组是否有非零解.

## 习题 2.3

1. 利用克拉默法则解下列方程组:

(1) $\begin{cases}2x_1+x_2-3x_3=-3,\\ 3x_1-x_2+2x_3=7,\\ 4x_1+2x_2-3x_3=-3;\end{cases}$

(2) $\begin{cases}x_1+3x_2-5x_3+x_4=-3,\\ 5x_1-2x_2+7x_3-2x_4=4,\\ 2x_1+x_2-4x_3-x_4=-1,\\ -3x_1-4x_2+6x_3-3x_4=10;\end{cases}$

(3) $\begin{cases}5x_1+6x_2=1,\\ x_1+5x_2+6x_3=-2,\\ x_2+5x_3+6x_4=2,\\ x_3+5x_4+6x_5=-2,\\ x_4+5x_5=-4.\end{cases}$

知识点讲解 2–1 行列式计算总结 1

知识点讲解 2–2 行列式计算总结 2

2. 设行列式 $D=\begin{vmatrix}1 & 2 & 3 & 4\\ 2 & 3 & 4 & 5\\ 3 & 4 & 5 & 6\\ 4 & 5 & 6 & 7\end{vmatrix}$, $A_{ij}$ 为 $(i,j)$ 元素的代数余子式,

(1) 求 $A_{11}+A_{12}+A_{13}+A_{14}$;

(2) 求 $A_{21}+2A_{22}+3A_{23}+4A_{24}$.

## 研究题 2

1. 计算下列 $n$ 阶行列式:

(1) $\begin{vmatrix} a & x & x & \cdots & x \\ y & a & x & \cdots & x \\ y & y & a & \cdots & x \\ \vdots & \vdots & \vdots & & \vdots \\ y & y & y & \cdots & a \end{vmatrix}$ $(x \neq y)$; (2) $\begin{vmatrix} a & b & 0 & \cdots & 0 & 0 \\ c & a & b & \cdots & 0 & 0 \\ 0 & c & a & \cdots & 0 & 0 \\ \vdots & \vdots & \vdots & & \vdots & \vdots \\ 0 & 0 & 0 & \cdots & a & b \\ 0 & 0 & 0 & \cdots & c & a \end{vmatrix}$ $(a, b, c \neq 0)$;

(3) $\begin{vmatrix} 1 & 1 & 1 & \cdots & 1 \\ x_1 & x_2 & x_3 & \cdots & x_n \\ x_1^2 & x_2^2 & x_3^2 & \cdots & x_n^2 \\ \vdots & \vdots & \vdots & & \vdots \\ x_1^{n-2} & x_2^{n-2} & x_3^{n-2} & \cdots & x_n^{n-2} \\ x_1^n & x_2^n & x_3^n & \cdots & x_n^n \end{vmatrix}$; (4) $\begin{vmatrix} 1 & 2 & 3 & \cdots & n-1 & n \\ 2 & 3 & 4 & \cdots & n & 1 \\ 3 & 4 & 5 & \cdots & 1 & 2 \\ \vdots & \vdots & \vdots & & \vdots & \vdots \\ n-1 & n & 1 & \cdots & n-3 & n-2 \\ n & 1 & 2 & \cdots & n-2 & n-1 \end{vmatrix}$.

2. 利用第二数学归纳法证明:

$$\begin{vmatrix} \cos\alpha & 1 & 0 & \cdots & 0 & 0 \\ 1 & 2\cos\alpha & 1 & \cdots & 0 & 0 \\ 0 & 1 & 2\cos\alpha & \cdots & 0 & 0 \\ \vdots & \vdots & \vdots & & \vdots & \vdots \\ 0 & 0 & 0 & \cdots & 2\cos\alpha & 1 \\ 0 & 0 & 0 & \cdots & 1 & 2\cos\alpha \end{vmatrix} = \cos n\alpha.$$

3. 设 $n$ 阶行列式 $D$ 为 $d$, 第一行元素都是 $a(a \neq 0)$.

(1) 对 $i = 1, 2, \cdots, n$, 分别计算行列式 $D$ 的第 $i$ 行元素的代数余子式之和 $S_i = \sum\limits_{j=1}^{n} A_{ij}$;

(2) 求行列式 $D$ 的所有元素的代数余子式之和 $S = \sum\limits_{i=1}^{n}\sum\limits_{j=1}^{n} A_{ij}$.

4. 设 $a_0, a_1, \cdots, a_{n-1}$ 为数域 $P$ 中两两互不相同的数, $b_0, b_1, \cdots, b_{n-1}$ 为数域 $P$ 中任意数, 证明存在数域 $P$ 上唯一的多项式 $f(x)$, 使 $f(x)$ 的次数小于 $n$, 且 $f(a_i) = b_i, i = 0, 1, \cdots, n-1$. 换言之, 次数小于 $n$ 的多项式由它在 $n$ 个不同点上的函数值唯一确定.

5. 设 $a_1, a_2, \cdots, a_{n-1}$ 为数域 $P$ 中互不相同的数, 多项式

$$D(x) = \begin{vmatrix} 1 & 1 & \cdots & 1 & 1 \\ a_1 & a_2 & \cdots & a_{n-1} & x \\ a_1^2 & a_2^2 & \cdots & a_{n-1}^2 & x^2 \\ \vdots & \vdots & & \vdots & \vdots \\ a_1^{n-1} & a_2^{n-1} & \cdots & a_{n-1}^{n-1} & x^{n-1} \end{vmatrix}.$$

证明: (1) $D(x)$ 为次数不超过 $n-1$ 的多项式;

(2) $a_1, a_2, \cdots, a_{n-1}$ 为 $D(x)$ 的 $n-1$ 个根 (零点);

(3) $D(x) = \prod\limits_{1 \leqslant j < i \leqslant n} (a_i - a_j) \cdot \prod\limits_{i=1}^{n-1} (x - a_i)$.

# 第 3 章　矩阵

矩阵是一个非常重要的数学概念, 矩阵的方法在数学及其他学科都有十分广泛的应用. 本章介绍矩阵的概念及其加法、减法、乘法、求逆等运算, 并且研究矩阵的初等变换. 本章总在一个数域 $P$ 上讨论问题.

## §3.1　矩阵的概念

首先, 回忆一下中学数学里用消元法解二元一次方程组的过程.

**例 1**　解二元一次方程组

$$\begin{cases} 2x + \ \ y = 5, \\ \ \ x - 4y = 7. \end{cases}$$

**解**　交换两个方程的位置, 得

$$\begin{cases} \ \ x - 4y = 7, \\ 2x + \ \ y = 5. \end{cases}$$

第一个方程的 $-2$ 倍加到第二个方程上去, 得

$$\begin{cases} x - 4y = 7, \\ \qquad 9y = -9. \end{cases}$$

用 $\dfrac{1}{9}$ 乘第二个方程两边, 得 $\begin{cases} x - 4y = 7, \\ \qquad y = -1. \end{cases}$ 第一个方程加上第二个方程的 4 倍, 得 $\begin{cases} x = 3, \\ y = -1. \end{cases}$

如果把原来的二元一次方程组用数表 $\begin{bmatrix} 2 & 1 & 5 \\ 1 & -4 & 7 \end{bmatrix}$ 代替 (这里数表第一列是 $x$ 的系数, 第二列是 $y$ 的系数, 最后一列是常数项), 并且以后每步得到的同解方程组也用类似的数表代替, 得到

$$\begin{bmatrix} 2 & 1 & 5 \\ 1 & -4 & 7 \end{bmatrix} \to \begin{bmatrix} 1 & -4 & 7 \\ 2 & 1 & 5 \end{bmatrix} \to \begin{bmatrix} 1 & -4 & 7 \\ 0 & 9 & -9 \end{bmatrix} \to \begin{bmatrix} 1 & -4 & 7 \\ 0 & 1 & -1 \end{bmatrix} \to \begin{bmatrix} 1 & 0 & 3 \\ 0 & 1 & -1 \end{bmatrix}.$$

我们发现, 求解二元一次方程组的过程, 实际上是对所给的方程组按上述方法得到的数表进行变换的过程. 最后化成的数表 $\begin{bmatrix} 1 & 0 & 3 \\ 0 & 1 & -1 \end{bmatrix}$, 对应的二元一次方程组就是 $\begin{cases} x = 3, \\ y = -1 \end{cases}$, 也就是原方程组的解. □

**例 2** 设一组变量 $x_1, x_2, x_3$ 和另一组变量 $y_1, y_2, y_3$ 具有如下的线性关系:

$$\begin{cases} y_1 = a_{11}x_1 + a_{12}x_2 + a_{13}x_3, \\ y_2 = a_{21}x_1 + a_{22}x_2 + a_{23}x_3, \\ y_3 = a_{31}x_1 + a_{32}x_2 + a_{33}x_3, \end{cases}$$

其中 $a_{ij}(i, j = 1, 2, 3)$ 都是实数, 则上述两组变量之间的关系可以用系数作成的数表

$$\begin{bmatrix} a_{11} & a_{12} & a_{13} \\ a_{21} & a_{22} & a_{23} \\ a_{31} & a_{32} & a_{33} \end{bmatrix}$$

来表示.

下面给出矩阵的概念.

**定义 3.1** 设 $P$ 为一个数域, 由 $P$ 中的 $m \times n$ 个数 $a_{ij}(i = 1, 2, \cdots, m; j = 1, 2, \cdots, n)$ 按一定次序排列成的**数表**

$$\begin{pmatrix} a_{11} & a_{12} & \cdots & a_{1n} \\ a_{21} & a_{22} & \cdots & a_{2n} \\ \vdots & \vdots & & \vdots \\ a_{m1} & a_{m2} & \cdots & a_{mn} \end{pmatrix} \quad 或 \quad \begin{bmatrix} a_{11} & a_{12} & \cdots & a_{1n} \\ a_{21} & a_{22} & \cdots & a_{2n} \\ \vdots & \vdots & & \vdots \\ a_{m1} & a_{m2} & \cdots & a_{mn} \end{bmatrix}$$

称为数域 $P$ 上的一个 $m \times n$ **矩阵**, 记作 $\boldsymbol{A}$ 或 $(a_{ij})_{m \times n}$ 或 $(a_{ij})$, 每个 $a_{ij}$ 都叫做 $\boldsymbol{A}$ 的一个**元素**. 习惯上, 我们把矩阵的第 $i$ 行第 $j$ 列元素叫做 $\boldsymbol{A}$ 的 $(i, j)$ **元素**. 当 $P$ 为实 (或复) 数域时, $\boldsymbol{A}$ 称为**实** (或**复**) **矩阵**.

**定义 3.2** 设 $\boldsymbol{A}, \boldsymbol{B}$ 为两个矩阵. 如果它们的行数、列数分别相等, 那么称 $\boldsymbol{A}, \boldsymbol{B}$ 为**同型矩阵**. $\boldsymbol{A}, \boldsymbol{B}$ 为同型矩阵, $\boldsymbol{A} = (a_{ij})_{m \times n}, \boldsymbol{B} = (b_{ij})_{m \times n}$, 如果 $a_{ij} = b_{ij}(i = 1, 2, \cdots, m; j = 1, 2, \cdots, n)$, 那么称 $\boldsymbol{A}$ 与 $\boldsymbol{B}$ **相等**, 记为 $\boldsymbol{A} = \boldsymbol{B}$.

由定义可知, 若 $\boldsymbol{A}$ 为 $m \times n$ 矩阵, 则与 $\boldsymbol{A}$ 同型的矩阵必定也是 $m \times n$ 矩阵, 而与 $\boldsymbol{A}$ 相等的矩阵就只能是 $\boldsymbol{A}$ 本身. 这就是说两个矩阵相等要求它们是同型矩阵, 且对应位置的元素完全相同, 即它们是一模一样的.

下面介绍几种特殊的矩阵, 它们都是我们以后经常碰到的.

> 我们强调, 矩阵与行列式有本质的区别. 一般地, 行列式是按特定的方法运算得到的一个数值, 而矩阵是一个矩形的数表. 在保持相等的条件下后者是不允许做任何改动的.

**零矩阵** 元素全是零的矩阵, 称为**零矩阵**, 记作 $\boldsymbol{O}$, 即

$$\boldsymbol{O} = \begin{bmatrix} 0 & 0 & \cdots & 0 \\ 0 & 0 & \cdots & 0 \\ \vdots & \vdots & & \vdots \\ 0 & 0 & \cdots & 0 \end{bmatrix}.$$

**方阵** 若矩阵 $\boldsymbol{A}$ 的行数和列数相等, 则称 $\boldsymbol{A}$ 是一个**方阵**, $n$ 行 $n$ 列的矩阵称为 $n$ 阶方阵, 又称为 $n$ 阶矩阵. 在方阵 $\boldsymbol{A}$ 中, 行数、列数相等的元素 $a_{ii}(i = 1, 2, \cdots, n)$ 位于一条对角线上, 该对角线称为 $\boldsymbol{A}$ 的**主对角线**.

**单位矩阵** 主对角线上全是 1, 其他元素都是 0 的方阵称为**单位矩阵**, 记作 $\boldsymbol{E}$, 即

$$\boldsymbol{E}=\begin{bmatrix}1&0&\cdots&0\\0&1&\cdots&0\\\vdots&\vdots&&\vdots\\0&0&\cdots&1\end{bmatrix}.$$

**数量矩阵** 主对角线上元素全是相同的数, 其余元素都是零的方阵称为**数量矩阵**, 记作 $a\boldsymbol{E}$, 其中 $a$ 是数量, $\boldsymbol{E}$ 是单位矩阵, 即

$$a\boldsymbol{E}=\begin{bmatrix}a&0&\cdots&0\\0&a&\cdots&0\\\vdots&\vdots&&\vdots\\0&0&\cdots&a\end{bmatrix}.$$

单位矩阵都是数量矩阵. 注意, 零矩阵 $\boldsymbol{O}$ 如果也是方阵, 那么它是数量矩阵; 否则不是.

**对角矩阵** 主对角线以外的元素全是零的方阵称为**对角矩阵**, 有时记为 $\mathrm{diag}(a_1, a_2,\cdots,a_n)$, 或写成

$$\boldsymbol{A}=\begin{bmatrix}a_1&0&\cdots&0\\0&a_2&\cdots&0\\\vdots&\vdots&&\vdots\\0&0&\cdots&a_n\end{bmatrix}.$$

**上 (下) 三角形矩阵** 主对角线以下的元素全是零的方阵称为**上三角形矩阵**, 主对角线以上的元素全是零的方阵称为**下三角形矩阵**, 即

$$\boldsymbol{A}=\begin{bmatrix}a_{11}&a_{12}&\cdots&a_{1n}\\0&a_{22}&\cdots&a_{2n}\\\vdots&\vdots&&\vdots\\0&0&\cdots&a_{nn}\end{bmatrix},\quad \boldsymbol{B}=\begin{bmatrix}a_{11}&0&\cdots&0\\a_{21}&a_{22}&\cdots&0\\\vdots&\vdots&&\vdots\\a_{n1}&a_{n2}&\cdots&a_{nn}\end{bmatrix}$$

分别称为上、下三角形矩阵.

**负矩阵** 设矩阵 $\boldsymbol{A}=(a_{ij})$, 则 $(-a_{ij})$ 为 $\boldsymbol{A}$ 的**负矩阵**, 记作 $-\boldsymbol{A}$.

**阶梯形矩阵** 一个矩阵 $\boldsymbol{A}=(a_{ij})_{m\times n}$ 称为**阶梯形矩阵**, 如果它满足: 每一行第一个元素到第一个非零元素的下方 (如果存在的话) 全为 0, 且全零行位于非零行的下方. 例如

$$\begin{bmatrix}2&3&-1&0\\0&1&2&-1\\0&0&0&13\end{bmatrix},\quad\begin{bmatrix}1&-2&3&-1\\0&0&2&5\\0&0&0&0\end{bmatrix}$$

都是阶梯形矩阵, 而

$$\begin{bmatrix}2&3&-1&0\\0&1&2&-1\\0&-1&0&3\end{bmatrix},\quad\begin{bmatrix}1&-2&3&-1\\0&0&0&0\\0&0&2&5\end{bmatrix}$$

则都是非阶梯形矩阵.

## §3.2 矩阵的运算

本节将研究矩阵的下列运算: 加法 (减法)、数量乘法、乘法、转置、方幂, 以及分块矩阵的上述运算.

### 一、矩阵的线性运算

矩阵的线性运算指矩阵的加法 (减法) 和数乘.

**定义 3.3** 设矩阵 $\boldsymbol{A}=(a_{ij}),\boldsymbol{B}=(b_{ij})$ 都是 $m\times n$ 矩阵. 则称矩阵 $\boldsymbol{C}=(a_{ij}+b_{ij})$, 即由 $\boldsymbol{A}$ 与 $\boldsymbol{B}$ 的对应元素之和组成的矩阵, 为 $\boldsymbol{A}$ 与 $\boldsymbol{B}$ 的**和**, 记作 $\boldsymbol{C}=\boldsymbol{A}+\boldsymbol{B}$. 又称 $\boldsymbol{A}+(-\boldsymbol{B})$ 为 $\boldsymbol{A}$ 与 $\boldsymbol{B}$ 的**差**, 记为 $\boldsymbol{A}-\boldsymbol{B}$, 即 $\boldsymbol{A}-\boldsymbol{B}=\boldsymbol{A}+(-\boldsymbol{B})$.

注 只有同型矩阵才能进行加、减法运算.
容易看出, 两个同型矩阵的和 (差) 就是矩阵对应位置的元素分别作和 (差) 运算所得到的矩阵.

**例 1** 设 $\boldsymbol{A}=\begin{bmatrix}1&2&-1\\2&3&1\end{bmatrix},\boldsymbol{B}=\begin{bmatrix}-2&0&1\\1&1&0\end{bmatrix}$, 则

$$\boldsymbol{A}+\boldsymbol{B}=\begin{bmatrix}1+(-2)&2+0&(-1)+1\\2+1&3+1&1+0\end{bmatrix}=\begin{bmatrix}-1&2&0\\3&4&1\end{bmatrix}.$$

**定义 3.4** 设 $k$ 是一个数, 矩阵 $\boldsymbol{A}=(a_{ij})$, 则矩阵 $(ka_{ij})$ 称为数 $k$ 与矩阵 $\boldsymbol{A}$ 的**乘积**, 记作 $k\boldsymbol{A}$.

依定义, 用一个数乘一个矩阵就是用该数乘矩阵的每个元素.

**例 2** 设 $\boldsymbol{A}=\begin{bmatrix}1&3&0\\-2&1&-1\\-3&1&0\end{bmatrix}$, 则 $3\boldsymbol{A}=\begin{bmatrix}3&9&0\\-6&3&-3\\-9&3&0\end{bmatrix}$.

矩阵的加法与数量乘法满足以下运算规律: 设 $\boldsymbol{A},\boldsymbol{B},\boldsymbol{C}$ 都是 $m\times n$ 矩阵, $l$, $k$ 是数, 则

1. $\boldsymbol{A}+\boldsymbol{B}=\boldsymbol{B}+\boldsymbol{A}$;
2. $(\boldsymbol{A}+\boldsymbol{B})+\boldsymbol{C}=\boldsymbol{A}+(\boldsymbol{B}+\boldsymbol{C})$;
3. 对任意矩阵 $\boldsymbol{A}$ 都有 $\boldsymbol{A}+\boldsymbol{O}=\boldsymbol{A}$, 这里 $\boldsymbol{O}$ 为 $m$ 行 $n$ 列的零矩阵;
4. 对任意矩阵 $\boldsymbol{A}$ 都有 $-\boldsymbol{A}$, 使 $\boldsymbol{A}+(-\boldsymbol{A})=\boldsymbol{O}$;
5. $1\boldsymbol{A}=\boldsymbol{A}$;
6. $(kl)\boldsymbol{A}=k(l\boldsymbol{A})=l(k\boldsymbol{A})$;
7. $(k+l)\boldsymbol{A}=k\boldsymbol{A}+l\boldsymbol{A}$;
8. $k(\boldsymbol{A}+\boldsymbol{B})=k\boldsymbol{A}+k\boldsymbol{B}$.

**证明** 只证明 8 (其他自证). 设 $\boldsymbol{A}=(a_{ij}),\boldsymbol{B}=(b_{ij})$, 则

$$k(\boldsymbol{A}+\boldsymbol{B})=k(a_{ij}+b_{ij})=(ka_{ij}+kb_{ij})=(ka_{ij})+(kb_{ij})=k\boldsymbol{A}+k\boldsymbol{B}.\quad\square$$

## 二、矩阵的乘法

知识点讲解 3–1
矩阵的乘法

**例 3** 设变量 $x_1,x_2,y_1,y_2,z_1,z_2$ 和 $z_3$ 满足

$$\begin{cases} z_1=a_{11}y_1+a_{12}y_2, \\ z_2=a_{21}y_1+a_{22}y_2, \\ z_3=a_{31}y_1+a_{32}y_2 \end{cases}$$

和

$$\begin{cases} y_1=b_{11}x_1+b_{12}x_2, \\ y_2=b_{21}x_1+b_{22}x_2, \end{cases}$$

其中 $a_{ij},b_{kl}\in$ 数域 $P$, 则不难得到

$$\begin{cases} z_1=(a_{11}b_{11}+a_{12}b_{21})x_1+(a_{11}b_{12}+a_{12}b_{22})x_2, \\ z_2=(a_{21}b_{11}+a_{22}b_{21})x_1+(a_{21}b_{12}+a_{22}b_{22})x_2, \\ z_3=(a_{31}b_{11}+a_{32}b_{21})x_1+(a_{31}b_{12}+a_{32}b_{22})x_2. \end{cases}$$

如果把这些变量之间的关系分别用矩阵描述出来, 得到三个矩阵

$$\boldsymbol{A}=\begin{bmatrix} a_{11} & a_{12} \\ a_{21} & a_{22} \\ a_{31} & a_{32} \end{bmatrix}, \boldsymbol{B}=\begin{bmatrix} b_{11} & b_{12} \\ b_{21} & b_{22} \end{bmatrix} \text{ 和 } \boldsymbol{C}=\begin{bmatrix} a_{11}b_{11}+a_{12}b_{21} & a_{11}b_{12}+a_{12}b_{22} \\ a_{21}b_{11}+a_{22}b_{21} & a_{21}b_{12}+a_{22}b_{22} \\ a_{31}b_{11}+a_{32}b_{21} & a_{31}b_{12}+a_{32}b_{22} \end{bmatrix}.$$

不难看出, 矩阵 $\boldsymbol{C}$ 的 $(i,j)$ 元素恰好是矩阵 $\boldsymbol{A}$ 的第 $i$ 行与矩阵 $\boldsymbol{B}$ 的第 $j$ 列对应元素乘积之和, 我们把 $\boldsymbol{C}$ 称为矩阵 $\boldsymbol{A}$ 与 $\boldsymbol{B}$ 的乘积.

**定义 3.5** 设 $\boldsymbol{A}=(a_{ik})_{m\times s},\boldsymbol{B}=(b_{kj})_{s\times n}$, 则称矩阵 $\boldsymbol{C}=(c_{ij})_{m\times n}$ 是 $\boldsymbol{A}$ 与 $\boldsymbol{B}$ 的乘积, 其中

$$c_{ij}=a_{i1}b_{1j}+a_{i2}b_{2j}+\cdots+a_{is}b_{sj}=\sum_{k=1}^{s}a_{ik}b_{kj}(i=1,2,\cdots,m;j=1,2,\cdots,n),$$

记作 $\boldsymbol{C}=\boldsymbol{AB}$. 即乘积 $\boldsymbol{AB}$ 中的 $(i,j)$ 元素是 $\boldsymbol{A}$ 的第 $i$ 行元素与 $\boldsymbol{B}$ 的第 $j$ 列对应元素乘积之和.

以后这些连续代换可以通过矩阵的乘法来实现.

从定义可以看出, 要使乘积 $\boldsymbol{AB}$ 有意义, $\boldsymbol{A}$ 的列数必须等于 $\boldsymbol{B}$ 的行数.

了解了矩阵乘积的定义再看例 3, 我们可以把这些变量之间的关系用矩阵写成

$$\begin{bmatrix} z_1 \\ z_2 \\ z_3 \end{bmatrix}=\begin{bmatrix} a_{11} & a_{12} \\ a_{21} & a_{22} \\ a_{31} & a_{32} \end{bmatrix}\begin{bmatrix} y_1 \\ y_2 \end{bmatrix}, \begin{bmatrix} y_1 \\ y_2 \end{bmatrix}=\begin{bmatrix} b_{11} & b_{12} \\ b_{21} & b_{22} \end{bmatrix}\begin{bmatrix} x_1 \\ x_2 \end{bmatrix},$$

和

$$\begin{bmatrix} z_1 \\ z_2 \\ z_3 \end{bmatrix}=\begin{bmatrix} a_{11}b_{11}+a_{12}b_{21} & a_{11}b_{12}+a_{12}b_{22} \\ a_{21}b_{11}+a_{22}b_{21} & a_{21}b_{12}+a_{22}b_{22} \\ a_{31}b_{11}+a_{32}b_{21} & a_{31}b_{12}+a_{32}b_{22} \end{bmatrix}\begin{bmatrix} x_1 \\ x_2 \end{bmatrix}$$

$$= \begin{bmatrix} a_{11} & a_{12} \\ a_{21} & a_{22} \\ a_{31} & a_{32} \end{bmatrix} \begin{bmatrix} b_{11} & b_{12} \\ b_{21} & b_{22} \end{bmatrix} \begin{bmatrix} x_1 \\ x_2 \end{bmatrix},$$

因此, 这两个代换的结果相当于对矩阵作乘法运算.

根据矩阵的乘法, 可以把一个非齐次线性方程组用矩阵表示, 这是我们今后常用到的.

**例 4** 含有 $n$ 个变量 $m$ 个方程的线性方程组

$$\begin{cases} a_{11}x_1 + a_{12}x_2 + \cdots + a_{1n}x_n = b_1, \\ a_{21}x_1 + a_{22}x_2 + \cdots + a_{2n}x_n = b_2, \\ \cdots\cdots\cdots\cdots \\ a_{m1}x_1 + a_{m2}x_2 + \cdots + a_{mn}x_n = b_m. \end{cases}$$

令 $\boldsymbol{A} = (a_{ij})_{m\times n}, \boldsymbol{X} = \begin{bmatrix} x_1 \\ x_2 \\ \vdots \\ x_n \end{bmatrix}, \boldsymbol{B} = \begin{bmatrix} b_1 \\ b_2 \\ \vdots \\ b_m \end{bmatrix}$, 则上述方程组可写成

$$\boldsymbol{AX} = \boldsymbol{B},$$

它就是线性方程组的矩阵形式.

**例 5** 设 $\boldsymbol{A} = [1,2,3], \boldsymbol{B} = \begin{bmatrix} 1 \\ 2 \\ 3 \end{bmatrix}$, 则

$$\boldsymbol{AB} = [14], \quad \boldsymbol{BA} = \begin{bmatrix} 1 & 2 & 3 \\ 2 & 4 & 6 \\ 3 & 6 & 9 \end{bmatrix}.$$

由此说明: 一般 $\boldsymbol{AB} \neq \boldsymbol{BA}$, 即矩阵乘法一般不满足交换律, 这与数和数的乘法有很大的不同.

**例 6** 设 $\boldsymbol{A} = \begin{bmatrix} 1 & 0 \\ 1 & 0 \end{bmatrix}, \boldsymbol{B} = \begin{bmatrix} 0 & 0 \\ 1 & 1 \end{bmatrix}$, 则

$$\boldsymbol{AB} = \begin{bmatrix} 0 & 0 \\ 0 & 0 \end{bmatrix}, \quad \boldsymbol{BA} = \begin{bmatrix} 0 & 0 \\ 2 & 0 \end{bmatrix}.$$

这又说明一个事实, 两个非零矩阵之乘积可能是一个零矩阵, 即 $\boldsymbol{A} \neq \boldsymbol{O}, \boldsymbol{B} \neq \boldsymbol{O}$, 可能会有 $\boldsymbol{AB} = \boldsymbol{O}$, 满足上述条件的矩阵 $\boldsymbol{A}, \boldsymbol{B}$ 叫做零因子. 由此, 矩阵乘法不具有消去律, 即由 $\boldsymbol{AB} = \boldsymbol{AC}$ 推不出 $\boldsymbol{B} = \boldsymbol{C}$, 由 $\boldsymbol{AB} = \boldsymbol{CB}$ 也不能得到 $\boldsymbol{A} = \boldsymbol{C}$.

矩阵的乘法满足以下运算规律:

1. 结合律 $(\boldsymbol{AB})\boldsymbol{C} = \boldsymbol{A}(\boldsymbol{BC})$;
2. 左分配律 $(\boldsymbol{A} + \boldsymbol{B})\boldsymbol{C} = \boldsymbol{AC} + \boldsymbol{BC}$;
3. 右分配律 $\boldsymbol{A}(\boldsymbol{B} + \boldsymbol{C}) = \boldsymbol{AB} + \boldsymbol{AC}$;

4. $k(\boldsymbol{AB})=(k\boldsymbol{A})\boldsymbol{B}=\boldsymbol{A}(k\boldsymbol{B})$,

其中 $\boldsymbol{A},\boldsymbol{B},\boldsymbol{C}$ 都是矩阵, $k$ 是数量.

要证等式两边的矩阵相等, 只要证明对应元素相等即可.

证明 证明 1 (其他自证). 设 $\boldsymbol{A}=(a_{ik})_{m\times p},\boldsymbol{B}=(b_{kl})_{p\times q},\boldsymbol{C}=(c_{lj})_{q\times n}$, 则

$$\begin{aligned}(\boldsymbol{AB})\boldsymbol{C}&=\left(\sum_{l=1}^{q}\left(\sum_{k=1}^{p}a_{ik}b_{kl}\right)c_{lj}\right)=\left(\sum_{l=1}^{q}\sum_{k=1}^{p}(a_{ik}b_{kl})c_{lj}\right)\\&=\left(\sum_{l=1}^{q}\sum_{k=1}^{p}a_{ik}(b_{kl}c_{lj})\right)=\left(\sum_{k=1}^{p}\sum_{l=1}^{q}a_{ik}(b_{kl}c_{lj})\right)\\&=\left(\sum_{k=1}^{p}a_{ik}\left(\sum_{l=1}^{q}b_{kl}c_{lj}\right)\right)=\boldsymbol{A}(\boldsymbol{BC}).\end{aligned}$$

□

数量矩阵具有下列性质: 设 $k,l$ 为数域 $P$ 中的数, 则
1. $k\boldsymbol{E}+l\boldsymbol{E}=(k+l)\boldsymbol{E}$;
2. $(k\boldsymbol{E})(l\boldsymbol{E})=(kl)\boldsymbol{E}$.

容易看出, 若 $\boldsymbol{A}$ 为 $s\times n$ 矩阵, 则

$$\boldsymbol{E}_s\boldsymbol{A}=\boldsymbol{A}\boldsymbol{E}_n=\boldsymbol{A}.$$

## 三、矩阵的转置

**定义 3.6** 把矩阵 $\boldsymbol{A}_{m\times n}$ 的行和列互换, 得到一个 $n\times m$ 矩阵, 称为 $\boldsymbol{A}$ 的转置矩阵, 记作 $\boldsymbol{A}^{\mathrm{T}}$.

**例 7** 设 $\boldsymbol{A}=\begin{bmatrix}1&2&3\\-1&0&1\\2&1&0\end{bmatrix},\boldsymbol{B}=\begin{bmatrix}1\\2\\3\end{bmatrix}$, 求 $\boldsymbol{A}^{\mathrm{T}},\boldsymbol{B}^{\mathrm{T}},(\boldsymbol{AB})^{\mathrm{T}},\boldsymbol{B}^{\mathrm{T}}\boldsymbol{A}^{\mathrm{T}}$.

解

$$\boldsymbol{A}^{\mathrm{T}}=\begin{bmatrix}1&-1&2\\2&0&1\\3&1&0\end{bmatrix},\quad \boldsymbol{B}^{\mathrm{T}}=[1,2,3],$$

$$(\boldsymbol{AB})^{\mathrm{T}}=\left(\begin{bmatrix}1&2&3\\-1&0&1\\2&1&0\end{bmatrix}\begin{bmatrix}1\\2\\3\end{bmatrix}\right)^{\mathrm{T}}=\begin{bmatrix}14\\2\\4\end{bmatrix}^{\mathrm{T}}=[14,2,4],$$

$$\boldsymbol{B}^{\mathrm{T}}\boldsymbol{A}^{\mathrm{T}}=[1,2,3]\begin{bmatrix}1&-1&2\\2&0&1\\3&1&0\end{bmatrix}=[14,2,4].$$

□

矩阵的转置有以下运算规律:

1. $(\boldsymbol{A}^{\mathrm{T}})^{\mathrm{T}}=\boldsymbol{A}$;
2. $(\boldsymbol{A}+\boldsymbol{B})^{\mathrm{T}}=\boldsymbol{A}^{\mathrm{T}}+\boldsymbol{B}^{\mathrm{T}}$;
3. $(k\boldsymbol{A})^{\mathrm{T}}=k\boldsymbol{A}^{\mathrm{T}}$;
4. $(\boldsymbol{AB})^{\mathrm{T}}=\boldsymbol{B}^{\mathrm{T}}\boldsymbol{A}^{\mathrm{T}}$.

其中 $\boldsymbol{A},\boldsymbol{B}$ 是矩阵, $k$ 是数量.

作为一个例子我们仅证其中之一 (其他自证).

**例 8** 证明: $(\boldsymbol{AB})^{\mathrm{T}}=\boldsymbol{B}^{\mathrm{T}}\boldsymbol{A}^{\mathrm{T}}$.

**证明** 设 $\boldsymbol{A}=(a_{ij})_{m\times l},\boldsymbol{B}=(b_{ij})_{l\times n}$, 则 $\boldsymbol{A}^{\mathrm{T}}=(a_{ji})_{l\times m},\boldsymbol{B}^{\mathrm{T}}=(b_{ji})_{n\times l}$. 易见, $(\boldsymbol{AB})^{\mathrm{T}}$ 是 $n\times m$ 矩阵, $\boldsymbol{B}^{\mathrm{T}}\boldsymbol{A}^{\mathrm{T}}$ 也是 $n\times m$ 矩阵.

再看 $(\boldsymbol{AB})^{\mathrm{T}}$ 和 $\boldsymbol{B}^{\mathrm{T}}\boldsymbol{A}^{\mathrm{T}}$ 的对应元素. $(\boldsymbol{AB})^{\mathrm{T}}$ 的 $(i,j)$ 元素是 $\boldsymbol{AB}$ 的 $(j,i)$ 元素, 即

$$\sum_{k=1}^{l}a_{jk}b_{ki}=a_{j1}b_{1i}+a_{j2}b_{2i}+\cdots+a_{jl}b_{li}.$$

$\boldsymbol{B}^{\mathrm{T}}\boldsymbol{A}^{\mathrm{T}}$ 的 $(i,j)$ 元素是 $\boldsymbol{B}^{\mathrm{T}}$ 的第 $i$ 行元素与 $\boldsymbol{A}^{\mathrm{T}}$ 的第 $j$ 列元素对应乘积之和, 也就是 $\boldsymbol{B}$ 的第 $i$ 列元素与 $\boldsymbol{A}$ 的第 $j$ 行元素对应乘积之和, 即

$$\sum_{k=1}^{l}b_{ki}a_{jk}=b_{1i}a_{j1}+b_{2i}a_{j2}+\cdots+b_{li}a_{jl}.$$

可见 $(\boldsymbol{AB})^{\mathrm{T}}$ 与 $\boldsymbol{B}^{\mathrm{T}}\boldsymbol{A}^{\mathrm{T}}$ 的对应元素相等, 故 $(\boldsymbol{AB})^{\mathrm{T}}=\boldsymbol{B}^{\mathrm{T}}\boldsymbol{A}^{\mathrm{T}}$. □

下面介绍对称矩阵、反称矩阵的概念.

假设 $\boldsymbol{A}$ 为方阵. 如果 $\boldsymbol{A}^{\mathrm{T}}=\boldsymbol{A}$, 那么称 $\boldsymbol{A}$ 是**对称矩阵**; 如果 $\boldsymbol{A}^{\mathrm{T}}=-\boldsymbol{A}$, 那么称 $\boldsymbol{A}$ 为**反称矩阵**.

显然, $\boldsymbol{A}=(a_{ij})_{m\times n}$ 为对称矩阵的充要条件是 $a_{ij}=a_{ji}(i,j=1,2,\cdots,n)$; $\boldsymbol{A}$ 为反称矩阵的充要条件是 $a_{ij}=-a_{ji}(i,j=1,2,\cdots,n)$. 特别地, 反称矩阵主对角线元素为 0.

容易看出, 对任意矩阵 $\boldsymbol{A}$, $\boldsymbol{A}^{\mathrm{T}}\boldsymbol{A}$ 和 $\boldsymbol{A}\boldsymbol{A}^{\mathrm{T}}$ 是两个对称矩阵.

**例 9** 设 $\boldsymbol{A},\boldsymbol{B}$ 为 $n$ 阶对称矩阵, 证明: $\boldsymbol{AB}$ 为对称矩阵的充要条件是 $\boldsymbol{AB}=\boldsymbol{BA}$.

**证明** 由定义, $n$ 阶矩阵 $\boldsymbol{AB}$ 为对称矩阵的充要条件是 $(\boldsymbol{AB})^{\mathrm{T}}=\boldsymbol{AB}$. 由例 8 结论, $(\boldsymbol{AB})^{\mathrm{T}}=\boldsymbol{B}^{\mathrm{T}}\boldsymbol{A}^{\mathrm{T}}$. 再由条件 $\boldsymbol{A},\boldsymbol{B}$ 都对称, 即 $\boldsymbol{A}^{\mathrm{T}}=\boldsymbol{A},\boldsymbol{B}^{\mathrm{T}}=\boldsymbol{B}$, 得 $\boldsymbol{AB}$ 为对称矩阵的充要条件是 $\boldsymbol{BA}=\boldsymbol{AB}$. □

## 四、方阵的幂

设 $k$ 是正整数, $\boldsymbol{A}$ 为方阵, 则称 $\boldsymbol{A}^k=\underbrace{\boldsymbol{AA}\cdots\boldsymbol{A}}_{k\text{ 个}}$ 为 $\boldsymbol{A}$ 的 $k$ 次**方幂**.

想一想, 我们为什么在定义 $\boldsymbol{A}$ 的方幂时要求 $\boldsymbol{A}$ 为方阵.

方幂有以下运算规律 ($l,k$ 是正整数):

1. $\boldsymbol{A}^l\boldsymbol{A}^k=\boldsymbol{A}^{l+k}$;
2. $(\boldsymbol{A}^l)^k=\boldsymbol{A}^{lk}$.

规定: $\boldsymbol{A}^0=\boldsymbol{E}$. 又设多项式 $f(x)=\sum\limits_{i=0}^{n}a_ix^i$, 则规定方阵 $\boldsymbol{A}$ 的多项式

$$f(\boldsymbol{A})=\sum_{i=0}^{n}a_i\boldsymbol{A}^i.$$

显然, 对一个方阵 $\boldsymbol{A}$ 的任意两个多项式 $f(\boldsymbol{A}),g(\boldsymbol{A})$, 成立 $f(\boldsymbol{A})g(\boldsymbol{A})=g(\boldsymbol{A})f(\boldsymbol{A})$.

**例 10** 设 $\boldsymbol{A}=[1,2,3]$, 求 $\boldsymbol{A}\boldsymbol{A}^{\mathrm{T}},\boldsymbol{A}^{\mathrm{T}}\boldsymbol{A}$ 和 $(\boldsymbol{A}^{\mathrm{T}}\boldsymbol{A})^n$, 其中 $n\geqslant 2$ 为自然数.

**解** 由例 5 得

$$AA^{\mathrm T}=[1,2,3]\begin{bmatrix}1\\2\\3\end{bmatrix}=14,\quad A^{\mathrm T}A=\begin{bmatrix}1\\2\\3\end{bmatrix}[1,2,3]=\begin{bmatrix}1&2&3\\2&4&6\\3&6&9\end{bmatrix}.$$

例 10 中行列式计算运用了矩阵乘法的结合律，把 $(A^{\mathrm T}A)^n$ 化成 $A^{\mathrm T}(AA^{\mathrm T})^{n-1}A$，简化了计算.

故当 $n\geqslant 2$ 时，

$$(A^{\mathrm T}A)^n=\underbrace{(A^{\mathrm T}A)\cdots(A^{\mathrm T}A)}_{n\text{ 个}}=A^{\mathrm T}\underbrace{(AA^{\mathrm T})\cdots(AA^{\mathrm T})}_{n-1\text{ 个}}A$$

$$=A^{\mathrm T}(AA^{\mathrm T})^{n-1}A=14^{n-1}A^{\mathrm T}A=14^{n-1}\begin{bmatrix}1&2&3\\2&4&6\\3&6&9\end{bmatrix}.$$ □

## 五、矩阵的分块

知识点讲解 3-2 分块矩阵

在进行矩阵运算时，常遇到零集中到某一处或某几处的情况，而这些零在运算中不起大的作用；另一种情况是，某些实际问题中会遇到高阶矩阵，即使用计算机去算有时也会受存储量的限制. 于是我们采取分块的办法，把零集中到某一块或某几块，并把一个高阶矩阵按行和列适当分成若干块 (称为子块)，把每一个子块看作一个元素参加运算 (当然，分法要使得矩阵的子块间的运算是有意义的)，这种方法称为矩阵的分块. 以子块为元素的矩阵称为**分块矩阵**.

**例 11** 设 $A=\begin{bmatrix}a_{11}&a_{12}&a_{13}&a_{14}\\a_{21}&a_{22}&a_{23}&a_{24}\\a_{31}&a_{32}&a_{33}&a_{34}\end{bmatrix}$，令 $A_1=\begin{bmatrix}a_{11}\\a_{21}\\a_{31}\end{bmatrix}$，$A_2=\begin{bmatrix}a_{12}\\a_{22}\\a_{32}\end{bmatrix}$，$A_3=\begin{bmatrix}a_{13}\\a_{23}\\a_{33}\end{bmatrix}$，$A_4=\begin{bmatrix}a_{14}\\a_{24}\\a_{34}\end{bmatrix}$，则 $A=(A_1,A_2,A_3,A_4)$. $A$ 还可以按行分为 $A=\begin{bmatrix}B_1\\B_2\\B_3\end{bmatrix}$，其中，$B_1=[a_{11},a_{12},a_{13},a_{14}]$，$B_2=[a_{21},a_{22},a_{23},a_{24}]$，$B_3=[a_{31},a_{32},a_{33},a_{34}]$.

设 $A=(a_{ij})_{m\times n}$，$B=(b_{ij})_{m\times n}$，则在作加减法运算时，要求 $A$ 的行与列的分法和 $B$ 的行与列的分法完全一致.

又若令 $A_{11}=\begin{bmatrix}a_{11}&a_{12}&a_{13}\\a_{21}&a_{22}&a_{23}\end{bmatrix}$，$A_{12}=\begin{bmatrix}a_{14}\\a_{24}\end{bmatrix}$ $A_{21}=[a_{31},a_{32},a_{33}]$，$A_{22}=[a_{34}]$，则

$$A=\begin{bmatrix}A_{11}&A_{12}\\A_{21}&A_{22}\end{bmatrix}.$$

**例 12**

$$A=\left[\begin{array}{cc|cc}-1&0&1&3\\0&1&2&4\\\hline 0&0&-1&0\\0&0&0&1\end{array}\right]=\begin{bmatrix}A_{11}&A_{12}\\O&A_{22}\end{bmatrix},$$

$$B=\left[\begin{array}{cc|cc}1&0&0&0\\0&-1&0&0\\\hline 3&2&1&0\\0&-1&0&-1\end{array}\right]=\begin{bmatrix}B_{11}&O\\B_{21}&B_{22}\end{bmatrix},$$

则

$$\boldsymbol{A}+\boldsymbol{B}=\begin{bmatrix}\boldsymbol{A}_{11}+\boldsymbol{B}_{11} & \boldsymbol{A}_{12}\\ \boldsymbol{B}_{21} & \boldsymbol{A}_{22}+\boldsymbol{B}_{22}\end{bmatrix}=\begin{bmatrix}\boldsymbol{O} & \boldsymbol{A}_{12}\\ \boldsymbol{B}_{21} & \boldsymbol{O}\end{bmatrix}=\left[\begin{array}{cc:cc}0&0&1&3\\0&0&2&4\\ \hdashline 3&2&0&0\\0&-1&0&0\end{array}\right].$$

**例 13** 设

$$\boldsymbol{A}=\left[\begin{array}{cc:cc}0&0&1&3\\0&0&2&4\\ \hdashline 3&2&0&0\end{array}\right]=\begin{bmatrix}\boldsymbol{O} & \boldsymbol{A}_{12}\\ \boldsymbol{A}_{21} & \boldsymbol{O}\end{bmatrix},$$

则

$$5\boldsymbol{A}=\begin{bmatrix}\boldsymbol{O} & 5\boldsymbol{A}_{12}\\ 5\boldsymbol{A}_{21} & \boldsymbol{O}\end{bmatrix}=\left[\begin{array}{cc:cc}0&0&5&15\\0&0&10&20\\ \hdashline 15&10&0&0\end{array}\right].$$

**例 14** 设

$$\boldsymbol{A}=\left[\begin{array}{c:ccc}0&0&0&2\\0&2&-1&1\\0&3&1&0\\ \hdashline 2&0&0&0\end{array}\right]=\begin{bmatrix}\boldsymbol{O} & \boldsymbol{A}_{12}\\ \boldsymbol{A}_{21} & \boldsymbol{O}\end{bmatrix},$$

$$\boldsymbol{B}=\left[\begin{array}{cc:c}4&5&7\\ \hdashline 2&-1&0\\3&6&0\\0&-1&0\end{array}\right]=\begin{bmatrix}\boldsymbol{B}_{11} & \boldsymbol{B}_{12}\\ \boldsymbol{B}_{21} & \boldsymbol{O}\end{bmatrix},$$

设 $\boldsymbol{A}=(a_{ij})_{m\times l}$, $\boldsymbol{B}=(b_{ij})_{l\times n}$, 则在作分块矩阵乘法运算 $\boldsymbol{AB}$ 时, $\boldsymbol{A}$ 的列分法还需和 $\boldsymbol{B}$ 的行分法一致, 即 $\boldsymbol{A}$ 中每个子块的列数与 $\boldsymbol{B}$ 中对应相乘的子块的行数必须相同.

则

$$\boldsymbol{AB}=\begin{bmatrix}\boldsymbol{O} & \boldsymbol{A}_{12}\\ \boldsymbol{A}_{21} & \boldsymbol{O}\end{bmatrix}\begin{bmatrix}\boldsymbol{B}_{11} & \boldsymbol{B}_{12}\\ \boldsymbol{B}_{21} & \boldsymbol{O}\end{bmatrix}$$

$$=\begin{bmatrix}\boldsymbol{A}_{12}\boldsymbol{B}_{21} & \boldsymbol{O}\\ \boldsymbol{A}_{21}\boldsymbol{B}_{11} & \boldsymbol{A}_{21}\boldsymbol{B}_{12}\end{bmatrix}=\left[\begin{array}{cc:c}0&-2&0\\1&-9&0\\9&3&0\\ \hdashline 8&10&14\end{array}\right].$$

设

$$\boldsymbol{A}=\begin{bmatrix}\boldsymbol{A}_{11} & \boldsymbol{A}_{12} & \cdots & \boldsymbol{A}_{1l}\\ \boldsymbol{A}_{21} & \boldsymbol{A}_{22} & \cdots & \boldsymbol{A}_{2l}\\ \vdots & \vdots & & \vdots\\ \boldsymbol{A}_{s1} & \boldsymbol{A}_{s2} & \cdots & \boldsymbol{A}_{sl}\end{bmatrix}$$

是一分块矩阵, 那么

$$\boldsymbol{A}^{\mathrm{T}}=\begin{bmatrix}\boldsymbol{A}_{11}^{\mathrm{T}} & \boldsymbol{A}_{21}^{\mathrm{T}} & \cdots & \boldsymbol{A}_{s1}^{\mathrm{T}}\\ \boldsymbol{A}_{12}^{\mathrm{T}} & \boldsymbol{A}_{22}^{\mathrm{T}} & \cdots & \boldsymbol{A}_{s2}^{\mathrm{T}}\\ \vdots & \vdots & & \vdots\\ \boldsymbol{A}_{1l}^{\mathrm{T}} & \boldsymbol{A}_{2l}^{\mathrm{T}} & \cdots & \boldsymbol{A}_{sl}^{\mathrm{T}}\end{bmatrix}.$$

需要明确, 矩阵分块的目的是为了把整个矩阵拆成子矩阵进行运算. 因此要掌握上述分块矩阵的运算及分块方法, 把矩阵进行合适的分块进行运算. 常用的分块方法

有如下几种:

(1) 把 $s\times n$ 矩阵 $\boldsymbol{A}$ 进行平凡分块, 即把 $\boldsymbol{A}$ 分成 $sn$ 块, 每个元素作为一个子块; 或把 $\boldsymbol{A}$ 当作整体, 分成一块.

(2) 把 $s\times n$ 矩阵 $\boldsymbol{A}$ 按行分块 $\boldsymbol{A}=\begin{bmatrix}\boldsymbol{\alpha}_1\\ \boldsymbol{\alpha}_2\\ \vdots\\ \boldsymbol{\alpha}_s\end{bmatrix}$, 或把 $\boldsymbol{A}$ 按列分块 $\boldsymbol{A}=(\boldsymbol{\beta}_1,\boldsymbol{\beta}_2,\cdots,\boldsymbol{\beta}_n)$.

(3) 把 $s\times n$ 矩阵 $\boldsymbol{A}$ 分块为 $\boldsymbol{A}=\begin{bmatrix}a_{11} & \boldsymbol{\alpha}\\ \boldsymbol{\beta} & \boldsymbol{A}_1\end{bmatrix}$, 其中 $\boldsymbol{A}_1$ 为 $(s-1)\times(n-1)$ 矩阵, 或 $\boldsymbol{A}=\begin{bmatrix}\boldsymbol{B}_1 & \boldsymbol{\alpha}\\ \boldsymbol{\beta} & a_{sn}\end{bmatrix}$, 其中 $\boldsymbol{B}_1$ 为 $(s-1)\times(n-1)$ 矩阵.

## 六、准对角矩阵的运算

形如

$$\begin{bmatrix}\boldsymbol{A}_1 & \boldsymbol{O} & \cdots & \boldsymbol{O}\\ \boldsymbol{O} & \boldsymbol{A}_2 & \cdots & \boldsymbol{O}\\ \vdots & \vdots & & \vdots\\ \boldsymbol{O} & \boldsymbol{O} & \cdots & \boldsymbol{A}_s\end{bmatrix}$$

的分块矩阵称为准对角矩阵, 其中 $\boldsymbol{A}_i(i=1,2,\cdots,s)$ 是 $n_i$ 阶子块.

从定义可以看出, 准对角矩阵必为方阵. 设

$$\boldsymbol{A}=\begin{bmatrix}\boldsymbol{A}_1 & & & \\ & \boldsymbol{A}_2 & & \\ & & \ddots & \\ & & & \boldsymbol{A}_s\end{bmatrix},\quad \boldsymbol{B}=\begin{bmatrix}\boldsymbol{B}_1 & & & \\ & \boldsymbol{B}_2 & & \\ & & \ddots & \\ & & & \boldsymbol{B}_s\end{bmatrix},$$

其中 $\boldsymbol{A}_i$ 和 $\boldsymbol{B}_i(i=1,2,\cdots,s)$ 是同阶子块, 则

1. $\boldsymbol{A}\pm\boldsymbol{B}=\begin{bmatrix}\boldsymbol{A}_1\pm\boldsymbol{B}_1 & & & \\ & \boldsymbol{A}_2\pm\boldsymbol{B}_2 & & \\ & & \ddots & \\ & & & \boldsymbol{A}_s\pm\boldsymbol{B}_s\end{bmatrix}$;

2. $k\boldsymbol{A}=\begin{bmatrix}k\boldsymbol{A}_1 & & & \\ & k\boldsymbol{A}_2 & & \\ & & \ddots & \\ & & & k\boldsymbol{A}_s\end{bmatrix}$;

3. $\boldsymbol{A}\boldsymbol{B}=\begin{bmatrix}\boldsymbol{A}_1\boldsymbol{B}_1 & & & \\ & \boldsymbol{A}_2\boldsymbol{B}_2 & & \\ & & \ddots & \\ & & & \boldsymbol{A}_s\boldsymbol{B}_s\end{bmatrix}$;

4. $$\boldsymbol{A}^{\mathrm{T}}=\begin{bmatrix}\boldsymbol{A}_1^{\mathrm{T}} & & & \\ & \boldsymbol{A}_2^{\mathrm{T}} & & \\ & & \ddots & \\ & & & \boldsymbol{A}_s^{\mathrm{T}}\end{bmatrix}.$$

## 习题 3.2

1. 设

$$\boldsymbol{A}=\begin{bmatrix}3 & 1 & 1\\ 2 & 1 & 2\\ 1 & 2 & 3\end{bmatrix},\quad \boldsymbol{B}=\begin{bmatrix}1 & 1 & -1\\ 2 & -1 & 0\\ 1 & 0 & 1\end{bmatrix},$$

求 $2\boldsymbol{A}+3\boldsymbol{B},\boldsymbol{A}\boldsymbol{B},\boldsymbol{A}\boldsymbol{B}-\boldsymbol{B}\boldsymbol{A}$.

2. 计算下列矩阵:

(1) $\begin{bmatrix}1 & 6 & 4\\ -4 & 1 & 5\end{bmatrix}+\begin{bmatrix}-2 & 0 & 1\\ 2 & -3 & 4\end{bmatrix}$;

(2) $\begin{bmatrix}1 & 0\\ 0 & 1\end{bmatrix}\begin{bmatrix}2 & -1\\ 3 & 0\end{bmatrix}$;

(3) $2\begin{bmatrix}1 & 0\\ 0 & 0\end{bmatrix}+3\begin{bmatrix}1 & 0\\ 0 & 1\end{bmatrix}+5\begin{bmatrix}0 & 0\\ 0 & 1\end{bmatrix}$;

(4) $[-1,2,3]\begin{bmatrix}0\\ 1\\ -2\end{bmatrix}[-1,2,3]$;

(5) $[x,y,z,1]\begin{bmatrix}a_{11} & a_{12} & a_{13} & a_{14}\\ a_{21} & a_{22} & a_{23} & a_{24}\\ a_{31} & a_{32} & a_{33} & a_{34}\\ a_{41} & a_{42} & a_{43} & a_{44}\end{bmatrix}\begin{bmatrix}x\\ y\\ z\\ 1\end{bmatrix}$.

3. 设

$$\boldsymbol{A}=\begin{bmatrix}1 & 2 & 0\\ 3 & -1 & 4\end{bmatrix},$$

求 $\boldsymbol{A}\boldsymbol{A}^{\mathrm{T}},\boldsymbol{A}^{\mathrm{T}}\boldsymbol{A}$.

4. 设 $\boldsymbol{A}=\begin{bmatrix}2 & 3\\ 0 & -1\end{bmatrix},\boldsymbol{B}=\begin{bmatrix}3 & -1\\ 0 & 4\end{bmatrix}$, 且 $2\boldsymbol{A}+\boldsymbol{X}=3\boldsymbol{B}-\boldsymbol{X}$, 求矩阵 $\boldsymbol{X}$.

5. 计算下列矩阵:

(1) $\begin{bmatrix}1 & -2\\ 3 & 4\end{bmatrix}^3$;　　(2) $\begin{bmatrix}1 & 1 & 1\\ 0 & 1 & 1\\ 0 & 0 & 1\end{bmatrix}^2$;　　(3) $\begin{bmatrix}1 & 1\\ 0 & 1\end{bmatrix}^n$;

(4) $\begin{bmatrix} a_1 & 0 & 0 \\ 0 & a_2 & 0 \\ 0 & 0 & a_3 \end{bmatrix}^n$; (5) $\begin{bmatrix} 1 & 0 & 1 \\ 0 & 2 & 0 \\ 1 & 0 & 1 \end{bmatrix}^n$; (6) $\begin{bmatrix} \cos\theta & \sin\theta \\ -\sin\theta & \cos\theta \end{bmatrix}^n$;

(7) $\begin{bmatrix} \lambda & 1 & 0 \\ 0 & \lambda & 1 \\ 0 & 0 & \lambda \end{bmatrix}^n$.

6. 设 $\boldsymbol{A}=(a_1,a_2,\cdots,a_n)$, 求: (1) $\boldsymbol{A}^{\mathrm{T}}\boldsymbol{A}$ 和 $\boldsymbol{A}\boldsymbol{A}^{\mathrm{T}}$; (2) $(\boldsymbol{A}^{\mathrm{T}}\boldsymbol{A})^k, k\geqslant 2$ 为自然数.

7. 用分块矩阵计算

$$\left[\begin{array}{cc:c} 1 & 2 & 0 \\ -1 & 1 & 0 \\ \hdashline 0 & 0 & 3 \end{array}\right]\left[\begin{array}{c:c} 1 & 1 \\ 1 & 0 \\ \hdashline 0 & -1 \end{array}\right].$$

8. 证明: 任一 $n$ 阶方阵都可写成一个对称矩阵与一个反称矩阵之和.

9. 若矩阵 $\boldsymbol{A},\boldsymbol{B}$ 满足 $\boldsymbol{AB}=\boldsymbol{BA}$, 则称 $\boldsymbol{B}$ 和 $\boldsymbol{A}$ 可交换.

(1) 证明: 若 $\boldsymbol{A},\boldsymbol{B}$ 可交换, 则 $\boldsymbol{A},\boldsymbol{B}$ 必为同阶方阵, 且对 $\boldsymbol{A},\boldsymbol{B}$ 的二项式定理成立, 即 $(\boldsymbol{A}+\boldsymbol{B})^m=\sum\limits_{i=0}^{m}\mathrm{C}_m^i\boldsymbol{A}^i\boldsymbol{B}^{m-i}$.

(2) 设 $\boldsymbol{A}=\begin{bmatrix} 1 & 1 \\ 0 & 1 \end{bmatrix}$, 求数域 $P$ 上所有与 $\boldsymbol{A}$ 可交换的矩阵.

10. 设对角矩阵

$$\boldsymbol{A}=\begin{bmatrix} a_1 & & & \\ & a_2 & & \\ & & \ddots & \\ & & & a_n \end{bmatrix},$$

其中 $a_1,a_2,\cdots,a_n$ 为数域 $P$ 中互不相同的数. 证明: 与 $\boldsymbol{A}$ 可交换的矩阵也为对角矩阵.

11. 若 $\boldsymbol{AB}=\boldsymbol{BA},\boldsymbol{AC}=\boldsymbol{CA}$, 求证:

$$\boldsymbol{A}(\boldsymbol{B}+\boldsymbol{C})=(\boldsymbol{B}+\boldsymbol{C})\boldsymbol{A},\quad \boldsymbol{A}(\boldsymbol{BC})=(\boldsymbol{BC})\boldsymbol{A}.$$

12. 设

$$\boldsymbol{A}=\begin{bmatrix} a_{11} & a_{12} & a_{13} \\ a_{21} & a_{22} & a_{23} \end{bmatrix},\quad \boldsymbol{B}=\begin{bmatrix} b_{11} & b_{12} \\ b_{21} & b_{22} \\ b_{31} & b_{32} \end{bmatrix},$$

验证: $(\boldsymbol{AB})^{\mathrm{T}}=\boldsymbol{B}^{\mathrm{T}}\boldsymbol{A}^{\mathrm{T}}$.

13. (1) 已知 $f(x)=x^2-x-1, \boldsymbol{A}=\begin{bmatrix} 3 & 1 & 1 \\ 3 & 1 & 2 \\ 1 & -1 & 0 \end{bmatrix}$, 求 $f(\boldsymbol{A})$;

(2) 已知 $f(x)=x^2-6x+5, \boldsymbol{A}=\begin{bmatrix} 2 & 3 & 0 \\ 1 & 4 & 1 \\ 2 & 0 & 1 \end{bmatrix}$, 求 $f(\boldsymbol{A})$.

14. 设 $\boldsymbol{A},\boldsymbol{B}$ 均为 $n$ 阶方阵, 指出下列命题中的错误, 并举反例.

(1) $(\boldsymbol{A}+\boldsymbol{B})(\boldsymbol{A}-\boldsymbol{B})=\boldsymbol{A}^2-\boldsymbol{B}^2$;

(2) $(\boldsymbol{A}+\boldsymbol{B})^2=\boldsymbol{A}^2+2\boldsymbol{AB}+\boldsymbol{B}^2$;

(3) $(\boldsymbol{AB})^m=\boldsymbol{A}^m\boldsymbol{B}^m$ ($m$ 是任意正整数);

(4) 若 $\boldsymbol{AB}=\boldsymbol{O}$, 则 $\boldsymbol{A}=\boldsymbol{O}$ 或 $\boldsymbol{B}=\boldsymbol{O}$.

15. 试证: 上三角形矩阵的和、差、积仍是上三角形矩阵.

## §3.3 逆矩阵

对于数域 $P$ 中的数 $a$, 当 $a\neq 0$ 时, 必有 $a^{-1}=\dfrac{1}{a}\in P$ 使 $aa^{-1}=1$. 在矩阵中也有类似的情况.

**定义 3.7** 设 $\boldsymbol{A}$ 是数域 $P$ 上的一个 $n$ 阶方阵, 如果存在数域 $P$ 上的 $n$ 阶矩阵 $\boldsymbol{B}$ 使 $\boldsymbol{AB}=\boldsymbol{BA}=\boldsymbol{E}$ (单位矩阵), 那么称 $\boldsymbol{A}$ 是可逆的, 并称 $\boldsymbol{B}$ 是 $\boldsymbol{A}$ 的一个逆矩阵.

我们指出, 若 $\boldsymbol{A}$ 可逆, 则 $\boldsymbol{A}$ 的逆矩阵必定是唯一的, 因此可以用 $\boldsymbol{A}^{-1}$ 表示 $\boldsymbol{A}$ 的逆矩阵.

事实上, 设 $\boldsymbol{B}_1,\boldsymbol{B}_2$ 都是 $\boldsymbol{A}$ 的逆矩阵, 即 $\boldsymbol{B}_1\boldsymbol{A}=\boldsymbol{AB}_1=\boldsymbol{E},\boldsymbol{B}_2\boldsymbol{A}=\boldsymbol{AB}_2=\boldsymbol{E}$, 则

$$\boldsymbol{B}_1=\boldsymbol{B}_1\boldsymbol{E}=\boldsymbol{B}_1(\boldsymbol{AB}_2)=(\boldsymbol{B}_1\boldsymbol{A})\boldsymbol{B}_2=\boldsymbol{EB}_2=\boldsymbol{B}_2.$$

所以, 若 $\boldsymbol{A}$ 可逆, 则有

$$\boldsymbol{A}^{-1}\boldsymbol{A}=\boldsymbol{AA}^{-1}=\boldsymbol{E}.$$

**例 1** 设 $n$ 阶方阵 $\boldsymbol{A}$ 满足 $\boldsymbol{A}^2+\boldsymbol{A}+\boldsymbol{E}=\boldsymbol{O}$. 证明: $\boldsymbol{A}$ 可逆并求 $\boldsymbol{A}^{-1}$.

**证明** 由 $\boldsymbol{A}^2+\boldsymbol{A}+\boldsymbol{E}=\boldsymbol{O}$ 得 $\boldsymbol{A}^2+\boldsymbol{A}=-\boldsymbol{E}$, 即

$$\boldsymbol{A}(-\boldsymbol{A}-\boldsymbol{E})=(-\boldsymbol{A}-\boldsymbol{E})\boldsymbol{A}=\boldsymbol{E}.$$

由定义知 $\boldsymbol{A}$ 可逆且 $\boldsymbol{A}^{-1}=-\boldsymbol{A}-\boldsymbol{E}$. □

在讨论如何求方阵的逆矩阵之前, 先引入方阵的行列式的概念.

**定义 3.8** 设 $\boldsymbol{A}=(a_{ij})$ 是一个 $n$ 阶方阵. 我们把方阵 $\boldsymbol{A}$ 中元素按原来的位置排列成的 $n$ 阶行列式 $|a_{ij}|$ 称为方阵 $\boldsymbol{A}$ 的行列式, 记为 $|\boldsymbol{A}|$ 或 $\det\boldsymbol{A}$.

如果 $\boldsymbol{A}=(a)$ 是一个 1 阶矩阵, 有时可以把 $\boldsymbol{A}$“看成”一个数 $a$, 这样 $\boldsymbol{A}$ 与它的行列式都是同一个数, 可“看成”相同的, 但对于 $n(n>1)$ 阶方阵 $\boldsymbol{A}$, $\boldsymbol{A}$ 与其行列式 $|\boldsymbol{A}|$ 是截然不同的两个概念. $\boldsymbol{A}$ 是一个 $n$ 阶矩阵, 即 $n^2$ 个数按次序排列成的数表, 而行列式 $|\boldsymbol{A}|$ 则表示一个确定的数, 两者有本质的区别. 这一点初学者很容易混淆.

容易看出, 若 $\boldsymbol{A}$ 为 $n$ 阶方阵, 则

(1) $|\boldsymbol{A}^{\mathrm{T}}|=|\boldsymbol{A}|$;

(2) $|\lambda\boldsymbol{A}|=\lambda^n|\boldsymbol{A}|$, 其中 $\lambda$ 为数.

我们知道, 两个同阶方阵可以进行乘法运算. 下面的定理说明两个方阵乘积的行列式等于它们分别取行列式之后的乘积.

**定理 3.1** 设 $\boldsymbol{A},\boldsymbol{B}$ 为同阶方阵, 则 $|\boldsymbol{AB}|=|\boldsymbol{A}||\boldsymbol{B}|$.

知识拓展 3–1
证明两个 $n$ 阶矩阵乘积的行列式等于它们行列式的乘积

定理 3.1 的证明参见知识拓展 3–1, 这里我们只就二阶方阵验证. 设

$$\boldsymbol{A}=\begin{bmatrix}a_{11} & a_{12}\\ a_{21} & a_{22}\end{bmatrix},\quad \boldsymbol{B}=\begin{bmatrix}b_{11} & b_{12}\\ b_{21} & b_{22}\end{bmatrix},$$

则

$$\begin{aligned}|\boldsymbol{AB}|=&\begin{vmatrix}a_{11}b_{11}+a_{12}b_{21} & a_{11}b_{12}+a_{12}b_{22}\\ a_{21}b_{11}+a_{22}b_{21} & a_{21}b_{12}+a_{22}b_{22}\end{vmatrix}\\ &=(a_{11}b_{11}+a_{12}b_{21})(a_{21}b_{12}+a_{22}b_{22})-\\ &\quad(a_{11}b_{12}+a_{12}b_{22})(a_{21}b_{11}+a_{22}b_{21})\\ &=a_{11}b_{11}a_{21}b_{12}+a_{11}b_{11}a_{22}b_{22}+a_{12}b_{21}a_{21}b_{12}+a_{12}b_{21}a_{22}b_{22}-\\ &\quad a_{11}b_{12}a_{21}b_{11}-a_{11}b_{12}a_{22}b_{21}-a_{12}b_{22}a_{21}b_{11}-a_{12}b_{22}a_{22}b_{21}\\ &=a_{11}a_{22}(b_{11}b_{22}-b_{12}b_{21})-a_{12}a_{21}(b_{11}b_{22}-b_{12}b_{21})\\ &=(a_{11}a_{22}-a_{12}a_{21})(b_{11}b_{22}-b_{12}b_{21})=|\boldsymbol{A}||\boldsymbol{B}|.\end{aligned}$$

我们也可以用定理 3.1 来计算某些 $n$ 阶行列式.

**推论** 设 $\boldsymbol{A}_1,\boldsymbol{A}_2,\cdots,\boldsymbol{A}_m$ 为 $m$ 个同阶方阵, 则

$$|\boldsymbol{A}_1\boldsymbol{A}_2\cdots\boldsymbol{A}_m|=|\boldsymbol{A}_1||\boldsymbol{A}_2|\cdots|\boldsymbol{A}_m|.$$

**例 2** 求

$$D_n=\begin{vmatrix}1+x_1y_1 & 1+x_1y_2 & \cdots & 1+x_1y_n\\ 1+x_2y_1 & 1+x_2y_2 & \cdots & 1+x_2y_n\\ \vdots & \vdots & & \vdots\\ 1+x_ny_1 & 1+x_ny_2 & \cdots & 1+x_ny_n\end{vmatrix}.$$

例 2 中, 用行列式乘法定理把行列式拆成了两个行列式的乘积.

**解** 当 $n\geqslant 3$ 时,

$$D_n=\begin{vmatrix}1 & x_1 & 0 & \cdots & 0\\ 1 & x_2 & 0 & \cdots & 0\\ 1 & x_3 & 0 & \cdots & 0\\ \vdots & \vdots & \vdots & & \vdots\\ 1 & x_n & 0 & \cdots & 0\end{vmatrix}\begin{vmatrix}1 & 1 & 1 & \cdots & 1\\ y_1 & y_2 & y_3 & \cdots & y_n\\ 0 & 0 & 0 & \cdots & 0\\ \vdots & \vdots & \vdots & & \vdots\\ 0 & 0 & 0 & \cdots & 0\end{vmatrix}=0,$$

$$D_1=1+x_1y_1,$$

$$\begin{aligned}D_2=&\begin{vmatrix}1+x_1y_1 & 1+x_1y_2\\ 1+x_2y_1 & 1+x_2y_2\end{vmatrix}\\ &=(1+x_1y_1)(1+x_2y_2)-(1+x_1y_2)(1+x_2y_1)\\ &=(x_1-y_2)(y_1-y_2).\end{aligned}$$

□

**例 3** 设 $\boldsymbol{A}=(a_{ij})$ 为 $n$ 阶方阵, 我们称 $\boldsymbol{A}$ 的行列式 $|\boldsymbol{A}|=|a_{ij}|$ 中元素 $a_{ij}$ 的余子式 (代数余子式 $A_{ij}$) 为 $a_{ij}$ 在 $\boldsymbol{A}$ 的余子式 (代数余子式). 令

$$\boldsymbol{A}^* = \begin{bmatrix} A_{11} & A_{21} & \cdots & A_{n1} \\ A_{12} & A_{22} & \cdots & A_{n2} \\ \vdots & \vdots & & \vdots \\ A_{1n} & A_{2n} & \cdots & A_{nn} \end{bmatrix},$$

则 $\boldsymbol{A}\boldsymbol{A}^* = \boldsymbol{A}^*\boldsymbol{A} = |\boldsymbol{A}|\,\boldsymbol{E}$.

**证明** 依行列式按行 (列) 展开定理, 有 $\sum\limits_{j=1}^{n} a_{ij}A_{sj} = |\boldsymbol{A}|\,\delta_{is}, \sum\limits_{i=1}^{n} a_{ij}A_{ik} = |\boldsymbol{A}|\,\delta_{jk}$. 直接验证可知 $\boldsymbol{A}\boldsymbol{A}^* = \boldsymbol{A}^*\boldsymbol{A} = |\boldsymbol{A}|\,\boldsymbol{E}$. □

知识点讲解 3–3 用伴随矩阵求逆矩阵

习惯上, $\boldsymbol{A}^*$ 称为方阵 $\boldsymbol{A}$ 的**伴随矩阵**, 它是由 $\boldsymbol{A}$ 的各行的代数余子式依次按列排列所得到的矩阵.

下面的定理给出判断方阵是否可逆的充要条件和利用伴随矩阵求逆的方法.

**定理 3.2** 设 $\boldsymbol{A} = (a_{ij})$ 为 $n$ 阶方阵, 则 $\boldsymbol{A}$ 可逆的充要条件是 $\boldsymbol{A}$ 的行列式 $|\boldsymbol{A}| \neq 0$. 这时, $\boldsymbol{A}^{-1} = \dfrac{1}{|\boldsymbol{A}|}\boldsymbol{A}^*$, 其中 $\boldsymbol{A}^*$ 为 $\boldsymbol{A}$ 的伴随矩阵.

**证明** 必要性. 设 $\boldsymbol{A}$ 可逆, 则存在方程使 $\boldsymbol{A}\boldsymbol{A}^{-1} = \boldsymbol{E}$. 两边取行列式, 由定理 3.1 知 $|\boldsymbol{A}|\,|\boldsymbol{A}^{-1}| = |\boldsymbol{E}| = 1$, 故 $|\boldsymbol{A}| \neq 0$.

充分性. 设 $|\boldsymbol{A}| \neq 0$, 由例 3 知 $\boldsymbol{A}\boldsymbol{A}^* = \boldsymbol{A}^*\boldsymbol{A} = |\boldsymbol{A}|\,\boldsymbol{E}$. 故

$$\boldsymbol{A}\left(\frac{1}{|\boldsymbol{A}|}\boldsymbol{A}^*\right) = \left(\frac{1}{|\boldsymbol{A}|}\boldsymbol{A}^*\right)\boldsymbol{A} = \boldsymbol{E},$$

所以 $\boldsymbol{A}$ 可逆. □

**定义 3.9** 设 $\boldsymbol{A}$ 为 $n$ 阶方阵, 若 $|\boldsymbol{A}| \neq 0$, 则称 $\boldsymbol{A}$ 为**非退化矩阵** (或称 $\boldsymbol{A}$ 为**非退化的**).

定理 3.2 告诉我们, 一个方阵可逆的充要条件是 $\boldsymbol{A}$ 是非退化的, 且这时 $\boldsymbol{A}^{-1} = \dfrac{1}{|\boldsymbol{A}|}\boldsymbol{A}^*$, 其中 $\boldsymbol{A}^*$ 为 $\boldsymbol{A}$ 的伴随矩阵. 定理 3.2 有如下推论:

**推论** 若 $\boldsymbol{A}, \boldsymbol{B}$ 为 $n$ 阶方阵, $\boldsymbol{A}\boldsymbol{B} = \boldsymbol{E}$, 则 $\boldsymbol{A}, \boldsymbol{B}$ 都可逆, 且 $\boldsymbol{A}^{-1} = \boldsymbol{B}, \boldsymbol{B}^{-1} = \boldsymbol{A}$.

**证明** 因为 $\boldsymbol{A}\boldsymbol{B} = \boldsymbol{E}$, 所以 $|\boldsymbol{A}\boldsymbol{B}| = 1$, 即 $|\boldsymbol{A}|\,|\boldsymbol{B}| = 1$, 故 $|\boldsymbol{A}| \neq 0, |\boldsymbol{B}| \neq 0$, 因此 $\boldsymbol{A}, \boldsymbol{B}$ 都可逆. 在等式 $\boldsymbol{A}\boldsymbol{B} = \boldsymbol{E}$ 两边同时左乘 $\boldsymbol{A}^{-1}$, 得 $\boldsymbol{A}^{-1}(\boldsymbol{A}\boldsymbol{B}) = \boldsymbol{A}^{-1}\boldsymbol{E}$, 即 $\boldsymbol{B} = \boldsymbol{A}^{-1}$, 同理 $\boldsymbol{A} = \boldsymbol{B}^{-1}$. □

可逆矩阵具有下列性质:

(1) 若 $\boldsymbol{A}$ 可逆, 则 $|\boldsymbol{A}^{-1}| = |\boldsymbol{A}|^{-1}$, 从而 $|\boldsymbol{A}^m| = |\boldsymbol{A}|^m$ 对一切整数 $m$ 成立;

(2) 若 $\boldsymbol{A}$ 可逆, 则 $\boldsymbol{A}^{-1}$ 也可逆, 且 $(\boldsymbol{A}^{-1})^{-1} = \boldsymbol{A}$;

(3) 若 $\boldsymbol{A}, \boldsymbol{B}$ 都是 $n$ 阶可逆矩阵, 则 $\boldsymbol{A}\boldsymbol{B}$ 也可逆, 且 $(\boldsymbol{A}\boldsymbol{B})^{-1} = \boldsymbol{B}^{-1}\boldsymbol{A}^{-1}$;

(4) 若 $\boldsymbol{A}$ 可逆, 则 $\boldsymbol{A}^{\mathrm{T}}$ 也可逆, 且 $(\boldsymbol{A}^{\mathrm{T}})^{-1} = (\boldsymbol{A}^{-1})^{\mathrm{T}}$.

我们只证明 (3), 其余留作练习. 事实上,

$$(\boldsymbol{A}\boldsymbol{B})(\boldsymbol{B}^{-1}\boldsymbol{A}^{-1}) = \boldsymbol{A}(\boldsymbol{B}\boldsymbol{B}^{-1})\boldsymbol{A}^{-1} = \boldsymbol{A}\boldsymbol{E}\boldsymbol{A}^{-1} = \boldsymbol{A}\boldsymbol{A}^{-1} = \boldsymbol{E},$$

由推论知 $\boldsymbol{A}\boldsymbol{B}$ 可逆, 且 $(\boldsymbol{A}\boldsymbol{B})^{-1} = \boldsymbol{B}^{-1}\boldsymbol{A}^{-1}$.

性质 (2)、(3) 告诉我们, 全体可逆矩阵构成的集合对乘法和求逆这两种运算是封闭的. 另外, 对于可逆矩阵 $\boldsymbol{A}$, 我们再规定 $\boldsymbol{A}^{-m} = (\boldsymbol{A}^{-1})^m$ ($m$ 为正整数), 于是不难

证明对一切整数 $k,l$, 有

$$(\boldsymbol{A}^k)^l=\boldsymbol{A}^{kl}=(\boldsymbol{A}^l)^k.$$

例 4 设 $\boldsymbol{A}=\begin{bmatrix}1&0&-2\\0&2&1\\0&0&3\end{bmatrix}$, 求 $\boldsymbol{A}^{-1}$.

先判断矩阵是否可逆, 再求其伴随矩阵.

解 $|\boldsymbol{A}|=6$, 故 $\boldsymbol{A}$ 可逆. 因为 $A_{11}=6$, $A_{12}=A_{13}=A_{23}=A_{21}=0$, $A_{22}=3$, $A_{31}=4$, $A_{32}=-1$, $A_{33}=2$, 所以

$$\boldsymbol{A}^{-1}=\frac{1}{|\boldsymbol{A}|}\boldsymbol{A}^*=\frac{1}{6}\begin{bmatrix}6&0&4\\0&3&-1\\0&0&2\end{bmatrix}=\begin{bmatrix}1&0&\dfrac{2}{3}\\0&\dfrac{1}{2}&-\dfrac{1}{6}\\0&0&\dfrac{1}{3}\end{bmatrix}.$$ □

例 5 设 $\boldsymbol{A}=\begin{bmatrix}a_1&&&\\&a_2&&\\&&\ddots&\\&&&a_n\end{bmatrix}$ $(a_i\neq0, i=1,2,\cdots,n)$ 为对角矩阵, 求 $\boldsymbol{A}^{-1}$.

解 $|\boldsymbol{A}|=a_1a_2\cdots a_n\neq0$, 故 $\boldsymbol{A}$ 可逆. 又

$$\boldsymbol{A}^*=\begin{bmatrix}a_2a_3\cdots a_n&&&\\&a_1a_3\cdots a_n&&\\&&\ddots&\\&&&a_1a_2\cdots a_{n-1}\end{bmatrix}$$

也是对角矩阵, 故

$$\boldsymbol{A}^{-1}=\frac{1}{|\boldsymbol{A}|}\boldsymbol{A}^*=\begin{bmatrix}a_1^{-1}&&&\\&a_2^{-1}&&\\&&\ddots&\\&&&a_n^{-1}\end{bmatrix}.$$ □

说明 根据对角矩阵乘法运算及逆矩阵的定义, 也可以得到

$$\boldsymbol{A}^{-1}=\begin{bmatrix}a_1^{-1}&&&\\&a_2^{-1}&&\\&&\ddots&\\&&&a_n^{-1}\end{bmatrix}.$$

例 6 求解下列矩阵方程:

(1) $\begin{bmatrix}1&2\\2&-1\end{bmatrix}\boldsymbol{X}=\begin{bmatrix}2&4\\3&1\end{bmatrix}$; (2) $\boldsymbol{Y}\begin{bmatrix}1&2\\2&-1\end{bmatrix}=\begin{bmatrix}2&4\\3&1\end{bmatrix}$.

解 令 $\boldsymbol{A}=\begin{bmatrix}1&2\\2&-1\end{bmatrix}$, $\boldsymbol{B}=\begin{bmatrix}2&4\\3&1\end{bmatrix}$, 则 $|\boldsymbol{A}|=-5$, 所以 $\boldsymbol{A}$ 可逆. 我们先求出

$A^{-1}$. 易知

$$|A| = -5, \quad A^* = -\begin{bmatrix} 1 & 2 \\ 2 & -1 \end{bmatrix},$$

故

$$A^{-1} = \frac{1}{|A|}A^* = \frac{1}{5}\begin{bmatrix} 1 & 2 \\ 2 & -1 \end{bmatrix}.$$

于是

$$X = A^{-1}B = \frac{1}{5}\begin{bmatrix} 1 & 2 \\ 2 & -1 \end{bmatrix}\begin{bmatrix} 2 & 4 \\ 3 & 1 \end{bmatrix} = \begin{bmatrix} \frac{8}{5} & \frac{6}{5} \\ \frac{1}{5} & \frac{7}{5} \end{bmatrix},$$

$$Y = BA^{-1} = \frac{1}{5}\begin{bmatrix} 2 & 4 \\ 3 & 1 \end{bmatrix}\begin{bmatrix} 1 & 2 \\ 2 & -1 \end{bmatrix} = \begin{bmatrix} 2 & 0 \\ 1 & 1 \end{bmatrix}.$$ □

最后, 我们讨论分块矩阵的逆矩阵. 把例 5 的结果推广到准对角矩阵的情形.

与例 5 对比可知, 应用定理 3.2 的推论证明一个矩阵可逆较方便.

**例 7** 设 $A = \begin{bmatrix} A_1 & & & \\ & A_2 & & \\ & & \ddots & \\ & & & A_s \end{bmatrix}$ 为准对角矩阵, 且 $A_1, A_2, \cdots, A_s$ 都可逆,

则 $A$ 可逆, 且 $A^{-1} = \begin{bmatrix} A_1^{-1} & & & \\ & A_2^{-1} & & \\ & & \ddots & \\ & & & A_s^{-1} \end{bmatrix}$.

**证明** 由分块矩阵的乘法运算, 得

$$\begin{bmatrix} A_1 & & & \\ & A_2 & & \\ & & \ddots & \\ & & & A_s \end{bmatrix}\begin{bmatrix} A_1^{-1} & & & \\ & A_2^{-1} & & \\ & & \ddots & \\ & & & A_s^{-1} \end{bmatrix}$$

$$= \begin{bmatrix} A_1A_1^{-1} & & & \\ & A_2A_2^{-1} & & \\ & & \ddots & \\ & & & A_sA_s^{-1} \end{bmatrix} = \begin{bmatrix} E_1 & & & \\ & E_2 & & \\ & & \ddots & \\ & & & E_s \end{bmatrix} = E.$$

再由定理 3.2 的推论可知 $A$ 可逆, 且 $A^{-1} = \begin{bmatrix} A_1^{-1} & & & \\ & A_2^{-1} & & \\ & & \ddots & \\ & & & A_s^{-1} \end{bmatrix}$. □

根据分块矩阵 $\begin{bmatrix} \boldsymbol{A} & \boldsymbol{O} \\ \boldsymbol{C} & \boldsymbol{B} \end{bmatrix}$ 的分块方式, 为了后面的分块矩阵的运算能够进行, 我们自然假设它的逆矩阵 $\boldsymbol{X}=\begin{bmatrix} \boldsymbol{X}_{11} & \boldsymbol{X}_{12} \\ \boldsymbol{X}_{21} & \boldsymbol{X}_{22} \end{bmatrix}$. 至于分块矩阵 $\boldsymbol{X}$ 中每个子块的行数和列数, 要根据后面分块矩阵运算时所得到的结论去判定. 例如, 从后面得到的等式 $\boldsymbol{A}\boldsymbol{X}_{11}=\boldsymbol{E}_m$, 我们知道 $\boldsymbol{X}_{11}$ 的行数等于 $\boldsymbol{A}$ 的列数 $m$, $\boldsymbol{X}_{11}$ 的列数等于乘积矩阵 $\boldsymbol{A}\boldsymbol{X}_{11}=\boldsymbol{E}_m$ 的列数 $m$. 于是 $\boldsymbol{X}_{11}$ 为 $m$ 阶矩阵. 这样不难知道 $\boldsymbol{X}_{12}$ 为 $m\times n$ 矩阵, $\boldsymbol{X}_{21}$ 为 $n\times m$ 矩阵, $\boldsymbol{X}_{22}$ 为 $n$ 阶矩阵.

* **例 8** 设 $\boldsymbol{A},\boldsymbol{B}$ 分别为 $m,n$ 阶可逆矩阵, $\boldsymbol{C}$ 为 $n\times m$ 矩阵, 证明: 分块矩阵 $\begin{bmatrix} \boldsymbol{A} & \boldsymbol{O} \\ \boldsymbol{C} & \boldsymbol{B} \end{bmatrix}$ 可逆, 并求出它的逆矩阵.

**解** 令 $\boldsymbol{X}=\begin{bmatrix} \boldsymbol{X}_{11} & \boldsymbol{X}_{12} \\ \boldsymbol{X}_{21} & \boldsymbol{X}_{22} \end{bmatrix}$ 为 $m+n$ 阶分块矩阵, 其中 $\boldsymbol{X}_{11},\boldsymbol{X}_{22}$ 分别为 $m,n$ 阶矩阵.

因为 $\boldsymbol{A},\boldsymbol{B}$ 都可逆, 所以 $|\boldsymbol{A}|\neq 0,|\boldsymbol{B}|\neq 0$. 由第二章 §2.2 例 6 的结论知

$$\begin{vmatrix} A & O \\ C & B \end{vmatrix}=|\boldsymbol{A}|\,|\boldsymbol{B}|\neq 0,$$

从而 $\begin{bmatrix} \boldsymbol{A} & \boldsymbol{O} \\ \boldsymbol{C} & \boldsymbol{B} \end{bmatrix}$ 可逆.

假定 $\boldsymbol{X}$ 就是所求的逆矩阵, 则

$$\begin{bmatrix} \boldsymbol{A} & \boldsymbol{O} \\ \boldsymbol{C} & \boldsymbol{B} \end{bmatrix}\begin{bmatrix} \boldsymbol{X}_{11} & \boldsymbol{X}_{12} \\ \boldsymbol{X}_{21} & \boldsymbol{X}_{22} \end{bmatrix}=\begin{bmatrix} \boldsymbol{A}\boldsymbol{X}_{11} & \boldsymbol{A}\boldsymbol{X}_{12} \\ \boldsymbol{C}\boldsymbol{X}_{11}+\boldsymbol{B}\boldsymbol{X}_{21} & \boldsymbol{C}\boldsymbol{X}_{12}+\boldsymbol{B}\boldsymbol{X}_{22} \end{bmatrix}=\begin{bmatrix} \boldsymbol{E}_m & \boldsymbol{O} \\ \boldsymbol{O} & \boldsymbol{E}_n \end{bmatrix},$$

所以

$$\begin{cases} \boldsymbol{A}\boldsymbol{X}_{11}=\boldsymbol{E}_m, \\ \boldsymbol{A}\boldsymbol{X}_{12}=\boldsymbol{O}, \\ \boldsymbol{C}\boldsymbol{X}_{11}+\boldsymbol{B}\boldsymbol{X}_{21}=\boldsymbol{O}, \\ \boldsymbol{C}\boldsymbol{X}_{12}+\boldsymbol{B}\boldsymbol{X}_{22}=\boldsymbol{E}_n. \end{cases}$$

不难求出 $\boldsymbol{X}_{11}=\boldsymbol{A}^{-1},\boldsymbol{X}_{12}=\boldsymbol{O},\boldsymbol{X}_{21}=-\boldsymbol{B}^{-1}\boldsymbol{C}\boldsymbol{A}^{-1},\boldsymbol{X}_{22}=\boldsymbol{B}^{-1}$. 故

$$\begin{bmatrix} \boldsymbol{A} & \boldsymbol{O} \\ \boldsymbol{C} & \boldsymbol{B} \end{bmatrix}^{-1}=\begin{bmatrix} \boldsymbol{A}^{-1} & \boldsymbol{O} \\ -\boldsymbol{B}^{-1}\boldsymbol{C}\boldsymbol{A}^{-1} & \boldsymbol{B}^{-1} \end{bmatrix}.$$ □

**注** 直接用分块矩阵乘法可得

$$\begin{bmatrix} \boldsymbol{A} & \boldsymbol{O} \\ \boldsymbol{C} & \boldsymbol{B} \end{bmatrix}\begin{bmatrix} \boldsymbol{A}^{-1} & \boldsymbol{O} \\ -\boldsymbol{B}^{-1}\boldsymbol{C}\boldsymbol{A}^{-1} & \boldsymbol{B}^{-1} \end{bmatrix}=\begin{bmatrix} \boldsymbol{E}_m & \boldsymbol{O} \\ \boldsymbol{O} & \boldsymbol{E}_n \end{bmatrix}=\boldsymbol{E}.$$

由定理 3.2 的推论知 $\begin{bmatrix} \boldsymbol{A} & \boldsymbol{O} \\ \boldsymbol{C} & \boldsymbol{B} \end{bmatrix}$ 可逆, 且 $\begin{bmatrix} \boldsymbol{A} & \boldsymbol{O} \\ \boldsymbol{C} & \boldsymbol{B} \end{bmatrix}^{-1}=\begin{bmatrix} \boldsymbol{A}^{-1} & \boldsymbol{O} \\ -\boldsymbol{B}^{-1}\boldsymbol{C}\boldsymbol{A}^{-1} & \boldsymbol{B}^{-1} \end{bmatrix}$.

利用逆矩阵可以给克拉默法则一个新的证明, 有兴趣的读者可查看知识拓展 3–2.

**知识拓展 3–2**
利用逆矩阵证明克拉默法则

## 习题 3.3

1. 求下列矩阵的逆矩阵:

(1) $\begin{bmatrix} 2 & -1 \\ 3 & 2 \end{bmatrix}$;

(2) $\begin{bmatrix} 1 & 1 & -1 \\ 2 & 1 & 0 \\ 1 & -1 & 0 \end{bmatrix}$;

(3) $\begin{bmatrix}1&2&3\\2&1&2\\1&3&4\end{bmatrix}$;　　(4) $\begin{bmatrix}2&1&0&0\\0&2&1&0\\0&0&2&1\\0&0&0&2\end{bmatrix}$.

2. 解下列矩阵方程:

(1) $\begin{bmatrix}2&5\\1&3\end{bmatrix}\boldsymbol{X}=\begin{bmatrix}4&-6\\2&1\end{bmatrix}$;　　(2) $\boldsymbol{X}\begin{bmatrix}2&5\\1&3\end{bmatrix}=\begin{bmatrix}4&-6\\2&1\end{bmatrix}$;

(3) $\begin{bmatrix}1&1&-1\\0&2&2\\1&-1&0\end{bmatrix}\boldsymbol{X}=\begin{bmatrix}1&-1&1\\1&1&0\\2&1&-1\end{bmatrix}$;　(4) $\begin{bmatrix}1&1&-1\\-2&1&1\\1&1&1\end{bmatrix}\boldsymbol{X}=\begin{bmatrix}2\\3\\6\end{bmatrix}$.

3. 证明可逆矩阵的性质 (1)、(2)、(4).

4. (1) 设 $\boldsymbol{A},\boldsymbol{B},\boldsymbol{C}$ 为 $n$ 阶矩阵, $\boldsymbol{C}$ 可逆, 且 $\boldsymbol{C}^{-1}\boldsymbol{A}\boldsymbol{C}=\boldsymbol{B}$, 则有 $\boldsymbol{C}^{-1}\boldsymbol{A}^m\boldsymbol{C}=\boldsymbol{B}^m$, 其中 $m$ 为正整数;

(2) 验证 $\boldsymbol{A}=\begin{bmatrix}3&-1&0\\2&0&0\\2&1&-1\end{bmatrix}$, $\boldsymbol{B}=\begin{bmatrix}1&&\\&2&\\&&-1\end{bmatrix}$, $\boldsymbol{C}=\begin{bmatrix}1&1&0\\2&1&0\\2&1&-1\end{bmatrix}$ 满足 $\boldsymbol{C}^{-1}\boldsymbol{A}\boldsymbol{C}=\boldsymbol{B}$, 并求出 $\boldsymbol{A}^n$.

5. 若方阵 $\boldsymbol{A}$ 满足 $\boldsymbol{A}^k=\boldsymbol{O}$, 其中 $k$ 为某个正整数, 证明: $\boldsymbol{E}-\boldsymbol{A}$ 可逆, 且 $(\boldsymbol{E}-\boldsymbol{A})^{-1}=\boldsymbol{E}+\boldsymbol{A}+\boldsymbol{A}^2+\cdots+\boldsymbol{A}^{k-1}$.

6. 若 $n$ 阶方阵 $\boldsymbol{A}$ 满足 $2\boldsymbol{A}^2+3\boldsymbol{A}+\boldsymbol{E}=\boldsymbol{O}$, 证明: $\boldsymbol{A}$ 可逆, 并求 $\boldsymbol{A}^{-1}$.

7. 设 $\boldsymbol{A},\boldsymbol{B}$ 都是 $n$ 阶矩阵, $\boldsymbol{E}$ 为 $n$ 阶单位矩阵, 且 $\boldsymbol{E}-\boldsymbol{A}\boldsymbol{B}$ 可逆, 证明: $\boldsymbol{E}-\boldsymbol{B}\boldsymbol{A}$ 也可逆, 且 $(\boldsymbol{E}-\boldsymbol{B}\boldsymbol{A})^{-1}=\boldsymbol{B}(\boldsymbol{E}-\boldsymbol{A}\boldsymbol{B})^{-1}\boldsymbol{A}+\boldsymbol{E}$.

8. 设 $\boldsymbol{A},\boldsymbol{C}$ 分别为 $m,n$ 阶可逆矩阵, $\boldsymbol{B}$ 为 $m\times n$ 矩阵, 证明: 矩阵 $\begin{bmatrix}\boldsymbol{A}&\boldsymbol{B}\\\boldsymbol{O}&\boldsymbol{C}\end{bmatrix}$ 可逆, 并求逆.

9. 设 $\boldsymbol{A},\boldsymbol{B}$ 分别为 $m,n$ 阶可逆矩阵, 证明: 分块矩阵 $\begin{bmatrix}\boldsymbol{O}&\boldsymbol{A}\\\boldsymbol{B}&\boldsymbol{O}\end{bmatrix}$ 可逆, 并求逆.

## §3.4 矩阵的初等变换与初等矩阵

回忆中学加减消元法求解线性方程组的步骤, 实际上就是对方程组所对应的矩阵作所谓“行初等变换”的过程. 我们引入矩阵初等变换的概念, 它比“矩阵相等关系”更为广泛, 并且有重要的应用.

**定义 3.10** 矩阵的下列变换叫做**行 (列) 初等变换**:

(1) 交换矩阵两行 (列) 的位置;

(2) 用一个非零常数去乘矩阵的某一行 (列);

(3) 把矩阵的任意固定一行 (列) 的任意倍数加到另一行 (列) 上去.

矩阵的行初等变换、列初等变换统称为矩阵的**初等变换**.

一般地, $\boldsymbol{A}$ 经过初等变换化成 $\boldsymbol{B}$ 时, $\boldsymbol{A},\boldsymbol{B}$ 是不同的, 不能说 $\boldsymbol{A}=\boldsymbol{B}$, 我们用 $\boldsymbol{A}\to\boldsymbol{B}$ 表示.

显然, 对任意矩阵 $\boldsymbol{A}$ 作初等变换后得到一个与 $\boldsymbol{A}$ 同型的矩阵 $\boldsymbol{B}$, 我们用符号 $\boldsymbol{A}\to\boldsymbol{B}$ 表示矩阵 $\boldsymbol{A},\boldsymbol{B}$ 之间的这种关系. 还有, 把初等变换看成矩阵集合上的映射或

变换, 它是可逆的, 其逆变换仍属上述三种变换. 因此, 初等变换是可逆的, 且逆变换仍为初等变换.

为了进一步揭示初等变换前后两个矩阵之间的关系, 把它们用等式连接起来, 我们引入初等矩阵的概念.

**定义 3.11** 把单位矩阵 $\boldsymbol{E}$ 作一次初等变换, 得到的矩阵称为初等矩阵.

易知, 上述三种行初等变换相应的初等矩阵为

$$(1)\ \boldsymbol{E}(i,j)=\begin{bmatrix}1&&&&&&&&\\&\ddots&&&&&&&\\&&1&&&&&&\\&&&0&\cdots&1&&&\\&&&\vdots&&\vdots&&&\\&&&1&\cdots&0&&&\\&&&&&&1&&\\&&&&&&&\ddots&\\&&&&&&&&1\end{bmatrix}\begin{matrix}\\\\\\i\text{ 行}\\\\j\text{ 行}\\\\\\\\\end{matrix};$$

$$(2)\ \boldsymbol{E}(i(c))=\begin{bmatrix}1&&&&&&\\&\ddots&&&&&\\&&1&&&&\\&&&c&&&\\&&&&1&&\\&&&&&\ddots&\\&&&&&&1\end{bmatrix}\begin{matrix}\\\\\\i\text{ 行};\\\\\\\\\end{matrix}$$

$$(3)\ \boldsymbol{E}(i,j(k))=\begin{bmatrix}1&&&&&&&&\\&\ddots&&&&&&&\\&&1&&&&&&\\&&&1&\cdots&k&&&\\&&&&\ddots&\vdots&&&\\&&&&&1&&&\\&&&&&&1&&\\&&&&&&&\ddots&\\&&&&&&&&1\end{bmatrix}\begin{matrix}\\\\\\i\text{ 行}\\\\j\text{ 行}\\\\\\\\\end{matrix}.$$

其中, $\boldsymbol{E}(i,j)$ 表示交换单位矩阵 $\boldsymbol{E}$ 的第 $i$ 行与第 $j$ 行所得的矩阵, $\boldsymbol{E}(i(c))$ 表示 $\boldsymbol{E}$ 的第 $i$ 行乘非零常数 $c$ 所得的矩阵, $\boldsymbol{E}(i,j(k))$ 表示把 $\boldsymbol{E}$ 的第 $j$ 行的 $k$ 倍加到第 $i$ 行上去所得到的矩阵.

类似地, 可以写出任意一次上述三种列初等变换所对应的初等矩阵, 请读者自己完成. 可以看出, 无论是行初等变换还是列初等变换, 对应于矩阵的一次初等变换的初等矩阵只能是上述三种形式之一.

容易看出, 矩阵的初等变换是可逆的, 初等变换的逆变换仍然是初等变换. 相应地, 我们可以验证初等矩阵总是可逆的, 并且初等矩阵的逆矩阵仍然是初等矩阵. 事实上,

$$\boldsymbol{E}(i,j)^{-1} = \boldsymbol{E}(i,j),$$
$$\boldsymbol{E}(i(c))^{-1} = \boldsymbol{E}(i(c^{-1})),$$
$$\boldsymbol{E}(i,j(k))^{-1} = \boldsymbol{E}(i,j(-k)).$$

因此初等矩阵的逆矩阵仍是初等矩阵.

　　下面的定理揭示了矩阵的初等变换与初等矩阵的密切联系.

　　**定理 3.3**　设 $\boldsymbol{A}$ 为 $m\times n$ 矩阵, 则对 $\boldsymbol{A}$ 作一次行初等变换相当于在 $\boldsymbol{A}$ 的左边乘相应的 $m\times m$ 初等矩阵; 对 $\boldsymbol{A}$ 作一次列初等变换就相当于在 $\boldsymbol{A}$ 的右边乘相应的 $n\times n$ 初等矩阵.

知识点讲解 3-4 初等变换与初等矩阵关系

　　**证明**　只证明行初等变换的情形. 对于列初等变换的情形类似, 请读者自己完成. 设

$$\boldsymbol{A} = \begin{bmatrix} a_{11} & a_{12} & \cdots & a_{1n} \\ a_{21} & a_{22} & \cdots & a_{2n} \\ \vdots & \vdots & & \vdots \\ a_{m1} & a_{m2} & \cdots & a_{mn} \end{bmatrix},$$

把 $\boldsymbol{A}$ 按行分块, 得

$$\boldsymbol{A} = \begin{bmatrix} \boldsymbol{A}_1 \\ \boldsymbol{A}_2 \\ \vdots \\ \boldsymbol{A}_m \end{bmatrix}, \text{ 其中 } \boldsymbol{A}_i = [a_{i1}, a_{i2}, \cdots, a_{in}], i = 1, 2, \cdots, m.$$

既然是研究矩阵的行初等变换的情形, 我们就要把矩阵按行分块.

　　下面分别验证对于三类行初等变换的作用效果相当于左乘相应的 $m$ 阶初等矩阵. 首先,

$$\boldsymbol{E}(i,j)\boldsymbol{A} = \begin{bmatrix} 1 & & & & & & & & \\ & \ddots & & & & & & & \\ & & 1 & & & & & & \\ & & & 0 & \cdots & 1 & & & \\ & & & \vdots & & \vdots & & & \\ & & & 1 & \cdots & 0 & & & \\ & & & & & & 1 & & \\ & & & & & & & \ddots & \\ & & & & & & & & 1 \end{bmatrix} \begin{bmatrix} \boldsymbol{A}_1 \\ \vdots \\ \boldsymbol{A}_i \\ \vdots \\ \boldsymbol{A}_j \\ \vdots \\ \boldsymbol{A}_m \end{bmatrix} = \begin{bmatrix} \boldsymbol{A}_1 \\ \vdots \\ \boldsymbol{A}_j \\ \vdots \\ \boldsymbol{A}_i \\ \vdots \\ \boldsymbol{A}_m \end{bmatrix},$$

矩阵 $\boldsymbol{A}$ 作行初等变换, 相当于在 $\boldsymbol{A}$ 的左边乘一个初等矩阵 $\boldsymbol{P}$, $\boldsymbol{P}$ 是由单位矩阵 $\boldsymbol{E}$ 作相同的行初等变换得到的初等矩阵.

这就相当于交换 $\boldsymbol{A}$ 的第 $i$ 行与第 $j$ 行; 其次,

$$\boldsymbol{E}(i(c))\boldsymbol{A}=\begin{bmatrix}1&&&&\\&\ddots&&&\\&&c&&\\&&&\ddots&\\&&&&1\end{bmatrix}\begin{bmatrix}\boldsymbol{A}_1\\\vdots\\\boldsymbol{A}_i\\\vdots\\\boldsymbol{A}_m\end{bmatrix}=\begin{bmatrix}\boldsymbol{A}_1\\\vdots\\c\boldsymbol{A}_i\\\vdots\\\boldsymbol{A}_m\end{bmatrix},$$

这就相当于用 $c$ 乘 $\boldsymbol{A}$ 的第 $i$ 行, 其中 $c\neq0$ 为常数; 最后,

$$\boldsymbol{E}(i,j(k))\boldsymbol{A}=\begin{bmatrix}1&&&&&&&\\&\ddots&&&&&&\\&&1&&&&&\\&&&1&\cdots&k&&&\\&&&\vdots&&\vdots&&&\\&&&0&\cdots&1&&&\\&&&&&&1&&\\&&&&&&&\ddots&\\&&&&&&&&1\end{bmatrix}\begin{bmatrix}\boldsymbol{A}_1\\\vdots\\\boldsymbol{A}_i\\\vdots\\\boldsymbol{A}_j\\\vdots\\\boldsymbol{A}_m\end{bmatrix}=\begin{bmatrix}\boldsymbol{A}_1\\\vdots\\\boldsymbol{A}_i+k\boldsymbol{A}_j\\\vdots\\\boldsymbol{A}_j\\\vdots\\\boldsymbol{A}_m\end{bmatrix},$$

这就相当于把 $\boldsymbol{A}$ 的第 $j$ 行的 $k$ 倍加到第 $i$ 行上去. □

定理 3.3 给出矩阵经过初等变换前后两个矩阵的关系. 对矩阵 $\boldsymbol{A}$ 作一次行初等变换得到矩阵 $\boldsymbol{P}_1\boldsymbol{A}$, 其中 $\boldsymbol{P}_1$ 是单位矩阵 $\boldsymbol{E}$ 作相同行初等变换得到的初等矩阵, 再对 $\boldsymbol{P}_1\boldsymbol{A}$ 作一次列初等变换得到矩阵 $\boldsymbol{P}_1\boldsymbol{A}\boldsymbol{Q}_1$, 其中 $\boldsymbol{Q}_1$ 是单位矩阵 $\boldsymbol{E}$ 作相同的列初等变换所得到的初等矩阵 …… 这样矩阵 $\boldsymbol{A}$ 经过一系列初等变换, 得到矩阵 $\boldsymbol{B}$ 就可以表述为: 存在初等矩阵 $\boldsymbol{P}_1,\cdots,\boldsymbol{P}_s,\boldsymbol{Q}_1,\cdots,\boldsymbol{Q}_t$ 使 $\boldsymbol{B}=\boldsymbol{P}_s\cdots\boldsymbol{P}_1\boldsymbol{A}\boldsymbol{Q}_1\cdots\boldsymbol{Q}_t$.

根据上面的定理可知, 一个 $m\times n$ 矩阵 $\boldsymbol{A}$ 可经过一系列的初等变换化成同型矩阵 $\boldsymbol{B}$, 其充要条件是存在一系列 $m$ 阶初等矩阵 $\boldsymbol{P}_1,\boldsymbol{P}_2,\cdots,\boldsymbol{P}_s$ 和 $n$ 阶初等矩阵 $\boldsymbol{Q}_1,\boldsymbol{Q}_2,\cdots,\boldsymbol{Q}_t$, 使 $\boldsymbol{B}=\boldsymbol{P}_s\cdots\boldsymbol{P}_2\boldsymbol{P}_1\boldsymbol{A}\boldsymbol{Q}_1\boldsymbol{Q}_2\cdots\boldsymbol{Q}_t$.

可以看出, 利用伴随矩阵的方法求逆矩阵在矩阵阶数较大时一般是很复杂的, 主要是计算行列式太繁琐. 现在介绍求逆矩阵的第二种方法——初等变换法. 为此先研究一个矩阵经过一系列初等变换所能化成的最简形式——标准形.

**定理 3.4** 任何 $m\times n$ 矩阵都可以经过一系列初等变换化成形如 $\begin{bmatrix}\boldsymbol{E}_r&\boldsymbol{O}\\\boldsymbol{O}&\boldsymbol{O}\end{bmatrix}_{m\times n}$ 的矩阵, 它称为矩阵 $\boldsymbol{A}$ 的 (等价) 标准形, 其中, $0\leqslant r\leqslant\min\{m,n\}$.

**证明** 设

$$\boldsymbol{A}=\begin{bmatrix}a_{11}&a_{12}&\cdots&a_{1n}\\a_{21}&a_{22}&\cdots&a_{2n}\\\vdots&\vdots&&\vdots\\a_{m1}&a_{m2}&\cdots&a_{mn}\end{bmatrix},$$

若 $\boldsymbol{A}=\boldsymbol{O}$, 则 $\boldsymbol{A}$ 本身就是标准形. 下设 $\boldsymbol{A}\neq\boldsymbol{O}$, 因此 $\boldsymbol{A}$ 中至少有一个元素非零, 通过交换两行、两列的方法可以把该非零元素移到 (1,1) 位置, 故可假设 $a_{11}\neq0$. 这样, 把第一行的 $\left(-\dfrac{a_{i1}}{a_{11}}\right)$ 倍加到第 $i$ 行上去 $(i=2,3,\cdots,m)$, 再把第一列的 $\left(-\dfrac{a_{1j}}{a_{11}}\right)$ 倍

加到第 $j$ 列上去 $(j=2,3,\cdots,n)$, 并用 $a_{11}^{-1}$ 乘第一行, 得

$$\boldsymbol{A}\rightarrow\left[\begin{array}{c:ccc}1 & 0 & \cdots & 0\\ \hdashline 0 & b_{22} & \cdots & b_{2n}\\ \vdots & \vdots & & \vdots\\ 0 & b_{m2} & \cdots & b_{mn}\end{array}\right]\triangleq\begin{bmatrix}1 & \mathbf{0}\\ \mathbf{0} & \boldsymbol{B}_1\end{bmatrix},$$

其中 $\boldsymbol{B}_1=\begin{bmatrix}b_{22} & \cdots & b_{2n}\\ \vdots & & \vdots\\ b_{m2} & \cdots & b_{mn}\end{bmatrix}$ 为 $(m-1)\times(n-1)$ 矩阵. 利用数学归纳法 (对 $\boldsymbol{A}$ 的行数 $m$ 归纳), 我们假设 $\boldsymbol{B}_1$ 可以经过一系列初等变换化成标准形, 于是

$$\boldsymbol{A}\rightarrow\begin{bmatrix}1 & \mathbf{0}\\ \mathbf{0} & \boldsymbol{B}_1\end{bmatrix}\rightarrow\begin{bmatrix}1 & \mathbf{0}\\ \mathbf{0} & \boldsymbol{N}\end{bmatrix},$$

其中 $\boldsymbol{N}$ 是 $\boldsymbol{B}_1$ 的标准形. 这样, $\begin{bmatrix}1 & \mathbf{0}\\ \mathbf{0} & \boldsymbol{N}\end{bmatrix}$ 就是矩阵 $\boldsymbol{A}$ 的标准形. □

**注 1** 标准形 $\begin{bmatrix}\boldsymbol{E}_r & \boldsymbol{O}\\ \boldsymbol{O} & \boldsymbol{O}\end{bmatrix}$ 中的零分块矩阵可以不同, 并且其中的某些零分块矩阵 $\boldsymbol{O}$ 可能不出现.

特别地, $[\boldsymbol{E}_m,\boldsymbol{O}]$ 和 $\begin{bmatrix}\boldsymbol{E}_n\\ \boldsymbol{O}\end{bmatrix}$ 都是标准形矩阵.

**注 2** 下一章我们将证明标准形中 1 的个数 $r$ 是由 $\boldsymbol{A}$ 唯一确定的, 它就是矩阵 $\boldsymbol{A}$ 的秩.

由于初等矩阵可逆, 且任意有限多个可逆矩阵之积仍可逆, 定理 3.4 可以用矩阵语言改述为

**定理 3.4′** 对任意一个 $m\times n$ 矩阵 $\boldsymbol{A}$, 都存在 $m$ 阶可逆矩阵 $\boldsymbol{P}$ 和 $n$ 阶可逆矩阵 $\boldsymbol{Q}$, 使 $\boldsymbol{PAQ}=\begin{bmatrix}\boldsymbol{E}_r & \boldsymbol{O}\\ \boldsymbol{O} & \boldsymbol{O}\end{bmatrix}_{m\times n}$ 为矩阵 $\boldsymbol{A}$ 的标准形.

如果只用行 (列) 初等变换, 能否化一般矩阵 $\boldsymbol{A}$ 为标准形? 答案是否定的, 例如 $\begin{bmatrix}0 & 1\\ 0 & 0\end{bmatrix}$. 那么如果只用行初等变换去作用一个矩阵 $\boldsymbol{A}$, 其最简形式是什么呢? 类似可以证明:

**定理 3.5** 任意一个 $m\times n$ 矩阵 $\boldsymbol{A}$ 都可以只用行初等变换化成阶梯形矩阵.

我们给出两个同型矩阵等价的概念, 它是比“矩阵相等”更为广泛的一种关系.

**定义 3.12** 设 $\boldsymbol{A},\boldsymbol{B}$ 都是 $m\times n$ 矩阵, 若 $\boldsymbol{A}$ 可以经过一系列初等变换变成 $\boldsymbol{B}$, 则称 $\boldsymbol{A}$ 与 $\boldsymbol{B}$ **等价**.

知识点讲解 3–5
矩阵的等价

由于初等变换是可逆的, 并且逆变换仍为初等变换, 不难看出, 矩阵等价具有下列性质:

(1) 自反性: 任意 $m\times n$ 矩阵 $\boldsymbol{A}$ 与自身必定等价;

(2) 对称性: 若 $\boldsymbol{A}$ 与 $\boldsymbol{B}$ 等价, 则 $\boldsymbol{B}$ 与 $\boldsymbol{A}$ 也等价;

(3) 传递性: 若 $\boldsymbol{A}$ 与 $\boldsymbol{B}$ 等价, $\boldsymbol{B}$ 与 $\boldsymbol{C}$ 等价, 则 $\boldsymbol{A}$ 与 $\boldsymbol{C}$ 也等价.

**例 1** 分别求矩阵 $A=\begin{bmatrix}1&2&3&0\\2&3&-2&4\end{bmatrix}$ 和 $B=\begin{bmatrix}4&-2\\3&2\\-2&2\end{bmatrix}$ 的标准形.

**解** 我们分别对矩阵 $A,B$ 作初等变换, 并且约定: 把所作的行初等变换写在箭头"→"的上方, 而把所作的列初等变换写在"→"的下方, 得

$$A\xrightarrow{②+①\times(-2)}\begin{bmatrix}1&2&3&0\\0&-1&-8&4\end{bmatrix}\xrightarrow[\substack{②+①\times(-2)\\③+①\times(-3)}]{②\times(-1)}\begin{bmatrix}1&0&0&0\\0&1&8&-4\end{bmatrix}$$

$$\xrightarrow[\substack{③+②\times(-8)\\④+②\times4}]{}\begin{bmatrix}1&0&0&0\\0&1&0&0\end{bmatrix},$$

$$B\xrightarrow{①+②\times(-1)}\begin{bmatrix}1&-4\\3&2\\-2&2\end{bmatrix}\xrightarrow{\substack{②+①\times(-3)\\③+①\times2}}\begin{bmatrix}1&-4\\0&14\\0&-6\end{bmatrix}$$

$$\xrightarrow[②+①\times4]{}\begin{bmatrix}1&0\\0&14\\0&-6\end{bmatrix}\xrightarrow{\substack{②\times\frac{1}{14}\\③\times\left(-\frac{1}{6}\right)}}\begin{bmatrix}1&0\\0&1\\0&1\end{bmatrix}\xrightarrow{③+②\times(-1)}\begin{bmatrix}1&0\\0&1\\0&0\end{bmatrix}.$$ □

下面我们考察可逆矩阵的 (等价) 标准形问题.

设 $A$ 为 $n$ 阶可逆矩阵, $B=\begin{bmatrix}E_r&O\\O&O\end{bmatrix}_{n\times n}$ 为 $A$ 的标准形, 则由定理 3.4 得存在 $n$ 阶初等矩阵 $P_1,P_2,\cdots,P_s,Q_1,Q_2,\cdots,Q_t$, 使 $P_s\cdots P_2P_1AQ_1Q_2\cdots Q_t=B$. 注意初等矩阵都可逆. 因为 $B$ 为一些可逆矩阵的乘积, 故 $B$ 可逆, 从而 $|B|\neq0$. 这意味着 $r=n$, 即 $B=E$.

因此有 $A=P_1^{-1}P_2^{-1}\cdots P_s^{-1}Q_t^{-1}\cdots Q_2^{-1}Q_1^{-1}$. 因为初等矩阵的逆矩阵仍为初等矩阵, 故可逆矩阵 $A$ 是一系列初等矩阵的乘积, 于是不难得出

> 令 $P=P_1P_2\cdots P_s$, 则 $P=A^{-1}$, 且 $P[A,E]=[PA,P]=[E,P]=[E,A^{-1}]$.

**定理 3.6** $n$ 阶方阵 $A$ 可逆的充要条件是 $A$ 可表为一系列初等矩阵的乘积.

**推论 1** 方阵 $A$ 可逆的充要条件是 $A$ 可以只用行 (列) 初等变换化成单位矩阵.

**推论 2** 两个 $m\times n$ 矩阵 $A,B$ 等价的充要条件是存在 $m$ 阶可逆矩阵 $P$ 和 $n$ 阶可逆矩阵 $Q$, 使 $B=PAQ$.

> **说明** 如果矩阵 $A$ 可以只用行 (列) 初等变换变成 $E$, 则 $A$ 可逆. 这时有 $[A,B]\xrightarrow{\text{行初等变换}}[E,A^{-1}B]$, 或 $\begin{bmatrix}A\\B\end{bmatrix}\xrightarrow[\text{列初等变换}]{}\begin{bmatrix}E\\BA^{-1}\end{bmatrix}$, 由上面的推论 1 我们可以不判断 $A$ 是否可逆, 直接作行 (列) 初等变换.

根据推论 1, 我们不难得出利用初等变换求逆矩阵的方法. 假设 $A$ 为可逆矩阵, 则由定理 3.3 和推论 1 知, 存在可逆矩阵 $P_1,P_2,\cdots,P_s$, 使

$$P_1P_2\cdots P_sA=E. \tag{1}$$

故由定理 3.2 的推论知 $A^{-1}=P_1P_2\cdots P_s$, 从而

$$P_1P_2\cdots P_sE=A^{-1}. \tag{2}$$

(1) 与 (2) 结合起来说明: 对可逆矩阵 $A$ 和单位矩阵 $E$ 同时作一系列相同的行初等变换, 当 $A$ 化成单位矩阵 $E$ 时, 单位矩阵 $E$ 就化成 $A$ 的逆矩阵 $A^{-1}$. 这就得到了用初等变换求逆矩阵的方法. 即

$$[\boldsymbol{A},\boldsymbol{E}]_{n\times 2n}\xrightarrow{\text{只作行初等变换}}[\boldsymbol{E},\boldsymbol{A}^{-1}]_{n\times 2n}.$$

类似有

$$\begin{bmatrix}\boldsymbol{A}\\ \boldsymbol{E}\end{bmatrix}_{2n\times n}\xrightarrow[\text{只作列初等变换}]{}\begin{bmatrix}\boldsymbol{E}\\ \boldsymbol{A}^{-1}\end{bmatrix}.$$

利用类似的方法可知: 对于矩阵方程 $\boldsymbol{AX}=\boldsymbol{B}$, 若 $\boldsymbol{A}$ 可逆, 则可以用 $[\boldsymbol{A},\boldsymbol{B}]\xrightarrow{\text{只作行初等变换}}[\boldsymbol{E},\boldsymbol{A}^{-1}\boldsymbol{B}]$ 的方法求出矩阵 $\boldsymbol{X}=\boldsymbol{A}^{-1}\boldsymbol{B}$. 对于矩阵方程 $\boldsymbol{YA}=\boldsymbol{B}$, 若 $\boldsymbol{A}$ 可逆, 可以用 $\begin{bmatrix}\boldsymbol{A}\\ \boldsymbol{B}\end{bmatrix}_{2n\times n}\xrightarrow[\text{只作列初等变换}]{}\begin{bmatrix}\boldsymbol{E}\\ \boldsymbol{BA}^{-1}\end{bmatrix}$ 的办法求出矩阵 $\boldsymbol{Y}=\boldsymbol{BA}^{-1}$.

**知识点讲解 3–6** 初等变换法求逆矩阵

需要指出, 按定理 3.6, 如果 $\boldsymbol{A}$ 不可逆, 那么 $\boldsymbol{A}$ 就不能用初等变换化成单位矩阵, 因此在用这种方法求逆矩阵时, 不必去先求矩阵的行列式判断矩阵是否可逆.

**例 2** 解矩阵方程

$$\boldsymbol{X}\begin{bmatrix}2&1&-1\\2&1&0\\1&1&1\end{bmatrix}=\begin{bmatrix}1&-1&3\\4&3&2\\1&-2&5\end{bmatrix}.$$

**解法 1** 令

$$\boldsymbol{A}=\begin{bmatrix}2&1&-1\\2&1&0\\1&1&1\end{bmatrix},\quad \boldsymbol{B}=\begin{bmatrix}1&-1&3\\4&3&2\\1&-2&5\end{bmatrix},$$

先求 $\boldsymbol{A}^{-1}$.

**注** (①,③) 表示将第 1 行 (列) 与第 3 行 (列) 进行互换.

$$[\boldsymbol{A},\boldsymbol{E}]=\begin{bmatrix}2&1&-1&1&0&0\\2&1&0&0&1&0\\1&1&1&0&0&1\end{bmatrix}\xrightarrow{(①,③)}\begin{bmatrix}1&1&1&0&0&1\\2&1&0&0&1&0\\2&1&-1&1&0&0\end{bmatrix}$$

$$\xrightarrow[③+①\times(-2)]{②+①\times(-2)}\begin{bmatrix}1&1&1&0&0&1\\0&-1&-2&0&1&-2\\0&-1&-3&1&0&-2\end{bmatrix}$$

$$\xrightarrow{③+②\times(-1)}\begin{bmatrix}1&1&1&0&0&1\\0&-1&-2&0&1&-2\\0&0&-1&1&-1&0\end{bmatrix}$$

$$\xrightarrow[③\times(-1)]{②\times(-1)}\begin{bmatrix}1&1&1&0&0&1\\0&1&2&0&-1&2\\0&0&1&-1&1&0\end{bmatrix}$$

$$\xrightarrow[②+③\times(-2)]{①+③\times(-1)}\begin{bmatrix}1&1&0&1&-1&1\\0&1&0&2&-3&2\\0&0&1&-1&1&0\end{bmatrix}$$

$$\xrightarrow{①+②\times(-1)}\begin{bmatrix}1&0&0&-1&2&-1\\0&1&0&2&-3&2\\0&0&1&-1&1&0\end{bmatrix},$$

所以

$$\boldsymbol{A}^{-1}=\begin{bmatrix}-1&2&-1\\2&-3&2\\-1&1&0\end{bmatrix},$$

故

$$\boldsymbol{X}=\boldsymbol{B}\boldsymbol{A}^{-1}=\begin{bmatrix}1&-1&3\\4&3&2\\1&-2&5\end{bmatrix}\begin{bmatrix}-1&2&-1\\2&-3&2\\-1&1&0\end{bmatrix}=\begin{bmatrix}-6&8&-3\\0&1&2\\-10&13&-5\end{bmatrix}.$$

解法 1 只作行初等变换. 构造分块矩阵 $[\boldsymbol{A},\boldsymbol{E}]$, 对 $[\boldsymbol{A},\boldsymbol{E}]$ 只作行初等变换可不作列初等变换. 如果左边方阵 $\boldsymbol{A}$ 可以化成单位矩阵 $\boldsymbol{E}$, 那么 $\boldsymbol{A}$ 可逆, $\boldsymbol{A}^{-1}$ 就是右边单位矩阵经过相同的行初等变换所得到的矩阵, 即 $[\boldsymbol{A},\boldsymbol{E}]\xrightarrow{\text{行初等变换}}[\boldsymbol{E},\boldsymbol{A}^{-1}]$. 类似地, $\begin{bmatrix}\boldsymbol{A}\\\boldsymbol{E}\end{bmatrix}\xrightarrow[\text{列初等变换}]{}\begin{bmatrix}\boldsymbol{E}\\\boldsymbol{A}^{-1}\end{bmatrix}$.

**解法 2** 只作列初等变换, 得

$$\begin{bmatrix}\boldsymbol{A}\\\boldsymbol{B}\end{bmatrix}=\begin{bmatrix}2&1&-1\\2&1&0\\1&1&1\\1&-1&3\\4&3&2\\1&-2&5\end{bmatrix}\xrightarrow[(①,②)]{}\begin{bmatrix}1&2&-1\\1&2&0\\1&1&1\\-1&1&3\\3&4&2\\-2&1&5\end{bmatrix}\xrightarrow[\substack{②+①\times(-2)\\③+①}]{}\begin{bmatrix}1&0&0\\1&0&1\\1&-1&2\\-1&3&2\\3&-2&5\\-2&5&3\end{bmatrix}$$

$$\xrightarrow[(②,③)]{}\begin{bmatrix}1&0&0\\1&1&0\\1&2&-1\\-1&2&3\\3&5&-2\\-2&3&5\end{bmatrix}\xrightarrow[③\times(-1)]{}\begin{bmatrix}1&0&0\\1&1&0\\1&2&1\\-1&2&-3\\3&5&2\\-2&3&-5\end{bmatrix}\xrightarrow[\substack{②+③\times(-2)\\①+③\times(-1)}]{}\begin{bmatrix}1&0&0\\1&1&0\\0&0&1\\2&8&-3\\1&1&2\\3&13&-5\end{bmatrix}$$

$$\xrightarrow[①+②\times(-1)]{}\begin{bmatrix}1&0&0\\0&1&0\\0&0&1\\-6&8&-3\\0&1&2\\-10&13&-5\end{bmatrix}=\begin{bmatrix}\boldsymbol{E}\\\boldsymbol{B}\boldsymbol{A}^{-1}\end{bmatrix},$$

故

$$\boldsymbol{X}=\boldsymbol{B}\boldsymbol{A}^{-1}=\begin{bmatrix}-6&8&-3\\0&1&2\\-10&13&-5\end{bmatrix}.$$

**例 3** 解线性方程组

$$\begin{cases}x_1+2x_2+2x_3=-2,\\2x_1+4x_2-\ \ x_3=\ \ 1,\\\qquad\ \ 3x_2+\ \ x_3=\ \ 2.\end{cases}$$

解 令

$$A=\begin{bmatrix}1&2&2\\2&4&-1\\0&3&1\end{bmatrix},\quad B=\begin{bmatrix}-2\\1\\2\end{bmatrix},$$

则原线性方程组变成矩阵方程 $AX=B$, 于是

$$[A,B]=\begin{bmatrix}1&2&2&-2\\2&4&-1&1\\0&3&1&2\end{bmatrix}\xrightarrow{②+①\times(-2)}\begin{bmatrix}1&2&2&-2\\0&0&-5&5\\0&3&1&2\end{bmatrix}$$

$$\xrightarrow{②\times\left(-\frac{1}{5}\right)}\begin{bmatrix}1&2&2&-2\\0&0&1&-1\\0&3&1&2\end{bmatrix}\xrightarrow{(②,③)}\begin{bmatrix}1&2&2&-2\\0&3&1&2\\0&0&1&-1\end{bmatrix}$$

$$\xrightarrow[②+③\times(-1)]{①+③\times(-2)}\begin{bmatrix}1&2&0&0\\0&3&0&3\\0&0&1&-1\end{bmatrix}\xrightarrow{②\times\frac{1}{3}}\begin{bmatrix}1&2&0&0\\0&1&0&1\\0&0&1&-1\end{bmatrix}$$

$$\xrightarrow{①+②\times(-2)}\begin{bmatrix}1&0&0&-2\\0&1&0&1\\0&0&1&-1\end{bmatrix}=[E,A^{-1}B].$$

因此, $X=A^{-1}B=\begin{bmatrix}-2\\1\\-1\end{bmatrix}$, 原方程组的解为 $\begin{cases}x_1=-2,\\x_2=1,\\x_3=-1.\end{cases}$

最后, 我们指出, 本节的结果可以推广到分块矩阵, 分块矩阵的初等变换也有与定理 3.3 类似的结果, 感兴趣的读者可以阅读知识拓展 3–3 的内容.

**知识拓展 3–3**
分块矩阵的初等变换

## 习题 3.4

1. 求下列矩阵的等价标准形:

(1) $\begin{bmatrix}1&1&-3\\3&-2&4\\-1&4&-10\end{bmatrix}$; (2) $\begin{bmatrix}2&2&3&-4\\3&-1&2&0\\-2&1&0&3\end{bmatrix}$;

(3) $\begin{bmatrix}1&2&2\\2&4&-1\\0&3&1\end{bmatrix}$; (4) $\begin{bmatrix}2&3&-1&2\\1&-2&3&0\\4&-1&5&2\end{bmatrix}$.

2. 求下列矩阵的逆矩阵:

(1) $\begin{bmatrix}1&1&1\\0&2&2\\1&-1&0\end{bmatrix}$; (2) $\begin{bmatrix}1&-1&2\\1&1&4\\2&1&0\end{bmatrix}$;

(3) $\begin{bmatrix} 1 & 1 & 1 & 1 \\ 1 & 1 & -1 & -1 \\ 1 & -1 & 1 & -1 \\ 1 & -1 & -1 & 1 \end{bmatrix}$;　　　(4) $\begin{bmatrix} 1 & 2 & 3 & 4 \\ 0 & 1 & 2 & 3 \\ 0 & 0 & 1 & 2 \\ 0 & 0 & 0 & 1 \end{bmatrix}$.

3. 设 $\boldsymbol{X}$ 为 3 阶未知矩阵, 求解下列矩阵方程:

(1) $\begin{bmatrix} 1 & 1 & 1 \\ 0 & 2 & 2 \\ 1 & -1 & 0 \end{bmatrix} \boldsymbol{X} = \begin{bmatrix} -1 \\ 1 \\ 0 \end{bmatrix}$;

(2) $\boldsymbol{X} \begin{bmatrix} 1 & 1 & 1 \\ 0 & 2 & 2 \\ 1 & -1 & 0 \end{bmatrix} = \begin{bmatrix} 1 & -1 & 1 \\ 1 & 1 & 0 \\ 2 & 1 & 1 \end{bmatrix}$.

4. 设 $\boldsymbol{A} = \begin{bmatrix} 0 & a_1 & 0 & \cdots & 0 & 0 \\ 0 & 0 & a_2 & \cdots & 0 & 0 \\ \vdots & \vdots & \vdots & & \vdots & \vdots \\ 0 & 0 & 0 & \cdots & 0 & a_{n-1} \\ a_n & 0 & 0 & \cdots & 0 & 0 \end{bmatrix}$, $a_i \neq 0, i = 1, 2, \cdots, n$, 用下列两种方法求 $\boldsymbol{A}$ 的逆矩阵 $\boldsymbol{A}^{-1}$.

(1) 利用分块矩阵求逆 (习题 3.3 第 9 题结果);

(2) 直接用初等变换法求逆.

5. 证明: 与数域 $P$ 上所有 $n$ 阶矩阵都可交换的矩阵一定是 $n$ 阶数量矩阵.

6. 证明: 可逆上三角形矩阵的逆矩阵也是上三角形矩阵.

7. 设 $\boldsymbol{A} = \begin{bmatrix} 1 & a & 0 \\ 0 & 1 & 0 \\ 0 & b & 1 \end{bmatrix}$, $a, b$ 是数域 $P$ 中的数.

(1) 把矩阵 $\boldsymbol{A}$ 写成初等矩阵的乘积;

(2) 求 $\boldsymbol{A}^n$.

## 研究题 3

1. 设 $\boldsymbol{A}$ 为 3 阶矩阵, $|\boldsymbol{A}| = -\dfrac{1}{3}$, $\boldsymbol{A}^*$ 为 $\boldsymbol{A}$ 的伴随矩阵, 求行列式 $\left|\left(\dfrac{1}{8}\boldsymbol{A}\right)^{-1} + 15\boldsymbol{A}^*\right|$.

2. 设 $\boldsymbol{A}$ 为 $n$ 阶方阵, $\boldsymbol{A}^*$ 为 $\boldsymbol{A}$ 的伴随矩阵, 证明: $(k\boldsymbol{A})^* = k^{n-1}\boldsymbol{A}^*$, $k$ 为数域 $P$ 中的数.

3. 设 $\boldsymbol{A}, \boldsymbol{B}$ 为 $n$ 阶矩阵, $\boldsymbol{AB} = \boldsymbol{A} + \boldsymbol{B}$.

(1) 证明: $\boldsymbol{A} - \boldsymbol{E}$ 可逆, 并求其逆;

(2) 证明: $\boldsymbol{AB} = \boldsymbol{BA}$;

(3) 若 $\boldsymbol{A} = \begin{bmatrix} 1 & 2 & 0 \\ 1 & 1 & 0 \\ 0 & 0 & 4 \end{bmatrix}$, 求矩阵 $\boldsymbol{B}$.

4. 设 $\boldsymbol{A}$ 为 $m\times n$ 矩阵, $\boldsymbol{P},\boldsymbol{Q}$ 分别为 $m,n$ 阶可逆矩阵. 证明:

$$\begin{bmatrix}\boldsymbol{P} & \boldsymbol{O}\\ \boldsymbol{O} & \boldsymbol{E}_n\end{bmatrix}\begin{bmatrix}\boldsymbol{A} & \boldsymbol{E}_m\\ \boldsymbol{E}_n & \boldsymbol{O}\end{bmatrix}\begin{bmatrix}\boldsymbol{Q} & \boldsymbol{O}\\ \boldsymbol{O} & \boldsymbol{E}_m\end{bmatrix}=\begin{bmatrix}\boldsymbol{PAQ} & \boldsymbol{P}\\ \boldsymbol{Q} & \boldsymbol{O}\end{bmatrix}.$$

5. 设 $\boldsymbol{A}=\begin{bmatrix}1 & 3 & 1\\ 2 & 5 & -1\\ 1 & 2 & -2\end{bmatrix}$, 求可逆矩阵 $\boldsymbol{P},\boldsymbol{Q}$ 使 $\boldsymbol{PAQ}$ 为 $\boldsymbol{A}$ 的等价标准形.

6. 设 $w=\cos\dfrac{2\pi}{3}+\mathrm{i}\sin\dfrac{2\pi}{3}$, $f(x)=a_0+a_1x+a_2x^2$, 证明:

$$\begin{vmatrix}a_0 & a_1 & a_2\\ a_2 & a_0 & a_1\\ a_1 & a_2 & a_0\end{vmatrix}\begin{vmatrix}1 & 1 & 1\\ 1 & w & w^2\\ 1 & w^2 & w^4\end{vmatrix}=f(1)f(w)f(w^2)\begin{vmatrix}1 & 1 & 1\\ 1 & w & w^2\\ 1 & w^2 & w^4\end{vmatrix},$$

从而

$$\begin{vmatrix}a_0 & a_1 & a_2\\ a_2 & a_0 & a_1\\ a_1 & a_2 & a_0\end{vmatrix}=f(1)f(w)f(w^2).$$

7. 利用上题的方法计算 $n$ 阶循环行列式

$$\begin{vmatrix}a_0 & a_1 & a_2 & \cdots & a_{n-2} & a_{n-1}\\ a_{n-1} & a_0 & a_1 & \cdots & a_{n-3} & a_{n-2}\\ a_{n-2} & a_{n-1} & a_0 & \cdots & a_{n-4} & a_{n-3}\\ \vdots & \vdots & \vdots & & \vdots & \vdots\\ a_2 & a_3 & a_4 & \cdots & a_0 & a_1\\ a_1 & a_2 & a_3 & \cdots & a_{n-1} & a_0\end{vmatrix}.$$

8. 设 $\boldsymbol{A},\boldsymbol{B}$ 分别为 $m,n$ 阶可逆矩阵, $\boldsymbol{C}$ 为任意 $n\times m$ 矩阵. 证明: 分块矩阵 $\begin{bmatrix}\boldsymbol{O} & \boldsymbol{A}\\ \boldsymbol{B} & \boldsymbol{C}\end{bmatrix}$ 可逆, 并求它的逆矩阵.

9. 我们称每个元素都是整数的矩阵为整数矩阵. 设 $\boldsymbol{A}$ 为 $n$ 阶整数矩阵, 证明: $\boldsymbol{A}$ 可逆且 $\boldsymbol{A}^{-1}$ 也是整数矩阵的充要条件是 $|\boldsymbol{A}|=\pm 1$.

10. 设 3 阶行列式 $|\boldsymbol{A}|=|\boldsymbol{\alpha}_1,\boldsymbol{\alpha}_2,\boldsymbol{\alpha}_3|=1$, 求 3 阶行列式

$$|\boldsymbol{B}|=|2\boldsymbol{\alpha}_1+4\boldsymbol{\alpha}_2+8\boldsymbol{\alpha}_3,\boldsymbol{\alpha}_1+3\boldsymbol{\alpha}_2+9\boldsymbol{\alpha}_3,\boldsymbol{\alpha}_1+4\boldsymbol{\alpha}_2+16\boldsymbol{\alpha}_3|.$$

# 第 4 章　线性方程组

本章将讨论线性方程组

$$\begin{cases} a_{11}x_1 + a_{12}x_2 + \cdots + a_{1n}x_n = b_1, \\ a_{21}x_1 + a_{22}x_2 + \cdots + a_{2n}x_n = b_2, \\ \cdots\cdots\cdots\cdots \\ a_{m1}x_1 + a_{m2}x_2 + \cdots + a_{mn}x_n = b_m \end{cases} \tag{1}$$

的求解方法、判定它是否有解以及解的结构三个问题, 从根本上解决线性方程组 (1) 解的存在性、数量、结构等问题. 习惯上,(1) 式称为**一般线性方程组**. 又若 (1) 式中 $b_1 = b_2 = \cdots = b_m = 0$, 则称该线性方程组为**齐次线性方程组**.

## §4.1　消元法

本节解决如何求解一个一般线性方程组的问题. 首先, 把中学关于线性方程组解的概念作如下推广.

鉴于线性方程组的矩阵形式 $\boldsymbol{AX} = \boldsymbol{B}$, 我们定义解为列向量.

**定义 4.1**　如果一组有序数 $c_1, c_2, \cdots, c_n$ 分别代替 $x_1, x_2, \cdots, x_n$ 后使得方程组 (1) 中每个方程都成为恒等式, 那么称有序数组 $\begin{bmatrix} c_1 \\ c_2 \\ \vdots \\ c_n \end{bmatrix}$ 为方程组 (1) 的一个**解** (或**解向量**). 方程组 (1) 的全部解构成的集合称为 (1) 的**解集合**.

我们用矩阵表示线性方程组 (1)

$$\begin{bmatrix} a_{11} & a_{12} & \cdots & a_{1n} \\ a_{21} & a_{22} & \cdots & a_{2n} \\ \vdots & \vdots & & \vdots \\ a_{m1} & a_{m2} & \cdots & a_{mn} \end{bmatrix} \begin{bmatrix} x_1 \\ x_2 \\ \vdots \\ x_n \end{bmatrix} = \begin{bmatrix} b_1 \\ b_2 \\ \vdots \\ b_m \end{bmatrix}, \tag{2}$$

其中 $\boldsymbol{A} = \begin{bmatrix} a_{11} & a_{12} & \cdots & a_{1n} \\ a_{21} & a_{22} & \cdots & a_{2n} \\ \vdots & \vdots & & \vdots \\ a_{m1} & a_{m2} & \cdots & a_{mn} \end{bmatrix}$ 称为方程组 (1) 的**系数矩阵**, $\boldsymbol{X} = \begin{bmatrix} x_1 \\ x_2 \\ \vdots \\ x_n \end{bmatrix}$ 称为方程组 (1) 的**未知列向量**, $\boldsymbol{B} = \begin{bmatrix} b_1 \\ b_2 \\ \vdots \\ b_m \end{bmatrix}$ 称为方程组 (1) 的**常数项列** (或**常数项列向量**),

(2) 式又可以写成 $\boldsymbol{AX}=\boldsymbol{B}$. 分块矩阵

$$[\boldsymbol{A},\boldsymbol{B}]=\begin{bmatrix} a_{11} & a_{12} & \cdots & a_{1n} & b_1 \\ a_{21} & a_{22} & \cdots & a_{2n} & b_2 \\ \vdots & \vdots & & \vdots & \vdots \\ a_{m1} & a_{m2} & \cdots & a_{mn} & b_m \end{bmatrix}$$

称为 (1) 的增广矩阵.

易见, 线性方程组 (1) 与其增广矩阵 $[\boldsymbol{A},\boldsymbol{B}]$ 有着一一对应关系. 为了进一步搞清线性方程组与其增广矩阵的密切联系, 我们看一个例子.

**知识点讲解 4–1**
消元法 1

**例 1** 解线性方程组

$$\begin{cases} 3x_1+x_2+6x_3=3, \\ x_1+x_2+2x_3=3, \\ -x_1+2x_2-3x_3=1. \end{cases}$$

**解** 交换前两个方程的位置, 得

$$\begin{cases} x_1+x_2+2x_3=3, \\ 3x_1+x_2+6x_3=3, \\ -x_1+2x_2-3x_3=1. \end{cases}$$

把第一个方程的 (–3) 倍加到第二个方程上去, 第一个方程加到第三个方程上去, 得

$$\begin{cases} x_1+x_2+2x_3=3, \\ -2x_2=-6, \\ 3x_2-x_3=4, \end{cases}$$

把第二个方程乘 $\left(-\dfrac{1}{2}\right)$, 得

$$\begin{cases} x_1+x_2+2x_3=3, \\ x_2=3, \\ 3x_2-x_3=4, \end{cases}$$

把第二个方程的 (–1) 倍加到第一个方程上去, 第二个方程的 (–3) 倍加到第三个方程上去, 得

$$\begin{cases} x_1+2x_3=0, \\ x_2=3, \\ -x_3=-5, \end{cases}$$

最后把第三个方程的 2 倍加到第一个方程上去, 并用 (–1) 乘第三个方程, 得到

$$\begin{cases} x_1=-10, \\ x_2=3, \\ x_3=5. \end{cases}$$

故原方程组的解为 $\begin{bmatrix} -10 \\ 3 \\ 5 \end{bmatrix}$. □

我们把上述步骤中出现的各个线性方程组对应的增广矩阵写出来, 可以看出, 对线性方程组所作的变形相当于对增广矩阵作一系列行初等变换.

**定义 4.2** 对线性方程组的如下三种变形称为线性方程组的初等变换:

(1) 交换方程组中两个方程的位置;

(2) 用非零常数去乘某一个方程;

(3) 把一个方程的某个倍数加到另一个方程上去.

请读者自己证明下列定理.

**定理 4.1** 对线性方程组 (1) 作初等变换, 所得到的新方程组与原方程组 (1) 同解.

**推论** 对线性方程组 (1) 的增广矩阵作行初等变换后所得到的矩阵可以作为一个新的线性方程组的增广矩阵, 且新的线性方程组与原来的方程组同解.

因为任意一个 $m \times n$ 矩阵都可以用行初等变换化成阶梯形矩阵, 我们有

**定理 4.2** 任意一个线性方程组都可以通过初等变换化成阶梯形方程组 (即, 以阶梯形矩阵作为增广矩阵的线性方程组).

我们在求解线性方程组时, 只要对它的增广矩阵作行初等变换就可以了.

例如, 对例 1, 增广矩阵

$$[\boldsymbol{A}, \boldsymbol{B}] = \begin{bmatrix} 3 & 1 & 6 & 3 \\ 1 & 1 & 2 & 3 \\ -1 & 2 & -3 & 1 \end{bmatrix} \xrightarrow{(①,②)} \begin{bmatrix} 1 & 1 & 2 & 3 \\ 3 & 1 & 6 & 3 \\ -1 & 2 & -3 & 1 \end{bmatrix}$$

$$\xrightarrow[③+①]{②+①\times(-3)} \begin{bmatrix} 1 & 1 & 2 & 3 \\ 0 & -2 & 0 & -6 \\ 0 & 3 & -1 & 4 \end{bmatrix} \xrightarrow{②\times\left(-\frac{1}{2}\right)} \begin{bmatrix} 1 & 1 & 2 & 3 \\ 0 & 1 & 0 & 3 \\ 0 & 3 & -1 & 4 \end{bmatrix}$$

$$\xrightarrow[③+②\times(-3)]{①+②\times(-1)} \begin{bmatrix} 1 & 0 & 2 & 0 \\ 0 & 1 & 0 & 3 \\ 0 & 0 & -1 & -5 \end{bmatrix} \xrightarrow[①+③\times(-2)]{③\times(-1)} \begin{bmatrix} 1 & 0 & 0 & -10 \\ 0 & 1 & 0 & 3 \\ 0 & 0 & 1 & 5 \end{bmatrix}.$$

知识点讲解 4-2
消元法 2

所以原方程组的解为 $\boldsymbol{X} = \begin{bmatrix} -10 \\ 3 \\ 5 \end{bmatrix}$, 或写成 $\begin{cases} x_1 = -10, \\ x_2 = 3, \\ x_3 = 5. \end{cases}$

**例 2** 解线性方程组

$$\begin{cases} x_1 + x_2 + 2x_3 = 3, \\ 3x_1 + x_2 + 6x_3 = 3, \\ -x_1 + x_2 - 2x_3 = 1. \end{cases}$$

解 增广矩阵

$$[\boldsymbol{A},\boldsymbol{B}]=\begin{bmatrix}1&1&2&3\\3&1&6&3\\-1&1&-2&1\end{bmatrix}\xrightarrow[③+①]{②+①\times(-3)}\begin{bmatrix}1&1&2&3\\0&-2&0&-6\\0&2&0&4\end{bmatrix}$$

$$\xrightarrow[②\times\left(-\frac{1}{2}\right)]{③+②}\begin{bmatrix}1&1&2&3\\0&1&0&3\\0&0&0&-2\end{bmatrix}.$$

最后一个矩阵对应的线性方程组是

$$\begin{cases}x_1+x_2+2x_3=3,\\ \qquad x_2\qquad\quad=3,\\ \qquad\qquad\quad 0=-2.\end{cases}$$

显然, 第三个方程是矛盾方程, 故原方程组无解. □

**例 3** 解线性方程组

$$\begin{cases}x_1+x_2+2x_3+4x_4=3,\\ 3x_1+x_2+6x_3+2x_4=3,\\ -x_1+2x_2-2x_3+x_4=1.\end{cases}$$

解 增广矩阵

$$[\boldsymbol{A},\boldsymbol{B}]=\begin{bmatrix}1&1&2&4&3\\3&1&6&2&3\\-1&2&-2&1&1\end{bmatrix}\xrightarrow[③+①]{②+①\times(-3)}\begin{bmatrix}1&1&2&4&3\\0&-2&0&-10&-6\\0&3&0&5&4\end{bmatrix}$$

$$\xrightarrow{②\times\left(-\frac{1}{2}\right)}\begin{bmatrix}1&1&2&4&3\\0&1&0&5&3\\0&3&0&5&4\end{bmatrix}\xrightarrow{③+②\times(-3)}\begin{bmatrix}1&1&2&4&3\\0&1&0&5&3\\0&0&0&-10&-5\end{bmatrix}$$

$$\xrightarrow[③\times\left(-\frac{1}{10}\right)]{①+②\times(-1)}\begin{bmatrix}1&0&2&-1&0\\0&1&0&5&3\\0&0&0&1&\frac{1}{2}\end{bmatrix}\xrightarrow[②+③\times(-5)]{①+③}\begin{bmatrix}1&0&2&0&\frac{1}{2}\\0&1&0&0&\frac{1}{2}\\0&0&0&1&\frac{1}{2}\end{bmatrix},$$

其对应方程组是

$$\begin{cases}x_1\quad+2x_3\quad=\dfrac{1}{2},\\ \quad x_2\qquad\quad=\dfrac{1}{2},\\ \qquad\qquad x_4=\dfrac{1}{2}.\end{cases}$$

令 $x_3 = c$ (数域 $P$ 中任意数), 则

$$\begin{cases} x_1 = \dfrac{1}{2} - 2c, \\ x_2 = \dfrac{1}{2}, \\ x_3 = c, \\ x_4 = \dfrac{1}{2}. \end{cases}$$

由此可见, 原方程组有无穷多解. □

说明 解例 3 时, 把增广矩阵 $[\boldsymbol{A}, \boldsymbol{B}]$ 化为阶梯形矩阵后并未终止, 而是做到尽可能地化简, 这样解阶梯形方程组更容易.

我们发现, 上述求解 $\boldsymbol{AX} = \boldsymbol{B}$ 的过程与上一章利用初等变换求解矩阵方程 $\boldsymbol{AX} = \boldsymbol{B}$ 的过程完全类似. 但是, 两者是有区别的. 上一章利用初等变换求解矩阵方程 $\boldsymbol{AX} = \boldsymbol{B}$ 时, 要求 $\boldsymbol{A}$ 可逆 (当然是方阵), 而本节并没有对 $\boldsymbol{A}$ 加任何限制. 因此, 本节所讲的方法可以看成上一章方法的推广.

为书写方便起见, 我们假设经过初等变换所得到的与原线性方程组同解的阶梯形方程组可写成

$$\begin{cases} c_{11}x_1 + c_{12}x_2 + \cdots + c_{1r}x_r + \cdots + c_{1n}x_n = d_1, \\ \qquad c_{22}x_2 + \cdots + c_{2r}x_r + \cdots + c_{2n}x_n = d_2, \\ \qquad\qquad \cdots\cdots\cdots\cdots \\ \qquad\qquad c_{rr}x_r + \cdots + c_{rn}x_n = d_r, \\ \qquad\qquad\qquad 0 = d_{r+1}, \\ \qquad\qquad\qquad 0 = 0, \\ \qquad\qquad \cdots\cdots\cdots\cdots \\ \qquad\qquad\qquad 0 = 0. \end{cases} \tag{3}$$

其中, $c_{ii} \neq 0, i = 1, 2, \cdots, r, r \leqslant n$.

我们分别讨论:

(1) $d_{r+1} \neq 0$ 时, 第 $r+1$ 个方程是矛盾方程, 所以方程组 (3) 无解, 从而原方程组也无解;

(2) $d_{r+1} = 0$ 时, 再分两种情况:

(I) 当 $r = n$ 时, 方程组 (3) 去掉 “$0 = 0$” 的方程 (如果有的话), 得

$$\begin{cases} c_{11}x_1 + c_{12}x_2 + \cdots + c_{1n}x_n = d_1, \\ \qquad c_{22}x_2 + \cdots + c_{2n}x_n = d_2, \\ \qquad\qquad \cdots\cdots\cdots\cdots \\ \qquad\qquad c_{nn}x_n = d_n. \end{cases} \tag{4}$$

因为系数矩阵行列式为

$$\begin{vmatrix} c_{11} & c_{12} & \cdots & c_{1n} \\ 0 & c_{22} & \cdots & c_{2n} \\ \vdots & \vdots & & \vdots \\ 0 & 0 & \cdots & c_{nn} \end{vmatrix} = c_{11}c_{22}\cdots c_{nn} \neq 0,$$

所以由克拉默法则方程组 (4) 有唯一解, 从而原方程组有唯一解, 且可用 (4) 求解.

(Ⅱ) 当 $r<n$ 时, 方程组 (3) 去掉“0=0”的方程 (如果有的话), 得

$$\begin{cases} c_{11}x_1+c_{12}x_2+\cdots+c_{1r}x_r=d_1-c_{1,r+1}x_{r+1}-\cdots-c_{1n}x_n, \\ \qquad\quad c_{22}x_2+\cdots+c_{2r}x_r=d_2-c_{2,r+1}x_{r+1}-\cdots-c_{2n}x_n, \\ \qquad\qquad\cdots\cdots\cdots\cdots \\ \qquad\qquad\qquad c_{rr}x_r=d_r-c_{r,r+1}x_{r+1}-\cdots-c_{rn}x_n. \end{cases} \tag{5}$$

任意取定 $x_{r+1},x_{r+2},\cdots,x_n$ 的一组数值 $c_{r+1},c_{r+2},\cdots,c_n$, 代入 (5) 式后都有唯一的解 $\begin{bmatrix} c_1 \\ c_2 \\ \vdots \\ c_r \end{bmatrix}$. 于是

$$\begin{bmatrix} c_1 \\ c_2 \\ \vdots \\ c_r \\ c_{r+1} \\ \vdots \\ c_n \end{bmatrix}$$

就是方程组 (5) 的一个解. 我们称 $x_{r+1},x_{r+2},\cdots,x_n$ 为**自由未知量**, 它们是可以任意取值的, 因此原方程组 (1) 有无穷多解. 解的一般表达式可写成

$$\begin{cases} x_1=k_1+k_{1,r+1}c_1+\cdots+k_{1n}c_{n-r}, \\ x_2=k_2+k_{2,r+1}c_1+\cdots+k_{2n}c_{n-r}, \\ \qquad\cdots\cdots\cdots\cdots \\ x_r=k_r+k_{r,r+1}c_1+\cdots+k_{rn}c_{n-r}, \\ x_{r+1}=\qquad c_1, \\ \qquad\cdots\cdots\cdots\cdots \\ x_n=\qquad\qquad c_{n-r}, \end{cases} \tag{6}$$

其中, $c_1,c_2,\cdots,c_{n-r}$ 为任意常数, $x_{r+1},x_{r+2},\cdots,x_n$ 是 $n-r$ 个自由未知量. 上述解的表达式称为方程组 (1) 的**一般解**.

显然, 齐次线性方程组总是有解的 (至少有一个零解). 由上面的讨论不难得出

**定理 4.3** 对齐次线性方程组

$$\begin{cases} a_{11}x_1+a_{12}x_2+\cdots+a_{1n}x_n=0, \\ a_{21}x_1+a_{22}x_2+\cdots+a_{2n}x_n=0, \\ \qquad\cdots\cdots\cdots\cdots \\ a_{m1}x_1+a_{m2}x_2+\cdots+a_{mn}x_n=0, \end{cases}$$

如果方程个数小于未知量的个数 (即 $m<n$), 那么它必有非零解.

**例 4**　解线性方程组

$$\begin{cases} x_1 + 2x_2 - x_3 + 2x_4 = 1, \\ 2x_1 + 4x_2 + x_3 + x_4 = 5, \\ -x_1 - 2x_2 - 2x_3 + x_4 = -4. \end{cases}$$

**解**　增广矩阵

$$[\boldsymbol{A}, \boldsymbol{B}] = \begin{bmatrix} 1 & 2 & -1 & 2 & 1 \\ 2 & 4 & 1 & 1 & 5 \\ -1 & -2 & -2 & 1 & -4 \end{bmatrix} \xrightarrow[③+①]{②+①×(-2)} \begin{bmatrix} 1 & 2 & -1 & 2 & 1 \\ 0 & 0 & 3 & -3 & 3 \\ 0 & 0 & -3 & 3 & -3 \end{bmatrix}$$

$$\xrightarrow[②×\frac{1}{3}]{③+②} \begin{bmatrix} 1 & 2 & -1 & 2 & 1 \\ 0 & 0 & 1 & -1 & 1 \\ 0 & 0 & 0 & 0 & 0 \end{bmatrix} \xrightarrow{①+②} \begin{bmatrix} 1 & 2 & 0 & 1 & 2 \\ 0 & 0 & 1 & -1 & 1 \\ 0 & 0 & 0 & 0 & 0 \end{bmatrix}.$$

因为 $r = 2, n = 4$, 所以有无穷多解. 取 $x_2, x_4$ 为自由未知量, 令 $x_2 = c_1, x_4 = c_2$, 得一般解为

$$\begin{cases} x_1 = 2 - 2c_1 - c_2, \\ x_2 = \quad\quad c_1, \\ x_3 = 1 \quad\quad\quad + c_2, \\ x_4 = \quad\quad\quad\quad c_2, \end{cases} \quad c_1, c_2 \text{ 为任意常数}. \qquad \square$$

最后指出: 本节给出了求解线性方程组的方法, 但是并不能回答下面问题: 第一, 能否从线性方程组本身判断它是否有解? 若有解, 解的数量是多少? 第二, 如果采用不同的初等变换解线性方程组, 化成阶梯形方程组, 去掉方程 "0=0" 后剩下的方程个数是否相同? 解集合是否会因此而受影响? 第三, 解集合的具体结构如何? 为了回答这些问题, 我们要在 §4.2～§4.4 做一些准备工作.

**习题 4.1**

1. 解下列方程组, 求其一般解:

(1) $\begin{cases} 2x_1 - x_2 + x_3 = 1, \\ 3x_1 + x_2 - 5x_3 = 0, \\ 4x_1 + 3x_2 - 13x_3 = -3; \end{cases}$
(2) $\begin{cases} x + 2y + 3z = 4, \\ 2x - 3y - z = -1, \\ 2x + y + 3z = 0; \end{cases}$

(3) $\begin{cases} 2x + y + 2z = 1, \\ 2x + y - z = 2, \\ 2x + 3y + 2z = 3; \end{cases}$
(4) $\begin{cases} x_1 - 2x_2 + x_3 + x_4 = 1, \\ x_1 - 2x_2 + x_3 - x_4 = -1, \\ x_1 - 2x_2 + x_3 - 5x_4 = -5; \end{cases}$

(5) $\begin{cases} 2x_1 + 7x_2 + 5x_3 = 4, \\ x_1 - 2x_2 + 3x_3 = 6. \end{cases}$

2. 解下列齐次线性方程组:

(1) $\begin{cases} 2x_1 + 3x_2 - x_3 + 3x_4 = 0, \\ 3x_1 - x_2 - 2x_3 - 7x_4 = 0, \\ 4x_1 + x_2 - 3x_3 - 5x_4 = 0; \end{cases}$
(2) $\begin{cases} 3x_1 + 4x_2 - 5x_3 + 7x_4 = 0, \\ 2x_1 - 3x_2 + 3x_3 - 2x_4 = 0, \\ 7x_1 - 2x_2 + 3x_3 + 3x_4 = 0. \end{cases}$

## §4.2 $n$ 维向量空间与欧氏空间

我们前面已经了解了平面、空间中向量的概念, 现在把平面、空间中向量的概念加以推广.

**定义 4.3** 由数域 $P$ 上的 $n$ 个数组成的有序数组称为一个 $n$ **维向量**. 如果有序数组按行表示, 那么称之为**行向量**; 如果有序数组按列表示, 那么称之为**列向量**. 向量通常用小写希腊字母表示, 可以写成

$$\text{行向量 } \boldsymbol{\alpha}=(a_1,a_2,\cdots,a_n) \quad \text{或} \quad \text{列向量 } \boldsymbol{\beta}=\begin{bmatrix} b_1 \\ b_2 \\ \vdots \\ b_n \end{bmatrix}.$$

容易看出, 一个 $n$ 维向量实际上是一个矩阵. 例如, 一个 $n$ 维行向量是一个 $1\times n$ 矩阵, 而一个 $n$ 维列向量则是一个 $n\times 1$ 矩阵. 因此从矩阵的观点看, 行、列向量是不同的.

在本书中, 除非特殊指明, 所有向量均指行向量.

**例 1** $n$ 元线性方程 $a_1x_1+a_2x_2+\cdots+a_nx_n=b$ 的系数组成一个 $n$ 维向量 $(a_1,a_2,\cdots,a_n)$, 添加常数项就组成一个 $n+1$ 维向量 $(a_1,a_2,\cdots,a_n,b)$.

**知识点讲解 4–3**
向量空间、子空间

**例 2** 设矩阵 $\boldsymbol{A}=\begin{bmatrix} a_{11} & a_{12} & \cdots & a_{1n} \\ a_{21} & a_{22} & \cdots & a_{2n} \\ \vdots & \vdots & & \vdots \\ a_{m1} & a_{m2} & \cdots & a_{mn} \end{bmatrix}$. $\boldsymbol{A}$ 的每一行都是一个 $n$ 维行向量, 称 $\boldsymbol{\alpha}_i=(a_{i1},a_{i2},\cdots,a_{in})$ 为 $\boldsymbol{A}$ 的第 $i$ 个行向量. $\boldsymbol{A}$ 的每一列都是一个 $m$ 维列向量, 称 $\boldsymbol{\beta}_j=\begin{bmatrix} a_{1j} \\ a_{2j} \\ \vdots \\ a_{mj} \end{bmatrix}$ 为 $\boldsymbol{A}$ 的第 $j$ 个列向量. 这样矩阵 $\boldsymbol{A}$ 可写成 $\boldsymbol{A}=\begin{bmatrix} \boldsymbol{\alpha}_1 \\ \boldsymbol{\alpha}_2 \\ \vdots \\ \boldsymbol{\alpha}_m \end{bmatrix}$ 或 $\boldsymbol{A}=(\boldsymbol{\beta}_1,\boldsymbol{\beta}_2,\cdots,\boldsymbol{\beta}_n)$.

这实际上是把 $\boldsymbol{A}$ 分别按行、列分块得到的分块矩阵.

**例 3** 某产品某月在 A,B,C,D 四个城市的销售量 $(a,b,c,d)$ 是一个 4 维向量; 炮弹在空中飞行, 某时刻沿 $x$ 轴、$y$ 轴、$z$ 轴方向上的分速度 $(v_x,v_y,v_z)$ 是一个 3 维向量; 平面、空间上的点的坐标分别是 2、3 维向量.

把 $n$ 维向量看成特殊的矩阵, 下面关于向量相等、加法、数量乘法的定义是不难理解的.

**定义 4.4** 设 $n$ 维向量 $\boldsymbol{\alpha}=(a_1,a_2,\cdots,a_n),\boldsymbol{\beta}=(b_1,b_2,\cdots,b_n)$, 其中 $a_i,b_i\in P$ (数域), 又设 $k\in P$, 那么

(1) 若 $a_i=b_i, i=1,2,\cdots,n$, 则称两个向量 $\boldsymbol{\alpha},\boldsymbol{\beta}$ **相等**, 记作 $\boldsymbol{\alpha}=\boldsymbol{\beta}$.

(2) 称 $n$ 维向量 $\boldsymbol{\gamma}=(a_1+b_1,a_2+b_2,\cdots,a_n+b_n)$ 为 $\boldsymbol{\alpha}$ 与 $\boldsymbol{\beta}$ **之和**, 记为 $\boldsymbol{\gamma}=\boldsymbol{\alpha}+\boldsymbol{\beta}$.

(3) 称 $n$ 维向量 $\boldsymbol{\delta}=(ka_1,ka_2,\cdots,ka_n)$ 为数 $k$ 与向量 $\boldsymbol{\alpha}$ 的**数量乘积** (简称数乘向量), 记作 $\boldsymbol{\delta}=k\boldsymbol{\alpha}$.

(4) $n$ 维向量 $(0,0,\cdots,0)$ 称为**零向量**, 记为 $\mathbf{0}$. $n$ 维向量 $(-a_1,-a_2,\cdots,-a_n)$ 称为向量 $\boldsymbol{\alpha}$ 的**负向量**, 记为 $-\boldsymbol{\alpha}$.

(5) 规定向量 $\boldsymbol{\alpha}$ 与 $\boldsymbol{\beta}$ 的**差**为 $\boldsymbol{\alpha}+(-\boldsymbol{\beta})$, 记为 $\boldsymbol{\alpha}-\boldsymbol{\beta}=\boldsymbol{\alpha}+(-\boldsymbol{\beta})$.

显然, 数域 $P$ 上全体 $n$ 维向量的集合对加法 (减法)、数乘运算是封闭的, 即对任意向量 $\boldsymbol{\alpha},\boldsymbol{\beta}\in V, k\in P$, 有 $\boldsymbol{\alpha}\pm\boldsymbol{\beta}\in V, k\boldsymbol{\alpha}\in V$.

类似矩阵的加法和数量乘法运算, 向量的加法和数量乘法也有以下运算规律:

1) 加法交换律: $\boldsymbol{\alpha}+\boldsymbol{\beta}=\boldsymbol{\beta}+\boldsymbol{\alpha}$;

2) 加法结合律: $(\boldsymbol{\alpha}+\boldsymbol{\beta})+\boldsymbol{\gamma}=\boldsymbol{\alpha}+(\boldsymbol{\beta}+\boldsymbol{\gamma})$;

3) 零元素性质: $\boldsymbol{\alpha}+\mathbf{0}=\boldsymbol{\alpha}$;

4) 负向量性质: $\boldsymbol{\alpha}+(-\boldsymbol{\alpha})=\mathbf{0}$;

5) $1\boldsymbol{\alpha}=\boldsymbol{\alpha}$;

6) $k(l\boldsymbol{\alpha})=(kl)\boldsymbol{\alpha}$;

7) $(k+l)\boldsymbol{\alpha}=k\boldsymbol{\alpha}+l\boldsymbol{\alpha}$;

8) $k(\boldsymbol{\alpha}+\boldsymbol{\beta})=k\boldsymbol{\alpha}+k\boldsymbol{\beta}$,

其中 $\boldsymbol{\alpha},\boldsymbol{\beta},\boldsymbol{\gamma}$ 为任意 $n$ 维向量, $k, l$ 为数域 $P$ 中任意数.

读者类似可以给出列向量空间及列向量的加法、数乘的定义.

需要注意, 我们在具体问题中, 一般仅在一个向量空间 $P^n$ 中讨论问题. 这个向量空间 $P^n$ 要么是行向量空间, 要么是列向量空间, 不会同时讨论, 因而不会引起混淆.

**定义 4.5** 数域 $P$ 上全体 $n$ 维向量的集合 $V$ 对于上面定义的向量加法和数乘运算是封闭的, 所以它构成一个“空间”, 叫做数域 $P$ 上的 **$n$ 维向量空间**, 记为 $V=P^n$. 特别, 若 $P=\mathbf{R}$ (实数域), 则称 $\mathbf{R}^n$ 为 **实 $n$ 维向量空间**; 若 $P=\mathbf{C}$ (复数域), 则称 $\mathbf{C}^n$ 为**复 $n$ 维向量空间**.

不难看出, 解析几何中遇到的直线 (或平面或空间) 中的全体向量, 按上述向量加法和数乘分别构成实 1 (或 2 或 3) 维向量空间 $\mathbf{R}^1$ (或 $\mathbf{R}^2$ 或 $\mathbf{R}^3$), 称为**几何空间**. 因此, 一般数域 $P$ 上的 $n$ 维向量空间的概念可以看成几何空间的推广.

在 $\mathbf{R}^3$ 中, 我们引入了两个向量的内积运算. 利用内积运算的坐标表示, 可以很容易把向量的内积引到 $n$ 维向量空间 $\mathbf{R}^n$ 中去.

**定义 4.6** 设 $\boldsymbol{\alpha}=(a_1,a_2,\cdots,a_n),\boldsymbol{\beta}=(b_1,b_2,\cdots,b_n)$ 为实 $n$ 维行向量空间 $\mathbf{R}^n$ 中任意两个向量, 称实数 $a_1b_1+a_2b_2+\cdots+a_nb_n$ 为向量 $\boldsymbol{\alpha}$ 与 $\boldsymbol{\beta}$ 的**内积**, 记为 $(\boldsymbol{\alpha},\boldsymbol{\beta})$, 即

$$(\boldsymbol{\alpha},\boldsymbol{\beta})=\boldsymbol{\alpha}\boldsymbol{\beta}^{\mathrm{T}}=a_1b_1+a_2b_2+\cdots+a_nb_n=\boldsymbol{\beta}\boldsymbol{\alpha}^{\mathrm{T}}.$$

类似地, 定义实 $n$ 维列向量空间 $\mathbf{R}^n$ 中向量 $\boldsymbol{\alpha}$ 与 $\boldsymbol{\beta}$ 的内积为 $(\boldsymbol{\alpha},\boldsymbol{\beta})=\boldsymbol{\alpha}^{\mathrm{T}}\boldsymbol{\beta}=\boldsymbol{\beta}^{\mathrm{T}}\boldsymbol{\alpha}$.

在欧氏空间中, 向量 $\boldsymbol{\alpha},\boldsymbol{\beta}$ 的内积 $(\boldsymbol{\alpha},\boldsymbol{\beta})=\boldsymbol{\alpha}\boldsymbol{\beta}^{\mathrm{T}}$, 可以理解为两个矩阵的乘积. 内积的这四条性质可以利用矩阵乘法的运算规律验证.

在欧氏空间中, 常用内积的非负性去证明两个向量相等, 要证明 $\boldsymbol{\alpha}=\boldsymbol{\beta}$, 我们常常去证明内积 $(\boldsymbol{\alpha}-\boldsymbol{\beta},\boldsymbol{\alpha}-\boldsymbol{\beta})=0$, 从而 $\boldsymbol{\alpha}-\boldsymbol{\beta}=\mathbf{0}$, 即 $\boldsymbol{\alpha}=\boldsymbol{\beta}$.

可以验证, 上面定义的内积具有下列性质:

设 $\boldsymbol{\alpha}_1,\boldsymbol{\alpha}_2,\boldsymbol{\alpha},\boldsymbol{\beta}_1,\boldsymbol{\beta}_2,\boldsymbol{\beta}$ 都是实 $n$ 维向量, $k$ 为实数, 则

(1) 对称性: $(\boldsymbol{\alpha},\boldsymbol{\beta})=(\boldsymbol{\beta},\boldsymbol{\alpha})$;

(2) 可加性: $(\boldsymbol{\alpha}_1+\boldsymbol{\alpha}_2,\boldsymbol{\beta})=(\boldsymbol{\alpha}_1,\boldsymbol{\beta})+(\boldsymbol{\alpha}_2,\boldsymbol{\beta}),(\boldsymbol{\alpha},\boldsymbol{\beta}_1+\boldsymbol{\beta}_2)=(\boldsymbol{\alpha},\boldsymbol{\beta}_1)+(\boldsymbol{\alpha},\boldsymbol{\beta}_2)$;

(3) 齐次性: $(k\boldsymbol{\alpha},\boldsymbol{\beta})=k(\boldsymbol{\alpha},\boldsymbol{\beta})=(\boldsymbol{\alpha},k\boldsymbol{\beta})$;

(4) 非负性: $(\boldsymbol{\alpha},\boldsymbol{\alpha})\geqslant 0$, 且等号成立的充要条件是 $\boldsymbol{\alpha}=\mathbf{0}$.

利用内积的非负性, 我们可以引入实 $n$ 维向量的长度的概念.

**定义 4.7** 称 $\sqrt{(\boldsymbol{\alpha},\boldsymbol{\alpha})}$ 为实 $n$ 维向量 $\boldsymbol{\alpha}$ 的**长度**, 记为 $|\boldsymbol{\alpha}|$, 即

$$|\boldsymbol{\alpha}|=\sqrt{(\boldsymbol{\alpha},\boldsymbol{\alpha})}.$$

若 $\boldsymbol{\alpha}=(a_1,a_2,\cdots,a_n), a_i$ 为实数, 则 $|\boldsymbol{\alpha}|=\sqrt{a_1^2+a_2^2+\cdots+a_n^2}$. 若 $|\boldsymbol{\alpha}|=1$, 则称 $\boldsymbol{\alpha}$ 为**单位向量**.

下面我们引入欧氏空间的概念.

易见, $n$ 维欧氏空间 $\mathbf{R}^n$ 也是平面、空间解析几何中所使用的空间 $\mathbf{R}^2, \mathbf{R}^3$ 的推广.

**定义 4.8** 在实 $n$ 维向量空间 $\mathbf{R}^n$ 中, 如果按上述定义内积运算, 就称为一个 $n$ **维欧几里得 (Euclid) 空间**, 简称 $n$ **维欧氏空间**, 也记作 $\mathbf{R}^n$.

**柯西 (Cauchy) 不等式** 对 $n$ 维欧氏空间 $\mathbf{R}^n$ 中任意两个向量 $\boldsymbol{\alpha}, \boldsymbol{\beta}$, 有 $|(\boldsymbol{\alpha}, \boldsymbol{\beta})| \leqslant |\boldsymbol{\alpha}||\boldsymbol{\beta}|$, 且等号成立当且仅当 $\boldsymbol{\alpha}, \boldsymbol{\beta}$ 成比例, 即存在实数 $k$ 使 $\boldsymbol{\alpha} = k\boldsymbol{\beta}$ 或 $\boldsymbol{\beta} = k\boldsymbol{\alpha}$.

**证明** 如果 $\boldsymbol{\alpha}, \boldsymbol{\beta}$ 中有一个为零向量, 结论显然成立. 下设 $\boldsymbol{\alpha}, \boldsymbol{\beta}$ 都不是零向量, 令 $\boldsymbol{\gamma} = \boldsymbol{\alpha} + t\boldsymbol{\beta}$, $t$ 为任意实数, 则由内积的非负性得 $(\boldsymbol{\gamma}, \boldsymbol{\gamma}) \geqslant 0$, 即对任意实数 $t$, 有

$$(\boldsymbol{\beta}, \boldsymbol{\beta})t^2 + 2(\boldsymbol{\alpha}, \boldsymbol{\beta})t + (\boldsymbol{\alpha}, \boldsymbol{\alpha}) \geqslant 0.$$

取 $t = -\dfrac{(\boldsymbol{\alpha}, \boldsymbol{\beta})}{(\boldsymbol{\beta}, \boldsymbol{\beta})}$, 得 $(\boldsymbol{\alpha}, \boldsymbol{\beta})^2 \leqslant (\boldsymbol{\alpha}, \boldsymbol{\alpha})(\boldsymbol{\beta}, \boldsymbol{\beta})$, 即 $|(\boldsymbol{\alpha}, \boldsymbol{\beta})| \leqslant |\boldsymbol{\alpha}||\boldsymbol{\beta}|$.

如果 $|(\boldsymbol{\alpha}, \boldsymbol{\beta})| = |\boldsymbol{\alpha}||\boldsymbol{\beta}|$, 即 $(\boldsymbol{\alpha}, \boldsymbol{\beta})^2 = (\boldsymbol{\alpha}, \boldsymbol{\alpha})(\boldsymbol{\beta}, \boldsymbol{\beta})$, 那么考虑关于 $t$ 的非负二次函数 $f(t) = (\boldsymbol{\alpha} + t\boldsymbol{\beta}, \boldsymbol{\alpha} + t\boldsymbol{\beta})$, 有 $f(t) = (\boldsymbol{\beta}, \boldsymbol{\beta})t^2 + 2(\boldsymbol{\alpha}, \boldsymbol{\beta})t + (\boldsymbol{\alpha}, \boldsymbol{\alpha})$, 从而 $f(t) = (\boldsymbol{\beta}, \boldsymbol{\beta})\left[t + \dfrac{(\boldsymbol{\alpha}, \boldsymbol{\beta})}{(\boldsymbol{\beta}, \boldsymbol{\beta})}\right]^2$. 显然 $f(t_0) = 0$, 其中 $t_0 = -\dfrac{(\boldsymbol{\alpha}, \boldsymbol{\beta})}{(\boldsymbol{\beta}, \boldsymbol{\beta})}$. 于是 $(\boldsymbol{\alpha}+t_0\boldsymbol{\beta}, \boldsymbol{\alpha}+t_0\boldsymbol{\beta}) = 0$. 再由内积的非负性知 $\boldsymbol{\alpha} + t_0\boldsymbol{\beta} = \mathbf{0}$, 即 $\boldsymbol{\alpha} = -t_0\boldsymbol{\beta}$. 最后, 如果 $\boldsymbol{\alpha}, \boldsymbol{\beta}$ 成比例, 易验证 $|(\boldsymbol{\alpha}, \boldsymbol{\beta})| = |\boldsymbol{\alpha}||\boldsymbol{\beta}|$. □

在 $n$ 维欧氏空间 $\mathbf{R}^n$ 中, 我们可以利用柯西不等式定义两个非零向量的夹角.

设 $\boldsymbol{\alpha}, \boldsymbol{\beta} \in \mathbf{R}^n$ 为两个非零 $n$ 维向量, 规定 $\boldsymbol{\alpha}$ 与 $\boldsymbol{\beta}$ 的**夹角**

$$\langle \boldsymbol{\alpha}, \boldsymbol{\beta} \rangle = \arccos \frac{(\boldsymbol{\alpha}, \boldsymbol{\beta})}{|\boldsymbol{\alpha}||\boldsymbol{\beta}|}.$$

若 $\langle \boldsymbol{\alpha}, \boldsymbol{\beta} \rangle = \dfrac{\pi}{2}$, 则称 $\boldsymbol{\alpha}$ 与 $\boldsymbol{\beta}$ 垂直, 也称 $\boldsymbol{\alpha}$ 与 $\boldsymbol{\beta}$ 正交, 记为 $\boldsymbol{\alpha} \perp \boldsymbol{\beta}$. 规定零向量与任意向量都垂直. 显然, 两个向量 $\boldsymbol{\alpha}, \boldsymbol{\beta}$ 垂直的充要条件是 $(\boldsymbol{\alpha}, \boldsymbol{\beta}) = 0$.

**定义 4.9** 在 $n$ 维向量空间 $P^n$ 中, 如果 $P^n$ 的非空子集 $V$ 对 $P^n$ 中的加法、数量乘法是封闭的, 那么称 $V$ 为 $P^n$ 的一个**子空间**.

需要注意, 我们要求子空间 $V$ 中运算 (加法、数乘两种运算) 与 $P^n$ 中的运算是一致的.

**例 4** 齐次线性方程组 $\boldsymbol{AX} = \mathbf{0}$ 的全体解构成列向量空间 $P^n$ 的一个非空子集 $V$, 且 $V$ 对 $P^n$ 中向量的加法、数量乘法是封闭的, 因此 $V$ 作成 $P^n$ 的一个子空间, 通常称为齐次线性方程组 $\boldsymbol{AX} = \mathbf{0}$ 的**解空间**.

**证明** 显然零向量属于 $V$, 故 $V \neq \varnothing$.

设 $\boldsymbol{X}_1, \boldsymbol{X}_2 \in V, k \in P$, 则 $\boldsymbol{AX}_1 = \boldsymbol{AX}_2 = \mathbf{0}$, 于是 $\boldsymbol{A}(\boldsymbol{X}_1+\boldsymbol{X}_2) = \boldsymbol{AX}_1+\boldsymbol{AX}_2 = \mathbf{0}$, $\boldsymbol{A}(k\boldsymbol{X}_1) = k(\boldsymbol{AX}_1) = \mathbf{0}$. 因此 $\boldsymbol{X}_1 + \boldsymbol{X}_2, k\boldsymbol{X}_1 \in V$, 即 $V$ 对向量加法和数量乘法封闭, 故 $V$ 是 $P^n$ 的一个子空间. □

**例 5** 设 $\boldsymbol{\alpha}_1, \boldsymbol{\alpha}_2, \cdots, \boldsymbol{\alpha}_s$ 为 $P^n$ 中的 $s$ 个向量, 令 $V$ 为 $P^n$ 中所有形如 $k_1\boldsymbol{\alpha}_1 + k_2\boldsymbol{\alpha}_2 + \cdots + k_s\boldsymbol{\alpha}_s$, $k_1, k_2, \cdots, k_s \in P$ 的向量的集合, 则 $V$ 作成 $P^n$ 的子空间, 称为由向量 (组) $\boldsymbol{\alpha}_1, \boldsymbol{\alpha}_2, \cdots, \boldsymbol{\alpha}_s$ 张成 (生成) 的子空间, 记为 $L(\boldsymbol{\alpha}_1, \boldsymbol{\alpha}_2, \cdots, \boldsymbol{\alpha}_s)$. 它是包含 $\boldsymbol{\alpha}_1, \boldsymbol{\alpha}_2, \cdots, \boldsymbol{\alpha}_s$ 的最小的子空间, 即任意包含向量组 $\boldsymbol{\alpha}_1, \boldsymbol{\alpha}_2, \cdots, \boldsymbol{\alpha}_s$ 的子空间都包含由向量组 $\boldsymbol{\alpha}_1, \boldsymbol{\alpha}_2, \cdots, \boldsymbol{\alpha}_s$ 张成的子空间.

### 习题 4.2

1. 设 $\boldsymbol{\alpha}=(2,3,-1,0),\boldsymbol{\beta}=(5,1,-2,4)$, 分别计算 $\boldsymbol{\alpha}+\boldsymbol{\beta},\boldsymbol{\alpha}-\boldsymbol{\beta},-2\boldsymbol{\alpha},3\boldsymbol{\alpha}-2\boldsymbol{\beta},(\boldsymbol{\alpha},\boldsymbol{\beta}),|\boldsymbol{\alpha}|,|\boldsymbol{\beta}|$ 和 $\langle\boldsymbol{\alpha},\boldsymbol{\beta}\rangle$.

2. 设 $\boldsymbol{\alpha}=(1,0,2),\boldsymbol{\beta}=(-1,2,1),\boldsymbol{\gamma}=(3,0,1),\boldsymbol{\delta}=(1,1,1)$, 求实数 $x,y,z$, 使 $x\boldsymbol{\alpha}+y\boldsymbol{\beta}+z\boldsymbol{\gamma}=\boldsymbol{\delta}$.

3. 证明例 5 中的结论.

4. 证明: (三角不等式) 设 $\boldsymbol{\alpha},\boldsymbol{\beta}$ 为 $n$ 维欧氏空间中的任意向量, 则

$$||\boldsymbol{\alpha}|-|\boldsymbol{\beta}||\leqslant|\boldsymbol{\alpha}+\boldsymbol{\beta}|\leqslant|\boldsymbol{\alpha}|+|\boldsymbol{\beta}|.$$

5. 证明: (勾股定理) 在 $n$ 维欧氏空间 $\mathbf{R}^n$ 中, 如果内积 $(\boldsymbol{\alpha},\boldsymbol{\beta})=0,\boldsymbol{\alpha},\boldsymbol{\beta}\in\mathbf{R}^n$, 那么 $|\boldsymbol{\alpha}+\boldsymbol{\beta}|^2=|\boldsymbol{\alpha}|^2+|\boldsymbol{\beta}|^2$.

## §4.3 $P^n$ 中向量的线性相关性

本节在一般数域 $P$ 上讨论问题. 利用向量加法和向量的数乘定义, 不难得出线性方程组

$$\begin{cases}a_{11}x_1+a_{12}x_2+\cdots+a_{1n}x_n=b_1,\\a_{21}x_1+a_{22}x_2+\cdots+a_{2n}x_n=b_2,\\\cdots\cdots\cdots\cdots\\a_{m1}x_1+a_{m2}x_2+\cdots+a_{mn}x_n=b_m\end{cases}\tag{7}$$

的向量表达式

$$x_1\boldsymbol{\alpha}_1+x_2\boldsymbol{\alpha}_2+\cdots+x_n\boldsymbol{\alpha}_n=\boldsymbol{\beta},\tag{8}$$

其中

$$\boldsymbol{\alpha}_i=\begin{bmatrix}a_{1i}\\a_{2i}\\\vdots\\a_{mi}\end{bmatrix}(i=1,2,\cdots,n),\quad\boldsymbol{\beta}=\begin{bmatrix}b_1\\b_2\\\vdots\\b_m\end{bmatrix}.$$

因此判断线性方程组 (7) 是否有解的问题, 等价于判定是否存在数域 $P$ 中一组数 $x_1,x_2,\cdots,x_n$ 使得 (8) 式成立, 也等价于是否有 $\boldsymbol{\beta}\in L(\boldsymbol{\alpha}_1,\boldsymbol{\alpha}_2,\cdots,\boldsymbol{\alpha}_n)$.

**定义 4.10** 设 $\boldsymbol{\alpha}_1,\boldsymbol{\alpha}_2,\cdots,\boldsymbol{\alpha}_s,\boldsymbol{\beta}$ 都是 $P^n$ 中向量. 如果存在数域 $P$ 中的一组数 $k_1,k_2,\cdots,k_s$ 使 $\boldsymbol{\beta}=k_1\boldsymbol{\alpha}_1+k_2\boldsymbol{\alpha}_2+\cdots+k_s\boldsymbol{\alpha}_s$, 那么称 $\boldsymbol{\beta}$ 是向量组 $\boldsymbol{\alpha}_1,\boldsymbol{\alpha}_2,\cdots,\boldsymbol{\alpha}_s$ 的一个**线性组合**, 又称 $\boldsymbol{\beta}$ 可以由向量组 $\boldsymbol{\alpha}_1,\boldsymbol{\alpha}_2,\cdots,\boldsymbol{\alpha}_s$ **线性表出**. 称 $k_1,k_2,\cdots,k_s$ 为**组合系数**或**线性表出系数**.

由例 1 知, 齐次线性方程组必有解.

**例 1** 零向量可由任意向量组线性表出. 这是因为对任意向量组 $\boldsymbol{\alpha}_1,\boldsymbol{\alpha}_2,\cdots,\boldsymbol{\alpha}_s$, 都有 $\mathbf{0}=0\boldsymbol{\alpha}_1+0\boldsymbol{\alpha}_2+\cdots+0\boldsymbol{\alpha}_s$.

**例 2** 设 $\boldsymbol{\alpha}_1,\boldsymbol{\alpha}_2,\cdots,\boldsymbol{\alpha}_s$ 为任意向量组, 则其中每个 $\boldsymbol{\alpha}_i(1\leqslant i\leqslant s)$ 都可以由原向

量组 $\boldsymbol{\alpha}_1,\boldsymbol{\alpha}_2,\cdots,\boldsymbol{\alpha}_s$ 线性表出, 例如 $\boldsymbol{\alpha}_i=0\boldsymbol{\alpha}_1+\cdots+0\boldsymbol{\alpha}_{i-1}+\boldsymbol{\alpha}_i+0\boldsymbol{\alpha}_{i+1}+\cdots+0\boldsymbol{\alpha}_n, 1\leqslant i\leqslant s$.

**例 3** 任意一个 $n$ 维向量 $\boldsymbol{\alpha}=(a_1,a_2,\cdots,a_n)$ 都可以由向量组

$$\begin{gathered}\boldsymbol{\varepsilon}_1=(1,0,\cdots,0),\\ \boldsymbol{\varepsilon}_2=(0,1,\cdots,0),\\ \cdots\\ \boldsymbol{\varepsilon}_n=(0,0,\cdots,1)\end{gathered}$$

线性表出, 即 $\boldsymbol{\alpha}=a_1\boldsymbol{\varepsilon}_1+a_2\boldsymbol{\varepsilon}_2+\cdots+a_n\boldsymbol{\varepsilon}_n$. 我们称向量组 $\boldsymbol{\varepsilon}_1,\boldsymbol{\varepsilon}_2,\cdots,\boldsymbol{\varepsilon}_n$ 为**基本向量组**, 它恰好是单位矩阵的行向量组.

对任意数 $a_1,a_2,\cdots,a_n$, 线性方程组

$$\begin{cases}x_1=a_1\\ x_2=a_2\\ \cdots\cdots\cdots\\ x_n=a_n\end{cases}$$

有解.

**定义 4.11** 设 $\boldsymbol{\alpha}_1,\boldsymbol{\alpha}_2,\cdots,\boldsymbol{\alpha}_s$ 和 $\boldsymbol{\beta}_1,\boldsymbol{\beta}_2,\cdots,\boldsymbol{\beta}_t$ 为两个向量组. 如果每个 $\boldsymbol{\alpha}_i(1\leqslant i\leqslant s)$ 都可由向量组 $\boldsymbol{\beta}_1,\boldsymbol{\beta}_2,\cdots,\boldsymbol{\beta}_t$ 线性表出, 那么称向量组 $\boldsymbol{\alpha}_1,\boldsymbol{\alpha}_2,\cdots,\boldsymbol{\alpha}_s$ 可以由向量组 $\boldsymbol{\beta}_1,\boldsymbol{\beta}_2,\cdots,\boldsymbol{\beta}_t$ **线性表出**. 如果这两个向量组可以互相线性表出, 那么称向量组 $\boldsymbol{\alpha}_1,\boldsymbol{\alpha}_2,\cdots,\boldsymbol{\alpha}_s$ 与向量组 $\boldsymbol{\beta}_1,\boldsymbol{\beta}_2,\cdots,\boldsymbol{\beta}_t$ **等价**.

**知识点讲解 4–4** 线性表出

显然, $\boldsymbol{\alpha}_1,\boldsymbol{\alpha}_2,\cdots,\boldsymbol{\alpha}_s$ 可由 $\boldsymbol{\beta}_1,\boldsymbol{\beta}_2,\cdots,\boldsymbol{\beta}_t$ 线性表出当且仅当 $\boldsymbol{\alpha}_1,\boldsymbol{\alpha}_2,\cdots,\boldsymbol{\alpha}_s\in L(\boldsymbol{\beta}_1,\boldsymbol{\beta}_2,\cdots,\boldsymbol{\beta}_t)$, 也就是 $L(\boldsymbol{\alpha}_1,\boldsymbol{\alpha}_2,\cdots,\boldsymbol{\alpha}_s)\subseteq L(\boldsymbol{\beta}_1,\boldsymbol{\beta}_2,\cdots,\boldsymbol{\beta}_t)$. 同样, $\boldsymbol{\alpha}_1,\boldsymbol{\alpha}_2,\cdots,\boldsymbol{\alpha}_s$ 与 $\boldsymbol{\beta}_1,\boldsymbol{\beta}_2,\cdots,\boldsymbol{\beta}_t$ 等价当且仅当 $L(\boldsymbol{\alpha}_1,\boldsymbol{\alpha}_2,\cdots,\boldsymbol{\alpha}_s)=L(\boldsymbol{\beta}_1,\boldsymbol{\beta}_2,\cdots,\boldsymbol{\beta}_t)$.

向量组的等价概念反映了向量组之间的一种关系, 它具有下列性质:

(1) 自反性: 任意向量组都与自身等价.

(2) 对称性: 若向量组 (I) 与 (II) 等价, 则 (II) 与 (I) 等价.

(3) 传递性: 若向量组 (I) 与 (II) 等价, 向量组 (II) 与 (III) 等价, 则 (I) 与 (III) 也等价,

由于向量组等价的概念具有自反性、对称性、传递性, 我们就可以把 $P^n$ 中的向量组集合进行分类, 即两个向量组属于同一类当且仅当它们等价.

**定义 4.12** 对向量组 $\boldsymbol{\alpha}_1,\boldsymbol{\alpha}_2,\cdots,\boldsymbol{\alpha}_s(s\geqslant 2)$, 如果其中某个向量 $\boldsymbol{\alpha}_i$ 可由其余向量线性表出, 即存在数域 $P$ 中数 $k_1,\cdots,k_{i-1},k_{i+1},\cdots,k_s$, 使

$$\boldsymbol{\alpha}_i=k_1\boldsymbol{\alpha}_1+\cdots+k_{i-1}\boldsymbol{\alpha}_{i-1}+k_{i+1}\boldsymbol{\alpha}_{i+1}+\cdots+k_s\boldsymbol{\alpha}_s,$$

那么称向量组 $\boldsymbol{\alpha}_1,\boldsymbol{\alpha}_2,\cdots,\boldsymbol{\alpha}_s$ **线性相关**; 否则, 称向量组 $\boldsymbol{\alpha}_1,\boldsymbol{\alpha}_2,\cdots,\boldsymbol{\alpha}_s$ **线性无关**. 对由一个向量组成的向量组 $\{\boldsymbol{\alpha}\}$, 规定当 $\boldsymbol{\alpha}=\mathbf{0}$ 时它是线性相关的; 当 $\boldsymbol{\alpha}\neq\mathbf{0}$ 时是线性无关的.

**知识点讲解 4–5** 线性相关 (无关) 概念与举例

注意体会定义 4.12 中 "某个向量" 和 "其余向量" 的意义.

**注** 这里的 "否则" 指: 向量组 $\boldsymbol{\alpha}_1,\boldsymbol{\alpha}_2,\cdots,\boldsymbol{\alpha}_s$ 中任意一个向量都不能由其余向量线性表出.

**例 4** 任意含有零向量的向量组必然是线性相关的 (由例 1).

**例 5** 向量组 $\boldsymbol{\alpha}_1=(1,2,-1),\boldsymbol{\alpha}_2=(3,0,1),\boldsymbol{\alpha}_3=(5,4,-1)$ 是线性相关的, 这是因为 $\boldsymbol{\alpha}_3=2\boldsymbol{\alpha}_1+\boldsymbol{\alpha}_2$.

**例 6** 在几何空间 $\mathbf{R}^3$ 中, 两个向量构成的向量组线性相关 (线性无关) 就是它们共线 (不共线), 三个向量构成的向量组线性相关 (线性无关) 就是它们共面 (不共面).

下面的定理揭示了线性相关性与线性表出的联系.

**定理 4.4** 设 $\boldsymbol{\alpha}_1,\boldsymbol{\alpha}_2,\cdots,\boldsymbol{\alpha}_s$ 为 $P^n$ 中的向量组, 则

知识点讲解 4–6 线性相关 (无关) 判定

(1) $\boldsymbol{\alpha}_1,\boldsymbol{\alpha}_2,\cdots,\boldsymbol{\alpha}_s$ 线性相关的充要条件是存在 $P$ 中一组不全为零的数 $k_1,k_2,\cdots,k_s$ 使 $k_1\boldsymbol{\alpha}_1+k_2\boldsymbol{\alpha}_2+\cdots+k_s\boldsymbol{\alpha}_s=\mathbf{0}$.

(2) $\boldsymbol{\alpha}_1,\boldsymbol{\alpha}_2,\cdots,\boldsymbol{\alpha}_s$ 线性无关的充要条件是由等式 $k_1\boldsymbol{\alpha}_1+k_2\boldsymbol{\alpha}_2+\cdots+k_s\boldsymbol{\alpha}_s=\mathbf{0}$ 可以推出 $k_1=k_2=\cdots=k_s=0$.

**证明**　(2) 是 (1) 的逆否命题, 因此只要证明 (1) 即可.

对 $s=1$, 显然定理成立. 下设 $s>1$.

设 $\boldsymbol{\alpha}_1,\boldsymbol{\alpha}_2,\cdots,\boldsymbol{\alpha}_s$ 线性相关, 并假设 $\boldsymbol{\alpha}_i$ 可由其余向量线性表出, 即存在 $P$ 中一组数 $k_1,\cdots,k_{i-1},k_{i+1},\cdots,k_s$, 使

$$\boldsymbol{\alpha}_i=k_1\boldsymbol{\alpha}_1+\cdots+k_{i-1}\boldsymbol{\alpha}_{i-1}+k_{i+1}\boldsymbol{\alpha}_{i+1}+\cdots+k_s\boldsymbol{\alpha}_s,$$

则

$$k_1\boldsymbol{\alpha}_1+\cdots+k_{i-1}\boldsymbol{\alpha}_{i-1}+(-1)\boldsymbol{\alpha}_i+k_{i+1}\boldsymbol{\alpha}_{i+1}+\cdots+k_s\boldsymbol{\alpha}_s=\mathbf{0},$$

即存在一组不全为零的数 $k_1,\cdots,k_{i-1},-1,k_{i+1},\cdots,k_s$ 使

$$k_1\boldsymbol{\alpha}_1+k_2\boldsymbol{\alpha}_2+\cdots+k_s\boldsymbol{\alpha}_s=\mathbf{0},\quad 其中\ k_i=-1\neq 0.$$

反之, 设 $k_1,k_2,\cdots,k_s$ 不全为零, 使 $k_1\boldsymbol{\alpha}_1+k_2\boldsymbol{\alpha}_2+\cdots+k_s\boldsymbol{\alpha}_s=\mathbf{0}$. 不妨假设 $k_i\neq 0$, 则

$$\boldsymbol{\alpha}_i=-\frac{k_1}{k_i}\boldsymbol{\alpha}_1-\cdots-\frac{k_{i-1}}{k_i}\boldsymbol{\alpha}_{i-1}-\frac{k_{i+1}}{k_i}\boldsymbol{\alpha}_{i+1}-\cdots-\frac{k_s}{k_i}\boldsymbol{\alpha}_s,$$

即 $\boldsymbol{\alpha}_i$ 可由 $\boldsymbol{\alpha}_1,\cdots,\boldsymbol{\alpha}_{i-1},\boldsymbol{\alpha}_{i+1},\cdots,\boldsymbol{\alpha}_s$ 线性表出, 从而 $\boldsymbol{\alpha}_1,\boldsymbol{\alpha}_2,\cdots,\boldsymbol{\alpha}_s$ 线性相关. □

利用线性方程组的语言, 定理 4.4 可以改述为

**定理 4.4′**　向量组 $\boldsymbol{\alpha}_1,\boldsymbol{\alpha}_2,\cdots,\boldsymbol{\alpha}_s$ 线性相关 (线性无关) 的充要条件是齐次线性方程组 (向量形式) $x_1\boldsymbol{\alpha}_1+x_2\boldsymbol{\alpha}_2+\cdots+x_s\boldsymbol{\alpha}_s=\mathbf{0}$ 有非零解 (只有零解).

**注**　对于行向量组 $\boldsymbol{\alpha}_1, \boldsymbol{\alpha}_2, \cdots, \boldsymbol{\alpha}_s$, 方程组 $x_1\boldsymbol{\alpha}_1+x_2\boldsymbol{\alpha}_2+\cdots+x_s\boldsymbol{\alpha}_s=\mathbf{0}$ 的系数矩阵为 $(\boldsymbol{\alpha}_1^{\mathrm{T}},\boldsymbol{\alpha}_2^{\mathrm{T}},\cdots,\boldsymbol{\alpha}_s^{\mathrm{T}})$; 对于列向量组 $\boldsymbol{\alpha}_1,\boldsymbol{\alpha}_2,\cdots,\boldsymbol{\alpha}_s$, 方程组 $x_1\boldsymbol{\alpha}_1+x_2\boldsymbol{\alpha}_2+\cdots+x_s\boldsymbol{\alpha}_s=\mathbf{0}$ 的系数矩阵为 $(\boldsymbol{\alpha}_1,\boldsymbol{\alpha}_2,\cdots,\boldsymbol{\alpha}_s)$. 因此, 方程组 $x_1\boldsymbol{\alpha}_1+x_2\boldsymbol{\alpha}_2+\cdots+x_s\boldsymbol{\alpha}_s=\mathbf{0}$ 的系数矩阵总是向量 $\boldsymbol{\alpha}_1, \boldsymbol{\alpha}_2, \cdots, \boldsymbol{\alpha}_s$ 按列排列组成的矩阵.

**例 7**　基本向量组 $\boldsymbol{\varepsilon}_1,\boldsymbol{\varepsilon}_2,\cdots,\boldsymbol{\varepsilon}_n$ 是线性无关的.

**证明**　令 $x_1\boldsymbol{\varepsilon}_1+x_2\boldsymbol{\varepsilon}_2+\cdots+x_n\boldsymbol{\varepsilon}_n=\mathbf{0}$, 则 $(x_1,x_2,\cdots,x_n)=(0,0,\cdots,0)$, 得 $x_1=x_2=\cdots=x_n=0$, 故 $\boldsymbol{\varepsilon}_1,\boldsymbol{\varepsilon}_2,\cdots,\boldsymbol{\varepsilon}_n$ 是线性无关的. □

**例 8**　判断向量组 $\boldsymbol{\alpha}_1=(1,1,0),\boldsymbol{\alpha}_2=(0,1,1),\boldsymbol{\alpha}_3=(1,0,1)$ 的线性相关性.

**解**　令 $x_1\boldsymbol{\alpha}_1^{\mathrm{T}}+x_2\boldsymbol{\alpha}_2^{\mathrm{T}}+x_3\boldsymbol{\alpha}_3^{\mathrm{T}}=\mathbf{0}$, 得

$$\begin{cases} x_1 \qquad + x_3 = 0, \\ x_1 + x_2 \qquad = 0, \\ \qquad x_2 + x_3 = 0, \end{cases}$$

解得 $x_1=x_2=x_3=0$, 所以 $\boldsymbol{\alpha}_1,\boldsymbol{\alpha}_2,\boldsymbol{\alpha}_3$ 是线性无关的. □

**例 9**　设向量组 $\boldsymbol{\alpha}_1,\boldsymbol{\alpha}_2,\cdots,\boldsymbol{\alpha}_s$ 线性相关, 则再添上若干向量得到的新向量组 $\boldsymbol{\alpha}_1,\boldsymbol{\alpha}_2,\cdots,\boldsymbol{\alpha}_s,\cdots,\boldsymbol{\alpha}_t(t>s)$ 也线性相关.

**证明**　由假设条件, 某个 $\boldsymbol{\alpha}_i(1\leqslant i\leqslant s)$ 可由 $\boldsymbol{\alpha}_1,\cdots,\boldsymbol{\alpha}_{i-1},\boldsymbol{\alpha}_{i+1},\cdots,\boldsymbol{\alpha}_s$ 线性表出, 当然也可以由 $\boldsymbol{\alpha}_1,\cdots,\boldsymbol{\alpha}_{i-1},\boldsymbol{\alpha}_{i+1},\cdots,\boldsymbol{\alpha}_s,\cdots,\boldsymbol{\alpha}_t$ 线性表出, 从而 $\boldsymbol{\alpha}_1,\boldsymbol{\alpha}_2,\cdots,\boldsymbol{\alpha}_s,\cdots,\boldsymbol{\alpha}_t$ 也线性相关. □

**例 10**　设 $n$ 维向量组 $\boldsymbol{\alpha}_1,\boldsymbol{\alpha}_2,\cdots,\boldsymbol{\alpha}_s$ 线性无关, 则对每个 $\boldsymbol{\alpha}_i$ 都分别添上 $r$ 个分量所得到的 $n+r$ 维向量组 $\boldsymbol{\beta}_1,\boldsymbol{\beta}_2,\cdots,\boldsymbol{\beta}_s$ 也线性无关.

**证明** 因为向量组 $\boldsymbol{\alpha}_1,\boldsymbol{\alpha}_2,\cdots,\boldsymbol{\alpha}_s$ 线性无关, 所以线性方程组

$$[\boldsymbol{\alpha}_1^{\mathrm{T}},\boldsymbol{\alpha}_2^{\mathrm{T}},\cdots,\boldsymbol{\alpha}_s^{\mathrm{T}}]\begin{bmatrix}x_1\\x_2\\\vdots\\x_s\end{bmatrix}=\mathbf{0}$$

只有零解. 考虑线性方程组

$$[\boldsymbol{\beta}_1^{\mathrm{T}},\boldsymbol{\beta}_2^{\mathrm{T}},\cdots,\boldsymbol{\beta}_s^{\mathrm{T}}]\begin{bmatrix}x_1\\x_2\\\vdots\\x_s\end{bmatrix}=\mathbf{0}.$$

注意 $\boldsymbol{\beta}_i$ 是由 $\boldsymbol{\alpha}_i$ 添加分量所得到的, 因此后一个方程组是由前一个方程组添加了若干个方程得到的, 所以齐次线性方程组 $[\boldsymbol{\beta}_1^{\mathrm{T}},\boldsymbol{\beta}_2^{\mathrm{T}},\cdots,\boldsymbol{\beta}_s^{\mathrm{T}}]\begin{bmatrix}x_1\\x_2\\\vdots\\x_s\end{bmatrix}=\mathbf{0}$ 也只有零解, 由定理 4.4′ 知 $\boldsymbol{\beta}_1,\boldsymbol{\beta}_2,\cdots,\boldsymbol{\beta}_s$ 线性无关. □

添加向量个数相当于齐次线性方程组添加了未知量; 添加分量个数相当于齐次线性方程组添加了方程.

**定理 4.5** 设向量组 $\boldsymbol{\alpha}_1,\boldsymbol{\alpha}_2,\cdots,\boldsymbol{\alpha}_s$ 线性无关, 而再添上一个向量 $\boldsymbol{\beta}$ 所得到的向量组 $\boldsymbol{\alpha}_1,\boldsymbol{\alpha}_2,\cdots,\boldsymbol{\alpha}_s,\boldsymbol{\beta}$ 线性相关, 则 $\boldsymbol{\beta}$ 可由 $\boldsymbol{\alpha}_1,\boldsymbol{\alpha}_2,\cdots,\boldsymbol{\alpha}_s$ 线性表出, 且表达系数唯一.

**证明** 先用反证法证明 $\boldsymbol{\beta}$ 可由 $\boldsymbol{\alpha}_1,\boldsymbol{\alpha}_2,\cdots,\boldsymbol{\alpha}_s$ 线性表出. 假定 $\boldsymbol{\beta}$ 不可以由 $\boldsymbol{\alpha}_1,\boldsymbol{\alpha}_2,\cdots,\boldsymbol{\alpha}_s$ 线性表出, 那么由向量组 $\boldsymbol{\alpha}_1,\boldsymbol{\alpha}_2,\cdots,\boldsymbol{\alpha}_s,\boldsymbol{\beta}$ 线性相关知, 必有某个 $\boldsymbol{\alpha}_i(1\leqslant i\leqslant s)$ 可以由 $\boldsymbol{\alpha}_1,\boldsymbol{\alpha}_2,\cdots,\boldsymbol{\alpha}_{i-1},\boldsymbol{\alpha}_{i+1},\cdots,\boldsymbol{\alpha}_s,\boldsymbol{\beta}$ 线性表出. 设 $\boldsymbol{\alpha}_i=k_1\boldsymbol{\alpha}_1+\cdots+k_{i-1}\boldsymbol{\alpha}_{i-1}+k_{i+1}\boldsymbol{\alpha}_{i+1}+\cdots+k_s\boldsymbol{\alpha}_s+k\boldsymbol{\beta}$, 其中 $k_1,\cdots,k_{i-1},k_{i+1},\cdots,k_s,k\in P$. 因为向量组 $\boldsymbol{\alpha}_1,\boldsymbol{\alpha}_2,\cdots,\boldsymbol{\alpha}_s$ 线性无关, 所以 $k\neq 0$, 于是

$$\boldsymbol{\beta}=-\frac{k_1}{k}\boldsymbol{\alpha}_1-\cdots-\frac{k_{i-1}}{k}\boldsymbol{\alpha}_{i-1}+\frac{1}{k}\boldsymbol{\alpha}_i-\frac{k_{i+1}}{k}\boldsymbol{\alpha}_{i+1}-\cdots-\frac{k_s}{k}\boldsymbol{\alpha}_s,$$

即 $\boldsymbol{\beta}$ 可由 $\boldsymbol{\alpha}_1,\boldsymbol{\alpha}_2,\cdots,\boldsymbol{\alpha}_s$ 线性表出, 与假设矛盾.

再证明表达系数的唯一性. 设 $\boldsymbol{\beta}=l_1\boldsymbol{\alpha}_1+l_2\boldsymbol{\alpha}_2+\cdots+l_s\boldsymbol{\alpha}_s$, $\boldsymbol{\beta}=l_1'\boldsymbol{\alpha}_1+l_2'\boldsymbol{\alpha}_2+\cdots+l_s'\boldsymbol{\alpha}_s$, 其中, $l_i,l_i'\in P(i=1,2,\cdots,s)$, 则

$$(l_1-l_1')\boldsymbol{\alpha}_1+(l_2-l_2')\boldsymbol{\alpha}_2+\cdots+(l_s-l_s')\boldsymbol{\alpha}_s=\mathbf{0}.$$

因为 $\boldsymbol{\alpha}_1,\boldsymbol{\alpha}_2,\cdots,\boldsymbol{\alpha}_s$ 线性无关, 由定理 4.4 知 $l_1-l_1'=\cdots=l_s-l_s'=0$, 即 $l_1=l_1',\cdots,l_s=l_s'$. □

最后, 我们讨论两个向量组线性表出与向量组线性相关之间的联系.

**定理 4.6** 设 $\boldsymbol{\alpha}_1,\boldsymbol{\alpha}_2,\cdots,\boldsymbol{\alpha}_s$ 和 $\boldsymbol{\beta}_1,\boldsymbol{\beta}_2,\cdots,\boldsymbol{\beta}_t$ 是两个 $n$ 维向量组, 如果

(1) $\boldsymbol{\alpha}_1,\boldsymbol{\alpha}_2,\cdots,\boldsymbol{\alpha}_s$ 可由 $\boldsymbol{\beta}_1,\boldsymbol{\beta}_2,\cdots,\boldsymbol{\beta}_t$ 线性表出;

(2) $s>t$,

那么向量组 $\boldsymbol{\alpha}_1,\boldsymbol{\alpha}_2,\cdots,\boldsymbol{\alpha}_s$ 线性相关.

**证明** 设

$$\boldsymbol{\alpha}_i = a_{i1}\boldsymbol{\beta}_1 + a_{i2}\boldsymbol{\beta}_2 + \cdots + a_{it}\boldsymbol{\beta}_t, i = 1, 2, \cdots, s. \tag{9}$$

由定理 4.4, 要证明 $\boldsymbol{\alpha}_1, \boldsymbol{\alpha}_2, \cdots, \boldsymbol{\alpha}_s$ 线性相关, 只要证明关于 $x_1, x_2, \cdots, x_s$ 的方程

$$x_1\boldsymbol{\alpha}_1 + x_2\boldsymbol{\alpha}_2 + \cdots + x_s\boldsymbol{\alpha}_s = \mathbf{0} \tag{10}$$

有非零解. (9) 代入 (10) 并整理, 得

$$\begin{aligned}&(a_{11}x_1 + a_{21}x_2 + \cdots + a_{s1}x_s)\boldsymbol{\beta}_1 + (a_{12}x_1 + a_{22}x_2 + \cdots + a_{s2}x_s)\boldsymbol{\beta}_2 + \cdots +\\ &(a_{1t}x_1 + a_{2t}x_2 + \cdots + a_{st}x_s)\boldsymbol{\beta}_t = \mathbf{0}.\end{aligned} \tag{11}$$

方程组 (12) 由 (11) 中 $\boldsymbol{\beta}_1, \boldsymbol{\beta}_2, \cdots, \boldsymbol{\beta}_t$ 中系数全为 0 得到, 因而满足 (12) 必满足 (11).

我们考虑齐次线性方程组

$$\begin{cases} a_{11}x_1 + a_{21}x_2 + \cdots + a_{s1}x_s = 0, \\ a_{12}x_1 + a_{22}x_2 + \cdots + a_{s2}x_s = 0, \\ \cdots\cdots\cdots\cdots \\ a_{1t}x_1 + a_{2t}x_2 + \cdots + a_{st}x_s = 0, \end{cases} \tag{12}$$

由于它的未知量个数 $s$ 大于方程个数 $t$, 故 (12) 有非零解 $\begin{bmatrix} x_1 \\ x_2 \\ \vdots \\ x_s \end{bmatrix}$. 当然这个解也满足 (11), 从而也满足 (10). 这就证明了 (10) 有非零解, 所以 $\boldsymbol{\alpha}_1, \boldsymbol{\alpha}_2, \cdots, \boldsymbol{\alpha}_s$ 线性相关. □

定理 4.6 的逆否命题是

**定理 4.6′** 设向量组 $\boldsymbol{\alpha}_1, \boldsymbol{\alpha}_2, \cdots, \boldsymbol{\alpha}_s$ 可由向量组 $\boldsymbol{\beta}_1, \boldsymbol{\beta}_2, \cdots, \boldsymbol{\beta}_t$ 线性表出, 且 $\boldsymbol{\alpha}_1, \boldsymbol{\alpha}_2, \cdots, \boldsymbol{\alpha}_s$ 线性无关, 则 $s \leqslant t$.

定理 4.6′ 表明, 任意一个线性无关的向量组不可能由比这个向量组个数少的向量组线性表出.

推论 1 用方程组语言描述就是, 任意含有 $n+1$ 个未知量的 $n$ 个方程构成的线性方程组必有非零解.

**推论 1** 任意 $n+1$ 个 $n$ 维向量 $\boldsymbol{\alpha}_1, \boldsymbol{\alpha}_2, \cdots, \boldsymbol{\alpha}_n, \boldsymbol{\alpha}_{n+1}$ 必然线性相关.

**证明** 显然 $\boldsymbol{\alpha}_1, \boldsymbol{\alpha}_2, \cdots, \boldsymbol{\alpha}_n, \boldsymbol{\alpha}_{n+1}$ 可由基本向量组 $\boldsymbol{\varepsilon}_1, \boldsymbol{\varepsilon}_2, \cdots, \boldsymbol{\varepsilon}_n$ 线性表出, 而 $n+1 > n$, 故向量组 $\boldsymbol{\alpha}_1, \boldsymbol{\alpha}_2, \cdots, \boldsymbol{\alpha}_n, \boldsymbol{\alpha}_{n+1}$ 线性相关. □

由推论 1, $P^n$ 中线性无关向量组中的向量个数至多为 $n$, 再由例 7, $P^n$ 中有 $n$ 个线性无关的向量 (例如基本向量组). 设 $\boldsymbol{\alpha}_1, \boldsymbol{\alpha}_2, \cdots, \boldsymbol{\alpha}_n$ 为 $P^n$ 中 $n$ 个线性无关的向量, 则由定理 4.5, $P^n$ 中每个向量 $\boldsymbol{\beta}$ 都可以唯一地写成 $\boldsymbol{\beta} = x_1\boldsymbol{\alpha}_1 + x_2\boldsymbol{\alpha}_2 + \cdots + x_n\boldsymbol{\alpha}_n (x_i \in P, i = 1, 2, \cdots, n)$. 我们把 $P^n$ 中任意 $n$ 个线性无关的向量组成的向量组称为 $P^n$ 的一个**基**, 而把有序数组 $(x_1, x_2, \cdots, x_n)$ 称为 $\boldsymbol{\beta}$ 在基 $\boldsymbol{\alpha}_1, \boldsymbol{\alpha}_2, \cdots, \boldsymbol{\alpha}_n$ 下的**坐标**.

**知识拓展 4–1**
仿射坐标系

可以看出, 基的概念可以看成基本向量组的推广. 例如, 在 $\mathbf{R}^3$ 中, 如果 $\boldsymbol{\alpha}, \boldsymbol{\beta}, \boldsymbol{\gamma}$ 线性无关, 那么 $\{\boldsymbol{\alpha}, \boldsymbol{\beta}, \boldsymbol{\gamma}\}$ 构成 $\mathbf{R}^3$ 的一个基, 且对 $\mathbf{R}^3$ 中任意给定向量 $\boldsymbol{\delta}$, 有唯一一组实数 $x_1, x_2, x_3$ 使 $\boldsymbol{\delta} = x_1\boldsymbol{\alpha} + x_2\boldsymbol{\beta} + x_3\boldsymbol{\gamma}$. 于是 $\boldsymbol{\delta}$ 在基 $\{\boldsymbol{\alpha}, \boldsymbol{\beta}, \boldsymbol{\gamma}\}$ 下的坐标为 $(x_1, x_2, x_3)$. 这样, 我们可以用 $\boldsymbol{\alpha}, \boldsymbol{\beta}, \boldsymbol{\gamma}$ 分别代替三维几何空间 $\mathbf{R}^3$ 中的向量 $\boldsymbol{i}, \boldsymbol{j}, \boldsymbol{k}$, 类似建立起坐标系 $\{O; \boldsymbol{\alpha}, \boldsymbol{\beta}, \boldsymbol{\gamma}\}$, 称为**仿射坐标系**.

**推论 2** 两个等价的线性无关向量组所含向量个数相同.

**证明** 设 $\boldsymbol{\alpha}_1,\boldsymbol{\alpha}_2,\cdots,\boldsymbol{\alpha}_s$ 和 $\boldsymbol{\beta}_1,\boldsymbol{\beta}_2,\cdots,\boldsymbol{\beta}_t$ 为两个等价的线性无关向量组, 则由定理 4.6′ 知 $s\leqslant t, t\leqslant s$, 故 $s=t$. □

## 习题 4.3

1. 判断下列向量组是否线性相关:

(1) $\boldsymbol{\alpha}_1=(1,1,0,0)$, $\boldsymbol{\alpha}_2=(0,1,1,0)$,
$\boldsymbol{\alpha}_3=(0,0,1,1)$, $\boldsymbol{\alpha}_4=(1,0,0,1)$;

(2) $\boldsymbol{\alpha}_1=(1,1,3,1)$, $\boldsymbol{\alpha}_2=(-1,1,-1,3)$,
$\boldsymbol{\alpha}_3=(5,-2,8,9)$, $\boldsymbol{\alpha}_4=(-1,3,1,7)$;

(3) $\boldsymbol{\alpha}_1=(1,2,3,4)$, $\boldsymbol{\alpha}_2=(1,-2,4,5)$,
$\boldsymbol{\alpha}_3=(1,10,2,1)$;

(4) $\boldsymbol{\alpha}_1=(2,0,-12)$, $\boldsymbol{\alpha}_2=(3,-11,0)$,
$\boldsymbol{\alpha}_3=(0,7,2)$, $\boldsymbol{\alpha}_4=(5,9,10)$;

(5) $\boldsymbol{\alpha}_1=(1,0,-2,1)$, $\boldsymbol{\alpha}_2=(3,5,8,7)$,
$\boldsymbol{\alpha}_3=(-2,0,4,-2)$, $\boldsymbol{\alpha}_4=(3,0,1,0)$.

2. 把向量 $\boldsymbol{\beta}$ 表成 $\boldsymbol{\alpha}_1,\boldsymbol{\alpha}_2,\boldsymbol{\alpha}_3,\boldsymbol{\alpha}_4$ 的线性组合.

(1) $\boldsymbol{\beta}=(0,0,0,1)$,
$\boldsymbol{\alpha}_1=(1,1,0,1)$, $\boldsymbol{\alpha}_2=(2,1,3,1)$,
$\boldsymbol{\alpha}_3=(1,1,0,0)$, $\boldsymbol{\alpha}_4=(0,1,-1,1)$;

(2) $\boldsymbol{\beta}=(8,7,6,5)$,
$\boldsymbol{\alpha}_1=(1,0,0,1)$, $\boldsymbol{\alpha}_2=(0,1,0,1)$,
$\boldsymbol{\alpha}_3=(0,0,1,0)$, $\boldsymbol{\alpha}_4=(0,0,0,1)$;

(3) $\boldsymbol{\beta}=(2,-1,3,0)$,
$\boldsymbol{\alpha}_1=(1,0,0,1)$, $\boldsymbol{\alpha}_2=(0,1,0,1)$,
$\boldsymbol{\alpha}_3=(0,0,1,-1)$, $\boldsymbol{\alpha}_4=(1,0,-1,0)$.

3. 设向量组 $\boldsymbol{\alpha}_1,\boldsymbol{\alpha}_2,\boldsymbol{\alpha}_3$ 线性无关, 证明:$\boldsymbol{\alpha}_1+\boldsymbol{\alpha}_2,\boldsymbol{\alpha}_2+\boldsymbol{\alpha}_3,\boldsymbol{\alpha}_3+\boldsymbol{\alpha}_1$ 也线性无关.

4. 若向量 $\boldsymbol{\beta}$ 可由向量组 $\boldsymbol{\alpha}_1,\boldsymbol{\alpha}_2,\cdots,\boldsymbol{\alpha}_s$ 线性表出, 但不能由向量组 $\boldsymbol{\alpha}_1,\boldsymbol{\alpha}_2,\cdots,\boldsymbol{\alpha}_{s-1}$ 线性表出, 试证:$\boldsymbol{\alpha}_s$ 可由向量组 $\boldsymbol{\alpha}_1,\boldsymbol{\alpha}_2,\cdots,\boldsymbol{\alpha}_{s-1},\boldsymbol{\beta}$ 线性表出.

5. 设向量 $\boldsymbol{\beta}$ 可由向量组 $\boldsymbol{\alpha}_1,\boldsymbol{\alpha}_2,\cdots,\boldsymbol{\alpha}_s$ 线性表出, 证明: 表出方式唯一的充要条件是 $\boldsymbol{\alpha}_1,\boldsymbol{\alpha}_2,\cdots,\boldsymbol{\alpha}_s$ 线性无关.

6. 设 3 阶行列式 $|a_{ij}|\neq 0$, 证明: 任意 3 维列向量 $\boldsymbol{\alpha}\in P^3$ 可以由 $\begin{bmatrix}a_{11}\\a_{21}\\a_{31}\end{bmatrix},\begin{bmatrix}a_{12}\\a_{22}\\a_{32}\end{bmatrix},\begin{bmatrix}a_{13}\\a_{23}\\a_{33}\end{bmatrix}$ 线性表出, 且表示法唯一.

## §4.4　向量组的秩和矩阵的秩

本节讨论向量组的秩和矩阵的秩. 为此先引入向量组的极大线性无关组的概念.

**定义 4.13**　设 $A: \boldsymbol{\alpha}_1, \boldsymbol{\alpha}_2, \cdots, \boldsymbol{\alpha}_r, \boldsymbol{\beta}, \boldsymbol{\gamma}, \cdots$ 是由若干个 $n$ 维向量组成的向量组, $\boldsymbol{\alpha}_1, \boldsymbol{\alpha}_2, \cdots, \boldsymbol{\alpha}_r$ 是 $A$ 的一个部分组, 且

(1) $\boldsymbol{\alpha}_1, \boldsymbol{\alpha}_2, \cdots, \boldsymbol{\alpha}_r$ 线性无关;

(2) $\boldsymbol{\alpha}_1, \boldsymbol{\alpha}_2, \cdots, \boldsymbol{\alpha}_r$ 再添上 $A$ 中任意一个向量 $\boldsymbol{\alpha}$ 得到的向量组 $\boldsymbol{\alpha}_1, \boldsymbol{\alpha}_2, \cdots, \boldsymbol{\alpha}_r, \boldsymbol{\alpha}$ 线性相关,

则称部分组 $\boldsymbol{\alpha}_1, \boldsymbol{\alpha}_2, \cdots, \boldsymbol{\alpha}_r$ 为 $A$ 的一个**极大线性无关组**.

**注 1**　条件 (2) 可换成"$\boldsymbol{\alpha}_1, \boldsymbol{\alpha}_2, \cdots, \boldsymbol{\alpha}_r$ 与整个向量组 $A$ 等价".

**注 2**　一个向量组的任意一个极大线性无关组都与原向量组等价.

由定理 4.5 可得关于极大线性无关组的如下定理 (请读者自行证明).

**定理 4.7**　设 $\boldsymbol{\alpha}_1, \boldsymbol{\alpha}_2, \cdots, \boldsymbol{\alpha}_r$ 是 $A$ 的一个部分组, 则 $\boldsymbol{\alpha}_1, \boldsymbol{\alpha}_2, \cdots, \boldsymbol{\alpha}_r$ 是 $A$ 的一个极大线性无关组的充要条件是以下条件都成立:

(1) $\boldsymbol{\alpha}_1, \boldsymbol{\alpha}_2, \cdots, \boldsymbol{\alpha}_r$ 线性无关;

(2) $A$ 中任意一个向量 $\boldsymbol{\alpha}$ 都可由 $\boldsymbol{\alpha}_1, \boldsymbol{\alpha}_2, \cdots, \boldsymbol{\alpha}_r$ 线性表出.

可以看出, $n$ 维向量空间 $P^n$ 的任意一组基都是 $P^n$ 的一个极大线性无关组, 特别地, 基本向量组 $\boldsymbol{\varepsilon}_1, \boldsymbol{\varepsilon}_2, \cdots, \boldsymbol{\varepsilon}_n$ 是 $P^n$ 的一个极大线性无关组. 利用极大线性无关组的概念可定义 $P^n$ 的子空间 $V$ 的基就是 $V$ (看成向量组) 的极大线性无关组. 因此, $V$ 的基 (向量组) 与空间 $V$ 是等价的. 实际上, 向量组 $A$ 的极大线性无关组就是与向量组 $A$ 等价且包含向量个数最少的部分组 (参见习题 4.4, 第 1 题). 因此, $P^n$ 的子空间 $V$ 的一个基就是与 $V$ 等价的向量组中所含向量个数最少者.

**知识点讲解 4–7**
极大线性无关组、向量组的秩

下面的定理说明任意一个含有非零向量的向量组都有极大线性无关组.

**定理 4.8**　$n$ 维向量组 $A$ 的任意一个线性无关组都可以扩充成 $A$ 的一个极大线性无关组, 从而任意含有非零向量的向量组都有极大线性无关组.

**证明**　设 $\boldsymbol{\alpha}_1, \boldsymbol{\alpha}_2, \cdots, \boldsymbol{\alpha}_s$ 为 $A$ 的一个线性无关的部分组, 我们可以采取逐个添加的办法去找 $A$ 的极大线性无关组. 如果 $A$ 中所有向量都可由 $\boldsymbol{\alpha}_1, \boldsymbol{\alpha}_2, \cdots, \boldsymbol{\alpha}_s$ 线性表出, 那么 $\boldsymbol{\alpha}_1, \boldsymbol{\alpha}_2, \cdots, \boldsymbol{\alpha}_s$ 就是 $A$ 的极大线性无关组. 假设 $\boldsymbol{\alpha}_{s+1}$ 为 $A$ 中的向量, 且不能由 $\boldsymbol{\alpha}_1, \boldsymbol{\alpha}_2, \cdots, \boldsymbol{\alpha}_s$ 线性表出, 由定理 4.5 知 $\boldsymbol{\alpha}_1, \boldsymbol{\alpha}_2, \cdots, \boldsymbol{\alpha}_s, \boldsymbol{\alpha}_{s+1}$ 线性无关. 再用 $\boldsymbol{\alpha}_1, \boldsymbol{\alpha}_2, \cdots, \boldsymbol{\alpha}_s, \boldsymbol{\alpha}_{s+1}$ 代替 $\boldsymbol{\alpha}_1, \boldsymbol{\alpha}_2, \cdots, \boldsymbol{\alpha}_s$ 重复上述过程讨论 $\cdots\cdots$ 如此下去.

由于 $n$ 维向量空间 $P^n$ 中至多有 $n$ 个线性无关的向量, 因此上述步骤终止于有限步, 即至多添加 $n-s$ 个向量, 就可以把 $\boldsymbol{\alpha}_1, \cdots, \boldsymbol{\alpha}_s$ 扩充为 $A$ 的极大线性无关组.□

显然, 一个向量组可以有许多极大线性无关组, 那么它们之间有什么联系呢?

**例 1**　在几何空间 $\mathbf{R}^2$ (或 $\mathbf{R}^3$) 中, 任意两个 (三个) 不平行 (不共面) 的向量都是 $\mathbf{R}^2(\mathbf{R}^3)$ 的一个基, 也是极大线性无关组. 容易看出, $\mathbf{R}^2(\mathbf{R}^3)$ 的任意两个极大线性无关组都可以互相线性表示, 即它们等价.

利用定理 4.7 的注, 我们知道向量组的任意一个极大线性无关组都与原向量组等价. 由向量组等价的传递性知, 一个向量组的任意两个极大线性无关组等价, 再由定理 4.6′ 的推论 2 知, 它们含有相同个数的向量, 即

**定理 4.9**　一个向量组的所有极大线性无关组都等价, 因而所含向量个数相同.

**定义 4.14**　向量组 $A$ 的极大线性无关组中所含向量的个数称为该向量组的**秩**, 记为 $r(A)$. 若向量组 $A$ 只含有零向量, 则规定 $A$ 的秩为 0.

定理 4.9 表明: 向量组的秩由该向量组唯一确定, 而与极大线性无关组的选取无关. 不难看出, $\boldsymbol{\alpha}_1,\boldsymbol{\alpha}_2,\cdots,\boldsymbol{\alpha}_s$ 线性无关的充要条件是它的秩与向量个数 $s$ 相等; 又若向量组 $A$ 的秩为 $r$, 则向量组 $A$ 中任意 $r$ 个线性无关的向量所组成的部分向量组都是 $A$ 的一个极大线性无关组.

**定理 4.10** 等价向量组具有相同的秩.

**证明** 设 $A,B$ 为两个等价的向量组, $A_1,B_1$ 分别为 $A,B$ 的极大线性无关组. 因为极大线性无关组与原向量组等价, 所以 $A$ 与 $A_1$ 等价, $B$ 与 $B_1$ 等价. 又由向量组等价的传递性知, $A_1$ 与 $B_1$ 等价, 由定理 4.6′ 推论 2, $A_1,B_1$ 含有相同个数的向量, 从而 $r(A)=r(B)$. □

定理 4.10 的逆定理不成立, 请读者自己举例说明.

我们知道, 一个矩阵 $\boldsymbol{A}$ 既可以按行分块得到 $\boldsymbol{A}$ 的行向量组, 又可以按列分块得到 $\boldsymbol{A}$ 的列向量组, 所以下面引入矩阵行 (列) 秩的概念.

**定义 4.15** 一个矩阵的行向量组的秩称为该矩阵的**行秩**, 它的列向量组的秩称为该矩阵的**列秩**.

知识点讲解 4–8
矩阵的秩

为了讨论矩阵行秩、列秩的关系, 我们研究矩阵的初等变换对矩阵的行秩、列秩的影响.

**引理 1** 对 $m\times n$ 矩阵 $\boldsymbol{A}$ 作一次行 (列) 初等变换, 不改变 $\boldsymbol{A}$ 的行 (列) 秩.

**证明** 设 $\boldsymbol{A}=\begin{bmatrix}\boldsymbol{\alpha}_1\\ \vdots\\ \boldsymbol{\alpha}_i\\ \vdots\\ \boldsymbol{\alpha}_j\\ \vdots\\ \boldsymbol{\alpha}_m\end{bmatrix}$, 其中 $\boldsymbol{\alpha}_k$ 为 $\boldsymbol{A}$ 的第 $k$ 个行向量 $(k=1,2,\cdots,m)$. 对 $\boldsymbol{A}$ 分别作一次行初等变换, 可能得到下列矩阵:

$$\boldsymbol{A}_1=\begin{bmatrix}\boldsymbol{\alpha}_1\\ \vdots\\ \boldsymbol{\alpha}_j\\ \vdots\\ \boldsymbol{\alpha}_i\\ \vdots\\ \boldsymbol{\alpha}_m\end{bmatrix},\quad 或\quad \boldsymbol{A}_2=\begin{bmatrix}\boldsymbol{\alpha}_1\\ \vdots\\ c\boldsymbol{\alpha}_i\\ \vdots\\ \boldsymbol{\alpha}_j\\ \vdots\\ \boldsymbol{\alpha}_m\end{bmatrix},\quad 或\quad \boldsymbol{A}_3=\begin{bmatrix}\boldsymbol{\alpha}_1\\ \vdots\\ \boldsymbol{\alpha}_i+k\boldsymbol{\alpha}_j\\ \vdots\\ \boldsymbol{\alpha}_j\\ \vdots\\ \boldsymbol{\alpha}_m\end{bmatrix},$$

其中 $c\neq0, k\in P$.

显然, $\boldsymbol{A}_1,\boldsymbol{A}_2,\boldsymbol{A}_3$ 的三个行向量组都与 $\boldsymbol{A}$ 的行向量组等价, 由定理 4.10 知, $\boldsymbol{A}_1,\boldsymbol{A}_2,\boldsymbol{A}_3$ 的行秩都与 $\boldsymbol{A}$ 的行秩相等, 即对 $\boldsymbol{A}$ 作一次行初等变换, 不改变 $\boldsymbol{A}$ 的行秩.

同理可证, 对 $\boldsymbol{A}$ 作一次列初等变换不改变 $\boldsymbol{A}$ 的列秩. □

**引理 2** 对矩阵 $\boldsymbol{A}$ 作一次行 (列) 初等变换, 不改变 $\boldsymbol{A}$ 的列 (行) 秩.

**证明** 设 $\boldsymbol{A}=(\boldsymbol{\beta}_1,\boldsymbol{\beta}_2,\cdots,\boldsymbol{\beta}_n)$, 其中 $\boldsymbol{\beta}_l(l=1,2,\cdots,n)$ 为 $\boldsymbol{A}$ 的第 $l$ 个列向量.

现在对 $\boldsymbol{A}$ 作一次行初等变换, 由定理 3.3 知相当于左乘一个相应的初等矩阵 $\boldsymbol{P}$, 即得到矩阵 $\boldsymbol{PA}=(\boldsymbol{P\beta}_1,\boldsymbol{P\beta}_2,\cdots,\boldsymbol{P\beta}_n)$.

设 $\boldsymbol{A}$ 的列秩为 $r$, 不妨设 $\boldsymbol{\beta}_1,\boldsymbol{\beta}_2,\cdots,\boldsymbol{\beta}_r$ 为 $\boldsymbol{A}$ 的列向量组 $\boldsymbol{\beta}_1,\boldsymbol{\beta}_2,\cdots,\boldsymbol{\beta}_n$ 的一个极大线性无关组, 我们断言, $\boldsymbol{P\beta}_1,\boldsymbol{P\beta}_2,\cdots,\boldsymbol{P\beta}_r$ 作成 $\boldsymbol{PA}$ 的列向量组 $\boldsymbol{P\beta}_1,\boldsymbol{P\beta}_2,\cdots,\boldsymbol{P\beta}_n$ 的一个极大线性无关组. 反之, 若 $\boldsymbol{P\beta}_1,\boldsymbol{P\beta}_2,\cdots,\boldsymbol{P\beta}_r$ 作成 $\boldsymbol{P\beta}_1,\boldsymbol{P\beta}_2,\cdots,\boldsymbol{P\beta}_n$ 的一个极大线性无关组, 则 $\boldsymbol{\beta}_1,\boldsymbol{\beta}_2,\cdots,\boldsymbol{\beta}_r$ 是 $\boldsymbol{\beta}_1,\boldsymbol{\beta}_2,\cdots,\boldsymbol{\beta}_n$ 的一个极大线性无关组.

事实上, 因为初等矩阵 $\boldsymbol{P}$ 可逆, 所以

$$k_1\boldsymbol{\beta}_1+k_2\boldsymbol{\beta}_2+\cdots+k_r\boldsymbol{\beta}_r=\mathbf{0} \tag{13}$$

$$\text{当且仅当 } \boldsymbol{P}(k_1\boldsymbol{\beta}_1+k_2\boldsymbol{\beta}_2+\cdots+k_r\boldsymbol{\beta}_r)=\mathbf{0},$$

$$\text{当且仅当 } k_1\boldsymbol{P\beta}_1+k_2\boldsymbol{P\beta}_2+\cdots+k_r\boldsymbol{P\beta}_r=\mathbf{0}. \tag{14}$$

**注** 所谓简化的阶梯形矩阵是指如下的阶梯形矩阵: 如果该阶梯形矩阵有 $r$ 行非零, 那么该阶梯形矩阵的列向量组含有基本向量

$$\boldsymbol{\varepsilon}_1=\begin{bmatrix}1\\0\\\vdots\\0\end{bmatrix},\quad \boldsymbol{\varepsilon}_2=\begin{bmatrix}0\\1\\\vdots\\0\end{bmatrix},\quad \cdots,\quad \boldsymbol{\varepsilon}_r=\begin{bmatrix}0\\\vdots\\0\\1\\0\\\vdots\\0\end{bmatrix}.$$

因为 $\boldsymbol{\beta}_1,\boldsymbol{\beta}_2,\cdots,\boldsymbol{\beta}_r$ 线性无关的充要条件是方程 (13) 只有零解, $\boldsymbol{P\beta}_1,\boldsymbol{P\beta}_2,\cdots,\boldsymbol{P\beta}_r$ 线性无关的充要条件是方程 (14) 只有零解, 所以 $\boldsymbol{\beta}_1,\boldsymbol{\beta}_2,\cdots,\boldsymbol{\beta}_r$ 线性无关的充要条件是 $\boldsymbol{P\beta}_1,\boldsymbol{P\beta}_2,\cdots,\boldsymbol{P\beta}_r$ 线性无关. 利用类似的方法可证明: $\boldsymbol{A}$ 的列向量组 $\boldsymbol{\beta}_1,\boldsymbol{\beta}_2,\cdots,\boldsymbol{\beta}_n$ 中任意一个向量 $\boldsymbol{\beta}_l=x_1\boldsymbol{\beta}_1+x_2\boldsymbol{\beta}_2+\cdots+x_r\boldsymbol{\beta}_r$ 的充要条件是 $\boldsymbol{P\beta}_l=x_1\boldsymbol{P\beta}_1+x_2\boldsymbol{P\beta}_2+\cdots+x_r\boldsymbol{P\beta}_r$. 这就证明了上述断言成立.

由上述断言立得, 行初等变换不改变矩阵的列秩. 同理可证, 列初等变换不改变矩阵的行秩. □

把这两个引理结合起来, 知初等变换不改变矩阵的行、列秩. 由定理 3.4, 任意矩阵 $\boldsymbol{A}$ 都可经初等变换化成标准形 $\boldsymbol{D}=\begin{bmatrix}\boldsymbol{E}_r & \boldsymbol{O}\\ \boldsymbol{O} & \boldsymbol{O}\end{bmatrix}$. 于是 $\boldsymbol{A},\boldsymbol{D}$ 的行秩、列秩对应相等. 显然 $\boldsymbol{D}$ 的行秩、列秩都是 $r$, 因此 $\boldsymbol{A}$ 的行秩、列秩也都等于 $r$. 这就得出了

**定理 4.11** 任意矩阵 $\boldsymbol{A}$ 的行秩与列秩相等, 称之为矩阵 $\boldsymbol{A}$ 的秩, 记为 $r(\boldsymbol{A})$.

由定理 4.11 及引理 2 的证明过程知

(1) 与矩阵 $\boldsymbol{A}$ 等价的标准形 $\boldsymbol{D}=\begin{bmatrix}\boldsymbol{E}_r & \boldsymbol{O}\\ \boldsymbol{O} & \boldsymbol{O}\end{bmatrix}$ 由矩阵 $\boldsymbol{A}$ 唯一确定, 特别地, $r$ 就是 $\boldsymbol{A}$ 的秩 $r(\boldsymbol{A})$. 这就提供了利用标准形求矩阵秩的方法.

(2) 根据引理 2 的证明过程, 我们得出一个求列向量组 $\boldsymbol{\alpha}_1,\boldsymbol{\alpha}_2,\cdots,\boldsymbol{\alpha}_s$ 的极大线性无关组的方法: 用这 $s$ 个列向量构造一个矩阵 $\boldsymbol{A}=(\boldsymbol{\alpha}_1,\boldsymbol{\alpha}_2,\cdots,\boldsymbol{\alpha}_s)$. 对 $\boldsymbol{A}$ 只作行初等变换化成 $\boldsymbol{B}=(\boldsymbol{\beta}_1,\boldsymbol{\beta}_2,\cdots,\boldsymbol{\beta}_s)$ 为简化的阶梯形矩阵. 求出 $\boldsymbol{\beta}_1,\boldsymbol{\beta}_2,\cdots,\boldsymbol{\beta}_s$ 的极大线性无关组 $\boldsymbol{\beta}_{i_1},\boldsymbol{\beta}_{i_2},\cdots,\boldsymbol{\beta}_{i_r}$, 那么对应的 $\boldsymbol{\alpha}_{i_1},\boldsymbol{\alpha}_{i_2},\cdots,\boldsymbol{\alpha}_{i_r}$ 就是 $\boldsymbol{\alpha}_1,\boldsymbol{\alpha}_2,\cdots,\boldsymbol{\alpha}_s$ 的极大线性无关组, 且其余向量由极大线性无关组表示的表示系数也对应相等.

**知识点讲解 4-9** 求极大线性无关组方法与举例

例 2 求矩阵

$$\boldsymbol{A}=\begin{bmatrix}1&3&0&1\\2&0&2&1\\3&0&0&-2\end{bmatrix}$$

的标准形与秩.

解

$$A=\begin{bmatrix}1&3&0&1\\2&0&2&1\\3&0&0&-2\end{bmatrix}\xrightarrow[]{\substack{②+①\times(-2)\\③+①\times(-3)}}\begin{bmatrix}1&3&0&1\\0&-6&2&-1\\0&-9&0&-5\end{bmatrix}$$

$$\xrightarrow[\substack{②+①\times(-3)\\④+①\times(-1)}]{}\begin{bmatrix}1&0&0&0\\0&-6&-2&-1\\0&-9&0&-5\end{bmatrix}\xrightarrow{②\times\left(-\frac{1}{6}\right)}\begin{bmatrix}1&0&0&0\\0&1&\dfrac{1}{3}&\dfrac{1}{6}\\0&-9&0&-5\end{bmatrix}$$

$$\xrightarrow{③+②\times 9}\begin{bmatrix}1&0&0&0\\0&1&\dfrac{1}{3}&\dfrac{1}{6}\\0&0&3&-\dfrac{7}{2}\end{bmatrix}\xrightarrow[\substack{③+②\times\left(-\frac{1}{3}\right)\\④+②\times\left(-\frac{1}{6}\right)}]{}\begin{bmatrix}1&0&0&0\\0&1&0&0\\0&0&3&-\dfrac{7}{2}\end{bmatrix}$$

$$\xrightarrow{③\times\frac{1}{3}}\begin{bmatrix}1&0&0&0\\0&1&0&0\\0&0&1&-\dfrac{7}{6}\end{bmatrix}\xrightarrow[④+③\times\frac{7}{6}]{}\begin{bmatrix}1&0&0&0\\0&1&0&0\\0&0&1&0\end{bmatrix},$$

所以 $\boldsymbol{A}$ 的标准形为 $\begin{bmatrix}1&0&0&0\\0&1&0&0\\0&0&1&0\end{bmatrix}$, $\boldsymbol{A}$ 的秩是 3. □

**例 3** 求 $\boldsymbol{\alpha}_1=(1,-1,3),\boldsymbol{\alpha}_2=(2,-1,4),\boldsymbol{\alpha}_3=(3,-4,11),\boldsymbol{\alpha}_4=(4,-2,9)$ 的一个极大线性无关组, 并把其余向量用该极大线性无关组线性表出.

解

$$\boldsymbol{A}=(\boldsymbol{\alpha}_1^{\mathrm{T}},\boldsymbol{\alpha}_2^{\mathrm{T}},\boldsymbol{\alpha}_3^{\mathrm{T}},\boldsymbol{\alpha}_4^{\mathrm{T}})=\begin{bmatrix}1&2&3&4\\-1&-1&-4&-2\\3&4&11&9\end{bmatrix}$$

$$\xrightarrow{\substack{②+①\\③+①\times(-3)}}\begin{bmatrix}1&2&3&4\\0&1&-1&2\\0&-2&2&-3\end{bmatrix}\xrightarrow{③+②\times 2}\begin{bmatrix}1&2&3&4\\0&1&-1&2\\0&0&0&1\end{bmatrix}$$

$$\xrightarrow{\substack{①+②\times(-2)\\②+③\times(-2)}}\begin{bmatrix}1&0&5&0\\0&1&-1&0\\0&0&0&1\end{bmatrix}=(\boldsymbol{\beta}_1^{\mathrm{T}},\boldsymbol{\beta}_2^{\mathrm{T}},\boldsymbol{\beta}_3^{\mathrm{T}},\boldsymbol{\beta}_4^{\mathrm{T}}).$$

可以看出, $\boldsymbol{\beta}_1^{\mathrm{T}},\boldsymbol{\beta}_2^{\mathrm{T}},\boldsymbol{\beta}_4^{\mathrm{T}}$ 线性无关, $\boldsymbol{\beta}_3^{\mathrm{T}}=5\boldsymbol{\beta}_1^{\mathrm{T}}-\boldsymbol{\beta}_2^{\mathrm{T}}$, 于是 $\boldsymbol{\beta}_1^{\mathrm{T}},\boldsymbol{\beta}_2^{\mathrm{T}},\boldsymbol{\beta}_4^{\mathrm{T}}$ 是 $\boldsymbol{\beta}_1^{\mathrm{T}},\boldsymbol{\beta}_2^{\mathrm{T}},\boldsymbol{\beta}_3^{\mathrm{T}},\boldsymbol{\beta}_4^{\mathrm{T}}$ 的极大线性无关组, 那么 $\boldsymbol{\alpha}_1^{\mathrm{T}},\boldsymbol{\alpha}_2^{\mathrm{T}},\boldsymbol{\alpha}_4^{\mathrm{T}}$ 是 $\boldsymbol{\alpha}_1^{\mathrm{T}},\boldsymbol{\alpha}_2^{\mathrm{T}},\boldsymbol{\alpha}_3^{\mathrm{T}},\boldsymbol{\alpha}_4^{\mathrm{T}}$ 的极大线性无关组, 且有 $\boldsymbol{\alpha}_3^{\mathrm{T}}=5\boldsymbol{\alpha}_1^{\mathrm{T}}-\boldsymbol{\alpha}_2^{\mathrm{T}}$. 因此, $\boldsymbol{\alpha}_1,\boldsymbol{\alpha}_2,\boldsymbol{\alpha}_4$ 是 $\boldsymbol{\alpha}_1,\boldsymbol{\alpha}_2,\boldsymbol{\alpha}_3,\boldsymbol{\alpha}_4$ 的一个极大线性无关组, 且 $\boldsymbol{\alpha}_3=5\boldsymbol{\alpha}_1-\boldsymbol{\alpha}_2$. □

利用秩的概念, 可以把可逆矩阵和退化矩阵的构造更精确地描述出来.

**定理 4.12** 方阵 $\boldsymbol{A}=(a_{ij})_{n\times n}$ 可逆的充要条件是 $\boldsymbol{A}$ 的行向量组 (或列向量组) 是线性无关的 (即 $\boldsymbol{A}$ 的秩 $r(\boldsymbol{A})=n$).

**证明** 任意 $n$ 阶矩阵 $\boldsymbol{A}$ 都可以用初等变换化成标准形$\boldsymbol{D}=\begin{bmatrix}\boldsymbol{E}_r & \boldsymbol{O}\\ \boldsymbol{O} & \boldsymbol{O}\end{bmatrix}$, 因为初等变换不改变矩阵的秩, 所以 $r(\boldsymbol{A})=r(\boldsymbol{D})=r$. 因此矩阵 $\boldsymbol{A}$ 可逆当且仅当 $\boldsymbol{A}$ 可用初等变换化成单位矩阵 $\boldsymbol{E}$, 当且仅当 $r=n$. □

定理 4.12 可以改述为

**定理 4.12′** 方阵 $\boldsymbol{A}=(a_{ij})_{n\times n}$ 退化的充要条件是 $\boldsymbol{A}$ 的行 (列) 向量组线性相关 (即 $r(\boldsymbol{A})<n$).

例如, 在 $\mathbf{R}^3$ 中三个向量 $\boldsymbol{\alpha}_1,\boldsymbol{\alpha}_2,\boldsymbol{\alpha}_3$ 线性相关 (即共面) 的充要条件是这三个向量所排成的行列式 (即混合积) 为 0.

定理 4.12 告诉我们: $n$ 阶方阵 $\boldsymbol{A}$ 可逆的充要条件为 $\boldsymbol{A}$ 满秩.

**定义 4.16** 若 $n$ 阶矩阵 $\boldsymbol{A}$ 的秩为 $n$, 则称 $\boldsymbol{A}$ 为满秩矩阵.

**定理 4.13** 齐次线性方程组

$$\begin{cases}a_{11}x_1+a_{12}x_2+\cdots+a_{1n}x_n=0,\\ a_{21}x_1+a_{22}x_2+\cdots+a_{2n}x_n=0,\\ \cdots\cdots\cdots\cdots\\ a_{n1}x_1+a_{n2}x_2+\cdots+a_{nn}x_n=0\end{cases}\tag{15}$$

有非零解 (只有零解) 的充要条件是系数矩阵 $\boldsymbol{A}=(a_{ij})_{n\times n}$ 是退化的 (可逆的).

**证明** 利用线性方程组的向量形式, (15) 可写成

$$x_1\boldsymbol{\alpha}_1+x_2\boldsymbol{\alpha}_2+\cdots+x_n\boldsymbol{\alpha}_n=\mathbf{0},$$

其中 $\boldsymbol{\alpha}_1,\boldsymbol{\alpha}_2,\cdots,\boldsymbol{\alpha}_n$ 为系数矩阵 $\boldsymbol{A}$ 的列向量组. 由定理 4.4 和定理 4.12 立得定理 4.13. □

利用初等变换先求矩阵 $\boldsymbol{A}$ 的标准形, 再求出秩 $r(\boldsymbol{A})$, 这种求秩方法是可以改进的, 为此我们引入矩阵的 $k$ 阶子式的概念.

**定义 4.17** 在矩阵 $\boldsymbol{A}=(a_{ij})_{m\times n}$ 中, 任取 $k$ 行 $i_1,i_2,\cdots,i_k$ 及 $k$ 列 $j_1,j_2,\cdots,j_k$, 位于这 $k$ 行, $k$ 列交叉点上的 $k^2$ 个元素按原来顺序排列成的一个 $k$ 阶行列式, 称为 $\boldsymbol{A}$ 的一个 $k$ 阶子式, 记为 $\boldsymbol{A}\begin{bmatrix}i_1 & i_2 & \cdots & i_k\\ j_1 & j_2 & \cdots & j_k\end{bmatrix}$.

例 4 设

$$\boldsymbol{A}=\begin{bmatrix}a_{11} & a_{12} & a_{13} & a_{14}\\ a_{21} & a_{22} & a_{23} & a_{24}\\ a_{31} & a_{32} & a_{33} & a_{34}\end{bmatrix},$$

则

$$\boldsymbol{A}\begin{bmatrix}2 & 3\\ 1 & 2\end{bmatrix}=\begin{vmatrix}a_{21} & a_{22}\\ a_{31} & a_{32}\end{vmatrix},$$

$$\boldsymbol{A}\begin{bmatrix}1 & 2 & 3\\ 2 & 3 & 4\end{bmatrix}=\begin{vmatrix}a_{12} & a_{13} & a_{14}\\ a_{22} & a_{23} & a_{24}\\ a_{32} & a_{33} & a_{34}\end{vmatrix}.$$

下面的定理 4.14 利用 $k$ 阶子式描述了矩阵的秩.

**定理 4.14** 矩阵 $\boldsymbol{A}$ 的秩 $r(\boldsymbol{A})=r$ 的充要条件是 $\boldsymbol{A}$ 有非零的 $r$ 阶子式, 且 $\boldsymbol{A}$ 的任意 $r+1$ 阶子式都是零.

知识点讲解 4–10
矩阵的行列式秩

**证明** 必要性. 设 $r(\boldsymbol{A})=r$, 则 $\boldsymbol{A}$ 的行秩为 $r$, $\boldsymbol{A}$ 中有 $r$ 个行向量线性无关. 取这 $r$ 个线性无关的向量作成一个矩阵 $\boldsymbol{A}_1$, 则 $r(\boldsymbol{A}_1)=r$, 于是 $\boldsymbol{A}_1$ 有 $r$ 个列向量线性无关. 再取出 $\boldsymbol{A}_1$ 的 $r$ 个线性无关的列向量, 作成一个 $r\times r$ 矩阵 $\boldsymbol{A}_2$, 则 $r(\boldsymbol{A}_2)=r$. 由定理 4.12 知 $|\boldsymbol{A}_2|\neq0, |\boldsymbol{A}_2|$ 就是 $\boldsymbol{A}$ 的一个非零的 $r$ 阶子式.

如果 $|\boldsymbol{A}_3|$ 是 $\boldsymbol{A}$ 的一个非零的 $r+1$ 阶子式, 那么 $\boldsymbol{A}_3$ 的行向量组线性无关. 由 §4.3 例 9 的结果, 添加分量到 $\boldsymbol{A}_3$ 的行向量组得到的 $r+1$ 个 $n$ 维向量所构成的向量组仍是线性无关的. 显然, 这 $r+1$ 个 $n$ 维向量所构成的向量组是 $\boldsymbol{A}$ 的行向量组的一个部分组, 且是线性无关的. 这就与 $r(\boldsymbol{A})=r$ 矛盾, 因此 $\boldsymbol{A}$ 中没有非零的 $r+1$ 阶子式.

充分性. 设 $\boldsymbol{A}$ 有非零的 $r$ 阶子式, 而所有 $r+1$ 阶子式全为 0. 由行列式按行 (列) 展开定理知, $\boldsymbol{A}$ 的所有大于 $r$ 阶子式全为 0, 不失一般性, 设

$$|\boldsymbol{B}_1|=\begin{vmatrix} a_{11} & a_{12} & \cdots & a_{1r} \\ a_{21} & a_{22} & \cdots & a_{2r} \\ \vdots & \vdots & & \vdots \\ a_{r1} & a_{r2} & \cdots & a_{rr} \end{vmatrix}\neq0.$$

由定理 4.12, $r(\boldsymbol{B}_1)=r$, 矩阵 $\boldsymbol{B}_1$ 的行向量组线性无关, 令

$$\boldsymbol{B}_2=\begin{bmatrix} a_{11} & a_{12} & \cdots & a_{1r} & \cdots & a_{1n} \\ a_{21} & a_{22} & \cdots & a_{2r} & \cdots & a_{2n} \\ \vdots & \vdots & & \vdots & & \vdots \\ a_{r1} & a_{r2} & \cdots & a_{rr} & \cdots & a_{rn} \end{bmatrix},$$

则由 §4.3 例 10 的结果, $\boldsymbol{B}_2$ 的 $r$ 个行向量也线性无关, 故 $r(\boldsymbol{B}_2)=r$.

显然 $r(\boldsymbol{B}_2)\leqslant r(\boldsymbol{A})$, 故 $r(\boldsymbol{A})\geqslant r$. 如果 $r(\boldsymbol{A})>r$, 那么由前面已证明结论, $\boldsymbol{A}$ 有 $r(\boldsymbol{A})$ 阶非零子式, 而 $r(\boldsymbol{A})\geqslant r+1$, 矛盾. 故 $r(\boldsymbol{A})=r$. □

**注** $\boldsymbol{A}$ 的所有 $r+1$ 阶子式全为 0, 意味着 $\boldsymbol{A}$ 的所有大于 $r+1$ 阶子式 (如果存在的话) 也必然全部都是 0.

根据定理 4.14, 矩阵的秩就是它所有非零子式的最大阶数. 因此,

(1) $r(\boldsymbol{A})\geqslant r$ 当且仅当 $\boldsymbol{A}$ 有一个非零的 $r$ 阶子式;

(2) $r(\boldsymbol{A})\leqslant r$ 当且仅当 $\boldsymbol{A}$ 的所有 $r+1$ 阶子式 (如果存在的话) 全为 0.

**例 5** 求矩阵

$$\boldsymbol{A}=\begin{bmatrix} 1 & 3 & 0 & 1 \\ 2 & 0 & 2 & 1 \\ 3 & 0 & 0 & -2 \end{bmatrix}$$

的秩.

**解** 因为

$$\boldsymbol{A}\begin{bmatrix} 1 & 2 & 3 \\ 2 & 3 & 4 \end{bmatrix}=\begin{vmatrix} 3 & 0 & 1 \\ 0 & 2 & 1 \\ 0 & 0 & -2 \end{vmatrix}=-12\neq0,$$

这肯定地回答了§4.1 末提出的一个问题. 无论作行初等变换的步骤如何, 只要把线性方程组的增广矩阵用行初等变换化成阶梯形, 相应地原方程组就化成了同解的阶梯形方程组. 原方程组有用的方程个数就是阶梯形方程组的方程个数. 因为初等变换不改变矩阵的秩, 所以线性方程组有用的方程个数等于阶梯形方程组的增广矩阵的秩, 也就是原方程组增广矩阵的秩, 它由原方程组唯一确定, 而与所作行初等变换无关.

所以 $r(\boldsymbol{A})=3$. □

对于阶梯形矩阵 $\boldsymbol{J}$, 容易看出 $\boldsymbol{J}$ 的秩 $r(\boldsymbol{J})$ 就是 $\boldsymbol{J}$ 的非零行数, 于是利用定理 4.14, 我们可以把用初等变换求矩阵的秩的方法改进为: 利用初等变换把 $\boldsymbol{A}$ 化成阶梯形矩阵 $\boldsymbol{J}$, 则 $r(\boldsymbol{A})$ 就是 $\boldsymbol{J}$ 的非零行数. 由线性方程组与它的增广矩阵的一一对应关系, 如果采取不同的初等变换解方程组 (相当于对增广矩阵作行初等变换) 化成阶梯形, 去掉方程 "0=0" 后, 剩下的方程个数就是增广矩阵的秩, 当然是不变的.

**例 6** 求向量组 $\boldsymbol{\alpha}_1=(1,0,-1)$, $\boldsymbol{\alpha}_2=(0,2,1)$, $\boldsymbol{\alpha}_3=(4,4,-2)$, $\boldsymbol{\alpha}_4=(2,6,1)$ 的秩.

**解** 令

$$\boldsymbol{A}=\begin{bmatrix}1&0&-1\\0&2&1\\4&4&-2\\2&6&1\end{bmatrix},$$

则

$$\boldsymbol{A}=\begin{bmatrix}1&0&-1\\0&2&1\\4&4&-2\\2&6&1\end{bmatrix}\xrightarrow[④+①\times(-2)]{③+①\times(-4)}\begin{bmatrix}1&0&-1\\0&2&1\\0&4&2\\0&6&3\end{bmatrix}$$

$$\xrightarrow[④+②\times(-3)]{③+②\times(-2)}\begin{bmatrix}1&0&-1\\0&2&1\\0&0&0\\0&0&0\end{bmatrix}=\boldsymbol{A}_1.$$

因为

$$\boldsymbol{A}_1\begin{bmatrix}1&2\\1&2\end{bmatrix}=\begin{vmatrix}1&0\\0&2\end{vmatrix}=2\neq0,$$

而 $\boldsymbol{A}_1$ 的任意 3 阶子式全是零, 故 $r(\boldsymbol{A})=r(\boldsymbol{A}_1)=2$, 从而向量组 $\boldsymbol{\alpha}_1,\boldsymbol{\alpha}_2,\boldsymbol{\alpha}_3,\boldsymbol{\alpha}_4$ 的秩是 2. □

**知识拓展 4-2**
利用分块矩阵解决关于矩阵秩和求逆的问题

至此, 我们得到 $n$ 阶矩阵 $\boldsymbol{A}$ 可逆的如下彼此等价的充要条件:

(1) 存在 $n$ 阶矩阵 $\boldsymbol{B}$, 使 $\boldsymbol{AB}=\boldsymbol{BA}=\boldsymbol{E}$;

(2) $|\boldsymbol{A}|\neq0$;

(3) $\boldsymbol{A}$ 的行 (列) 向量组线性无关;

(4) $\boldsymbol{A}$ 是满秩矩阵;

(5) 齐次线性方程组 $\boldsymbol{AX}=\boldsymbol{0}$ 只有零解;

(6) $\boldsymbol{A}$ 可以写成一系列初等矩阵的乘积.

由于线性方程组 $\boldsymbol{Ax}=\boldsymbol{B}$ 的每个方程都可以用一个 $n+1$ 维行向量表示, 方程组 $\boldsymbol{Ax}=\boldsymbol{B}$ 就对应 $s$ 个行向量 $\boldsymbol{\alpha}_1,\boldsymbol{\alpha}_2,\cdots,\boldsymbol{\alpha}_s$. 不妨设 $\boldsymbol{\alpha}_1,\boldsymbol{\alpha}_2,\cdots,\boldsymbol{\alpha}_r$ 为 $\boldsymbol{\alpha}_1,\boldsymbol{\alpha}_2,\cdots,\boldsymbol{\alpha}_s$ 的极大线性无关组, 那么 $\boldsymbol{\alpha}_1,\boldsymbol{\alpha}_2,\cdots,\boldsymbol{\alpha}_r$ 与 $\boldsymbol{\alpha}_1,\boldsymbol{\alpha}_2,\cdots,\boldsymbol{\alpha}_s$ 等价, 从而 $\boldsymbol{\alpha}_j(j\geqslant r+1)$ 可以由 $\boldsymbol{\alpha}_1,\boldsymbol{\alpha}_2,\cdots,\boldsymbol{\alpha}_r$ 线性表出. 这样, 方程组 $\boldsymbol{Ax}=\boldsymbol{B}$ 的后 $s-r$ 个方程是前 $r$ 个

方程的线性组合, 去掉后 $s-r$ 个方程不改变方程组的解: 因此方程组 $\boldsymbol{A}\boldsymbol{x}=\boldsymbol{B}$ 同解于它的前 $r$ 个方程构成的方程组, 方程组多余的方程个数为 $s-r$, 其中 $r$ 为增广矩阵的秩.

## 习题 4.4

1. 设 $A:\boldsymbol{\alpha}_1,\boldsymbol{\alpha}_2,\cdots,\boldsymbol{\alpha}_r,\boldsymbol{\beta},\boldsymbol{\gamma},\cdots$ 是若干个 $n$ 维向量构成的向量组, 证明: $\boldsymbol{\alpha}_1,\boldsymbol{\alpha}_2,\cdots,\boldsymbol{\alpha}_r$ 是 $A$ 的一个极大线性无关组的充要条件是下面条件都成立:

(1) $\boldsymbol{\alpha}_1,\boldsymbol{\alpha}_2,\cdots,\boldsymbol{\alpha}_r$ 与原向量组 $A$ 等价;

(2) 若 $A$ 的一个部分组 $A_1$ 与原向量组 $A$ 等价, 则向量组 $A_1$ 所含向量个数不少于 $r$.

注 极大线性无关组是与原向量组等价的部分组中包含向量个数最少者.

2. 举例说明两个具有相同秩的向量组未必等价.

3. 证明: 两个同型矩阵 $\boldsymbol{A},\boldsymbol{B}$ 等价的充要条件是 $r(\boldsymbol{A})=r(\boldsymbol{B})$, 并由此对全体 $n$ 阶方阵按矩阵的等价进行分类.

4. 求下列矩阵的秩:

(1) $\boldsymbol{A}=\begin{bmatrix}1&0&0&5&17\\0&1&0&6&24\\0&0&1&7&13\\21&18&6&4&-11\end{bmatrix}$;  (2) $\boldsymbol{A}=\begin{bmatrix}2&1&1\\1&3&1\\1&1&4\\1&1&1\\1&2&3\end{bmatrix}$;

(3) $\boldsymbol{A}=\begin{bmatrix}1&-1&0&2\\2&3&3&2\\1&1&2&1\end{bmatrix}$;  (4) $\boldsymbol{A}=\begin{bmatrix}1&3&-1&2\\2&-1&2&3\\1&-4&3&5\\3&2&1&1\end{bmatrix}$.

5. 化下列矩阵为标准形, 并由此求矩阵的秩:

(1) $\boldsymbol{A}=\begin{bmatrix}3&-1&0&2\\1&2&1&-2\\0&1&0&1\end{bmatrix}$;  (2) $\boldsymbol{A}=\begin{bmatrix}-2&0&1\\3&2&0\\1&1&-2\end{bmatrix}$;

(3) $\boldsymbol{A}=\begin{bmatrix}2&1&3\\4&1&0\\1&2&-1\\3&-4&1\end{bmatrix}$;  (4) $\boldsymbol{A}=\begin{bmatrix}3&2&1&1\\-6&-4&-2&2\\-3&-2&-1&1\\9&6&3&-3\end{bmatrix}$.

6. 求下列向量组的秩, 分别求出它们的一个极大线性无关组, 并把向量组中其余向量用该极大线性无关组线性表出.

(1) $\boldsymbol{\alpha}_1=(1,1,3,1)$,  $\boldsymbol{\alpha}_2=(-1,1,-1,3)$,
$\boldsymbol{\alpha}_3=(5,-2,8,-9)$,  $\boldsymbol{\alpha}_4=(-1,3,1,7)$;

(2) $\boldsymbol{\alpha}_1=(1,1,2,3)$, $\boldsymbol{\alpha}_2=(1,-1,1,4)$,
$\boldsymbol{\alpha}_3=(1,3,3,5)$, $\boldsymbol{\alpha}_4=(4,-2,5,6)$,
$\boldsymbol{\alpha}_5=(-3,-1,-5,-7)$;

(3) $\boldsymbol{\alpha}_1=(2,1,3,-1)$, $\boldsymbol{\alpha}_2=(1,-2,2,2)$,
$\boldsymbol{\alpha}_3=(3,1,5,1)$, $\boldsymbol{\alpha}_4=(2,-2,4,2)$;

(4) $\boldsymbol{\alpha}_1=(0,2,1,-3)$, $\boldsymbol{\alpha}_2=(3,2,3,1)$,
$\boldsymbol{\alpha}_3=(1,-1,0,4)$, $\boldsymbol{\alpha}_4=(4,-5,2,8)$.

7. 证明: 向量组 $\boldsymbol{\alpha}_1,\boldsymbol{\alpha}_2,\cdots,\boldsymbol{\alpha}_s$ 的任意 $r$ 个线性无关的向量都是该向量组的一个极大线性无关组, 其中 $r$ 为 $\boldsymbol{\alpha}_1,\boldsymbol{\alpha}_2,\cdots,\boldsymbol{\alpha}_s$ 的秩.

8. 证明: 若向量组 (I) 可由向量组 (II) 线性表出, 则 (I) 的秩不超过 (II) 的秩.

9. 证明: 若 $\boldsymbol{A},\boldsymbol{B}$ 为同型矩阵, 则 $r(\boldsymbol{A}+\boldsymbol{B})\leqslant r(\boldsymbol{A})+r(\boldsymbol{B})$.

10. 证明: 若 $\boldsymbol{A}=(a_{ij})_{m\times n},\boldsymbol{B}=(b_{jk})_{n\times s}$ 为矩阵, 则

$$r(\boldsymbol{AB})\leqslant\min\{r(\boldsymbol{A}),r(\boldsymbol{B})\}.$$

11. 设 $\boldsymbol{P},\boldsymbol{Q}$ 为可逆矩阵, 且 $\boldsymbol{PA},\boldsymbol{AQ}$ 有意义, 则 $r(\boldsymbol{PA})=r(\boldsymbol{AQ})=r(\boldsymbol{A})$.

12. 设 $\boldsymbol{\alpha}_1,\boldsymbol{\alpha}_2,\cdots,\boldsymbol{\alpha}_n$ 都是 $n$ 维向量, 证明:$\boldsymbol{\alpha}_1,\boldsymbol{\alpha}_2,\cdots,\boldsymbol{\alpha}_n$ 线性无关的充要条件是任何 $n$ 维向量都可以被它们线性表出.

## §4.5 线性方程组的有解判定定理

本节利用秩来讨论一般线性方程组

$$\begin{cases}a_{11}x_1+a_{12}x_2+\cdots+a_{1n}x_n=b_1,\\ a_{21}x_1+a_{22}x_2+\cdots+a_{2n}x_n=b_2,\\ \cdots\cdots\cdots\cdots\\ a_{m1}x_1+a_{m2}x_2+\cdots+a_{mn}x_n=b_m\end{cases}\tag{16}$$

有解的判定定理及解的个数问题. 方程组 (16) 的向量形式为

$$x_1\boldsymbol{\alpha}_1+x_2\boldsymbol{\alpha}_2+\cdots+x_n\boldsymbol{\alpha}_n=\boldsymbol{\beta},\ 其中,\boldsymbol{\alpha}_i=\begin{bmatrix}a_{1i}\\a_{2i}\\\vdots\\a_{mi}\end{bmatrix},\boldsymbol{\beta}=\begin{bmatrix}b_1\\b_2\\\vdots\\b_m\end{bmatrix},i=1,2,\cdots,n.$$

先给出如下引理, 它是定理 4.10 的部分逆定理.

**引理** 设向量组 (I) 与向量组 (II) 的秩相等, 且 (I) 可以由 (II) 线性表出, 则 (I) 与 (II) 等价.

**证明** 设向量组 (I),(II) 的极大线性无关组分别为 $\boldsymbol{\alpha}_1,\boldsymbol{\alpha}_2,\cdots,\boldsymbol{\alpha}_r$ 和 $\boldsymbol{\beta}_1,\boldsymbol{\beta}_2,\cdots,\boldsymbol{\beta}_r$. 因为 (I) 可由 (II) 线性表出, 所以 $\boldsymbol{\alpha}_1,\boldsymbol{\alpha}_2,\cdots,\boldsymbol{\alpha}_r$ 可由 $\boldsymbol{\beta}_1,\boldsymbol{\beta}_2,\cdots,\boldsymbol{\beta}_r$ 线性表出. 构造新向量组 (III): $\boldsymbol{\alpha}_1,\boldsymbol{\alpha}_2,\cdots,\boldsymbol{\alpha}_r$, $\boldsymbol{\beta}_1,\boldsymbol{\beta}_2,\cdots,\boldsymbol{\beta}_r$. 容易看出线性无关向量组 $\boldsymbol{\beta}_1,\boldsymbol{\beta}_2,\cdots,\boldsymbol{\beta}_r$ 是 (III) 的一个极大线性无关组, 故 $r(\text{III})=r$. 又 $\boldsymbol{\alpha}_1,\boldsymbol{\alpha}_2,\cdots,\boldsymbol{\alpha}_r$ 线性无关, 所以它也是 (III) 的极大线性无关组. 于是 $\boldsymbol{\alpha}_1,\boldsymbol{\alpha}_2,\cdots,\boldsymbol{\alpha}_r$ 和 $\boldsymbol{\beta}_1,\boldsymbol{\beta}_2,\cdots,\boldsymbol{\beta}_r$ 都

与 (Ⅲ) 等价, 从而它们彼此等价. □

利用上面引理, 我们可以得到下面的有解判定定理:

**定理 4.15** 线性方程组 (16) 有解的充要条件是系数矩阵 $\boldsymbol{A}$ 的秩等于增广矩阵 $(\boldsymbol{A},\boldsymbol{B})$ 的秩.

**证明** 利用方程组 (16) 的向量形式及引理知: 线性方程组 (16) 有解

当且仅当 $\boldsymbol{\beta}$ 可由向量组 $\boldsymbol{\alpha}_1,\boldsymbol{\alpha}_2,\cdots,\boldsymbol{\alpha}_n$ 线性表出;

当且仅当向量组 $\boldsymbol{\alpha}_1,\boldsymbol{\alpha}_2,\cdots,\boldsymbol{\alpha}_n$ 与向量组 $\boldsymbol{\alpha}_1,\boldsymbol{\alpha}_2,\cdots,\boldsymbol{\alpha}_n,\boldsymbol{\beta}$ 等价;

当且仅当 $r(\boldsymbol{\alpha}_1,\boldsymbol{\alpha}_2,\cdots,\boldsymbol{\alpha}_n)=r(\boldsymbol{\alpha}_1,\boldsymbol{\alpha}_2,\cdots,\boldsymbol{\alpha}_n,\boldsymbol{\beta})$;

当且仅当 $r(\boldsymbol{A})=r(\boldsymbol{A},\boldsymbol{B})$. □

**知识点讲解 4–11** 方程组有解判定定理

我们常用定理 4.15 判断一个线性方程组是否有解. 为了方便地求出 $r(\boldsymbol{A})$ 和 $r(\boldsymbol{A},\boldsymbol{B})$, 通常只要对增广矩阵 $(\boldsymbol{A},\boldsymbol{B})$ 作行初等变换化成阶梯形矩阵, 这时 $\boldsymbol{A}$ 必然也在相同的行初等变换下化成了阶梯形矩阵 (为什么? 请读者自己考虑). 这样可以同时求出 $r(\boldsymbol{A},\boldsymbol{B})$ 和 $r(\boldsymbol{A})$. 不难看出, 这种判断一般线性方程组的方法与前面的消元法是一致的. 我们可以证明

**知识拓展 4–3** 有解判定定理的另一个证明

**定理 4.16** 设线性方程组

$$\begin{cases}a_{11}x_1+a_{12}x_2+\cdots+a_{1n}x_n=b_1,\\ a_{21}x_1+a_{22}x_2+\cdots+a_{2n}x_n=b_2,\\ \qquad\cdots\cdots\cdots\cdots\\ a_{m1}x_1+a_{m2}x_2+\cdots+a_{mn}x_n=b_m\end{cases}\tag{17}$$

的系数矩阵为 $\boldsymbol{A}$, 增广矩阵为 $(\boldsymbol{A},\boldsymbol{B})$, 则

(1) 当 $r(\boldsymbol{A})=r(\boldsymbol{A},\boldsymbol{B})=n$ 时, (17) 有唯一解;

(2) 当 $r(\boldsymbol{A})=r(\boldsymbol{A},\boldsymbol{B})<n$ 时, (17) 有无穷多个解;

(3) 当 $r(\boldsymbol{A})\neq r(\boldsymbol{A},\boldsymbol{B})$ (这时必有 $r(\boldsymbol{A},\boldsymbol{B})=r(\boldsymbol{A})+1$) 时, (17) 没有解.

**例 1** 设 $\boldsymbol{A}$ 为 $m\times n$ 矩阵, $\boldsymbol{B}$ 为 $m$ 维列向量. 如果 $\boldsymbol{A}$ 的秩 $r(\boldsymbol{A})=m$, 那么线性方程组 $\boldsymbol{AX}=\boldsymbol{B}$ 必有解.

**证明** 显然 $r(\boldsymbol{A})\leqslant r(\boldsymbol{A},\boldsymbol{B})\leqslant m$. 因为 $r(\boldsymbol{A})=m$, 所以 $r(\boldsymbol{A},\boldsymbol{B})=m=r(\boldsymbol{A})$. 根据有解判定定理知 $\boldsymbol{AX}=\boldsymbol{B}$ 有解. □

**例 2** 解方程组

$$\begin{cases}\lambda x_1+x_2+x_3=1,\\ x_1+\lambda x_2+x_3=\lambda,\\ x_1+x_2+\lambda x_3=\lambda^2.\end{cases}$$

**解** 对增广矩阵作行初等变换, 得

$$(\boldsymbol{A},\boldsymbol{B})=\begin{bmatrix}\lambda&1&1&1\\1&\lambda&1&\lambda\\1&1&\lambda&\lambda^2\end{bmatrix}\xrightarrow{(①,③)}\begin{bmatrix}1&1&\lambda&\lambda^2\\1&\lambda&1&\lambda\\\lambda&1&1&1\end{bmatrix}$$

$$\xrightarrow[③+①\times(-\lambda)]{②+①\times(-1)}\begin{bmatrix}1&1&\lambda&\lambda^2\\0&\lambda-1&1-\lambda&\lambda-\lambda^2\\0&1-\lambda&1-\lambda^2&1-\lambda^3\end{bmatrix}$$

$$\xrightarrow[③\times(-1)]{③+②}\begin{bmatrix}1 & 1 & \lambda & \lambda^2\\ 0 & \lambda-1 & 1-\lambda & \lambda-\lambda^2\\ 0 & 0 & (\lambda-1)(\lambda+2) & (\lambda-1)(\lambda+1)^2\end{bmatrix}.$$

当 $\lambda=1$ 时, $r(\boldsymbol{A})=r(\boldsymbol{A},\boldsymbol{B})=1<3$, 所以原方程组有无穷多解, 这时原方程组变成 $x_1+x_2+x_3=1$. 若取 $x_2,x_3$ 为自由未知量, 令 $x_2=c_1,x_3=c_2$, 则解为

$$\begin{bmatrix}x_1\\x_2\\x_3\end{bmatrix}=c_1\begin{bmatrix}-1\\1\\0\end{bmatrix}+c_2\begin{bmatrix}-1\\0\\1\end{bmatrix}+\begin{bmatrix}1\\0\\0\end{bmatrix}.$$

下设 $\lambda\neq1$. 于是

$$(\boldsymbol{A},\boldsymbol{B})\to\begin{bmatrix}1 & 1 & \lambda & \lambda^2\\ 0 & 1 & -1 & -\lambda\\ 0 & 0 & \lambda+2 & (\lambda+1)^2\end{bmatrix}.$$

当 $\lambda=-2$ 时, $r(\boldsymbol{A})=2, r(\boldsymbol{A},\boldsymbol{B})=3$, 原方程组无解.

**注** 对例 2, 也可以利用克拉默法则, 得

$$D=|\boldsymbol{A}|=\begin{vmatrix}\lambda & 1 & 1\\ 1 & \lambda & 1\\ 1 & 1 & \lambda\end{vmatrix}=(\lambda-1)^2\cdot(\lambda+2).$$

故当 $\lambda\neq1$ 且 $\lambda\neq-2$ 时, 有唯一解. 当 $\lambda=1$ 或 $-2$ 时, 如前所讨论.

当 $\lambda\neq-2$ 时, 有

$$(\boldsymbol{A},\boldsymbol{B})\xrightarrow[③\div(\lambda+2)]{①+②\times(-1)}\begin{bmatrix}1 & 0 & \lambda+1 & \lambda^2+\lambda\\ 0 & 1 & -1 & -\lambda\\ 0 & 0 & 1 & \dfrac{(\lambda+1)^2}{\lambda+2}\end{bmatrix}$$

$$\xrightarrow[②+③]{①+③\times(-\lambda-1)}\begin{bmatrix}1 & 0 & 0 & -\dfrac{\lambda+1}{\lambda+2}\\ 0 & 1 & 0 & \dfrac{1}{\lambda+2}\\ 0 & 0 & 1 & \dfrac{(\lambda+1)^2}{\lambda+2}\end{bmatrix}.$$

由于 $r(\boldsymbol{A})=r(\boldsymbol{A},\boldsymbol{B})=3$, 原方程组有唯一解. 事实上容易看出

$$\begin{bmatrix}x_1\\x_2\\x_3\end{bmatrix}=\begin{bmatrix}-\dfrac{\lambda+1}{\lambda+2}\\ \dfrac{1}{\lambda+2}\\ \dfrac{(\lambda+1)^2}{\lambda+2}\end{bmatrix}$$

是原方程组的唯一解. □

**知识拓展 4–4** 线性方程组解理论的应用

利用线性方程组解可以讨论几何空间中直线、平面的相互位置关系, 具体可参见知识拓展 4–4.

## 习题 4.5

1. 讨论下列方程组是否有解, 当有解时求其解.

(1) $\begin{cases} 2x_1 - x_2 + 3x_3 = 1, \\ 4x_1 + 2x_2 + 5x_3 = 3, \\ x_1 - x_3 = 3; \end{cases}$

(2) $\begin{cases} 2x_1 - x_2 + 3x_3 = 1, \\ 4x_1 - 2x_2 + 5x_3 = 4, \\ 2x_1 - x_2 + 4x_3 = -1; \end{cases}$

(3) $\begin{cases} 2x_1 - x_2 + 3x_3 = 1, \\ 4x_1 - 2x_2 + 6x_3 = 4, \\ 2x_1 - x_2 + 4x_3 = 0. \end{cases}$

2. 分别确定参数 $\lambda, \mu$ 的取值, 使下列方程组有解, 并在方程组有无穷多解时求出通解.

(1) $\begin{cases} 2x_1 - x_2 + x_3 + x_4 = 1, \\ x_1 + 2x_2 - x_3 + 4x_4 = 2, \\ x_1 + 7x_2 - 4x_3 + 11x_4 = \lambda; \end{cases}$ (2) $\begin{cases} x_1 + 2x_2 - x_3 = -1, \\ 2x_1 + 3x_2 - 2x_3 = -2, \\ 3x_1 + 4x_2 + \lambda x_3 = \mu. \end{cases}$

3. 证明: 方程组

$$\begin{cases} x + 2z + 4u = a_1 + 2a_3, \\ 2x + 2y + 4z + 8u = a_2 + 2a_1, \\ -x - 2y + z + 2u = a_3 - a_1 - a_2, \\ 2x + 7z + 14u = 3a_1 - a_2 + 2a_3 - a_4 \end{cases}$$

有解的充要条件是 $a_1 - (a_2 + a_3 + a_4) = 0$.

4. 设 $n$ 阶行列式 $\begin{vmatrix} a_{11} & a_{12} & \cdots & a_{1n} \\ a_{21} & a_{22} & \cdots & a_{2n} \\ \vdots & \vdots & & \vdots \\ a_{n1} & a_{n2} & \cdots & a_{nn} \end{vmatrix} \neq 0$, 问线性方程组

$$\begin{cases} a_{11}x_1 + a_{12}x_2 + \cdots + a_{1,n-1}x_{n-1} = a_{1n}, \\ a_{21}x_1 + a_{22}x_2 + \cdots + a_{2,n-1}x_{n-1} = a_{2n}, \\ \cdots\cdots\cdots\cdots \\ a_{n1}x_1 + a_{n2}x_2 + \cdots + a_{n,n-1}x_{n-1} = a_{nn} \end{cases}$$

是否有解?

# §4.6 线性方程组解的结构

本节在线性方程组有解时讨论线性方程组解的结构, 即解之间的关系. 这种思想和结论可以应用到数学的其他分支, 如常微分方程解的研究中去. 首先讨论齐次线性方程组,

$$\begin{cases} a_{11}x_1 + a_{12}x_2 + \cdots + a_{1n}x_n = 0, \\ a_{21}x_1 + a_{22}x_2 + \cdots + a_{2n}x_n = 0, \\ \cdots\cdots\cdots\cdots \\ a_{m1}x_1 + a_{m2}x_2 + \cdots + a_{mn}x_n = 0. \end{cases} \tag{18}$$

**知识点讲解 4–12** 基础解系和齐次线性方程组解的结构

## 一、齐次线性方程组解的结构

我们在 §4.2 例 4 中曾经对这个问题作过一些讨论, 得到: 齐次线性方程组的全体解向量的集合 $V$ 对 $P^n$ 中加法、数乘封闭, 构成 $P^n$ 的一个子空间 $V$ (即齐次线性方程组的解空间). 如果齐次线性方程组有非零解, 我们取 $V$ 的一个基 (即 $V$ 的一个极大线性无关组), 那么 $V$ 中任意 (解) 向量都可由基向量组线性表出 (实际上 $V$ 与基向量组是等价的).

**定义 4.18** 齐次线性方程组解空间的一个基 (即一个极大线性无关组) 称为它的一个基础解系. 如果齐次线性方程组只有零解, 那么称该齐次线性方程组没有基础解系.

易见, 因为一个向量组的任意两个极大线性无关组都等价, 所以一个齐次线性方程组任意两个基础解系都是等价的, 即可以互相线性表出.

下面的定理回答了什么时候齐次线性方程组有基础解系的问题.

**定理 4.17** 齐次线性方程组 (18) 有基础解系的充要条件是其系数矩阵 $\boldsymbol{A}$ 的秩 $r(\boldsymbol{A}) = r < n$, 这时它的任意一个基础解系有 $n - r$ 个解向量.

**证明** 当 $r(\boldsymbol{A}) = n$ 时, 由定理 4.16 知 (18) 有唯一解, 即零解. 这时 (18) 没有基础解系.

下设 $r < n$. 适当调整未知量次序, 线性方程组 (18) 可用初等变换化成阶梯形方程组 (去掉 0=0):

$$\begin{cases} c_{11}x_1 + c_{12}x_2 + \cdots + c_{1r}x_r + \cdots + c_{1n}x_n = 0, \\ \qquad\quad c_{22}x_2 + \cdots + c_{2r}x_r + \cdots + c_{2n}x_n = 0, \\ \qquad\qquad\qquad \cdots\cdots\cdots\cdots \\ \qquad\qquad\qquad\quad c_{rr}x_r + \cdots + c_{rn}x_n = 0, \end{cases} \tag{19}$$

其中 $c_{11}, c_{22}, \cdots, c_{rr}$ 全不为 0. 进一步作方程组 (19) 的初等变换, 并取 $x_{r+1}, \cdots, x_n$ 为自由未知量, 分别令 $x_{r+1} = c_1, x_{r+2} = c_2, \cdots, x_n = c_{n-r}$, 其中 $c_1, c_2, \cdots, c_{n-r}$ 为任意常数, 得

$$\begin{cases} x_1 = d_{1,r+1}c_1 + d_{1,r+2}c_2 + \cdots + d_{1n}c_{n-r}, \\ x_2 = d_{2,r+1}c_1 + d_{2,r+2}c_2 + \cdots + d_{2n}c_{n-r}, \\ \qquad \cdots\cdots\cdots\cdots \\ x_r = d_{r,r+1}c_1 + d_{r,r+2}c_2 + \cdots + d_{rn}c_{n-r}, \\ x_{r+1} = c_1, \\ x_{r+2} = c_2, \\ \qquad \cdots\cdots\cdots\cdots \\ x_n = c_{n-r}. \end{cases} \tag{20}$$

把 (20) 写成向量形式, 得

$$\begin{bmatrix} x_1 \\ \vdots \\ x_r \\ x_{r+1} \\ x_{r+2} \\ \vdots \\ x_n \end{bmatrix} = c_1 \begin{bmatrix} d_{1,r+1} \\ \vdots \\ d_{r,r+1} \\ 1 \\ 0 \\ \vdots \\ 0 \end{bmatrix} + c_2 \begin{bmatrix} d_{1,r+2} \\ \vdots \\ d_{r,r+2} \\ 0 \\ 1 \\ \vdots \\ 0 \end{bmatrix} + \cdots + c_{n-r} \begin{bmatrix} d_{1n} \\ \vdots \\ d_{rn} \\ 0 \\ 0 \\ \vdots \\ 1 \end{bmatrix}, \tag{21}$$

其中 $c_1, c_2, \cdots, c_{n-r}$ 为任意常数.

(21) 就是方程组 (18) 解的向量形式. 从 (21) 可以看出, (18) 的任意一个解都是向量组

$$\boldsymbol{\eta}_1 = \begin{bmatrix} d_{1,r+1} \\ \vdots \\ d_{r,r+1} \\ 1 \\ 0 \\ \vdots \\ 0 \end{bmatrix}, \boldsymbol{\eta}_2 = \begin{bmatrix} d_{1,r+2} \\ \vdots \\ d_{r,r+2} \\ 0 \\ 1 \\ \vdots \\ 0 \end{bmatrix}, \cdots, \boldsymbol{\eta}_{n-r} = \begin{bmatrix} d_{1n} \\ \vdots \\ d_{rn} \\ 0 \\ 0 \\ \vdots \\ 1 \end{bmatrix}$$

的线性组合, 并且显然 $\boldsymbol{\eta}_1, \boldsymbol{\eta}_2, \cdots, \boldsymbol{\eta}_{n-r}$ 是线性无关的解向量组. 因此 $\boldsymbol{\eta}_1, \boldsymbol{\eta}_2, \cdots, \boldsymbol{\eta}_{n-r}$ 就是 (18) 的一个基础解系. 对 (18) 的任意一个基础解系 $\boldsymbol{\beta}_1, \boldsymbol{\beta}_2, \cdots, \boldsymbol{\beta}_t$, 由基础解系的定义知 $\boldsymbol{\beta}_1, \boldsymbol{\beta}_2, \cdots, \boldsymbol{\beta}_t$ 与上述 $\boldsymbol{\eta}_1, \boldsymbol{\eta}_2, \cdots, \boldsymbol{\eta}_{n-r}$ 是彼此等价的线性无关的向量组. 由定理 4.6 的推论 2 知 $t = n - r$. □

由定理 4.17 的证明过程, 可得

**推论 1** 设 $\boldsymbol{X}_1, \boldsymbol{X}_2, \cdots, \boldsymbol{X}_{n-r}$ 是方程组 (18) 的任意一个基础解系, 则 (18) 的全部解可以写成 $c_1\boldsymbol{X}_1 + c_2\boldsymbol{X}_2 + \cdots + c_{n-r}\boldsymbol{X}_{n-r}$, 其中 $c_1, c_2, \cdots, c_{n-r}$ 为任意常数.

**推论 2** 齐次线性方程组 (18) 的任意 $n-r$ 个线性无关的解向量都是 (18) 的一个基础解系.

要区别向量的维数与子空间维数的概念, $P^n$ 中向量维数都是 $n$, 而 $P^n$ 的子空间的维数是子空间中基所包含向量的个数.

利用极大线性无关组的概念, 我们可以在 $P^n$ 的子空间中引入基、坐标的概念. 设 $V$ 为 $P^n$ 的子空间, 我们称 V 的极大线性无关组 $\boldsymbol{\alpha}_1, \boldsymbol{\alpha}_2, \cdots, \boldsymbol{\alpha}_s$ 为 $V$ 的一个基, $s$ 称为 $V$ 的维数, 记 $\dim V = s$. 因此, 齐次线性方程组 $\boldsymbol{AX} = \boldsymbol{0}$ 的解空间的维数为 $n - s$, 其中 $s = r(\boldsymbol{A})$.

如果 $V_1, V_2$ 都是 $P^n$ 的子空间, $V_1 \subseteq V_2$, 且 $\dim V_1 = \dim V_2 = r$, 那么 $V_1 = V_2$, 事实上, $V_1$ 的基 $\boldsymbol{\alpha}_1, \boldsymbol{\alpha}_2, \cdots, \boldsymbol{\alpha}_r$ 也是 $V_2$ 中的线性无关向量. 因为 $\dim V_2 = r$, 所以 $\boldsymbol{\alpha}_1, \boldsymbol{\alpha}_2, \cdots, \boldsymbol{\alpha}_r$ 也是 $V_2$ 的基, 从而 $V_1 = V_2$.

**例 1** 求

$$\begin{cases} 4x_1 + 2x_2 + \ \ x_3 + 2x_4 + 3x_5 = 0, \\ 4x_1 + 2x_2 + \ \ x_3 + 2x_4 + \ \ x_5 = 0, \\ 2x_1 + \ \ x_2 - 2x_3 + 3x_4 + 2x_5 = 0 \end{cases}$$

的基础解系.

**解** 对系数矩阵作初等变换, 得

$$\boldsymbol{A}=\begin{bmatrix}4&2&1&2&3\\4&2&1&2&1\\2&1&-2&3&2\end{bmatrix}\xrightarrow{(①,③)}\begin{bmatrix}2&1&-2&3&2\\4&2&1&2&1\\4&2&1&2&3\end{bmatrix}$$

$$\xrightarrow[③+①\times(-2)]{②+①\times(-2)}\begin{bmatrix}2&1&-2&3&2\\0&0&5&-4&-3\\0&0&5&-4&-1\end{bmatrix}$$

$$\xrightarrow{③+②\times(-1)}\begin{bmatrix}2&1&-2&3&2\\0&0&5&-4&-3\\0&0&0&0&2\end{bmatrix}$$

$$\xrightarrow{\substack{②\times\frac{1}{5}\\ ③\times\frac{1}{2}\\ ①+③\times(-2)\\ ②+③\times\frac{3}{5}\\ ①+②\times 2}}\begin{bmatrix}2&1&0&\dfrac{7}{5}&0\\0&0&1&-\dfrac{4}{5}&0\\0&0&0&0&1\end{bmatrix}.$$

因为 $r(\boldsymbol{A})=3<5$, 所以原方程组的基础解系存在, 且基础解系含有 2 个解向量. 不难得到与原方程组同解的方程组

$$\begin{cases}2x_1+x_2+\dfrac{7}{5}x_4=0,\\ x_3-\dfrac{4}{5}x_4=0,\\ x_5=0,\end{cases}$$

解得

$$\begin{cases}x_1=x_1,\\ x_2=-2x_1-\dfrac{7}{5}x_4,\\ x_3=\dfrac{4}{5}x_4,\\ x_4=x_4,\\ x_5=0,\end{cases}\quad x_1,x_4\text{ 是自由未知量.}$$

令 $x_1=c_1,x_4=c_2,c_1,c_2$ 为任意常数, 写成向量形式

$$\begin{bmatrix}x_1\\x_2\\x_3\\x_4\\x_5\end{bmatrix}=c_1\begin{bmatrix}1\\-2\\0\\0\\0\end{bmatrix}+c_2\begin{bmatrix}0\\-\dfrac{7}{5}\\\dfrac{4}{5}\\1\\0\end{bmatrix},$$

由此得到

$$\boldsymbol{X}_1=\begin{bmatrix}1\\-2\\0\\0\\0\end{bmatrix},\quad \boldsymbol{X}_2=\begin{bmatrix}0\\-\dfrac{7}{5}\\\dfrac{4}{5}\\1\\0\end{bmatrix}$$

就是原方程组的一个基础解系, 原方程组的全部解就可以表示为

$$\boldsymbol{X}=c_1\boldsymbol{X}_1+c_2\boldsymbol{X}_2\quad(\text{其中 } c_1,c_2 \text{ 是任意常数}).$$ □

## 二、非齐次线性方程组解的结构

线性方程组 (1) 中常数项 $b_1,b_2,\cdots,b_m$ 都换成 0 所得到的齐次线性方程组

$$\begin{cases}a_{11}x_1+\ a_{12}x_2+\cdots+\ a_{1n}x_n=0,\\ a_{21}x_1+\ a_{22}x_2+\cdots+\ a_{2n}x_n=0,\\ \qquad\cdots\cdots\cdots\cdots\\ a_{m1}x_1+a_{m2}x_2+\cdots+a_{mn}x_n=0\end{cases}\tag{22}$$

知识点讲解 4–13
非齐次线性方程组解的结构

的解与原线性方程组 (1) 的解有密切联系. 我们称 (22) 为 (1) 的**导出线性方程组**, 简称**导出组**.

把 (1),(22) 分别用向量表示为

$$x_1\boldsymbol{\alpha}_1+x_2\boldsymbol{\alpha}_2+\cdots+x_n\boldsymbol{\alpha}_n=\boldsymbol{\beta},\tag{23}$$

$$x_1\boldsymbol{\alpha}_1+x_2\boldsymbol{\alpha}_2+\cdots+x_n\boldsymbol{\alpha}_n=\boldsymbol{0},\tag{24}$$

不难证明: 线性方程组 (1) (或 (23)) 与 (22) (或 (24)) 的解有以下关系:

(1) 方程组 (1) 的任意两个解之差是方程组 (22) 的解;

(2) 方程组 (1) 的任意一个解与方程组 (22) 的任意一个解之和仍是方程组 (1) 的解.

由此容易得到

**定理 4.18** 设 $\boldsymbol{X}_0$ 为线性方程组 (1) 的一个特解, $\boldsymbol{X}_1,\boldsymbol{X}_2,\cdots,\boldsymbol{X}_{n-r}$ 是 (1) 的导出组 (22) 的任意一个基础解系, 则 (1) 的全部解的集合 (即解集合) 为

$$\{\boldsymbol{X}_0+c_1\boldsymbol{X}_1+c_2\boldsymbol{X}_2+\cdots+c_{n-r}\boldsymbol{X}_{n-r}|c_1,c_2,\cdots,c_{n-r}\text{ 为任意常数}\}.$$

**证明** 首先证明 $\boldsymbol{X}=\boldsymbol{X}_0+c_1\boldsymbol{X}_1+c_2\boldsymbol{X}_2+\cdots+c_{n-r}\boldsymbol{X}_{n-r}$ 都是 (1) 的解, 其中 $c_1,c_2,\cdots,c_{n-r}$ 为任意常数. 因为 $\boldsymbol{X}_0$ 为 (1) 的解, $c_1\boldsymbol{X}_1+c_2\boldsymbol{X}_2+\cdots+c_{n-r}\boldsymbol{X}_{n-r}$ 为 (22) 的解, 所以 $\boldsymbol{X}$ 为 (1) 的解.

其次对 (1) 的任意一个解 $\boldsymbol{X}$, 因为 $\boldsymbol{X}_0$ 也是 (1) 的解, 所以 $\boldsymbol{X}-\boldsymbol{X}_0$ 是 (1) 的导出组 (22) 的解. 又 $\boldsymbol{X}_1,\boldsymbol{X}_2,\cdots,\boldsymbol{X}_{n-r}$ 为 (22) 的基础解系, 所以存在数 $k_1,k_2,\cdots,k_{n-r}$

使

$$\boldsymbol{X}-\boldsymbol{X}_0=k_1\boldsymbol{X}_1+k_2\boldsymbol{X}_2+\cdots+k_{n-r}\boldsymbol{X}_{n-r}.$$

因此, $\boldsymbol{X}$ 属于集合 $\{\boldsymbol{X}_0+c_1\boldsymbol{X}_1+c_2\boldsymbol{X}_2+\cdots+c_{n-r}\boldsymbol{X}_{n-r}|c_1,c_2,\cdots,c_{n-r}$ 为任意常数$\}$.

□

**例 2**　解方程组

$$\begin{cases} x_1+2x_2-\ x_3+2x_4=1,\\ 2x_1+4x_2+\ x_3+\ x_4=5,\\ -x_1-2x_2-2x_3+\ x_4=-4.\end{cases}$$

解　由

$$(\boldsymbol{A},\boldsymbol{B})=\begin{bmatrix}1&2&-1&2&1\\2&4&1&1&5\\-1&-2&-2&1&-4\end{bmatrix}\xrightarrow[③+①]{②+①\times(-2)}\begin{bmatrix}1&2&-1&2&1\\0&0&3&-3&3\\0&0&-3&3&-3\end{bmatrix}$$

$$\xrightarrow[②\times\frac{1}{3}]{③+②}\begin{bmatrix}1&2&-1&2&1\\0&0&1&-1&1\\0&0&0&0&0\end{bmatrix}\xrightarrow{①+②}\begin{bmatrix}1&2&0&1&2\\0&0&1&-1&1\\0&0&0&0&0\end{bmatrix},$$

得到 $r(\boldsymbol{A})=r(\boldsymbol{A},\boldsymbol{B})=2$, 所以原方程组有无穷多个解. 不难得出与原方程组同解的方程组是

$$\begin{cases}x_1=2-2x_2-x_4,\\x_3=1\qquad\quad+x_4,\end{cases}\quad x_2,x_4\text{ 是自由未知量}.$$

令 $x_2=c_1,x_4=c_2$, 其中 $c_1,c_2$ 为任意常数, 得

$$\begin{cases}x_1=2-2c_1-c_2,\\x_2=\qquad c_1,\\x_3=1\qquad\quad+c_2,\\x_4=\qquad\qquad c_2.\end{cases}$$

写成向量形式, 得

$$\begin{bmatrix}x_1\\x_2\\x_3\\x_4\end{bmatrix}=\begin{bmatrix}2\\0\\1\\0\end{bmatrix}+c_1\begin{bmatrix}-2\\1\\0\\0\end{bmatrix}+c_2\begin{bmatrix}-1\\0\\1\\1\end{bmatrix}\quad(c_1,c_2\text{ 为任意常数}).$$

由此可得原方程组的特解为 $\begin{bmatrix}2\\0\\1\\0\end{bmatrix}$, 而其导出组的一个基础解系为

$$\begin{bmatrix}-2\\1\\0\\0\end{bmatrix},\quad\begin{bmatrix}-1\\0\\1\\1\end{bmatrix}.$$

□

**例 3** 解方程组

$$\begin{cases} x_1 - 2x_2 + 2x_3 + 3x_4 = -5, \\ 2x_1 - x_2 + 5x_3 + 6x_4 = -5, \\ 2x_1 - 6x_2 + 4x_3 + 7x_4 = -14, \\ 4x_1 - 5x_2 + 9x_3 + 12x_4 = -15. \end{cases}$$

**解** 对增广矩阵作行初等变换, 得

$$(\boldsymbol{A}, \boldsymbol{B}) = \begin{bmatrix} 1 & -2 & 2 & 3 & -5 \\ 2 & -1 & 5 & 6 & -5 \\ 2 & -6 & 4 & 7 & -14 \\ 4 & -5 & 9 & 12 & -15 \end{bmatrix}$$

$$\xrightarrow[④+①\times(-4)]{\substack{②+①\times(-2) \\ ③+①\times(-2)}} \begin{bmatrix} 1 & -2 & 2 & 3 & -5 \\ 0 & 3 & 1 & 0 & 5 \\ 0 & -2 & 0 & 1 & -4 \\ 0 & 3 & 1 & 0 & 5 \end{bmatrix} \xrightarrow{④+②\times(-1)} \begin{bmatrix} 1 & 2 & 2 & 3 & -5 \\ 0 & 3 & 1 & 0 & 5 \\ 0 & -2 & 0 & 1 & -4 \\ 0 & 0 & 0 & 0 & 0 \end{bmatrix}$$

$$\xrightarrow{①+②\times(-2)} \begin{bmatrix} 1 & -8 & 0 & 3 & -15 \\ 0 & 3 & 1 & 0 & 5 \\ 0 & -2 & 0 & 1 & -4 \\ 0 & 0 & 0 & 0 & 0 \end{bmatrix} \xrightarrow{①+③\times(-3)} \begin{bmatrix} 1 & -2 & 0 & 0 & -3 \\ 0 & 3 & 1 & 0 & 5 \\ 0 & -2 & 0 & 1 & -4 \\ 0 & 0 & 0 & 0 & 0 \end{bmatrix}.$$

通过观察可知 $r(\boldsymbol{A}) = r(\boldsymbol{A}, \boldsymbol{B}) = 3$, 所以原方程组有无穷多个解. 根据本题的特点, 选择 $x_2$ 为自由未知量, 并令 $x_2 = c$, 得

$$\begin{cases} x_1 = 2c - 3, \\ x_2 = c, \\ x_3 = -3c + 5, \\ x_4 = 2c - 4, \end{cases}$$

所以, 原方程组的解为

$$\begin{bmatrix} x_1 \\ x_2 \\ x_3 \\ x_4 \end{bmatrix} = c \begin{bmatrix} 2 \\ 1 \\ -3 \\ 2 \end{bmatrix} + \begin{bmatrix} -3 \\ 0 \\ 5 \\ -4 \end{bmatrix}, \quad c \text{ 为任意常数}.$$

故原方程组的特解为 $\begin{bmatrix} -3 \\ 0 \\ 5 \\ -4 \end{bmatrix}$, 其导出组的一个基础解系为 $\begin{bmatrix} 2 \\ 1 \\ -3 \\ 2 \end{bmatrix}$. □

请读者注意, “基础解系” 这个概念是对齐次线性方程组而言的, 对非齐次线性方程组没有这一概念! 当然, 我们可以研究非齐次线性方程组的导出组的基础解系.
不难看出, 我们在 §4.1 所提出的三个问题分别在 §4.1, §4.4, §4.5 和 §4.6 给出了回答.

**例 4** 设 $\boldsymbol{AX} = \boldsymbol{B}$ 为非齐次线性方程组, $r(\boldsymbol{A}) = 2$, $\boldsymbol{X}$ 为 4 维列向量. 已知 $\boldsymbol{\alpha}_1 = (1, 0, 0, 0)^{\mathrm{T}}, \boldsymbol{\alpha}_2 = (1, 1, 1, 1)^{\mathrm{T}}, \boldsymbol{\alpha}_3 = (1, 2, 3, 4)^{\mathrm{T}}$ 都是 $\boldsymbol{AX} = \boldsymbol{B}$ 的解, 求该线性方程组的通解.

解 $\boldsymbol{AX}=\boldsymbol{B}$ 的导出组 $\boldsymbol{AX}=\boldsymbol{0}$ 含有 4 个未知量, $r(\boldsymbol{A})=2$, 故 $\boldsymbol{AX}=\boldsymbol{0}$ 的基础解系含有两个解向量. 易知, $\boldsymbol{\alpha}_2-\boldsymbol{\alpha}_1=(0,1,1,1)^{\mathrm{T}}$, $\boldsymbol{\alpha}_3-\boldsymbol{\alpha}_1=(0,2,3,4)^{\mathrm{T}}$ 是 $\boldsymbol{AX}=\boldsymbol{0}$ 的两个线性无关的解向量. 由定理 4.17 的推论 2 知 $\boldsymbol{\alpha}_2-\boldsymbol{\alpha}_1$, $\boldsymbol{\alpha}_3-\boldsymbol{\alpha}_1$ 构成 $\boldsymbol{AX}=\boldsymbol{0}$ 的一个基础解系, 故 $\boldsymbol{AX}=\boldsymbol{B}$ 的通解为

知识拓展 4–5
最小二乘法简介

$$\boldsymbol{X}=\begin{bmatrix}1\\0\\0\\0\end{bmatrix}+c_1\begin{bmatrix}0\\1\\1\\1\end{bmatrix}+c_2\begin{bmatrix}0\\2\\3\\4\end{bmatrix},\ c_1,c_2\ \text{为任意常数.}$$ □

## 习题 4.6

1. 求下列方程组的基础解系:

(1) $\begin{cases}x_1+x_2+x_3=0,\\3x_1-2x_2+5x_3=0,\\-2x_1+2x_2+3x_3=0;\end{cases}$

(2) $\begin{cases}x_1+x_2-3x_4-x_5=0,\\x_1-x_2+2x_3-x_4=0,\\4x_1-2x_2+6x_3+3x_4-4x_5=0,\\2x_1+4x_2-2x_3+4x_4-7x_5=0;\end{cases}$

(3) $\begin{cases}x_1-2x_2+x_3+x_4-x_5=0,\\2x_1-x_2-x_3+x_4+3x_5=0,\\3x_1-2x_2-x_3+x_4+3x_5=0,\\2x_1-5x_2+x_3+2x_4-2x_5=0;\end{cases}$

(4) $\begin{cases}x_1+x_2+x_3+x_4+x_5=0,\\3x_1+2x_2+x_3+x_4-3x_5=0,\\x_2+2x_3+2x_4+6x_5=0,\\5x_1+4x_2+3x_3+3x_4-x_5=0.\end{cases}$

2. 解下列方程组, 并指出它的一个特解与导出组的基础解系.

(1) $\begin{cases}x_1-2x_2+x_3+x_4=1,\\x_1-2x_2+x_3-x_4=-1,\\x_1-2x_2+x_3-5x_4=-5;\end{cases}$

(2) $\begin{cases}x_1-2x_2+3x_3-4x_4=4,\\x_2-x_3+x_4=-3,\\x_1+3x_3-4x_4=0,\\7x_2+3x_3+x_4=1;\end{cases}$

(3) $\begin{cases} x_1 + 2x_2 - 3x_3 + 2x_5 = 1, \\ x_1 - x_2 - 3x_3 + x_4 - 3x_5 = 2, \\ -2x_1 + 11x_2 + 6x_3 - 5x_4 + 21x_5 = -7. \end{cases}$

3. 设 $\boldsymbol{X}_1, \boldsymbol{X}_2, \cdots, \boldsymbol{X}_t$ 是非齐次线性方程组 $\boldsymbol{AX} = \boldsymbol{B}$ 的解, $k_1, k_2, \cdots, k_t$ 为数域 $P$ 中的数, 证明: $k_1\boldsymbol{X}_1 + k_2\boldsymbol{X}_2 + \cdots + k_t\boldsymbol{X}_t$ 也是 $\boldsymbol{AX} = \boldsymbol{B}$ 的解当且仅当 $k_1 + k_2 + \cdots + k_t = 1$.

下面的第 4、6 题讨论了 $n$ 阶方阵 $\boldsymbol{A}$ 的伴随矩阵 $\boldsymbol{A}^*$ 的秩与 $\boldsymbol{A}$ 的秩的关系. 我们假设 $\boldsymbol{A}$ 为 $n$ 阶方阵, $n \geqslant 2$.

4. 证明: (1) 若 $|\boldsymbol{A}| = 0$, 则 $|\boldsymbol{A}^*| = 0$; (2) 若 $\boldsymbol{A}$ 可逆, 则 $|\boldsymbol{A}^*| = |\boldsymbol{A}|^{n-1}$.

5. 设 $\boldsymbol{A}, \boldsymbol{B}$ 为 $n$ 阶矩阵, $n \geqslant 2$, 若 $\boldsymbol{AB} = \boldsymbol{O}$, 则 $r(\boldsymbol{A}) + r(\boldsymbol{B}) \leqslant n$.

6. 证明: $r(\boldsymbol{A}^*) = \begin{cases} 0, & \text{当 } r(\boldsymbol{A}) < n-1 \text{ 时}, \\ 1, & \text{当 } r(\boldsymbol{A}) = n-1 \text{ 时}, \\ n, & \text{当 } r(\boldsymbol{A}) = n \text{ 时}. \end{cases}$

7. 证明: (1) 设 $\boldsymbol{A}$ 为 $n$ 阶矩阵, 且 $\boldsymbol{A}^2 = \boldsymbol{A}$, 则 $r(\boldsymbol{A}) + r(\boldsymbol{A} - \boldsymbol{E}) = n$;

(2) 设 $\boldsymbol{A}$ 为 $n$ 阶矩阵, 且 $\boldsymbol{A}^2 = \boldsymbol{E}$, 则 $r(\boldsymbol{A} + \boldsymbol{E}) + r(\boldsymbol{A} - \boldsymbol{E}) = n$.

8. 设 $n$ 阶行列式 $D = \begin{vmatrix} a_{11} & a_{12} & \cdots & a_{1n} \\ a_{21} & a_{22} & \cdots & a_{2n} \\ \vdots & \vdots & & \vdots \\ a_{n1} & a_{n2} & \cdots & a_{nn} \end{vmatrix} \neq 0$, $D$ 中元素 $a_{ij}$ 的代数余子式记为 $A_{ij}$. 证明: $n$ 维列向量 $(A_{n1}, A_{n2}, \cdots, A_{nn})^{\mathrm{T}}$ 是齐次线性方程组

$$\begin{cases} a_{11}x_1 + a_{12}x_2 + \cdots + a_{1n}x_n = 0, \\ a_{21}x_1 + a_{22}x_2 + \cdots + a_{2n}x_n = 0, \\ \qquad\cdots\cdots\cdots\cdots \\ a_{n-1,1}x_1 + a_{n-1,2}x_2 + \cdots + a_{n-1,n}x_n = 0 \end{cases}$$

的一个基础解系.

9. 设 $\boldsymbol{A}$ 为 $s \times m$ 矩阵, $\boldsymbol{B}$ 为 $m \times n$ 矩阵, $\boldsymbol{X}$ 为 $n$ 维未知列向量. 证明: 齐次线性方程组 $\boldsymbol{ABX} = \boldsymbol{0}$ 与 $\boldsymbol{BX} = \boldsymbol{0}$ 同解的充要条件是 $\boldsymbol{AB}$ 与 $\boldsymbol{B}$ 有相同的秩, 即 $r(\boldsymbol{AB}) = r(\boldsymbol{B})$.

10. 设 $\boldsymbol{A}$ 为 $m \times n$ 实矩阵, 证明: $\boldsymbol{A}^{\mathrm{T}}\boldsymbol{A}$ 与 $\boldsymbol{A}$ 有相同的秩, 即 $r(\boldsymbol{A}^{\mathrm{T}}\boldsymbol{A}) = r(\boldsymbol{A})$. 特别地, 若 $\boldsymbol{A}$ 为 $n$ 阶实对称矩阵, 且 $\boldsymbol{A}^2 = \boldsymbol{O}$, 则 $\boldsymbol{A} = \boldsymbol{O}$.

11. 举例说明: 若 $\boldsymbol{A}$ 为 $n$ 阶复对称矩阵, 且 $\boldsymbol{A}^2 = \boldsymbol{O}$, 则未必有 $\boldsymbol{A} = \boldsymbol{O}$.

12. 利用线性方程组理论证明: 如果 $\boldsymbol{A}$ 为 $s \times m$ 矩阵, $\boldsymbol{B}$ 为 $m \times n$ 矩阵, 那么 $r(\boldsymbol{AB}) \leqslant \min\{r(\boldsymbol{A}), r(\boldsymbol{B})\}$.

**知识点讲解 4–14**
分块矩阵的初等变换及其应用

## 研究题 4

1. 设 $L(\boldsymbol{\alpha}_1,\boldsymbol{\alpha}_2,\cdots,\boldsymbol{\alpha}_s)$ 为由 $\boldsymbol{\alpha}_1,\boldsymbol{\alpha}_2,\cdots,\boldsymbol{\alpha}_s\in P^n$ 张成的子空间, 证明:

(1) $L(\boldsymbol{\alpha}_1,\boldsymbol{\alpha}_2,\cdots,\boldsymbol{\alpha}_s)$ 中任意 $s+1$ 个向量 $\boldsymbol{\beta}_1,\boldsymbol{\beta}_2,\cdots,\boldsymbol{\beta}_s,\boldsymbol{\beta}_{s+1}$ 线性相关;

(2) 如果 $\boldsymbol{\alpha}_1,\boldsymbol{\alpha}_2,\cdots,\boldsymbol{\alpha}_s$ 线性相关, 那么 $L(\boldsymbol{\alpha}_1,\boldsymbol{\alpha}_2,\cdots,\boldsymbol{\alpha}_s)$ 中任意 $s$ 个向量 $\boldsymbol{\beta}_1,\boldsymbol{\beta}_2,\cdots,\boldsymbol{\beta}_s$ 也线性相关;

(3) 如果 $\boldsymbol{\alpha}_1,\boldsymbol{\alpha}_2,\cdots,\boldsymbol{\alpha}_s$ 线性相关, $\boldsymbol{\beta}\in P^n$ 为任意向量, 那么对数域 $P$ 中任意数 $k_1,k_2,\cdots,k_s$ 有 $\boldsymbol{\beta},\boldsymbol{\alpha}_1+k_1\boldsymbol{\beta},\boldsymbol{\alpha}_2+k_2\boldsymbol{\beta},\cdots,\boldsymbol{\alpha}_s+k_s\boldsymbol{\beta}$ 线性相关.

2. 设向量组 $\boldsymbol{\alpha}_1,\boldsymbol{\alpha}_2,\cdots,\boldsymbol{\alpha}_s$ 线性无关, $s\geqslant 3$, 试讨论向量组 $\boldsymbol{\alpha}_1+\boldsymbol{\alpha}_2,\boldsymbol{\alpha}_2+\boldsymbol{\alpha}_3,\cdots,\boldsymbol{\alpha}_{s-1}+\boldsymbol{\alpha}_s,\boldsymbol{\alpha}_s+\boldsymbol{\alpha}_1$ 的线性相关性.

3. 设向量组 $\boldsymbol{\alpha}_1,\boldsymbol{\alpha}_2,\cdots,\boldsymbol{\alpha}_s$ 的秩为 $r_1$, 向量组 $\boldsymbol{\beta}_1,\boldsymbol{\beta}_2,\cdots,\boldsymbol{\beta}_t$ 的秩为 $r_2$, 证明: 向量组 $\boldsymbol{\alpha}_1,\boldsymbol{\alpha}_2,\cdots,\boldsymbol{\alpha}_s,\boldsymbol{\beta}_1,\boldsymbol{\beta}_2,\cdots,\boldsymbol{\beta}_t$ 的秩 $r$ 满足 $\max\{r_1,r_2\}\leqslant r\leqslant r_1+r_2$.

4. 设 $\boldsymbol{A}$ 为 $n$ 阶方阵, $r(\boldsymbol{A})=n-1$, 证明: $\boldsymbol{A}$ 的伴随矩阵 $\boldsymbol{A}^*$ 的任意一个非零列向量都是线性方程组 $\boldsymbol{AX}=\boldsymbol{0}$ 的基础解系.

5. 证明: 数域 $P$ 上 $n$ 维向量空间 $P^n$ 的任意一个子空间都是某个齐次线性方程组 $\boldsymbol{AX}=\boldsymbol{0}$ 的解空间.

6. 设 $\boldsymbol{A},\boldsymbol{B}$ 都是 $s\times n$ 矩阵, 证明: 齐次线性方程组 $\boldsymbol{AX}=\boldsymbol{0}$ 与 $\boldsymbol{BX}=\boldsymbol{0}$ 同解当且仅当矩阵 $\boldsymbol{A},\boldsymbol{B}$ 的行向量组等价.

7. 设 $\boldsymbol{\alpha}_1=(1,2,0),\boldsymbol{\alpha}_2=(1,a+2,-3a),\boldsymbol{\alpha}_3=(-1,-b-2,a+2b),\boldsymbol{\beta}=(1,3,-3)$. 分别讨论 $a,b$ 满足什么条件时,

(1) $\boldsymbol{\beta}$ 不能由 $\boldsymbol{\alpha}_1,\boldsymbol{\alpha}_2,\boldsymbol{\alpha}_3$ 线性表出;

(2) $\boldsymbol{\beta}$ 可以由 $\boldsymbol{\alpha}_1,\boldsymbol{\alpha}_2,\boldsymbol{\alpha}_3$ 唯一线性表出;

(3) $\boldsymbol{\beta}$ 可以由 $\boldsymbol{\alpha}_1,\boldsymbol{\alpha}_2,\boldsymbol{\alpha}_3$ 线性表出但表达式不唯一, 并在 $\boldsymbol{\beta}$ 可以由 $\boldsymbol{\alpha}_1,\boldsymbol{\alpha}_2,\boldsymbol{\alpha}_3$ 线性表出时写出表达式.

8. 讨论 $a,b$ 取何值时, 向量 $\boldsymbol{\beta}=(4,3,4)$ 可以由向量组

$$\boldsymbol{\alpha}_1=(a,1,1),\boldsymbol{\alpha}_2=(1,b,2b),\boldsymbol{\alpha}_3=(1,1,1)$$

线性表出, 并写出表达式.

9. 求 $a$ 的值使向量组 (Ⅰ): $\boldsymbol{\alpha}_1=(1,0,2),\boldsymbol{\alpha}_2=(1,1,3),\boldsymbol{\alpha}_3=(1,-1,a+2)$ 与向量组 (Ⅱ): $\boldsymbol{\beta}_1=(1,2,a+3),\boldsymbol{\beta}_2=(2,1,a+6),\boldsymbol{\beta}_3=(2,1,a+4)$ 等价.

10. 设向量组 $\boldsymbol{\alpha}_1,\boldsymbol{\alpha}_2,\cdots,\boldsymbol{\alpha}_s$ 可由向量组 $\boldsymbol{\beta}_1,\boldsymbol{\beta}_2,\cdots,\boldsymbol{\beta}_s$ 线性表出.

(1) 如果 $\boldsymbol{\alpha}_1,\boldsymbol{\alpha}_2,\cdots,\boldsymbol{\alpha}_s$ 线性无关, 证明: $\boldsymbol{\beta}_1,\boldsymbol{\beta}_2,\cdots,\boldsymbol{\beta}_s$ 也线性无关, 且 $\boldsymbol{\alpha}_1,\boldsymbol{\alpha}_2,\cdots,\boldsymbol{\alpha}_s$ 与 $\boldsymbol{\beta}_1,\boldsymbol{\beta}_2,\cdots,\boldsymbol{\beta}_s$ 等价.

(2) 如果 $\boldsymbol{\beta}_1,\boldsymbol{\beta}_2,\cdots,\boldsymbol{\beta}_s$ 线性无关, 是否必有 $\boldsymbol{\alpha}_1,\boldsymbol{\alpha}_2,\cdots,\boldsymbol{\alpha}_s$ 线性无关? 说明理由.

11. 设 $\boldsymbol{\alpha}_1,\boldsymbol{\alpha}_2,\cdots,\boldsymbol{\alpha}_n$ 为 $P^n$ 的一组基, 向量 $\boldsymbol{\beta}_1,\boldsymbol{\beta}_2,\cdots,\boldsymbol{\beta}_n$ 在该基下的坐标分别为 $\boldsymbol{X}_1,\boldsymbol{X}_2,\cdots,\boldsymbol{X}_n$. 证明: 向量组 $\boldsymbol{\beta}_1,\boldsymbol{\beta}_2,\cdots,\boldsymbol{\beta}_n$ 与 $\boldsymbol{X}_1,\boldsymbol{X}_2,\cdots,\boldsymbol{X}_n$ 有相同的线性关系, 即 (1) $\boldsymbol{\beta}_{i_1},\boldsymbol{\beta}_{i_2},\cdots,\boldsymbol{\beta}_{i_r}$ 为 $\boldsymbol{\beta}_1,\boldsymbol{\beta}_2,\cdots,\boldsymbol{\beta}_n$ 的极大线性无关组当且仅当 $\boldsymbol{X}_{i_1},\boldsymbol{X}_{i_2},\cdots,\boldsymbol{X}_{i_r}$ 为 $\boldsymbol{X}_1,\boldsymbol{X}_2,\cdots,\boldsymbol{X}_n$ 的极大线性无关组;

(2) 每个 $\boldsymbol{\beta}_j$ 由极大线性无关组 $\boldsymbol{\beta}_{i_1},\boldsymbol{\beta}_{i_2},\cdots,\boldsymbol{\beta}_{i_r}$ 线性表出的表出系数与对应 $\boldsymbol{X}_j$ 由极大线性无关组 $\boldsymbol{X}_{i_1},\boldsymbol{X}_{i_2},\cdots,\boldsymbol{X}_{i_r}$ 线性表出的表出系数都完全相同.

12. 设 $\boldsymbol{\alpha}_1,\boldsymbol{\alpha}_2,\cdots,\boldsymbol{\alpha}_s$ 为 $P^n$ 中线性无关向量组, $\boldsymbol{\beta}_i=\sum\limits_{j=1}^{s}a_{ij}\boldsymbol{\alpha}_j, i=1,2,\cdots,s.$

证明: 向量组 $\boldsymbol{\beta}_1,\boldsymbol{\beta}_2,\cdots,\boldsymbol{\beta}_s$ 的秩等于矩阵 $\boldsymbol{A}$ 的秩, 其中 $\boldsymbol{A}=(a_{ij})_{s\times s}$.

13. 设 $\boldsymbol{A}$ 为 $m\times n$ 矩阵, $\boldsymbol{B}$ 为 $n\times m$ 矩阵, $m>n$, 证明: 齐次线性方程组 $\boldsymbol{ABX}=\boldsymbol{0}$ 必有非零解.

14. 证明: 直线$l:\begin{cases}A_1x+B_1y+C_1z+D_1=0,\\A_2x+B_2y+C_2z+D_2=0\end{cases}$ 在平面 $\pi: A_3x+B_3y+C_3z+D_3=0$ 上的充要条件是向量 $\boldsymbol{\alpha}_3=(A_3,B_3,C_3,D_3)$ 可以由向量组 $\boldsymbol{\alpha}_1=(A_1,B_1,C_1,D_1)$, $\boldsymbol{\alpha}_2=(A_2,B_2,C_2,D_2)$ 线性表出.

# 第 5 章　特征值

本章讨论在数学及其他领域里广泛应用的特征值问题和相似矩阵问题. 若不特别声明, 我们总在一般数域 $P$ 上讨论.

## §5.1　特征值与特征向量

首先我们考虑方阵的幂. 如果已知 $n$ 阶方阵 $\boldsymbol{A}$, 对于较大的正整数 $k$, 求 $\boldsymbol{A}^k$ 一般来讲比较困难. 我们从习题 3.3 的第 4 题知道, 如果可以求出 $n$ 阶可逆矩阵 $\boldsymbol{C}$, 使 $\boldsymbol{C}^{-1}\boldsymbol{A}\boldsymbol{C}=\boldsymbol{B}$ 形状比较简单 (例如 $\boldsymbol{B}$ 为对角形矩阵), 就可以很方便求出 $\boldsymbol{B}^k$. 于是由 $\boldsymbol{C}^{-1}\boldsymbol{A}^k\boldsymbol{C}=\boldsymbol{B}^k$ 易求出 $\boldsymbol{A}^k=\boldsymbol{C}\boldsymbol{B}^k\boldsymbol{C}^{-1}$. 为了解决对给定方阵 $\boldsymbol{A}$, 求出可逆矩阵 $\boldsymbol{C}$, 使 $\boldsymbol{C}^{-1}\boldsymbol{A}\boldsymbol{C}=\boldsymbol{B}$ 为对角形这个问题, 我们需要引入如下概念.

**知识点讲解 5-1**
特征值与特征向量

注意, 特征向量是非零的列向量.

**定义 5.1**　设 $P$ 为一个数域, $\boldsymbol{A}$ 为 $P$ 上的 $n$ 阶方阵, 若存在数 $\lambda\in P$ 及 $n$ 维非零 (列) 向量 $\boldsymbol{X}\in P^n$, 使

$$\boldsymbol{A}\boldsymbol{X}=\lambda\boldsymbol{X}, \tag{1}$$

则称 $\lambda$ 是 $\boldsymbol{A}$ 的一个**特征值**, $\boldsymbol{X}$ 是属于 $\lambda$ 的一个**特征向量**.

**注**　后面我们可以证明, 矩阵 $\boldsymbol{A}$ 的特征值 $\lambda$ 及相应的特征向量 $\boldsymbol{X}$ 是 $\boldsymbol{A}$ 所特有的, 可以由 $\boldsymbol{A}$ 完全确定.

易知: (1) 若 $\boldsymbol{X}$ 是 $\boldsymbol{A}$ 的属于特征值 $\lambda$ 的特征向量, 则对任意非零数 $c\in P, c\boldsymbol{X}$ 也是 $\boldsymbol{A}$ 的属于 $\lambda$ 的特征向量;

(2) 对应于一个特征向量的特征值是唯一的, 而对应于一个特征值的特征向量有无穷多个;

(3) 若 $\boldsymbol{X}_1,\boldsymbol{X}_2$ 都是 $\boldsymbol{A}$ 的属于特征值 $\lambda$ 的特征向量, $\boldsymbol{X}_1+\boldsymbol{X}_2\neq\boldsymbol{0}$, 则 $\boldsymbol{X}_1+\boldsymbol{X}_2$ 也是 $\boldsymbol{A}$ 的属于 $\lambda$ 的特征向量.

综合 (1)(2)(3), 我们不难得到

**命题**　设 $\lambda\in P$ 是 $P$ 上 $n$ 阶方阵 $\boldsymbol{A}$ 的一个特征值, 则 $\boldsymbol{A}$ 的属于 $\lambda$ 的全体特征向量添上零向量按向量的加法和数乘运算构成 $P^n$ 的一个子空间, 称为 $\boldsymbol{A}$ 关于特征值 $\lambda$ 的**特征子空间**, 记为 $V_\lambda$, 即 $V_\lambda=\{\boldsymbol{X}\in P^n|\boldsymbol{A}\boldsymbol{X}=\lambda\boldsymbol{X}\}$.

下面讨论如何求 $\boldsymbol{A}$ 的特征值与特征向量.

由 (1) 可得

$$(\lambda\boldsymbol{E}-\boldsymbol{A})\boldsymbol{X}=\boldsymbol{0}. \tag{2}$$

设

$$\boldsymbol{A}=\begin{bmatrix} a_{11} & a_{12} & \cdots & a_{1n} \\ a_{21} & a_{22} & \cdots & a_{2n} \\ \vdots & \vdots & & \vdots \\ a_{n1} & a_{n2} & \cdots & a_{nn} \end{bmatrix},\quad \boldsymbol{X}=\begin{bmatrix} x_1 \\ x_2 \\ \vdots \\ x_n \end{bmatrix},$$

代入 (2), 得

$$\begin{bmatrix} \lambda - a_{11} & -a_{12} & \cdots & -a_{1n} \\ -a_{21} & \lambda - a_{22} & \cdots & -a_{2n} \\ \vdots & \vdots & & \vdots \\ -a_{n1} & -a_{n2} & \cdots & \lambda - a_{nn} \end{bmatrix} \begin{bmatrix} x_1 \\ x_2 \\ \vdots \\ x_n \end{bmatrix} = \begin{bmatrix} 0 \\ 0 \\ \vdots \\ 0 \end{bmatrix}. \tag{3}$$

特征子空间 $V_\lambda$ 是齐次线性方程组 (2) 的解空间.

可以看出, $\lambda$ 为 $\boldsymbol{A}$ 的特征值, 且 $\boldsymbol{X}$ 是属于特征值 $\lambda$ 的特征向量的充要条件是齐次线性方程组 (2) (或 (3)) 有非零解, 亦即 $|\lambda\boldsymbol{E}-\boldsymbol{A}|=0$. 显然, $\boldsymbol{A}$ 关于特征值 $\lambda$ 的特征空间就是 (2) 的解空间, 其维数为 $n-r(\lambda\boldsymbol{E}-\boldsymbol{A})$, 其中 $r(\lambda\boldsymbol{E}-\boldsymbol{A})$ 为矩阵 $\lambda\boldsymbol{E}-\boldsymbol{A}$ 的秩.

**定义 5.2** 设 $\boldsymbol{A}$ 为 $P$ 上 $n$ 阶矩阵, $\lambda$ 为未定元, 则称 $\lambda\boldsymbol{E}-\boldsymbol{A}$ 为 $\boldsymbol{A}$ 的**特征矩阵**, 称行列式 $|\lambda\boldsymbol{E}-\boldsymbol{A}|$ 为 $\boldsymbol{A}$ 的**特征多项式**, 又称 $n$ 次代数方程 $|\lambda\boldsymbol{E}-\boldsymbol{A}|=0$ 为 $\boldsymbol{A}$ 的**特征方程**.

我们指出, 对于给定数域 $P$ 上的方阵未必有特征值、特征向量. 例如 $\boldsymbol{A}=\begin{bmatrix} 0 & -1 \\ 1 & 0 \end{bmatrix}$ 在实数域 $\mathbf{R}$ 上没有特征值, 但在复数域 $\mathbf{C}$ 上有两个特征值 $\pm\mathrm{i}$.

因此, 数 $\lambda \in P$ 为 $P$ 上 $n$ 阶矩阵 $\boldsymbol{A}$ 的特征值的充要条件 $\lambda$ 是特征方程 $|\lambda\boldsymbol{E}-\boldsymbol{A}|=0$ 的根. 所以, 特征值又称为**特征根**, 它由 $\boldsymbol{A}$ 唯一确定. 属于 $\lambda$ 的特征向量 $\boldsymbol{X}$ 是 (3) 的非零解, 当然也是由 $\boldsymbol{A}$ 所确定的.

下面的定理揭示了特征值与原矩阵的关系.

**定理 5.1** 设 $\boldsymbol{A}$ 为数域 $P$ 上的 $n$ 阶矩阵, 且 $\boldsymbol{A}=(a_{ij})_{n\times n}$ 在 $P$ 上有 $n$ 个特征值 $\lambda_1,\lambda_2,\cdots,\lambda_n$ (重根按重数计算), 则

(1) $|\boldsymbol{A}|=\lambda_1\lambda_2\cdots\lambda_n$;

(2) $\boldsymbol{A}$ 的主对角线元素之和称为 $\boldsymbol{A}$ 的迹, 记为 $\operatorname{tr}\boldsymbol{A}$,

$$\operatorname{tr}\boldsymbol{A}=a_{11}+a_{22}+\cdots+a_{nn}=\lambda_1+\lambda_2+\cdots+\lambda_n.$$

**证明** (1) 因为 $\lambda_1,\lambda_2,\cdots,\lambda_n$ 为特征方程 $|\lambda\boldsymbol{E}-\boldsymbol{A}|=0$ 的 $n$ 个根, 所以特征多项式

$$|\lambda\boldsymbol{E}-\boldsymbol{A}|=(\lambda-\lambda_1)(\lambda-\lambda_2)\cdots(\lambda-\lambda_n). \tag{4}$$

令 $\lambda=0$, 得 $|-\boldsymbol{A}|=(-1)^n\lambda_1\lambda_2\cdots\lambda_n$, 从而定理中 (1) 成立.

(2) 先计算 $|\lambda\boldsymbol{E}-\boldsymbol{A}|$ 中 $\lambda^{n-1}$ 的系数. 可以看出, $|\lambda\boldsymbol{E}-\boldsymbol{A}|$ 中 $\lambda^{n-1}$ 的系数与 $(\lambda-a_{11})(\lambda-a_{22})\cdots(\lambda-a_{nn})$ 中 $\lambda^{n-1}$ 的系数相同, 都是 $-(a_{11}+a_{22}+\cdots+a_{nn})$. 而 $(\lambda-\lambda_1)(\lambda-\lambda_2)\cdots(\lambda-\lambda_n)$ 中 $\lambda^{n-1}$ 的系数为 $-(\lambda_1+\lambda_2+\cdots+\lambda_n)$. 由 (4) 式, 即知

$$a_{11}+a_{22}+\cdots+a_{nn}=\lambda_1+\lambda_2+\cdots+\lambda_n.$$ □

计算 $|\lambda\boldsymbol{E}-\boldsymbol{A}|$ 中 $\lambda^{n-1}$ 的系数用到了 $n$ 阶行列式的等价定义: 它是所有取自不同行不同列 $n$ 个元素乘积的代数和. 只有全部取主对角线上的 $n$ 个元素才可能出现 $\lambda^{n-1}$.

**例 1** 在有理数域 $\mathbf{Q}$ 上求方阵 $\boldsymbol{A}=\begin{bmatrix} 3 & 1 \\ 5 & -1 \end{bmatrix}$ 的特征值与特征向量.

**解** 由 $|\lambda\boldsymbol{E}-\boldsymbol{A}|=\begin{vmatrix} \lambda-3 & -1 \\ -5 & \lambda+1 \end{vmatrix}=(\lambda-4)(\lambda+2)$, 得 $\boldsymbol{A}$ 的两个特征根 $\lambda_1=4,\lambda_2=-2$.

以 $\lambda_1=4$ 代入 $(\lambda\boldsymbol{E}-\boldsymbol{A})\boldsymbol{X}=\mathbf{0}$, 得

$$\begin{cases} x_1-\ \ x_2=0, \\ -5x_1+5x_2=0. \end{cases}$$

其基础解系是 $\boldsymbol{X}_1=\begin{bmatrix}1\\1\end{bmatrix}$, 所以属于 $\lambda=4$ 的全部特征向量是 $k\begin{bmatrix}1\\1\end{bmatrix}$, $k\neq 0$ 是任意常数.

以 $\lambda_2=-2$ 代入 $(\lambda\boldsymbol{E}-\boldsymbol{A})\boldsymbol{X}=\mathbf{0}$, 得

$$\begin{cases} -5x_1-x_2=0, \\ -5x_1-x_2=0. \end{cases}$$

其基础解系是 $\boldsymbol{X}_2=\begin{bmatrix}1\\-5\end{bmatrix}$, 所以属于 $\lambda=-2$ 的全部特征向量是 $l\begin{bmatrix}1\\-5\end{bmatrix}$, $l\neq 0$ 是任意常数. □

例 2　在有理数域 $\mathbf{Q}$ 上求矩阵 $\boldsymbol{A}=\begin{bmatrix}1&1&0\\0&1&0\\0&0&1\end{bmatrix}$ 的特征值与特征向量.

解　由

$$|\lambda\boldsymbol{E}-\boldsymbol{A}|=\begin{vmatrix}\lambda-1&-1&0\\0&\lambda-1&0\\0&0&\lambda-1\end{vmatrix}=(\lambda-1)^3,$$

得 $\boldsymbol{A}$ 的特征值是 $\lambda_1=\lambda_2=\lambda_3=1$.

以 $\lambda_1=1$ 代入 $(\lambda\boldsymbol{E}-\boldsymbol{A})\boldsymbol{X}=\mathbf{0}$ 得 $x_2=0$, 基础解系是

$$\boldsymbol{X}_1=\begin{bmatrix}1\\0\\0\end{bmatrix},\quad \boldsymbol{X}_2=\begin{bmatrix}0\\0\\1\end{bmatrix},$$

所以属于特征值 1 的全部特征向量是

$$k_1\begin{bmatrix}1\\0\\0\end{bmatrix}+k_2\begin{bmatrix}0\\0\\1\end{bmatrix},\quad k_1,k_2\ \text{不全为零}.$$ □

例 3　在复数域 $\mathbf{C}$ 上求复矩阵 $\boldsymbol{A}=\begin{bmatrix}1&2&2\\1&-1&1\\4&-12&1\end{bmatrix}$ 的特征值与特征向量.

**知识拓展 5–1**
矩阵在图论中的应用

解　由

$$|\lambda\boldsymbol{E}-\boldsymbol{A}|=\begin{vmatrix}\lambda-1&-2&-2\\-1&\lambda+1&-1\\-4&12&\lambda-1\end{vmatrix}$$
$$=(\lambda-1)(\lambda+\mathrm{i})(\lambda-\mathrm{i}),$$

得 $\boldsymbol{A}$ 的特征值是 $\lambda_1=1, \lambda_2=\mathrm{i}, \lambda_3=-\mathrm{i}$. 分别代入 $(\lambda \boldsymbol{E}-\boldsymbol{A})\boldsymbol{X}=\boldsymbol{0}$, 得属于 $\lambda_1=1$ 的全部特征向量是

$$k_1\begin{bmatrix}3\\1\\-1\end{bmatrix}, \quad k_1 \neq 0;$$

属于 $\lambda_2=\mathrm{i}$ 的全部特征向量是

$$k_2\begin{bmatrix}4+2\mathrm{i}\\1+\mathrm{i}\\-4\end{bmatrix}, \quad k_2 \neq 0;$$

属于 $\lambda_3=-\mathrm{i}$ 的全部特征向量是

$$k_3\begin{bmatrix}4-2\mathrm{i}\\1-\mathrm{i}\\-4\end{bmatrix}, \quad k_3 \neq 0.$$ □

## 习题 5.1

1. 在有理数域 $\mathbf{Q}$ 上求下列矩阵的特征值与特征向量:

(1) $\boldsymbol{A}=\begin{bmatrix}2&1\\1&2\end{bmatrix}$; (2) $\boldsymbol{A}=\begin{bmatrix}4&3\\-2&-1\end{bmatrix}$;

(3) $\boldsymbol{A}=\begin{bmatrix}1&1&0\\0&1&1\\0&0&1\end{bmatrix}$; (4) $\boldsymbol{A}=\begin{bmatrix}2&0&1\\0&2&1\\1&1&1\end{bmatrix}$.

2. 在复数域 $\mathbf{C}$ 上求矩阵

$$\boldsymbol{A}=\begin{bmatrix}\cos\alpha & -\sin\alpha\\ \sin\alpha & \cos\alpha\end{bmatrix} \quad (\alpha \neq n\pi, n \text{ 是整数})$$

的特征值与特征向量.

3. 证明: 矩阵 $\boldsymbol{A}$ 与其转置 $\boldsymbol{A}^{\mathrm{T}}$ 有相同的特征多项式, 因而也有相同的特征值.

4. 设 $f(x)$ 为一个关于未定元 $x$ 的多项式, $f(x)=\sum\limits_{i=0}^{m} a_i x^i$, $\boldsymbol{A}$ 为 $n$ 阶方阵. 证明: (1) 若 $\lambda$ 为 $\boldsymbol{A}$ 的特征值, 则 $f(\lambda)$ 为 $f(\boldsymbol{A})$ 的特征值, 其中 $f(\boldsymbol{A})=\sum\limits_{i=0}^{m} a_i \boldsymbol{A}^i$, 这里 $\boldsymbol{A}^0=\boldsymbol{E}$;

(2) 若 $\lambda$ 为 $\boldsymbol{A}$ 的特征值, $f(\boldsymbol{A})=\boldsymbol{O}$, 则 $f(\lambda)=\boldsymbol{0}$.

知识拓展 5–2 哈密顿—凯莱定理

5. (1) 若 $\boldsymbol{A}^k=\boldsymbol{O}$, $k$ 为某个正整数, 则称 $\boldsymbol{A}$ 是幂零矩阵. 证明: 幂零矩阵的特征值必为 0;

(2) 若 $\boldsymbol{A}^2=\boldsymbol{A}$, 则称 $\boldsymbol{A}$ 为幂等矩阵. 证明: 幂等矩阵的特征值只能是 0 或 1.

6. (1) 证明: 可逆矩阵的特征值不为 0;

(2) 设 $\boldsymbol{A}$ 可逆, $\lambda$ 为 $\boldsymbol{A}$ 的特征值, 证明: $\dfrac{1}{\lambda}$ 是 $\boldsymbol{A}^{-1}$ 的特征值.

## §5.2 矩阵的相似

在第 2 章, 我们曾经介绍过“矩阵的等价”这种关系. $n$ 阶方阵 $\boldsymbol{A},\boldsymbol{B}$ 等价就是存在可逆的 $n$ 阶矩阵 $\boldsymbol{P},\boldsymbol{Q}$, 使 $\boldsymbol{B}=\boldsymbol{PAQ}$. 如果恰好碰上 $\boldsymbol{P}=\boldsymbol{Q}^{-1}$ 这种情况, 可以已知 $\boldsymbol{B}^k$ ($k$ 为正整数) 求出 $\boldsymbol{A}^k=\boldsymbol{QB}^k\boldsymbol{Q}^{-1}$. 我们引入矩阵相似的概念.

**知识点讲解 5–2**
矩阵的相似

**定义 5.3** 设 $\boldsymbol{A},\boldsymbol{B}$ 为数域 $P$ 上 $n$ 阶方阵, 若存在 $P$ 上 $n$ 阶可逆矩阵 $\boldsymbol{C}$, 使 $\boldsymbol{C}^{-1}\boldsymbol{AC}=\boldsymbol{B}$, 则称 $\boldsymbol{A}$ 与 $\boldsymbol{B}$ 相似, 记作 $\boldsymbol{A}\overset{\boldsymbol{C}}{\sim}\boldsymbol{B}$ 或 $\boldsymbol{A}\sim\boldsymbol{B}$ 或 $\boldsymbol{A}\overset{P}{\sim}\boldsymbol{B}$.

对上节例 1, 取 $\boldsymbol{C}=\begin{bmatrix}1&1\\1&-5\end{bmatrix}$, 则 $\boldsymbol{C}^{-1}=\begin{bmatrix}\frac{5}{6}&\frac{1}{6}\\\frac{1}{6}&-\frac{1}{6}\end{bmatrix}$. 可验证 $\boldsymbol{C}^{-1}\boldsymbol{AC}=\boldsymbol{B}=\begin{bmatrix}4&0\\0&-2\end{bmatrix}$. 由 $\boldsymbol{C}^{-1}\boldsymbol{A}^k\boldsymbol{C}=\boldsymbol{B}^k$ 知

$$\begin{aligned}\boldsymbol{A}^k=\boldsymbol{CB}^k\boldsymbol{C}^{-1}&=\begin{bmatrix}1&1\\1&-5\end{bmatrix}\begin{bmatrix}4^k&0\\0&(-2)^k\end{bmatrix}\begin{bmatrix}\frac{5}{6}&\frac{1}{6}\\\frac{1}{6}&-\frac{1}{6}\end{bmatrix}\\&=\frac{1}{6}\begin{bmatrix}5\cdot4^k+(-2)^k&4^k-(-2)^k\\5\cdot(4^k-(-2)^k)&4^k+5\cdot(-2)^k\end{bmatrix}.\end{aligned}$$

我们指出, 在学习了第 8 章线性空间上的线性变换的理论后, 读者对矩阵相似的概念会有一个新的认识.

矩阵相似是矩阵等价的特殊情况, 它当然也保持矩阵的秩不变. 此外, 它还具有类似矩阵等价的三条性质:

相似矩阵必等价.

(1) 自反性: 对任意方阵 $\boldsymbol{A}$, 有 $\boldsymbol{A}\overset{\boldsymbol{E}}{\sim}\boldsymbol{A}$;

(2) 对称性: 若 $\boldsymbol{A}\overset{\boldsymbol{C}}{\sim}\boldsymbol{B}$, 则 $\boldsymbol{B}\overset{\boldsymbol{C}^{-1}}{\sim}\boldsymbol{A}$;

(3) 传递性: 若 $\boldsymbol{A}\overset{\boldsymbol{C}_1}{\sim}\boldsymbol{B},\boldsymbol{B}\overset{\boldsymbol{C}_1\boldsymbol{C}_2}{\sim}\boldsymbol{C}$, 则 $\boldsymbol{A}\overset{\boldsymbol{C}_1\boldsymbol{C}_2}{\sim}\boldsymbol{C}$.

我们仅对 (3) 作出证明. 由假设条件, $\boldsymbol{C}_1^{-1}\boldsymbol{AC}_1=\boldsymbol{B}$, $\boldsymbol{C}_2^{-1}\boldsymbol{BC}_2=\boldsymbol{C}$. 故知 $(\boldsymbol{C}_1\boldsymbol{C}_2)^{-1}\boldsymbol{A}(\boldsymbol{C}_1\boldsymbol{C}_2)=\boldsymbol{C}_2^{-1}(\boldsymbol{C}_1^{-1}\boldsymbol{AC}_1)\boldsymbol{C}_2=\boldsymbol{C}_2^{-1}\boldsymbol{BC}_2=\boldsymbol{C}$ 即 $\boldsymbol{A}\overset{\boldsymbol{C}_1\boldsymbol{C}_2}{\sim}\boldsymbol{C}$. □

相似矩阵还具有下面的重要性质:

矩阵的行列式、迹都体现在特征多项式的系数中.

**注** 定理 5.2 的逆命题不成立, 即两个矩阵的特征多项式 (特征值) 相同, 这两个矩阵未必相似, 请读者自己举例说明 (可以参考习题 5.1 第 5 题的结论).

**定理 5.2** (1) 相似矩阵有相同的特征多项式, 当然也有相同的特征值 (重根按重数计算);

(2) 相似矩阵的行列式相等;

(3) 相似矩阵有相同的迹, 即两个相似矩阵的主对角线上元素之和相等.

**证明** 假设 $\boldsymbol{A}\overset{\boldsymbol{C}}{\sim}\boldsymbol{B}$, 则 $\boldsymbol{C}^{-1}\boldsymbol{AC}=\boldsymbol{B}$, 于是

$$\begin{aligned}(1)\ |\lambda\boldsymbol{E}-\boldsymbol{B}|&=|\lambda\boldsymbol{E}-\boldsymbol{C}^{-1}\boldsymbol{AC}|=|\boldsymbol{C}^{-1}(\lambda\boldsymbol{E}-\boldsymbol{A})\boldsymbol{C}|\\&=|\boldsymbol{C}^{-1}|\,|\lambda\boldsymbol{E}-\boldsymbol{A}|\,|\boldsymbol{C}|=|\lambda\boldsymbol{E}-\boldsymbol{A}|.\end{aligned}$$

即 $\boldsymbol{A},\boldsymbol{B}$ 的特征多项式相同, 从而 $\boldsymbol{A},\boldsymbol{B}$ 的特征值也相同.

(2)、(3) 可由 (1) 与定理 5.1 得出. □

我们知道, 对角矩阵是一种比较“简单”的矩阵, 因为它的幂可以很方便地计算. 那么是否任意一个方阵都能相似于一个对角矩阵呢? 答案是否定的. 下面的定理给出了一个方阵相似于对角矩阵的充要条件.

**定理 5.3** 数域 $P$ 上 $n$ 阶方阵 $\boldsymbol{A}$ 相似于对角矩阵的充要条件是 $\boldsymbol{A}$ 在数域 $P$ 上有 $n$ 个线性无关的特征向量.

**知识点讲解 5–3** 矩阵的对角化问题

**证明** 必要性. 设存在数域 $P$ 上可逆矩阵 $\boldsymbol{C}$, 使

$$\boldsymbol{C}^{-1}\boldsymbol{A}\boldsymbol{C}=\begin{bmatrix}\lambda_1 & & & \\ & \lambda_2 & & \\ & & \ddots & \\ & & & \lambda_n\end{bmatrix},\quad \text{则}\quad \boldsymbol{A}\boldsymbol{C}=\boldsymbol{C}\begin{bmatrix}\lambda_1 & & & \\ & \lambda_2 & & \\ & & \ddots & \\ & & & \lambda_n\end{bmatrix}.$$

把 $\boldsymbol{C}$ 按列分块, 得 $\boldsymbol{C}=(\boldsymbol{X}_1,\boldsymbol{X}_2,\cdots,\boldsymbol{X}_n)$. 于是

矩阵 $\boldsymbol{C}$ 的分块方式可以从乘积 $\boldsymbol{A}\boldsymbol{C}$ 和 $\boldsymbol{C}\,\mathrm{diag}(\lambda_1,\lambda_2,\cdots,\lambda_n)$ 运算得出.

$$\boldsymbol{A}(\boldsymbol{X}_1,\boldsymbol{X}_2,\cdots,\boldsymbol{X}_n)=(\boldsymbol{X}_1,\boldsymbol{X}_2,\cdots,\boldsymbol{X}_n)\begin{bmatrix}\lambda_1 & & & \\ & \lambda_2 & & \\ & & \ddots & \\ & & & \lambda_n\end{bmatrix},$$

即 $(\boldsymbol{A}\boldsymbol{X}_1,\boldsymbol{A}\boldsymbol{X}_2,\cdots,\boldsymbol{A}\boldsymbol{X}_n)=(\lambda_1\boldsymbol{X}_1,\lambda_2\boldsymbol{X}_2,\cdots,\lambda_n\boldsymbol{X}_n)$, 故 $\boldsymbol{A}\boldsymbol{X}_i=\lambda_i\boldsymbol{X}_i\ (i=1,2,\cdots,n)$. 因为 $\boldsymbol{C}$ 可逆, 所以 $\boldsymbol{C}$ 的列向量组 $\boldsymbol{X}_1,\boldsymbol{X}_2,\cdots,\boldsymbol{X}_n$ 线性无关. 注意 $\boldsymbol{X}_i\neq\boldsymbol{0}$, 所以 $\boldsymbol{X}_1,\boldsymbol{X}_2,\cdots,\boldsymbol{X}_n$ 就是矩阵 $\boldsymbol{A}$ 在数域 $P$ 上 $n$ 个线性无关的特征向量.

充分性. 设数域 $P$ 上 $n$ 阶矩阵 $\boldsymbol{A}$ 在数域 $P$ 上有 $n$ 个线性无关的特征向量 $\boldsymbol{X}_1,\boldsymbol{X}_2,\cdots,\boldsymbol{X}_n$, 它们对应的特征值分别为 $\lambda_1,\lambda_2,\cdots,\lambda_n\in P$.

令 $\boldsymbol{C}=(\boldsymbol{X}_1,\boldsymbol{X}_2,\cdots,\boldsymbol{X}_n)$, 则 $\boldsymbol{C}$ 为数域 $P$ 上的可逆矩阵, 且

$$\begin{aligned}\boldsymbol{C}^{-1}\boldsymbol{A}\boldsymbol{C}&=\boldsymbol{C}^{-1}\boldsymbol{A}(\boldsymbol{X}_1,\boldsymbol{X}_2,\cdots,\boldsymbol{X}_n)=\boldsymbol{C}^{-1}(\boldsymbol{A}\boldsymbol{X}_1,\boldsymbol{A}\boldsymbol{X}_2,\cdots,\boldsymbol{A}\boldsymbol{X}_n)\\&=\boldsymbol{C}^{-1}(\lambda_1\boldsymbol{X}_1,\lambda_2\boldsymbol{X}_2,\cdots,\lambda_n\boldsymbol{X}_n)\\&=\boldsymbol{C}^{-1}(\boldsymbol{X}_1,\boldsymbol{X}_2,\cdots,\boldsymbol{X}_n)\begin{bmatrix}\lambda_1 & & & \\ & \lambda_2 & & \\ & & \ddots & \\ & & & \lambda_n\end{bmatrix}=\begin{bmatrix}\lambda_1 & & & \\ & \lambda_2 & & \\ & & \ddots & \\ & & & \lambda_n\end{bmatrix}.\end{aligned}$$

□

定理 5.3 的证明过程告诉我们, 如果 $\boldsymbol{A}$ 与对角矩阵相似, 即 $\boldsymbol{A}$ 有 $n$ 个线性无关的特征向量 (列向量) $\boldsymbol{X}_1,\boldsymbol{X}_2,\cdots,\boldsymbol{X}_n$, 令 $\boldsymbol{C}=(\boldsymbol{X}_1,\boldsymbol{X}_2,\cdots,\boldsymbol{X}_n)$, 则 $\boldsymbol{C}^{-1}\boldsymbol{A}\boldsymbol{C}$ 就是对角矩阵, 且该对角矩阵主对角线上的 $n$ 个元素就是 $\boldsymbol{A}$ 的全部特征值 (重根按重数计算). 注意特征值的次序与前面特征向量 (列向量) 排列的次序是一致的.

下面定理表明: 属于不同特征值的特征向量是线性无关的.

**定理 5.4** 设 $\lambda_1,\lambda_2,\cdots,\lambda_s\in P$ 是矩阵 $\boldsymbol{A}$ 在 $P$ 中的 $s$ 个互异的特征值. 若对每个特征值 $\lambda_k$, $\boldsymbol{A}$ 有 $m_k$ 个线性无关的特征向量 $\boldsymbol{X}_{k1},\boldsymbol{X}_{k2},\cdots,\boldsymbol{X}_{km_k},k=1,2,\cdots,s$, 则向量组 $\boldsymbol{X}_{11},\boldsymbol{X}_{12},\cdots,\boldsymbol{X}_{1m_1},\boldsymbol{X}_{21},\boldsymbol{X}_{22},\cdots,\boldsymbol{X}_{2m_2},\cdots,\boldsymbol{X}_{s1},\boldsymbol{X}_{s2},\cdots,\boldsymbol{X}_{sm_s}$ 也线性无关.

**证明** 对 $s$ 用数学归纳法. 当 $s=1$ 时显然成立. 假设定理 5.4 对 $s-1$ 成立, 则

向量组 $\boldsymbol{X}_{11},\cdots,\boldsymbol{X}_{1m_1},\cdots,\boldsymbol{X}_{s-1,1},\cdots,\boldsymbol{X}_{s-1,m_{s-1}}$ 线性无关. 令

$$\sum_{i=1}^{s}\sum_{j=1}^{m_i}k_{ij}\boldsymbol{X}_{ij}=\mathbf{0},\quad 其中\ k_{ij}\in P, \tag{5}$$

则

$$\boldsymbol{A}\left(\sum_{i=1}^{s}\sum_{j=1}^{m_i}k_{ij}\boldsymbol{X}_{ij}\right)=\sum_{i=1}^{s}\sum_{j=1}^{m_i}k_{ij}\lambda_i\boldsymbol{X}_{ij}=\mathbf{0}.$$

又由 (5) 式知

$$\lambda_s\sum_{i=1}^{s}\sum_{j=1}^{m_i}k_{ij}\boldsymbol{X}_{ij}=\sum_{i=1}^{s}\sum_{j=1}^{m_i}k_{ij}\lambda_s\boldsymbol{X}_{ij}=\mathbf{0},$$

两式相减, 得

$$\sum_{i=1}^{s-1}\sum_{j=1}^{m_i}k_{ij}(\lambda_i-\lambda_s)\boldsymbol{X}_{ij}=\mathbf{0}.$$

由归纳假设, $\boldsymbol{X}_{11},\cdots,\boldsymbol{X}_{1m_1},\cdots,\boldsymbol{X}_{s-1,1},\cdots,\boldsymbol{X}_{s-1,m_{s-1}}$ 线性无关, 故得 $k_{ij}(\lambda_i-\lambda_s)=0,i=1,2,\cdots,s-1;j=1,2,\cdots,m_i$. 由于 $\lambda_i\neq\lambda_s$, 故 $k_{ij}=0,i=1,2,\cdots,s-1;j=1,2,\cdots,m_i$. 代入 (5) 式, 结合 $\boldsymbol{X}_{s1},\cdots,\boldsymbol{X}_{sm_s}$ 线性无关, 知 $k_{sj}=0,j=1,2,\cdots,m_s$. 故向量组 $\boldsymbol{X}_{11},\boldsymbol{X}_{12},\cdots,\boldsymbol{X}_{1m_1},\boldsymbol{X}_{21},\boldsymbol{X}_{22},\cdots,\boldsymbol{X}_{2m_2},\cdots,\boldsymbol{X}_{s1},\boldsymbol{X}_{s2},\cdots,\boldsymbol{X}_{sm_s}$ 线性无关. 这就证明了定理对 $s$ 也成立. □

设数域 $P$ 上 $n$ 阶矩阵有特征值 $\lambda\in P$, 相应的特征子空间记为 $V_\lambda$, 我们称 $V_\lambda$ 的维数 $\dim V_\lambda$ 为 $\boldsymbol{A}$ 的特征值 $\lambda$ 在 $P$ 上的**几何重数**, 称特征值 (根) 作为 $\boldsymbol{A}$ 的特征多项式的根的重数为 $\boldsymbol{A}$ 的特征值 $\lambda$ 在 $P$ 上的**代数重数**. 实际上, 几何重数 $\dim V_\lambda=n-r(\lambda\boldsymbol{E}-\boldsymbol{A})$. 一般地, 对 $\boldsymbol{A}$ 的任意一个特征值 $\lambda$, 它的几何重数不超过代数重数. 我们不加证明地给出

**定理 5.5** 设 $\boldsymbol{A}$ 为数域 $P$ 上的 $n$ 阶矩阵, 则存在 $P$ 上可逆矩阵 $\boldsymbol{C}$, 使 $\boldsymbol{C}^{-1}\boldsymbol{A}\boldsymbol{C}$ 为对角矩阵的充要条件是下列各式都成立:

知识拓展 5–3 几何重数不超过代数重数的证明

(1) $\boldsymbol{A}$ 在 $P$ 上有 $n$ 个特征根 (重根按重数计算);

(2) 对于 $\boldsymbol{A}$ 在 $P$ 上的每个特征根 $\lambda$, 其代数重数都等于几何重数.

**例 1** 设 $\boldsymbol{A}=\begin{bmatrix}1&2&2\\2&1&2\\2&2&1\end{bmatrix}$, 求可逆矩阵 $\boldsymbol{C}$, 使 $\boldsymbol{C}^{-1}\boldsymbol{A}\boldsymbol{C}$ 为对角矩阵.

知识点讲解 5–4 矩阵的对角化举例

**解**

$$|\lambda\boldsymbol{E}-\boldsymbol{A}|=\begin{vmatrix}\lambda-1&-2&-2\\-2&\lambda-1&-2\\-2&-2&\lambda-1\end{vmatrix}\xlongequal[\text{①+③}]{\text{①+②}}\begin{vmatrix}\lambda-5&\lambda-5&\lambda-5\\-2&\lambda-1&-2\\-2&-2&\lambda-1\end{vmatrix}$$

$$=(\lambda-5)\begin{vmatrix}1&1&1\\-2&\lambda-1&-2\\-2&-2&\lambda-1\end{vmatrix}$$

$$\xlongequal[\text{③}+\text{①}\times 2]{\text{②}+\text{①}\times 2}(\lambda-5)\begin{vmatrix}1 & 1 & 1\\ 0 & \lambda+1 & 0\\ 0 & 0 & \lambda+1\end{vmatrix}$$

$$=(\lambda-5)(\lambda+1)^2,$$

所以 $\boldsymbol{A}$ 在任意数域 $P$ 上有特征值 $\lambda_1=5,\lambda_2=\lambda_3=-1$.

对 $\lambda_1=5$, 代入 $(\lambda\boldsymbol{E}-\boldsymbol{A})\boldsymbol{X}=\mathbf{0}$, 得

$$\begin{bmatrix}4 & -2 & -2\\ -2 & 4 & -2\\ -2 & -2 & 4\end{bmatrix}\begin{bmatrix}x_1\\ x_2\\ x_3\end{bmatrix}=\begin{bmatrix}0\\ 0\\ 0\end{bmatrix},$$

求得属于 $\lambda_1=5$ 的一个线性无关的特征向量 $\begin{bmatrix}1\\ 1\\ 1\end{bmatrix}$.

对 $\lambda_2=\lambda_3=-1$, 代入 $(\lambda\boldsymbol{E}-\boldsymbol{A})\boldsymbol{X}=\mathbf{0}$, 得

$$\begin{bmatrix}-2 & -2 & -2\\ -2 & -2 & -2\\ -2 & -2 & -2\end{bmatrix}\begin{bmatrix}x_1\\ x_2\\ x_3\end{bmatrix}=\begin{bmatrix}0\\ 0\\ 0\end{bmatrix},$$

求得属于 $\lambda_2=\lambda_3=-1$ 的两个线性无关的特征向量 $\begin{bmatrix}1\\ -1\\ 0\end{bmatrix},\begin{bmatrix}1\\ 0\\ -1\end{bmatrix}$.

由定理 5.4 知 $\begin{bmatrix}1\\ 1\\ 1\end{bmatrix},\begin{bmatrix}1\\ -1\\ 0\end{bmatrix},\begin{bmatrix}1\\ 0\\ -1\end{bmatrix}$ 线性无关. 令 $\boldsymbol{C}=\begin{bmatrix}1 & 1 & 1\\ 1 & -1 & 0\\ 1 & 0 & -1\end{bmatrix}$, 则 $\boldsymbol{C}$ 可逆, 且

$$\boldsymbol{C}^{-1}\boldsymbol{A}\boldsymbol{C}=\begin{bmatrix}5 & & \\ & -1 & \\ & & -1\end{bmatrix}.$$

□

注意, 可逆矩阵 $\boldsymbol{C}$ 的列向量组都是矩阵 $\boldsymbol{A}$ 的特征向量, 并且对角矩阵主对角线上元素 (特征值) 排列顺序与特征向量的排列顺序一致.

**例 2** 设 $\boldsymbol{A}=\begin{bmatrix}3 & 1 & 0\\ -4 & -1 & 0\\ 4 & -8 & -2\end{bmatrix}$, 则 $\boldsymbol{A}$ 不与对角矩阵相似.

**证明** $|\lambda\boldsymbol{E}-\boldsymbol{A}|=\begin{vmatrix}\lambda-3 & -1 & 0\\ 4 & \lambda+1 & 0\\ -4 & 8 & \lambda+2\end{vmatrix}=(\lambda+2)(\lambda-1)^2$. $\boldsymbol{A}$ 在任意数域 $P$ 上的特征值为 $\lambda_1=-2,\lambda_2=\lambda_3=1$.

对 $\lambda_1=-2$, 代入 $(\lambda\boldsymbol{E}-\boldsymbol{A})\boldsymbol{X}=\mathbf{0}$, 得

$$\begin{bmatrix}-5 & -1 & 0\\ 4 & -1 & 0\\ -4 & 8 & 0\end{bmatrix}\begin{bmatrix}x_1\\ x_2\\ x_3\end{bmatrix}=\begin{bmatrix}0\\ 0\\ 0\end{bmatrix}.$$

所以 $\boldsymbol{A}$ 在任意数域 $P$ 上属于 $\lambda_1=-2$ 的一个线性无关的特征向量为 $\begin{bmatrix}0\\0\\1\end{bmatrix}$.

对 $\lambda_2=\lambda_3=1$, 代入 $(\lambda\boldsymbol{E}-\boldsymbol{A})\boldsymbol{X}=\boldsymbol{0}$, 得

$$\begin{bmatrix}-2&-1&0\\4&2&0\\-4&8&3\end{bmatrix}\begin{bmatrix}x_1\\x_2\\x_3\end{bmatrix}=\begin{bmatrix}0\\0\\0\end{bmatrix}.$$

所以 $\boldsymbol{A}$ 在任意数域 $P$ 上只有一个属于 $\lambda_2=\lambda_3=1$ 线性无关的特征向量 $\begin{bmatrix}3\\-6\\20\end{bmatrix}$.

因为 $\boldsymbol{A}$ 在任意数域 $P$ 上没有三个线性无关的特征向量, 所以 $\boldsymbol{A}$ 不与对角矩阵相似. □

利用定理 5.3 和定理 5.4, 不难得到下列关于矩阵对角化 (即相似于对角矩阵) 的充分条件.

这两个推论的逆命题不成立, 请读者举例说明.

**推论 1** 若数域 $P$ 上的 $n$ 阶矩阵 $\boldsymbol{A}$ 在 $P$ 上有 $n$ 个互异的特征值, 则存在数域 $P$ 上的可逆矩阵 $\boldsymbol{C}$, 使 $\boldsymbol{C}^{-1}\boldsymbol{A}\boldsymbol{C}$ 为对角矩阵.

**推论 2** 若 $n$ 阶复矩阵 $\boldsymbol{A}$ 的特征多项式没有重根, 则 $\boldsymbol{A}$ 在复数域上与对角矩阵相似.

## 习题 5.2

1. 若 $\boldsymbol{A},\boldsymbol{B}$ 均为数域 $P$ 上的 $n$ 阶矩阵, $\boldsymbol{A}$ 与 $\boldsymbol{B}$ 在数域 $P$ 上相似, 且 $\boldsymbol{A},\boldsymbol{B}$ 都可逆, 则 $\boldsymbol{A}^{\mathrm{T}}$ 与 $\boldsymbol{B}^{\mathrm{T}}$ 在数域 $P$ 上相似, $\boldsymbol{A}^{-1}$ 与 $\boldsymbol{B}^{-1}$ 也在数域 $P$ 上相似.

2. (1) 若 $\lambda_1,\lambda_2\in P$ 是 $n$ 阶矩阵 $\boldsymbol{A}$ 在 $P$ 上两个不同的特征值, 它们相应的特征向量分别为 $\boldsymbol{X}_1,\boldsymbol{X}_2$, 那么 $\boldsymbol{X}_1+\boldsymbol{X}_2$ 一定不是 $\boldsymbol{A}$ 在数域 $P$ 上的特征向量;

(2) 若 $P^n$ 中的任意非零向量都是数域 $P$ 上 $n$ 阶矩阵 $\boldsymbol{A}$ 的特征向量, 则 $\boldsymbol{A}$ 必为数量矩阵.

3. 设 $\boldsymbol{A},\boldsymbol{B}$ 为数域 $P$ 上的 $m$ 阶方阵, 而 $\boldsymbol{C},\boldsymbol{D}$ 为数域 $P$ 上的 $n$ 阶方阵, 且 $\boldsymbol{A}\sim\boldsymbol{B},\boldsymbol{C}\sim\boldsymbol{D}$, 证明: 分块矩阵 $\begin{bmatrix}\boldsymbol{A}&\boldsymbol{O}\\\boldsymbol{O}&\boldsymbol{C}\end{bmatrix}\sim\begin{bmatrix}\boldsymbol{B}&\boldsymbol{O}\\\boldsymbol{O}&\boldsymbol{D}\end{bmatrix}$.

4. 若 $\boldsymbol{A},\boldsymbol{B}$ 都是数域 $P$ 上的 $n$ 阶矩阵, 且 $\boldsymbol{A}$ 可逆, 证明: $\boldsymbol{AB}$ 与 $\boldsymbol{BA}$ 在数域 $P$ 上相似, 从而 $\boldsymbol{AB},\boldsymbol{BA}$ 的特征多项式相同.

*5. 设 $\boldsymbol{A},\boldsymbol{B}$ 均为实数域 $\mathbf{R}$ 上的任意 $n$ 阶矩阵, 证明:

(1) $\lim\limits_{\varepsilon\to 0}|\boldsymbol{A}+\varepsilon\boldsymbol{B}|=|\boldsymbol{A}|$;

(2) $\boldsymbol{AB},\boldsymbol{BA}$ 的特征多项式相同.

6. 举例说明定理 5.2 的逆命题不成立.

7. 证明推论 1 和推论 2, 并举例说明它们的逆命题都不成立.

8. 求下列复矩阵的特征值、特征向量, 并判断它们能否在复数域上与对角矩阵相似, 说明理由.

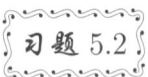

(1) $\begin{bmatrix} 3 & 4 \\ 5 & 2 \end{bmatrix}$;　　(2) $\begin{bmatrix} 0 & a \\ -a & 0 \end{bmatrix}$;

(3) $\begin{bmatrix} 0 & 0 & 1 \\ 0 & 1 & 0 \\ 1 & 0 & 0 \end{bmatrix}$;　　(4) $\begin{bmatrix} -1 & 1 & 0 \\ -4 & 3 & 0 \\ 1 & 0 & 2 \end{bmatrix}$;

(5) $\begin{bmatrix} 1 & 2 & 3 \\ 2 & 4 & 6 \\ 3 & 6 & 9 \end{bmatrix}$;　　(6) $\begin{bmatrix} 1 & 1 & 1 & 1 \\ 1 & 1 & 1 & 1 \\ 1 & 1 & 1 & 1 \\ 1 & 1 & 1 & 1 \end{bmatrix}$.

9. (1) 设 $\boldsymbol{A}$ 为数域 $P$ 上的 $n$ 阶矩阵, 数 $a$ 为 $\boldsymbol{A}$ 的 $n$ 重特征值. 如果 $\boldsymbol{A}$ 在数域 $P$ 上相似于对角矩阵, 证明: $\boldsymbol{A} = a\boldsymbol{E}$ 为数量矩阵.

(2) 证明: 任意非零幂零矩阵都不相似于对角矩阵.

10. 如果复矩阵 $\boldsymbol{A} = \begin{bmatrix} 2 & 1 & 1 \\ 1 & x & 1 \\ 1 & 1 & 0 \end{bmatrix}$ 与 $\boldsymbol{B} = \begin{bmatrix} 1 & & \\ & y & \\ & & z \end{bmatrix}$ 相似, 求复数 $x, y, z$ 的值.

11. 设 $\boldsymbol{A} = \begin{bmatrix} 0 & 1 & -1 \\ 1 & 0 & 1 \\ -1 & 1 & 0 \end{bmatrix}$.

(1) 求可逆矩阵 $\boldsymbol{C}$, 使 $\boldsymbol{C}^{-1}\boldsymbol{AC}$ 为对角矩阵;

(2) 求 $\boldsymbol{A}^n$, $n$ 为自然数.

## §5.3 实对称矩阵的相似标准形

除特别声明外, 本节总在实数域 $\mathbf{R}$ 上讨论.

我们知道, $n$ 维欧氏空间 $\mathbf{R}^n$ 是在 $n$ 维向量空间 $\mathbf{R}^n$ 中引入内积得到的, 它是几何空间 $\mathbf{R}^2, \mathbf{R}^3$ 的推广. 在 $n$ 维欧氏空间 $\mathbf{R}^n$ 中, 我们可以引入向量的正交、长度、夹角等概念, 这给我们处理问题带来许多方便. 本节就利用欧氏空间 $\mathbf{R}^n$ 研究实对称矩阵的相似标准形等问题.

**定义 5.4** 设 $\boldsymbol{\alpha}_1, \boldsymbol{\alpha}_2, \cdots, \boldsymbol{\alpha}_m$ 都是 $n$ 维欧氏空间 $\mathbf{R}^n$ 中的非零向量, 如果它们两两正交, 那么称 $\boldsymbol{\alpha}_1, \boldsymbol{\alpha}_2, \cdots, \boldsymbol{\alpha}_m$ 为一个**正交向量组**, 并规定由一个非零向量所组成的向量组是正交的. 特别, 如果 $\{\boldsymbol{\alpha}_1, \boldsymbol{\alpha}_2, \cdots, \boldsymbol{\alpha}_n\}$ 是 $\mathbf{R}^n$ 的一个基, 且为正交向量组, 那么称 $\{\boldsymbol{\alpha}_1, \boldsymbol{\alpha}_2, \cdots, \boldsymbol{\alpha}_n\}$ 为 $\mathbf{R}^n$ 的一个**正交基**. 又如果 $\{\boldsymbol{\alpha}_1, \boldsymbol{\alpha}_2, \cdots, \boldsymbol{\alpha}_n\}$ 是一个正交基, 且每个 $\boldsymbol{\alpha}_i$ 都是单位向量, 那么称 $\{\boldsymbol{\alpha}_1, \boldsymbol{\alpha}_2, \cdots, \boldsymbol{\alpha}_n\}$ 是 $\mathbf{R}^n$ 的一个**标准正交基** (或**规范正交基**).

**知识点讲解 5–5**
正交向量组、标准正交基

**例 1** $\mathbf{R}^n$ 中基本向量组 $\boldsymbol{\varepsilon}_1 = (1, 0, \cdots, 0), \boldsymbol{\varepsilon}_2 = (0, 1, \cdots, 0), \cdots, \boldsymbol{\varepsilon}_n = (0, 0, \cdots, 1)$ 是 $\mathbf{R}^n$ 的一个标准正交基.

正交向量组有下列重要性质:

**定理 5.6** 正交向量组必是线性无关的.

**证明** 设 $\boldsymbol{\alpha}_1, \boldsymbol{\alpha}_2, \cdots, \boldsymbol{\alpha}_m$ 为一个正交向量组. 令 $k_1\boldsymbol{\alpha}_1 + k_2\boldsymbol{\alpha}_2 + \cdots + k_m\boldsymbol{\alpha}_m = \boldsymbol{0}$, 其中 $k_i$ 为实数. 两边用 $\boldsymbol{\alpha}_i$ 作内积, $i = 1, 2, \cdots, m$, 得 $k_i(\boldsymbol{\alpha}_i, \boldsymbol{\alpha}_i) = 0$. 由于 $\boldsymbol{\alpha}_i \neq \boldsymbol{0} (i =$

$1,2,\cdots,m)$, 故 $(\boldsymbol{\alpha}_i,\boldsymbol{\alpha}_i)\neq 0$, 从而 $k_i=0, i=1,2,\cdots,m$. 所以 $\boldsymbol{\alpha}_1,\boldsymbol{\alpha}_2,\cdots,\boldsymbol{\alpha}_m$ 是线性无关的. □

**定义 5.5** 设 $\boldsymbol{A}$ 为 $n$ 阶实矩阵, 如果 $\boldsymbol{A}$ 满足

$$\boldsymbol{A}^{\mathrm{T}}\boldsymbol{A}=\boldsymbol{E},$$

那么称 $\boldsymbol{A}$ 为正交矩阵.

知识点讲解 5–6
正交矩阵

例如, 单位矩阵 $\boldsymbol{E}$ 是正交矩阵; 平面解析几何中直角坐标变换公式

$$\begin{bmatrix} x \\ y \end{bmatrix}=\begin{bmatrix} \cos\theta & -\sin\theta \\ \sin\theta & \cos\theta \end{bmatrix}\begin{bmatrix} x' \\ y' \end{bmatrix}$$

对应的矩阵 $\begin{bmatrix} \cos\theta & -\sin\theta \\ \sin\theta & \cos\theta \end{bmatrix}$ 也是正交矩阵.

**定理 5.7** $n$ 阶实矩阵 $\boldsymbol{A}$ 是正交矩阵的充要条件是它的列 (行) 向量组是 $n$ 维欧氏空间 $\mathbf{R}^n$ 的一个单位正交向量组.

由定理 5.7 不难看出: $n$ 阶实矩阵 $\boldsymbol{A}$ 为正交矩阵的充要条件是 $\boldsymbol{A}$ 的列 (行) 向量组构成 $n$ 维欧氏空间 $\mathbf{R}^n$ 的一个标准正交基.

**证明** 设 $\boldsymbol{A}=[\boldsymbol{\alpha}_1,\boldsymbol{\alpha}_2,\cdots,\boldsymbol{\alpha}_n]$, 其中 $\boldsymbol{\alpha}_1,\boldsymbol{\alpha}_2,\cdots,\boldsymbol{\alpha}_n$ 为 $\boldsymbol{A}$ 的列向量组, 则

$$\begin{bmatrix} \boldsymbol{\alpha}_1^{\mathrm{T}} \\ \boldsymbol{\alpha}_2^{\mathrm{T}} \\ \vdots \\ \boldsymbol{\alpha}_n^{\mathrm{T}} \end{bmatrix}[\boldsymbol{\alpha}_1,\boldsymbol{\alpha}_2,\cdots,\boldsymbol{\alpha}_n]=\begin{bmatrix} \boldsymbol{\alpha}_1^{\mathrm{T}}\boldsymbol{\alpha}_1 & \boldsymbol{\alpha}_1^{\mathrm{T}}\boldsymbol{\alpha}_2 & \cdots & \boldsymbol{\alpha}_1^{\mathrm{T}}\boldsymbol{\alpha}_n \\ \boldsymbol{\alpha}_2^{\mathrm{T}}\boldsymbol{\alpha}_1 & \boldsymbol{\alpha}_2^{\mathrm{T}}\boldsymbol{\alpha}_2 & \cdots & \boldsymbol{\alpha}_2^{\mathrm{T}}\boldsymbol{\alpha}_n \\ \vdots & \vdots & & \vdots \\ \boldsymbol{\alpha}_n^{\mathrm{T}}\boldsymbol{\alpha}_1 & \boldsymbol{\alpha}_n^{\mathrm{T}}\boldsymbol{\alpha}_2 & \cdots & \boldsymbol{\alpha}_n^{\mathrm{T}}\boldsymbol{\alpha}_n \end{bmatrix}.$$

依定义, $\boldsymbol{A}$ 为正交矩阵等价于 $\boldsymbol{\alpha}_i^{\mathrm{T}}\boldsymbol{\alpha}_j=\delta_{ij}$, 其中 $1\leqslant i,j\leqslant n$. 即 $(\boldsymbol{\alpha}_i,\boldsymbol{\alpha}_j)=\delta_{ij}$, 也就是 $\boldsymbol{\alpha}_1,\boldsymbol{\alpha}_2,\cdots,\boldsymbol{\alpha}_n$ 为单位正交向量组.

行向量组的情况请读者自己完成. □

我们在处理一些问题过程中, 常常要用到正交向量组或单位正交向量组. 下面的所谓施密特 (Schmidt) 正交化方法, 就是把一个线性无关向量组改造成与其等价的正交向量组的方法.

知识点讲解 5–7
施密特正交化

设 $\boldsymbol{\alpha}_1,\boldsymbol{\alpha}_2,\cdots,\boldsymbol{\alpha}_m$ 为线性无关的向量组, 令

$$\boldsymbol{\beta}_1=\boldsymbol{\alpha}_1,$$

$$\boldsymbol{\beta}_2=\boldsymbol{\alpha}_2-\frac{(\boldsymbol{\alpha}_2,\boldsymbol{\beta}_1)}{(\boldsymbol{\beta}_1,\boldsymbol{\beta}_1)}\boldsymbol{\beta}_1,$$

$$\boldsymbol{\beta}_3=\boldsymbol{\alpha}_3-\frac{(\boldsymbol{\alpha}_3,\boldsymbol{\beta}_1)}{(\boldsymbol{\beta}_1,\boldsymbol{\beta}_1)}\boldsymbol{\beta}_1-\frac{(\boldsymbol{\alpha}_3,\boldsymbol{\beta}_2)}{(\boldsymbol{\beta}_2,\boldsymbol{\beta}_2)}\boldsymbol{\beta}_2,$$

$$\cdots$$

$$\boldsymbol{\beta}_m=\boldsymbol{\alpha}_m-\frac{(\boldsymbol{\alpha}_m,\boldsymbol{\beta}_1)}{(\boldsymbol{\beta}_1,\boldsymbol{\beta}_1)}\boldsymbol{\beta}_1-\frac{(\boldsymbol{\alpha}_m,\boldsymbol{\beta}_2)}{(\boldsymbol{\beta}_2,\boldsymbol{\beta}_2)}\boldsymbol{\beta}_2-\cdots-\frac{(\boldsymbol{\alpha}_m,\boldsymbol{\beta}_{m-1})}{(\boldsymbol{\beta}_{m-1},\boldsymbol{\beta}_{m-1})}\boldsymbol{\beta}_{m-1},$$

则 $\boldsymbol{\beta}_1,\boldsymbol{\beta}_2,\cdots,\boldsymbol{\beta}_m$ 是与 $\boldsymbol{\alpha}_1,\boldsymbol{\alpha}_2,\cdots,\boldsymbol{\alpha}_m$ 等价的正交向量组, 再单位化即得单位正交向量组

$$\boldsymbol{\gamma}_1=\frac{\boldsymbol{\beta}_1}{|\boldsymbol{\beta}_1|},$$

$$\boldsymbol{\gamma}_2 = \frac{\boldsymbol{\beta}_2}{|\boldsymbol{\beta}_2|},$$

$$\cdots$$

$$\boldsymbol{\gamma}_m = \frac{\boldsymbol{\beta}_m}{|\boldsymbol{\beta}_m|}.$$

事实上, 显然 $\boldsymbol{\beta}_1,\boldsymbol{\beta}_2,\cdots,\boldsymbol{\beta}_m$ 与 $\boldsymbol{\alpha}_1,\boldsymbol{\alpha}_2,\cdots,\boldsymbol{\alpha}_m$ 等价, 故两个向量组秩相等 (都是 $m$), 从而 $\boldsymbol{\beta}_1,\boldsymbol{\beta}_2,\cdots,\boldsymbol{\beta}_m$ 也线性无关. 特别, $\boldsymbol{\beta}_i\neq\boldsymbol{0}(i=1,2,\cdots,m)$. 直接用数学归纳法可知 $\boldsymbol{\beta}_1,\boldsymbol{\beta}_2,\cdots,\boldsymbol{\beta}_m$ 两两正交, 请读者自己完成.

实际上, 上述正交化方法是从非零向量 $\boldsymbol{\alpha}_1$ 出发, 令 $\boldsymbol{\beta}_1=\boldsymbol{\alpha}_1$. 再由 $\boldsymbol{\alpha}_1,\boldsymbol{\beta}_1$ 出发找 $\boldsymbol{\beta}_2$, 使 $(\boldsymbol{\beta}_1,\boldsymbol{\beta}_2)=0$. 令 $\boldsymbol{\beta}_2=\boldsymbol{\alpha}_2+k\boldsymbol{\alpha}_1$, 则由 $(\boldsymbol{\beta}_1,\boldsymbol{\beta}_2)=0$, 可知 $k=-\dfrac{(\boldsymbol{\alpha}_2,\boldsymbol{\beta}_1)}{(\boldsymbol{\beta}_1,\boldsymbol{\beta}_1)}$, 故 $\boldsymbol{\beta}_2=\boldsymbol{\alpha}_2-\dfrac{(\boldsymbol{\alpha}_2,\boldsymbol{\beta}_1)}{(\boldsymbol{\beta}_1,\boldsymbol{\beta}_1)}\boldsymbol{\beta}_1$. 再由 $\boldsymbol{\beta}_1,\boldsymbol{\beta}_2,\boldsymbol{\alpha}_3$ 出发找 $\boldsymbol{\beta}_3$, 使 $(\boldsymbol{\beta}_1,\boldsymbol{\beta}_3)=(\boldsymbol{\beta}_2,\boldsymbol{\beta}_3)=0$. 令 $\boldsymbol{\beta}_3=\boldsymbol{\alpha}_3+k_1\boldsymbol{\beta}_1+k_2\boldsymbol{\beta}_2$, 由 $(\boldsymbol{\beta}_1,\boldsymbol{\beta}_3)=(\boldsymbol{\beta}_2,\boldsymbol{\beta}_3)=(\boldsymbol{\beta}_1,\boldsymbol{\beta}_2)=0$ 得 $k_1=-\dfrac{(\boldsymbol{\alpha}_3,\boldsymbol{\beta}_1)}{(\boldsymbol{\beta}_1,\boldsymbol{\beta}_1)}\boldsymbol{\beta}_1$, $k_2=-\dfrac{(\boldsymbol{\alpha}_3,\boldsymbol{\beta}_2)}{(\boldsymbol{\beta}_2,\boldsymbol{\beta}_2)}\boldsymbol{\beta}_2$. 如此下去, 后面逐个求得的每个向量 $\boldsymbol{\beta}_i$ 和前面的正交向量组 $\boldsymbol{\beta}_1,\boldsymbol{\beta}_2,\cdots,\boldsymbol{\beta}_{i-1}$ 中的每个向量都正交.

向量 $\boldsymbol{\alpha}$ 在向量 $\boldsymbol{\beta}$ 上的投影向量为 $\dfrac{(\boldsymbol{\alpha},\boldsymbol{\beta})}{(\boldsymbol{\beta},\boldsymbol{\beta})}\boldsymbol{\beta}$. 读者可以从几何上理解 $\boldsymbol{\beta}_1,\boldsymbol{\beta}_2,\cdots,\boldsymbol{\beta}_n$ 之间的两两正交性.

**例 2** 把向量组 $\boldsymbol{\alpha}_1=(0,1,1),\boldsymbol{\alpha}_2=(1,0,1),\boldsymbol{\alpha}_3=(1,1,0)$ 化为单位正交向量组.

**解** 先正交化. 取

$$\begin{aligned}
\boldsymbol{\beta}_1 &= \boldsymbol{\alpha}_1=(0,1,1),\\
\boldsymbol{\beta}_2 &= \boldsymbol{\alpha}_2-\frac{(\boldsymbol{\alpha}_2,\boldsymbol{\beta}_1)}{(\boldsymbol{\beta}_1,\boldsymbol{\beta}_1)}\boldsymbol{\beta}_1=\boldsymbol{\alpha}_2-\frac{1}{2}\boldsymbol{\beta}_1=\left(1,-\frac{1}{2},\frac{1}{2}\right),\\
\boldsymbol{\beta}_3 &= \boldsymbol{\alpha}_3-\frac{(\boldsymbol{\alpha}_3,\boldsymbol{\beta}_1)}{(\boldsymbol{\beta}_1,\boldsymbol{\beta}_1)}\boldsymbol{\beta}_1-\frac{(\boldsymbol{\alpha}_3,\boldsymbol{\beta}_2)}{(\boldsymbol{\beta}_2,\boldsymbol{\beta}_2)}\boldsymbol{\beta}_2\\
&= \boldsymbol{\alpha}_3-\frac{1}{2}\boldsymbol{\beta}_1-\frac{1}{3}\boldsymbol{\beta}_2=\left(\frac{2}{3},\frac{2}{3},-\frac{2}{3}\right).
\end{aligned}$$

再单位化得

$$\begin{aligned}
\boldsymbol{\gamma}_1 &= \frac{\boldsymbol{\beta}_1}{|\boldsymbol{\beta}_1|}-\left(0,\frac{\sqrt{2}}{2},\frac{\sqrt{2}}{2}\right),\\
\boldsymbol{\gamma}_2 &= \frac{\boldsymbol{\beta}_2}{|\boldsymbol{\beta}_2|}=\left(\frac{\sqrt{6}}{3},-\frac{\sqrt{6}}{6},\frac{\sqrt{6}}{6}\right),\\
\boldsymbol{\gamma}_3 &= \frac{\boldsymbol{\beta}_3}{|\boldsymbol{\beta}_3|}=\left(\frac{\sqrt{3}}{3},\frac{\sqrt{3}}{3},-\frac{\sqrt{3}}{3}\right),
\end{aligned}$$

则 $\boldsymbol{\gamma}_1,\boldsymbol{\gamma}_2,\boldsymbol{\gamma}_3$ 就是一个单位正交向量组. □

为了研究实对称矩阵的特征值、特征向量的性质, 我们需要在复 $n$ 维列向量空间 $\mathbf{C}^n$ 中引入内积. 对 $\boldsymbol{Y}\in\mathbf{C}^n$, 我们用 $\overline{\boldsymbol{Y}}$ 表示 $\boldsymbol{Y}$ 中每个分量都取共轭得到的向量 (称为 $\boldsymbol{Y}$ 的共轭向量). 考虑如下二元函数

$$(\boldsymbol{X},\boldsymbol{Y})=\boldsymbol{X}^{\mathrm{T}}\overline{\boldsymbol{Y}}=\overline{\boldsymbol{Y}}^{\mathrm{T}}\boldsymbol{X},\ \boldsymbol{X},\boldsymbol{Y}\in\mathbf{C}^n.$$

利用矩阵的运算法则, 不难证明二元函数 $(\cdot,\cdot)$ 满足:

(1) $(\boldsymbol{X},\boldsymbol{Y})=\overline{(\boldsymbol{Y},\boldsymbol{X})}$ ($(\boldsymbol{Y},\boldsymbol{X})$ 的共轭复数), $\boldsymbol{X},\boldsymbol{Y}\in\mathbf{C}^n$;

(2) $(\boldsymbol{X}_1+\boldsymbol{X}_2,\boldsymbol{Y})=(\boldsymbol{X}_1,\boldsymbol{Y})+(\boldsymbol{X}_2,\boldsymbol{Y})$, $(\boldsymbol{X},\boldsymbol{Y}_1+\boldsymbol{Y}_2)=(\boldsymbol{X},\boldsymbol{Y}_1)+(\boldsymbol{X},\boldsymbol{Y}_2)$, 其中 $\boldsymbol{X}_1,\boldsymbol{X}_2,\boldsymbol{Y}_1,\boldsymbol{Y}_2,\boldsymbol{X},\boldsymbol{Y}\in\mathbf{C}^n$;

(3) $(\lambda\boldsymbol{X},\boldsymbol{Y})=\lambda(\boldsymbol{X},\boldsymbol{Y}),(\boldsymbol{X},\lambda\boldsymbol{Y})=\overline{\lambda}(\boldsymbol{X},\boldsymbol{Y})$, 其中 $\lambda\in\mathbf{C},\boldsymbol{X},\boldsymbol{Y}\in\mathbf{C}^n$;

(4) 对任意 $\boldsymbol{X}\in\mathbf{C}^n,(\boldsymbol{X},\boldsymbol{X})$ 为非负实数, 且 $(\boldsymbol{X},\boldsymbol{X})=0$ 当且仅当 $\boldsymbol{X}=\mathbf{0}$.

**知识点讲解 5–8**
酉空间

我们把上述二元函数称为 $\mathbf{C}^n$ 中向量的内积, 又称复 $n$ 维列向量空间 $\mathbf{C}^n$ 连同上述内积为一个酉空间. 如果把 $\mathbf{C}^n$ 中的内积限制在实 $n$ 维列向量空间 $\mathbf{R}^n$ 上, 那么不难看出这与 $n$ 维欧氏空间 (看成列向量空间) 中的内积是一致的. 因此上述二元函数 (即 $\mathbf{C}^n$ 中的内积) 可看成是欧氏空间 $\mathbf{R}^n$ 中通常定义的内积的推广.

可以证明, 对任意 $\boldsymbol{X},\boldsymbol{Y}\in\mathbf{C}^n$, $n$ 阶实矩阵 $\boldsymbol{A}$, 有

(1) $(\boldsymbol{A}\boldsymbol{X},\boldsymbol{Y})=(\boldsymbol{X},\boldsymbol{A}^{\mathrm{T}}\boldsymbol{Y})$. 特别, 若 $\boldsymbol{A}$ 为实对称矩阵, 有 $(\boldsymbol{A}\boldsymbol{X},\boldsymbol{Y})=(\boldsymbol{X},\boldsymbol{A}\boldsymbol{Y})$;

(2) 若 $\boldsymbol{A}$ 为正交矩阵, 则 $(\boldsymbol{A}\boldsymbol{X},\boldsymbol{A}\boldsymbol{Y})=(\boldsymbol{X},\boldsymbol{Y})$.

证明留作习题.

我们知道, $n$ 阶实矩阵的特征多项式为 $n$ 次实系数多项式, 其根未必是实数. 而对于实对称矩阵, 我们有

**知识点讲解 5–9**
实对称矩阵的特征值和特征向量的性质

**引理 1**　实对称矩阵 $\boldsymbol{A}$ 的复特征值必为实数, 并且对于它的每一个实特征值, $\boldsymbol{A}$ 都有实特征向量.

**证明**　设 $\lambda$ 为实对称矩阵 $\boldsymbol{A}$ 的任意一个复特征值, $\boldsymbol{X}$ 为 $\boldsymbol{A}$ 对应于 $\lambda$ 的复特征向量, 则 $\boldsymbol{A}\boldsymbol{X}=\lambda\boldsymbol{X},\boldsymbol{X}\neq\mathbf{0}$. 因为 $\boldsymbol{A}$ 为实对称矩阵, 所以 $(\boldsymbol{A}\boldsymbol{X},\boldsymbol{X})=(\boldsymbol{X},\boldsymbol{A}\boldsymbol{X})$. 于是 $(\lambda\boldsymbol{X},\boldsymbol{X})=(\boldsymbol{X},\lambda\boldsymbol{X})$, 即 $\lambda(\boldsymbol{X},\boldsymbol{X})=\overline{\lambda}(\boldsymbol{X},\boldsymbol{X})$. 由 $\boldsymbol{X}\neq\mathbf{0}$ 知 $(\boldsymbol{X},\boldsymbol{X})>0$, 故 $\lambda=\overline{\lambda}$, 即 $\lambda$ 为实数. 这时, 实系数齐次线性方程组 $(\lambda\boldsymbol{E}-\boldsymbol{A})\boldsymbol{X}=\mathbf{0}$ 有非零解 $\boldsymbol{X}_0$, 且 $\boldsymbol{X}_0$ 为实向量. 这样, $\boldsymbol{X}_0$ 就是 $\boldsymbol{A}$ 的属于 $\lambda$ 的实特征向量. □

我们知道, 一般 $n$ 阶矩阵属于不同特征值的特征向量是线性无关的. 对于实对称矩阵, 我们有如下更强的结论:

**引理 2**　实对称矩阵 $\boldsymbol{A}$ 属于不同特征值的 (实) 特征向量必正交.

**证明**　设 $\lambda_1,\lambda_2$ 为实对称矩阵 $\boldsymbol{A}$ 的两个不同的特征值, $\boldsymbol{X}_1,\boldsymbol{X}_2$ 分别为相应的实特征向量, 则 $\boldsymbol{A}\boldsymbol{X}_i=\lambda\boldsymbol{X}_i,\boldsymbol{X}_i\neq\mathbf{0},i=1,2$. 由引理 1, $\lambda_1,\lambda_2$ 为实数, 于是

$$(\boldsymbol{A}\boldsymbol{X}_1,\boldsymbol{X}_2)=(\lambda_1\boldsymbol{X}_1,\boldsymbol{X}_2)=\lambda_1(\boldsymbol{X}_1,\boldsymbol{X}_2).$$

因为 $\boldsymbol{A}$ 为实对称矩阵, 所以

$$(\boldsymbol{A}\boldsymbol{X}_1,\boldsymbol{X}_2)=(\boldsymbol{X}_1,\boldsymbol{A}\boldsymbol{X}_2)=(\boldsymbol{X}_1,\lambda_2\boldsymbol{X}_2)=\lambda_2(\boldsymbol{X}_1,\boldsymbol{X}_2),$$

故 $(\lambda_1-\lambda_2)(\boldsymbol{X}_1,\boldsymbol{X}_2)=0$. 因为 $\lambda_1\neq\lambda_2$, 所以 $(\boldsymbol{X}_1,\boldsymbol{X}_2)=0$. □

正交矩阵的列向量组是 $\mathbf{R}^n$ 的一个标准正交基, 因此, 正交矩阵的列向量组的任意一个部分组都是单位正交向量组. 下面引理表明, 任意一个单位正交向量组都可以扩充为 $\mathbf{R}^n$ 的一个标准正交基.

**引理 3**　若 $\boldsymbol{\eta}_1,\boldsymbol{\eta}_2,\cdots,\boldsymbol{\eta}_s(s\leqslant n)$ 是任意一个单位正交向量组, 则可以用这 $s$ 个向量为前 $s$ 列作出一个 $n$ 阶正交矩阵.

* **证明**　设 $\boldsymbol{\eta}_i=(a_{i1},a_{i2},\cdots,a_{in})^{\mathrm{T}}(i=1,2,\cdots,s)$ 为一个单位正交向量组. 考虑

齐次线性方程组

$$\begin{cases} a_{11}x_1+a_{12}x_2+\cdots+a_{1n}x_n=0, \\ a_{21}x_1+a_{22}x_2+\cdots+a_{2n}x_n=0, \\ \cdots\cdots\cdots\cdots \\ a_{s1}x_1+a_{s2}x_2+\cdots+a_{sn}x_n=0. \end{cases}$$

由定理 5.6 知, 其系数矩阵 $\boldsymbol{A}=(a_{ij})_{s\times n}$ 的秩为 $s$, 不妨设 $s<n$. 所以该齐次线性方程组有基础解系, 且基础解系含有 $n-s$ 个解向量. 假设 $\boldsymbol{\alpha}_1,\boldsymbol{\alpha}_2,\cdots,\boldsymbol{\alpha}_{n-s}$ 为其基础解系. 把 $\boldsymbol{\alpha}_1,\boldsymbol{\alpha}_2,\cdots,\boldsymbol{\alpha}_{n-s}$ 作正交化并单位化, 得到与 $\boldsymbol{\alpha}_1,\boldsymbol{\alpha}_2,\cdots,\boldsymbol{\alpha}_{n-s}$ 等价的单位正交向量组 $\boldsymbol{\eta}_{s+1},\boldsymbol{\eta}_{s+2},\cdots,\boldsymbol{\eta}_n$. 又因为 $\boldsymbol{\alpha}_1,\boldsymbol{\alpha}_2,\cdots,\boldsymbol{\alpha}_{n-s}$ 中每个向量与 $\boldsymbol{\eta}_1,\boldsymbol{\eta}_2,\cdots,\boldsymbol{\eta}_s$ 都正交, 所以 $\boldsymbol{\eta}_1,\boldsymbol{\eta}_2,\cdots,\boldsymbol{\eta}_s,\boldsymbol{\eta}_{s+1},\cdots,\boldsymbol{\eta}_n$ 为单位正交向量组, 从而 $\boldsymbol{\eta}_1,\boldsymbol{\eta}_2,\cdots,\boldsymbol{\eta}_s$ 可作为正交矩阵 $(\boldsymbol{\eta}_1,\boldsymbol{\eta}_2,\cdots,\boldsymbol{\eta}_n)$ 的前 $s$ 列. □

**定理 5.8** 对任意 $n$ 阶实对称矩阵 $\boldsymbol{A}$, 总可以找到 $n$ 阶正交矩阵 $\boldsymbol{T}$, 使 $\boldsymbol{T}^{-1}\boldsymbol{A}\boldsymbol{T}=\boldsymbol{T}^{\mathrm{T}}\boldsymbol{A}\boldsymbol{T}$ 为对角形, 即

$$\boldsymbol{T}^{-1}\boldsymbol{A}\boldsymbol{T}=\boldsymbol{T}^{\mathrm{T}}\boldsymbol{A}\boldsymbol{T}=\begin{bmatrix} \lambda_1 & & & \\ & \lambda_2 & & \\ & & \ddots & \\ & & & \lambda_n \end{bmatrix},$$

其中, $\lambda_1,\lambda_2,\cdots,\lambda_n$ 为 $\boldsymbol{A}$ 的全体特征值.

知识点讲解 5–10 实对称矩阵的相似标准形

***证明** 对 $\boldsymbol{A}$ 的阶数 $n$ 用归纳法. 当 $n=1$ 时, 显然是对的. 假设对 $n-1$ 阶实对称矩阵结论成立, 设 $\boldsymbol{A}$ 是 $n$ 阶实对称矩阵. 若 $\lambda_1$ 是 $\boldsymbol{A}$ 的一个特征值, 由引理 1, $\lambda_1$ 是实数, 假设 $\boldsymbol{\alpha}_1$ 是属于 $\lambda_1$ 的实特征向量. 令

$$\boldsymbol{\eta}_1=\frac{\boldsymbol{\alpha}_1}{|\boldsymbol{\alpha}_1|},$$

则 $\boldsymbol{\eta}_1$ 是属于 $\lambda_1$ 的一个单位特征向量, 所以有 $\boldsymbol{A}\boldsymbol{\eta}_1=\lambda_1\boldsymbol{\eta}_1$. 由引理 3, 以 $\boldsymbol{\eta}_1$ 为第一列作正交矩阵 $\boldsymbol{T}_1$, 即 $\boldsymbol{T}_1=[\boldsymbol{\eta}_1,\boldsymbol{\eta}_2,\cdots,\boldsymbol{\eta}_n]$, 于是

$$\begin{aligned} \boldsymbol{T}_1^{-1}\boldsymbol{A}\boldsymbol{T}_1=\boldsymbol{T}_1^{\mathrm{T}}\boldsymbol{A}\boldsymbol{T}_1&=\begin{bmatrix} \boldsymbol{\eta}_1^{\mathrm{T}} \\ \vdots \\ \boldsymbol{\eta}_n^{\mathrm{T}} \end{bmatrix}\boldsymbol{A}\,[\boldsymbol{\eta}_1,\cdots,\boldsymbol{\eta}_n]=\begin{bmatrix} \boldsymbol{\eta}_1^{\mathrm{T}} \\ \vdots \\ \boldsymbol{\eta}_n^{\mathrm{T}} \end{bmatrix}[\boldsymbol{A}\boldsymbol{\eta}_1,\cdots,\boldsymbol{A}\boldsymbol{\eta}_n] \\ &=\begin{bmatrix} \boldsymbol{\eta}_1^{\mathrm{T}}\boldsymbol{A}\boldsymbol{\eta}_1 & \cdots & \boldsymbol{\eta}_1^{\mathrm{T}}\boldsymbol{A}\boldsymbol{\eta}_n \\ \vdots & & \vdots \\ \boldsymbol{\eta}_n^{\mathrm{T}}\boldsymbol{A}\boldsymbol{\eta}_1 & \cdots & \boldsymbol{\eta}_n^{\mathrm{T}}\boldsymbol{A}\boldsymbol{\eta}_n \end{bmatrix}=\begin{bmatrix} \lambda_1(\boldsymbol{\eta}_1,\boldsymbol{\eta}_1) & \cdots & \boldsymbol{\eta}_1^{\mathrm{T}}\boldsymbol{A}\boldsymbol{\eta}_n \\ \vdots & & \vdots \\ \lambda_1(\boldsymbol{\eta}_n,\boldsymbol{\eta}_1) & \cdots & \boldsymbol{\eta}_n^{\mathrm{T}}\boldsymbol{A}\boldsymbol{\eta}_n \end{bmatrix} \\ &=\begin{bmatrix} \lambda_1 & b_{12} & \cdots & b_{1n} \\ 0 & b_{22} & \cdots & b_{2n} \\ \vdots & \vdots & & \vdots \\ 0 & b_{n2} & \cdots & b_{nn} \end{bmatrix}. \end{aligned} \tag{6}$$

因为

$$(\boldsymbol{T}_1^{-1}\boldsymbol{A}\boldsymbol{T}_1)^{\mathrm{T}}=\boldsymbol{T}_1^{\mathrm{T}}\boldsymbol{A}^{\mathrm{T}}(\boldsymbol{T}_1^{-1})^{\mathrm{T}}=\boldsymbol{T}_1^{-1}\boldsymbol{A}\boldsymbol{T}_1,$$

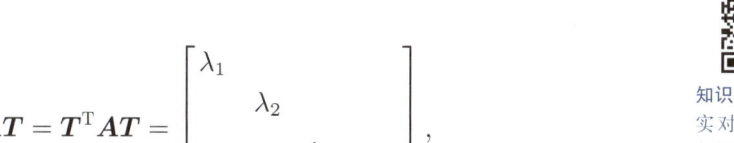

所以 $\boldsymbol{T}_1^{-1}\boldsymbol{A}\boldsymbol{T}_1$ 也是实对称的, 由此得 $b_{12}=b_{13}=\cdots=b_{1n}=0$, (6) 可以写成

$$\boldsymbol{T}_1^{-1}\boldsymbol{A}\boldsymbol{T}_1=\begin{bmatrix}\lambda_1 & \mathbf{0}\\ \mathbf{0} & \boldsymbol{A}_1\end{bmatrix}.$$

因为 $\boldsymbol{A}_1$ 是 $n-1$ 阶实对称矩阵, 所以由归纳假设有 $n-1$ 阶正交矩阵 $\boldsymbol{T}_2$, 使

$$\boldsymbol{T}_2^{-1}\boldsymbol{A}_1\boldsymbol{T}_2=\begin{bmatrix}\lambda_2 & & & \\ & \lambda_3 & & \\ & & \ddots & \\ & & & \lambda_n\end{bmatrix}.$$

令

$$\boldsymbol{T}_3=\begin{bmatrix}1 & \mathbf{0}\\ \mathbf{0} & \boldsymbol{T}_2\end{bmatrix},$$

显然 $\boldsymbol{T}_3$ 是正交矩阵, 且

$$\begin{aligned}\boldsymbol{T}_3^{-1}\begin{bmatrix}\lambda_1 & \mathbf{0}\\ \mathbf{0} & \boldsymbol{A}_1\end{bmatrix}\boldsymbol{T}_3&=\begin{bmatrix}1 & \mathbf{0}\\ \mathbf{0} & \boldsymbol{T}_2^{-1}\end{bmatrix}\begin{bmatrix}\lambda_1 & \mathbf{0}\\ \mathbf{0} & \boldsymbol{A}_1\end{bmatrix}\begin{bmatrix}1 & \mathbf{0}\\ \mathbf{0} & \boldsymbol{T}_2\end{bmatrix}\\ &=\begin{bmatrix}\lambda_1 & \mathbf{0}\\ \mathbf{0} & \boldsymbol{T}_2^{-1}\boldsymbol{A}_1\boldsymbol{T}_2\end{bmatrix}=\begin{bmatrix}\lambda_1 & & & \\ & \lambda_2 & & \\ & & \ddots & \\ & & & \lambda_n\end{bmatrix}.\end{aligned}$$

于是令

$$\boldsymbol{T}=\boldsymbol{T}_1\boldsymbol{T}_3,$$

**注** 在定理 5.8 中, 对角矩阵的主对角线上元素恰好是矩阵 $\boldsymbol{A}$ 的全部特征值, 而矩阵 $\boldsymbol{T}$ 的列向量组恰好是 $\boldsymbol{A}$ 的特征向量, 且它们的排列次序与特征值的次序一致.

则 $\boldsymbol{T}$ 也是正交矩阵, 且有

$$\begin{aligned}\boldsymbol{T}^{\mathrm{T}}\boldsymbol{A}\boldsymbol{T}&=\boldsymbol{T}^{-1}\boldsymbol{A}\boldsymbol{T}=\boldsymbol{T}_3^{-1}\boldsymbol{T}_1^{-1}\boldsymbol{A}\boldsymbol{T}_1\boldsymbol{T}_3\\ &=\boldsymbol{T}_3^{-1}\begin{bmatrix}\lambda_1 & \mathbf{0}\\ \mathbf{0} & \boldsymbol{A}_1\end{bmatrix}\boldsymbol{T}_3=\begin{bmatrix}\lambda_1 & & & \\ & \lambda_2 & & \\ & & \ddots & \\ & & & \lambda_n\end{bmatrix}.\end{aligned}$$

□

**知识点讲解 5–11** 实对称矩阵的对角化举例

**例 3** 设 $\boldsymbol{A}=\begin{bmatrix}2 & -1 & -1 & 1\\ -1 & 2 & 1 & -1\\ -1 & 1 & 2 & -1\\ 1 & -1 & -1 & 2\end{bmatrix}$, 求正交矩阵 $\boldsymbol{T}$, 使 $\boldsymbol{T}^{-1}\boldsymbol{A}\boldsymbol{T}$ 为对角矩阵.

**解** 由

$$|\lambda\boldsymbol{E}-\boldsymbol{A}|=\begin{vmatrix}\lambda-2 & 1 & 1 & -1\\ 1 & \lambda-2 & -1 & 1\\ 1 & -1 & \lambda-2 & 1\\ -1 & 1 & 1 & \lambda-2\end{vmatrix}=(\lambda-1)^3(\lambda-5),$$

得 $\boldsymbol{A}$ 的特征值为 $\lambda_1=\lambda_2=\lambda_3=1,\lambda_4=5$.

将 $\lambda_1=\lambda_2=\lambda_3=1$ 代入 $(\lambda\boldsymbol{E}-\boldsymbol{A})\boldsymbol{X}=\boldsymbol{0}$, 得

$$\begin{bmatrix}-1&1&1&-1\\1&-1&-1&1\\1&-1&-1&1\\-1&1&1&-1\end{bmatrix}\begin{bmatrix}x_1\\x_2\\x_3\\x_4\end{bmatrix}=\begin{bmatrix}0\\0\\0\\0\end{bmatrix},$$

它的一个基础解系为

$$\boldsymbol{\alpha}_1=\begin{bmatrix}1\\1\\0\\0\end{bmatrix},\quad \boldsymbol{\alpha}_2=\begin{bmatrix}1\\0\\1\\0\end{bmatrix},\quad \boldsymbol{\alpha}_3=\begin{bmatrix}1\\0\\0\\-1\end{bmatrix}.$$

正交化, 得

$$\boldsymbol{\beta}_1=\boldsymbol{\alpha}_1=\begin{bmatrix}1\\1\\0\\0\end{bmatrix},$$

$$\boldsymbol{\beta}_2=\boldsymbol{\alpha}_2-\frac{(\boldsymbol{\alpha}_2,\boldsymbol{\beta}_1)}{(\boldsymbol{\beta}_1,\boldsymbol{\beta}_1)}\boldsymbol{\beta}_1=\boldsymbol{\alpha}_2-\frac{1}{2}\boldsymbol{\beta}_1=\begin{bmatrix}\frac{1}{2}\\-\frac{1}{2}\\1\\0\end{bmatrix},$$

$$\boldsymbol{\beta}_3=\boldsymbol{\alpha}_3-\frac{(\boldsymbol{\alpha}_3,\boldsymbol{\beta}_1)}{(\boldsymbol{\beta}_1,\boldsymbol{\beta}_1)}\boldsymbol{\beta}_1-\frac{(\boldsymbol{\alpha}_3,\boldsymbol{\beta}_2)}{(\boldsymbol{\beta}_2,\boldsymbol{\beta}_2)}\boldsymbol{\beta}_2=\boldsymbol{\alpha}_3-\frac{1}{2}\boldsymbol{\beta}_1-\frac{1}{3}\boldsymbol{\beta}_2=\begin{bmatrix}\frac{1}{3}\\-\frac{1}{3}\\-\frac{1}{3}\\-1\end{bmatrix}.$$

再单位化, 得

$$\boldsymbol{\gamma}_1=\frac{\boldsymbol{\beta}_1}{|\boldsymbol{\beta}_1|}=\begin{bmatrix}\frac{\sqrt{2}}{2}\\\frac{\sqrt{2}}{2}\\0\\0\end{bmatrix},\quad \boldsymbol{\gamma}_2=\frac{\boldsymbol{\beta}_2}{|\boldsymbol{\beta}_2|}=\begin{bmatrix}\frac{\sqrt{6}}{6}\\-\frac{\sqrt{6}}{6}\\\frac{\sqrt{6}}{3}\\0\end{bmatrix},\quad \boldsymbol{\gamma}_3=\frac{\boldsymbol{\beta}_3}{|\boldsymbol{\beta}_3|}=\begin{bmatrix}\frac{\sqrt{3}}{6}\\-\frac{\sqrt{3}}{6}\\-\frac{\sqrt{3}}{6}\\-\frac{\sqrt{3}}{2}\end{bmatrix}.$$

把 $\lambda_4=5$ 代入 $(\lambda\boldsymbol{E}-\boldsymbol{A})\boldsymbol{X}=\boldsymbol{0}$, 得

$$\begin{bmatrix}3&1&1&-1\\1&3&-1&1\\1&-1&3&1\\-1&1&1&3\end{bmatrix}\begin{bmatrix}x_1\\x_2\\x_3\\x_4\end{bmatrix}=\begin{bmatrix}0\\0\\0\\0\end{bmatrix}.$$

它的一个基础解系为 $\boldsymbol{\alpha}_4=\begin{bmatrix}1\\-1\\-1\\1\end{bmatrix}$. 单位化, 得 $\boldsymbol{\gamma}_4=\begin{bmatrix}\frac{1}{2}\\-\frac{1}{2}\\-\frac{1}{2}\\\frac{1}{2}\end{bmatrix}$. 令

$$\boldsymbol{T}=[\boldsymbol{\gamma}_1,\boldsymbol{\gamma}_2,\boldsymbol{\gamma}_3,\boldsymbol{\gamma}_4]=\begin{bmatrix}\frac{\sqrt{2}}{2}&\frac{\sqrt{6}}{6}&\frac{\sqrt{3}}{6}&\frac{1}{2}\\\frac{\sqrt{2}}{2}&-\frac{\sqrt{6}}{6}&-\frac{\sqrt{3}}{6}&-\frac{1}{2}\\0&\frac{\sqrt{6}}{3}&-\frac{\sqrt{3}}{6}&-\frac{1}{2}\\0&0&-\frac{\sqrt{3}}{2}&\frac{1}{2}\end{bmatrix},$$

则 $\boldsymbol{T}$ 为正交矩阵 (为什么), 且

$$\boldsymbol{T}^{-1}\boldsymbol{A}\boldsymbol{T}=\begin{bmatrix}1&&&\\&1&&\\&&1&\\&&&5\end{bmatrix}.$$ □

$\eta_1,\eta_2,\eta_3$ 是方程组的 $n-r=3$ 个线性无关的解.

**注** 对于特征值 $\lambda_1=\lambda_2=\lambda_3=1$, 我们可以验证正交向量组

$$\boldsymbol{\eta}_1=\begin{bmatrix}1\\1\\1\\1\end{bmatrix},\quad \boldsymbol{\eta}_2=\begin{bmatrix}1\\-1\\1\\-1\end{bmatrix},\quad \boldsymbol{\eta}_3=\begin{bmatrix}1\\1\\-1\\-1\end{bmatrix}$$

是 $(\lambda\boldsymbol{E}-\boldsymbol{A})\boldsymbol{X}=\boldsymbol{0}$ 的一个基础解系. 将 $\boldsymbol{\eta}_1,\boldsymbol{\eta}_2,\boldsymbol{\eta}_3$ 单位化, 得 $\frac{1}{2}\boldsymbol{\eta}_1,\frac{1}{2}\boldsymbol{\eta}_2,\frac{1}{2}\boldsymbol{\eta}_3$.

结合特征值 $\lambda_4=5$ 得到单位特征向量 $\frac{1}{2}\boldsymbol{\eta}_4(\boldsymbol{\eta}_4=\boldsymbol{\alpha}_4)$, 可得到正交矩阵

$$\boldsymbol{Q}=\frac{1}{2}[\boldsymbol{\eta}_1,\boldsymbol{\eta}_2,\boldsymbol{\eta}_3,\boldsymbol{\eta}_4]=\frac{1}{2}\begin{bmatrix}1&1&1&1\\1&-1&1&-1\\1&1&-1&-1\\1&-1&-1&1\end{bmatrix},$$

使

$$Q^{-1}AQ=\begin{bmatrix}1&&&\\&1&&\\&&1&\\&&&5\end{bmatrix}.$$

因此, 一般说来, 定理 5.8 中的正交矩阵 $T$ 不唯一. 不难看出, 把定理 5.8 中 $T$ 若干列向量换成负向量得到的正交矩阵也满足定理 5.8.

## 习题 5.3

1. 设二元函数 $(\cdot,\cdot)$ 为复 $n$ 维列向量空间 $\mathbf{C}^n$ 中的内积: $(X,Y)=X^{\mathrm{T}}\overline{Y}$, $X,Y\in\mathbf{C}^n$, 证明: 对任意 $X,Y\in\mathbf{C}^n$ 和实 $n$ 阶矩阵 $A$, 都有

(1) $(AX,Y)=(X,A^{\mathrm{T}}Y)$. 特别, 若 $A$ 为实对称矩阵, 则有

$$(AX,Y)=(X,AY);$$

(2) 若 $A$ 为正交矩阵, 则 $(AX,AY)=(X,Y)$.

2. 证明: 两个 $n$ 阶实对称矩阵 $A,B$ 相似的充要条件是它们有相同的特征多项式.

3. 证明: 两个 $n$ 阶正交矩阵的乘积也是正交矩阵, 正交矩阵的逆矩阵也是正交矩阵.

4. 证明: 正交矩阵的行列式为 1 或 $-1$.

5. 对下列矩阵 $A$, 求正交矩阵 $T$ 使 $T^{-1}AT$ 为对角矩阵.

(1) $A=\begin{bmatrix}2&2&-2\\2&5&-4\\-2&-4&5\end{bmatrix}$; (2) $A=\begin{bmatrix}2&-2&0\\-2&1&-2\\0&-2&0\end{bmatrix}$;

(3) $A=\begin{bmatrix}1&1&0&-1\\1&1&-1&0\\0&-1&1&1\\-1&0&1&1\end{bmatrix}$; (4) $A=\begin{bmatrix}0&0&4&1\\0&0&1&4\\4&1&0&0\\1&4&0&0\end{bmatrix}$.

6. 设 3 阶实对称矩阵 $A$ 有三个不同的特征值 $\lambda_1,\lambda_2,\lambda_3$, 且 $\begin{bmatrix}1\\1\\1\end{bmatrix}$ 和 $\begin{bmatrix}1\\-1\\0\end{bmatrix}$ 分别为属于特征值 $\lambda_1,\lambda_2$ 的特征向量. 试求 $A$ 属于特征值 $\lambda_3$ 的一个特征向量.

7. 设 3 阶实对称矩阵 $A$ 的特征值为 $1,1,-1$, 且属于 $-1$ 的一个特征向量为 $\begin{bmatrix}1\\2\\2\end{bmatrix}$.

(1) 证明: $\boldsymbol{A}$ 属于特征值 1 的特征子空间的一个基为 $\begin{bmatrix}2\\-2\\1\end{bmatrix}, \begin{bmatrix}2\\1\\-2\end{bmatrix}$;

(2) 分别求矩阵 $\boldsymbol{A}$ 和 $\boldsymbol{A}^n$.

8. 证明:

(1) 实反称矩阵的特征值是零或纯虚数;

(2) 正交矩阵的实特征值只能是 1 或 $-1$.

## §5.4 若尔当标准形简介

本节简要介绍一般 $n$ 阶复矩阵相似的若尔当标准形.

我们知道, 并不是每一个复矩阵都能相似于对角矩阵, 那么一个 $n$ 阶复矩阵相似的最简形式 (即相似的标准形) 是什么呢? 人们发现, 任意一个 $n$ 阶复方阵 $\boldsymbol{A}$ 都相似于一个所谓若尔当 (Jordan) 矩阵的标准形.

**定义 5.6** 设 $\lambda$ 为复数, 形如

$$\boldsymbol{J}_i = \begin{bmatrix}\lambda & 1 & & \\ & \lambda & \ddots & \\ & & \ddots & 1 \\ & & & \lambda\end{bmatrix}$$

显然, 对角矩阵是若尔当矩阵的特殊情况.

的 $m_i$ 阶矩阵 $(m_i \geqslant 1)$ 叫做一个若尔当块. 由都是若尔当块的 $\boldsymbol{J}_i$ 组成的准对角矩阵

$$\begin{bmatrix}\boldsymbol{J}_1 & & & \\ & \boldsymbol{J}_2 & & \\ & & \ddots & \\ & & & \boldsymbol{J}_s\end{bmatrix}$$

称为一个若尔当矩阵.

**例 1** $\begin{bmatrix}0 & 1\\0 & 0\end{bmatrix}$, $\begin{bmatrix}\sqrt{2} & 1 & 0\\0 & \sqrt{2} & 1\\0 & 0 & \sqrt{2}\end{bmatrix}$, $\begin{bmatrix}\mathrm{i} & 1\\0 & \mathrm{i}\end{bmatrix}$ 都是若尔当块, 而 $\begin{bmatrix}0 & -1\\0 & 0\end{bmatrix}$, $\begin{bmatrix}\sqrt{2} & 1 & 0\\0 & \sqrt{2} & 0\\0 & 0 & \sqrt{2}\end{bmatrix}$ 则不是若尔当块.

**例 2** 矩阵

$$\begin{bmatrix}1 & 1 & 0 & 0\\0 & 1 & 0 & 0\\0 & 0 & 0 & 1\\0 & 0 & 0 & 0\end{bmatrix}, \quad \begin{bmatrix}\sqrt{2} & 1 & 0 & 0 & 0\\0 & \sqrt{2} & 0 & 0 & 0\\0 & 0 & \mathrm{i} & 0 & 0\\0 & 0 & 0 & \mathrm{i} & 1\\0 & 0 & 0 & 0 & \mathrm{i}\end{bmatrix}$$

都是若尔当矩阵, 而

$$\begin{bmatrix} 2 & 0 & 0 & 0 & 0 \\ 0 & \sqrt{2} & 0 & 0 & 0 \\ 0 & 0 & \mathrm{i} & 1 & 0 \\ 0 & 0 & 0 & \mathrm{i} & -1 \\ 0 & 0 & 0 & 0 & 0 \end{bmatrix}$$

则不是若尔当矩阵.

下面的定理通常称为若尔当定理.

**定理 5.9** 任意一个复方阵 $\boldsymbol{A}$ 都相似于一个若尔当矩阵, 且该若尔当矩阵在各个若尔当块可以差一个次序的意义下由 $\boldsymbol{A}$ 唯一确定. 因此, 我们把这个若尔当矩阵 $\boldsymbol{J}$ 称为复矩阵 $\boldsymbol{A}$ 的**若尔当标准形**.

**例 3** 我们在 §5.2 例 2 已证明, $\boldsymbol{A} = \begin{bmatrix} 3 & 1 & 0 \\ -4 & -1 & 0 \\ 4 & -8 & -2 \end{bmatrix}$ 不相似于对角矩阵. 取

$$\boldsymbol{T} = \begin{bmatrix} 0 & 3 & \dfrac{3}{2} \\ 0 & -6 & 0 \\ 1 & 20 & -\dfrac{14}{3} \end{bmatrix},$$

则 $\boldsymbol{T}$ 可逆, 且 $\boldsymbol{T}^{-1}\boldsymbol{A}\boldsymbol{T} = \begin{bmatrix} -2 & 0 & 0 \\ 0 & 1 & 1 \\ 0 & 0 & 1 \end{bmatrix}$.

**例 4** 令 $\boldsymbol{A} = \begin{bmatrix} 2 & 1 & 0 \\ -1 & 0 & 0 \\ -1 & -1 & 1 \end{bmatrix}, \boldsymbol{T} = \begin{bmatrix} -1 & -2 & 0 \\ 1 & 1 & 0 \\ 1 & 0 & 1 \end{bmatrix}$, 则

$$\boldsymbol{T}^{-1}\boldsymbol{A}\boldsymbol{T} = \begin{bmatrix} 1 & 1 & 0 \\ 0 & 1 & 0 \\ 0 & 0 & 1 \end{bmatrix}$$

为 $\boldsymbol{A}$ 的若尔当标准形.

显然, 复矩阵 $\boldsymbol{A}$ 相似于对角矩阵的充要条件是 $\boldsymbol{A}$ 的若尔当标准形为对角矩阵.

**例 5** 设 $\boldsymbol{A}$ 为秩为 1 的 $n$ 阶复矩阵, 那么 $\boldsymbol{A}$ 的若尔当标准形 $\boldsymbol{J}$ 的秩也是 1, 从而 $\boldsymbol{J} = \begin{bmatrix} a & & & \\ & 0 & & \\ & & \ddots & \\ & & & 0 \end{bmatrix}$ $(a \neq 0)$ 或 $\begin{bmatrix} 0 & 1 & & & \\ 0 & 0 & & & \\ & & 0 & & \\ & & & \ddots & \\ & & & & 0 \end{bmatrix}$.

因为相似矩阵有相同的迹, 所以 $a = \operatorname{tr} \boldsymbol{J} = \operatorname{tr} \boldsymbol{A}$.

因此, 秩为 1 的复矩阵 $\boldsymbol{A}$ 相似于对角矩阵当且仅当 $\operatorname{tr} \boldsymbol{A} \neq 0$.

## 研究题 5

1. (1) 设 $n$ 阶方阵 $\boldsymbol{A},\boldsymbol{B}$ 相似, 证明: 对任意多项式 $f(x), f(\boldsymbol{A})$ 与 $f(\boldsymbol{B})$ 也相似;

(2) 设 $n$ 阶矩阵 $\boldsymbol{A}$ 有 $n$ 个互异的特征值 $\lambda_1,\lambda_2,\cdots,\lambda_n, f(x)$ 为任意多项式, 证明: $f(\boldsymbol{A})$ 相似于对角矩阵

$$\begin{bmatrix} f(\lambda_1) & & & \\ & f(\lambda_2) & & \\ & & \ddots & \\ & & & f(\lambda_n) \end{bmatrix}.$$

2. 设 $n$ 维向量 $\boldsymbol{\alpha}=(a_1,a_2,\cdots,a_n)\neq\boldsymbol{0}, n\geqslant 2, a_i\in\mathbf{C}, i=1,2,\cdots,n, \boldsymbol{A}=\boldsymbol{\alpha}^{\mathrm{T}}\boldsymbol{\alpha}$.

(1) 求 $n$ 阶矩阵 $\boldsymbol{A}$ 的全部特征值;

(2) 证明: 矩阵 $\boldsymbol{A}$ 相似于对角矩阵当且仅当 $a_1^2+a_2^2+\cdots+a_n^2\neq 0$.

3. 设 $\boldsymbol{A}=\boldsymbol{\alpha}^{\mathrm{T}}\boldsymbol{\beta}$, 其中 $\boldsymbol{\alpha}=(a_1,a_2,\cdots,a_n), \boldsymbol{\beta}=(b_1,b_2,\cdots,b_n)$ 都是非零向量,$n\geqslant 2$.

证明: 矩阵 $\boldsymbol{A}$ 相似于对角矩阵当且仅当 $a_1b_1+a_2b_2+\cdots+a_nb_n\neq 0$.

4. 设实对称矩阵 $\boldsymbol{A}$ 是正交矩阵, 证明: $\boldsymbol{A}$ 的特征值必为 1 或 $-1$.

5. 设 $\boldsymbol{A}=\begin{bmatrix} 2 & 0 & 0 \\ 1 & 2 & -1 \\ 1 & 0 & 1 \end{bmatrix}$, 求可逆矩阵 $\boldsymbol{T}$ 使 $\boldsymbol{T}^{-1}\boldsymbol{A}\boldsymbol{T}$ 为对角矩阵, 并求 $\boldsymbol{A}^n$.

6. 设 $\boldsymbol{A}=\begin{bmatrix} 1 & 2 & -3 \\ -1 & 4 & -3 \\ 1 & a & 5 \end{bmatrix}$ 有重特征值, 求 $a$ 的值, 并判断 $\boldsymbol{A}$ 是否相似于对角矩阵.

7. 设 $\lambda$ 为 $\boldsymbol{A}$ 的特征值, 相应的特征子空间 $V_\lambda=\{X\in P^n|\boldsymbol{A}\boldsymbol{X}=\lambda\boldsymbol{X}\}$, $\boldsymbol{T}$ 为 $n$ 阶可逆矩阵. 证明:

(1) $\boldsymbol{T}^{-1}\boldsymbol{A}\boldsymbol{T}$ 属于特征值 $\lambda$ 的特征子空间 $W_\lambda=\{\boldsymbol{T}^{-1}\boldsymbol{X}|\boldsymbol{X}\in V_\lambda\}$;

(2) 矩阵 $\boldsymbol{A}$ 和 $\boldsymbol{T}^{-1}\boldsymbol{A}\boldsymbol{T}$ 关于特征值 $\lambda$ 的特征子空间的维数相同, 即 $\dim V_\lambda=\dim W_\lambda$.

8. 设 $\boldsymbol{A}$ 为 3 阶矩阵, $a,b$ 为 $\boldsymbol{A}$ 互异的特征值, $\boldsymbol{\alpha}_1,\boldsymbol{\alpha}_2$ 分别为 $\boldsymbol{A}$ 属于 $a,b$ 的特征向量, 向量 $\boldsymbol{\alpha}_3$ 满足 $\boldsymbol{A}\boldsymbol{\alpha}_3=\boldsymbol{\alpha}_2+b\boldsymbol{\alpha}_3$.

(1) 证明: 向量组 $\boldsymbol{\alpha}_1,\boldsymbol{\alpha}_2,\boldsymbol{\alpha}_3$ 线性无关;

(2) 设 $\boldsymbol{P}=(\boldsymbol{\alpha}_1,\boldsymbol{\alpha}_2,\boldsymbol{\alpha}_3)$, 求 $\boldsymbol{P}^{-1}\boldsymbol{A}\boldsymbol{P}$ 及 $\boldsymbol{P}^{-1}\boldsymbol{A}^n\boldsymbol{P}$;

(3) 证明: 矩阵 $\boldsymbol{A}$ 不相似于对角矩阵.

# 第 6 章　二次型

在数学与其他学科中, 常常需要讨论含有 $n$ 个变量 (字母) 而不含有一次项的二次齐次多项式, 即二次型. 本章讨论二次型的性质与标准化问题, 采用的方法主要是矩阵的方法.

## §6.1　二次型及其矩阵表示

### 一、二次型的概念

注意: 交叉项 $x_ix_j$ 的系数是 $2a_{ij}$.

**定义 6.1**　设 $P$ 是数域, 则含有 $n$ 个变量 (或称文字) 的二次齐次多项式

$$\begin{aligned}f(x_1,x_2,\cdots,x_n)=a_{11}x_1^2+2a_{12}x_1x_2+\cdots+2a_{1n}x_1x_n+&\\ a_{22}x_2^2+\cdots+2a_{2n}x_2x_n+&\\ \cdots+a_{nn}x_n^2,&\end{aligned}\tag{1}$$

其中 $a_{ij}(i,j=1,2,\cdots,n)\in P$ 不全为 0, 称为数域 $P$ 上的一个 $n$ 元二次型, 简称二次型. 如果 $f(x_1,x_2,\cdots,x_n)$ 为零多项式, 也称 $f(x_1,x_2,\cdots,x_n)$ 为数域 $P$ 上的一个二次型, 叫做零二次型. 若 $P$ 是实数域, 则称 $f$ 为实二次型; 若 $P$ 是复数域, 则称 $f$ 为复二次型. 只含平方项的二次型称为标准二次型, 简称标准形.

**例 1**

$$\begin{aligned}&f_1(x,y)=x^2-xy+2y^2,\\&f_2(x)=2x^2,\\&f_3(x_1,x_2,x_3)=\frac{x_1^2}{a^2}+\frac{x_2^2}{b^2}+\frac{x_3^2}{c^2}\end{aligned}$$

都是二次型, 其中 $f_2$ 和 $f_3$ 是标准形.

### 二、二次型的矩阵表示

在 (1) 式中令 $a_{ij}=a_{ji}$, 则

$$\begin{aligned}f(x_1,x_2,\cdots,x_n)=a_{11}x_1^2+a_{12}x_1x_2+a_{13}x_1x_3+\cdots+a_{1n}x_1x_n+&\\a_{21}x_2x_1+a_{22}x_2^2+a_{23}x_2x_3+\cdots+a_{2n}x_2x_n+\cdots+&\\a_{n1}x_nx_1+a_{n2}x_nx_2+a_{n3}x_nx_3+\cdots+a_{nn}x_n^2,&\end{aligned}$$

即

$$f(x_1,x_2,\cdots,x_n)=\sum_{i=1}^{n}\sum_{j=1}^{n}a_{ij}x_ix_j.\tag{2}$$

若令

$$A=\begin{bmatrix}a_{11}&a_{12}&\cdots&a_{1n}\\a_{21}&a_{22}&\cdots&a_{2n}\\\vdots&\vdots&&\vdots\\a_{n1}&a_{n2}&\cdots&a_{nn}\end{bmatrix},\quad X=\begin{bmatrix}x_1\\x_2\\\vdots\\x_n\end{bmatrix},$$

则 $\boldsymbol{A}$ 为对称矩阵, 且 (2) 化为

$$\begin{aligned}f(x_1,x_2,\cdots,x_n)&=[x_1,x_2,\cdots,x_n]\begin{bmatrix}a_{11}x_1+a_{12}x_2+\cdots+a_{1n}x_n\\a_{21}x_1+a_{22}x_2+\cdots+a_{2n}x_n\\\vdots\\a_{n1}x_1+a_{n2}x_2+\cdots+a_{nn}x_n\end{bmatrix}\\&=[x_1,x_2,\cdots,x_n]\begin{bmatrix}a_{11}&a_{12}&\cdots&a_{1n}\\a_{21}&a_{22}&\cdots&a_{2n}\\\vdots&\vdots&&\vdots\\a_{n1}&a_{n2}&\cdots&a_{nn}\end{bmatrix}\begin{bmatrix}x_1\\x_2\\\vdots\\x_n\end{bmatrix}\\&=\boldsymbol{X}^{\mathrm{T}}\boldsymbol{A}\boldsymbol{X},\end{aligned}$$

即

$$f(x_1,x_2,\cdots,x_n)=\boldsymbol{X}^{\mathrm{T}}\boldsymbol{A}\boldsymbol{X}. \tag{3}$$

(3) 称为二次型 (1) 或 (2) 的矩阵表达式, $\boldsymbol{A}$ 称为二次型的矩阵.

说明 对一般方阵 (非对称矩阵) $\boldsymbol{A}=(a_{ij})_{n\times n}, f(x_1,x_2,\cdots,x_n)=\boldsymbol{X}^{\mathrm{T}}\boldsymbol{A}\boldsymbol{X}=\sum\limits_{i=1}^{n}a_{ii}x_i^2+\sum\limits_{1\leqslant i<j\leqslant n}(a_{ij}+a_{ji})x_ix_j$ 也是一个二次型. 可以证明: $f(x_1,x_2,\cdots,x_n)=\boldsymbol{X}^{\mathrm{T}}\left(\dfrac{\boldsymbol{A}+\boldsymbol{A}^{\mathrm{T}}}{2}\right)\boldsymbol{X}$. 这时, 二次型 $f$ 的矩阵是 $\dfrac{\boldsymbol{A}+\boldsymbol{A}^{\mathrm{T}}}{2}$ 而不一定是 $\boldsymbol{A}$. 一个二次型矩阵总是对称的.

易见, 任意给定数域 $P$ 上 $n$ 阶对称矩阵 $\boldsymbol{A}$, 就唯一确定数域 $P$ 上一个二次型 $f(x_1,x_2,\cdots,x_n)=\boldsymbol{X}^{\mathrm{T}}\boldsymbol{A}\boldsymbol{X}$. 反之, 数域 $P$ 上任意一个二次型 $f(x_1,x_2,\cdots,x_n)$ 也唯一确定一个数域 $P$ 上的 $n$ 阶对称矩阵, 即二次型 $f(x_1,x_2,\cdots,x_n)$ 的矩阵. 因此, 数域 $P$ 上全体二次型的集合与数域 $P$ 上 $n$ 阶对称矩阵的集合有一一对应的关系. 所以, 我们可借助对称矩阵来研究二次型.

**例 2** 写出二次型 $f(x_1,x_2,x_3)=2x_1^2+x_1x_2+x_2x_3+x_3^2$ 的矩阵 $\boldsymbol{A}$.

**解**

$$\boldsymbol{A}=\begin{bmatrix}2&\frac{1}{2}&0\\\frac{1}{2}&0&\frac{1}{2}\\0&\frac{1}{2}&1\end{bmatrix}.$$

**例 3** 写出对称矩阵

$$\boldsymbol{A}=\begin{bmatrix}1&2&1\\2&-2&3\\1&3&0\end{bmatrix}$$

所对应的二次型 $f(x,y,z)$.

**解**

$$f(x,y,z)=x^2+4xy+2xz-2y^2+6yz. \qquad \square$$

标准二次型

$$f(x_1,x_2,\cdots,x_n)=\lambda_1x_1^2+\lambda_2x_2^2+\cdots+\lambda_nx_n^2$$

的矩阵表达式是

$$\boldsymbol{X}^{\mathrm{T}}\boldsymbol{A}\boldsymbol{X}=[x_1,x_2,\cdots,x_n]\begin{bmatrix}\lambda_1&&&\\&\lambda_2&&\\&&\ddots&\\&&&\lambda_n\end{bmatrix}\begin{bmatrix}x_1\\x_2\\\vdots\\x_n\end{bmatrix}.$$

可见标准形的矩阵是对角矩阵. 反之, 对角矩阵对应的二次型是标准形.

由于二次型的矩阵由原二次型唯一确定, 我们可以定义二次型的秩如下:

**定义 6.2** 二次型 $f=\boldsymbol{X}^{\mathrm{T}}\boldsymbol{A}\boldsymbol{X}$ 的矩阵 $\boldsymbol{A}$ 的秩称为**二次型的秩**.

### 习题 6.1

1. 设 $\boldsymbol{A}$ 为数域 $P$ 上 $n$ 阶矩阵, $\boldsymbol{X}=(x_1,x_2,\cdots,x_n)^{\mathrm{T}}$, 证明: $f(x_1,x_2,\cdots,x_n)=\boldsymbol{X}^{\mathrm{T}}\boldsymbol{A}\boldsymbol{X}$ 是数域 $P$ 上的 $n$ 元二次型, 其矩阵为 $\dfrac{\boldsymbol{A}+\boldsymbol{A}^{\mathrm{T}}}{2}$.

2. 写出下列二次型的矩阵表达式, 并求出二次型的秩.

(1) $f(x,y)=x^2+3xy+y^2$;

(2) $f(x_1,x_2,x_3)=x_1^2+4x_1x_2+2x_2^2+8x_2x_3+3x_3^2$;

(3) $f(x_1,x_2,x_3)=-2x_1^2+3x_2^2-11x_3^2+x_1x_2-2x_2x_3$.

3. 求下列实对称矩阵所对应的二次型 $f(x_1,x_2,x_3)$:

(1) $\boldsymbol{A}=\begin{bmatrix}2&-1&3\\-1&0&4\\3&4&-1\end{bmatrix}$; (2) $\boldsymbol{A}=\begin{bmatrix}-1&0&1\\0&2&2\\1&2&0\end{bmatrix}$;

(3) $\boldsymbol{A}=\begin{bmatrix}1&-2&1\\-2&4&0\\1&0&2\end{bmatrix}$.

## §6.2 二次型的标准形

我们知道, 标准二次型只含有平方项, 因此处理起来非常方便. 本节研究化一般二次型为标准二次型的问题.

**定义 6.3** 设 $x_1,x_2,\cdots,x_n$ 与 $y_1,y_2,\cdots,y_n$ 为两组变量 (字母), $P$ 为一个数域,

我们称关系式

$$\begin{cases} x_1 = c_{11}y_1 + c_{12}y_2 + \cdots + c_{1n}y_n, \\ x_2 = c_{21}y_1 + c_{22}y_2 + \cdots + c_{2n}y_n, \\ \cdots\cdots\cdots\cdots \\ x_n = c_{n1}y_1 + c_{n2}y_2 + \cdots + c_{nn}y_n \end{cases} \quad (\text{其中 } c_{ij} \in P, i, j = 1, 2, \cdots, n) \tag{4}$$

为由 $x_1, x_2, \cdots, x_n$ 到 $y_1, y_2, \cdots, y_n$ 的一个**线性替换**. 特别地, 若行列式 $|c_{ij}| \neq 0$, 则称 (4) 为**可逆的** (**或非退化的**、**或满秩的**) **线性替换**.

(4) 用矩阵可写成

$$\begin{bmatrix} x_1 \\ x_2 \\ \vdots \\ x_n \end{bmatrix} = \begin{bmatrix} c_{11} & c_{12} & \cdots & c_{1n} \\ c_{21} & c_{22} & \cdots & c_{2n} \\ \vdots & \vdots & & \vdots \\ c_{n1} & c_{n2} & \cdots & c_{nn} \end{bmatrix} \begin{bmatrix} y_1 \\ y_2 \\ \vdots \\ y_n \end{bmatrix},$$

即 $\boldsymbol{X} = \boldsymbol{C}\boldsymbol{Y}$, 其中 $\boldsymbol{X} = (x_1, x_2, \cdots, x_n)^{\mathrm{T}}, \boldsymbol{Y} = (y_1, y_2, \cdots, y_n)^{\mathrm{T}}, \boldsymbol{C} = (c_{ij})_{n\times n}$.

又若数域 $P$ 为实数域 $\mathbf{R}$, 且矩阵 $\boldsymbol{C}$ 为正交矩阵, 则称 $\boldsymbol{X} = \boldsymbol{C}\boldsymbol{Y}$ 为一个**正交线性替换**, 简称**正交替换**.

容易看出, 设二次型 $f(\boldsymbol{X}) = \boldsymbol{X}^{\mathrm{T}}\boldsymbol{A}\boldsymbol{X}$ 的矩阵为 $\boldsymbol{A}$, 经过线性替换 $\boldsymbol{X} = \boldsymbol{C}\boldsymbol{Y}$ 后得到的新二次型 $g(\boldsymbol{Y}) = f(\boldsymbol{X}) = \boldsymbol{Y}^{\mathrm{T}}(\boldsymbol{C}^{\mathrm{T}}\boldsymbol{A}\boldsymbol{C})\boldsymbol{Y}$ 的矩阵恰好是 $\boldsymbol{C}^{\mathrm{T}}\boldsymbol{A}\boldsymbol{C}$. 一般地, 我们希望 $\boldsymbol{X}$ 与 $\boldsymbol{Y}$ 之间可以互相唯一确定, 这相当于要求 $\boldsymbol{C}$ 是可逆矩阵.

**引理 1** 设二次型 $f(\boldsymbol{X}) = \boldsymbol{X}^{\mathrm{T}}\boldsymbol{A}\boldsymbol{X}$ 的矩阵为 $\boldsymbol{A}$, 则经过非退化线性替换 $\boldsymbol{X} = \boldsymbol{C}\boldsymbol{Y}$, 化成的新二次型 $g(\boldsymbol{Y}) = f(\boldsymbol{X}) = \boldsymbol{Y}^{\mathrm{T}}(\boldsymbol{C}^{\mathrm{T}}\boldsymbol{A}\boldsymbol{C})\boldsymbol{Y}$ 的矩阵是 $\boldsymbol{C}^{\mathrm{T}}\boldsymbol{A}\boldsymbol{C}$, 且新二次型与原二次型的秩相同.

**知识点讲解 6-1**
矩阵的合同

**证明** 引理的前一部分已证明, 我们只要证明 $r(\boldsymbol{C}^{\mathrm{T}}\boldsymbol{A}\boldsymbol{C}) = r(\boldsymbol{A})$, 这可由第 4 章习题 4.4 的第 11 题结论得出. □

**定义 6.4** 设 $\boldsymbol{A}, \boldsymbol{B}$ 为数域 $P$ 上的 $n$ 阶矩阵, 如果存在 $P$ 上 $n$ 阶可逆矩阵 $\boldsymbol{C}$ 使 $\boldsymbol{B} = \boldsymbol{C}^{\mathrm{T}}\boldsymbol{A}\boldsymbol{C}$, 那么称矩阵 $\boldsymbol{A}$ 与 $\boldsymbol{B}$ **合同** (**或相合**).

利用拉格朗日配方法时, 如果对变量 $x_1$ 配方, 一定要把二次型中含有 $x_1$ 的所有项放在一起一次性配方. 对例 1, $x_1^2 - 4x_1x_2 + 2x_1x_3 = x_1^2 + 2x_1(-2x_2 + x_3) = (x_1 - 2x_2 + x_3)^2 - (-2x_2 + x_3)^2$.

容易看出, 矩阵的合同是矩阵等价的一种特殊情况, 它也满足:

(1) 自反性: 任意 $n$ 阶矩阵 $\boldsymbol{A}$ 都与自身合同;

(2) 对称性: 若 $\boldsymbol{A}$ 与 $\boldsymbol{B}$ 合同, 则 $\boldsymbol{B}$ 也与 $\boldsymbol{A}$ 合同;

(3) 传递性: 若 $\boldsymbol{A}$ 与 $\boldsymbol{B}$ 合同, $\boldsymbol{B}$ 与 $\boldsymbol{C}$ 合同, 则 $\boldsymbol{A}$ 与 $\boldsymbol{C}$ 也合同.

因此, 利用矩阵的合同关系可以决定数域 $P$ 上全体 $n$ 阶方阵集合 $M_n(P)$ 上的一个分类.

利用矩阵合同的语言, 引理 1 可改述为

**引理 1′** 经过非退化线性替换所得到的新二次型的矩阵与原二次型的矩阵合同.

下面先介绍化二次型为标准形的配方法, 一般称为拉格朗日 (Lagrange) 配方法.

**例 1** 化二次型 $f(x_1, x_2, x_3) = x_1^2 - 4x_1x_2 + 2x_1x_3 + 4x_2^2 + 2x_3^2$ 为标准形.

**解** 
$$\begin{aligned} f(x_1, x_2, x_3) &= [x_1^2 + 2x_1(-2x_2 + x_3)] + 4x_2^2 + 2x_3^2 \\ &= (x_1 - 2x_2 + x_3)^2 - (-2x_2 + x_3)^2 + 4x_2^2 + 2x_3^2 \\ &= (x_1 - 2x_2 + x_3)^2 + 4x_2x_3 + x_3^2 \end{aligned}$$

$$= (x_1-2x_2+x_3)^2+(4x_2^2+4x_2x_3+x_3^2)-4x_2^2$$
$$= (x_1-2x_2+x_3)^2+(2x_2+x_3)^2-4x_2^2.$$

令 $\begin{cases} y_1 = x_1-2x_2+x_3, \\ y_2 = \quad\quad 2x_2+x_3, \\ y_3 = \quad\quad x_2, \end{cases}$ 解得 $\begin{cases} x_1 = y_1-y_2+4y_3, \\ x_2 = \quad\quad\quad y_3, \\ x_3 = \quad y_2-2y_3. \end{cases}$ 这是一个非退化线性替换, 且 $f=y_1^2+y_2^2-4y_3^2$. □

**注** 若令 $\begin{cases} z_1 = x_1-2x_2+x_3, \\ z_2 = \quad\quad x_2, \\ z_3 = \quad 2x_2+x_3, \end{cases}$ 得 $\begin{bmatrix} x_1 \\ x_2 \\ x_3 \end{bmatrix} = \begin{bmatrix} 1 & 4 & -1 \\ 0 & 1 & 0 \\ 0 & -2 & 1 \end{bmatrix} \begin{bmatrix} z_1 \\ z_2 \\ z_3 \end{bmatrix}$, 这也是一个非退化线性替换, 且有 $f=z_1^2-4z_2^2+z_3^2$.

由此可见, 二次型的标准形随所选择的非退化线性替换的变化可能会不同.

**例 2** 化二次型 $f(x_1,x_2,x_3)=2x_1x_2-6x_2x_3+2x_1x_3$ 为标准形.

**分析** 本题中二次型不含有平方项, 为采用例 1 的思路, 需要先造出平方项.

**解** 令 $\begin{bmatrix} x_1 \\ x_2 \\ x_3 \end{bmatrix} = \begin{bmatrix} 1 & 1 & 0 \\ 1 & -1 & 0 \\ 0 & 0 & 1 \end{bmatrix} \begin{bmatrix} y_1 \\ y_2 \\ y_3 \end{bmatrix}$, 即 $\begin{cases} x_1 = y_1+y_2, \\ x_2 = y_1-y_2, \\ x_3 = y_3, \end{cases}$ 则

$$\begin{aligned} f(x_1,x_2,x_3) &= 2(y_1+y_2)(y_1-y_2)-6(y_1-y_2)y_3+2(y_1+y_2)y_3 \\ &= 2y_1^2-2y_2^2-4y_1y_3+8y_2y_3 \\ &= (2y_1^2-4y_1y_3+2y_3^2)-2y_2^2+8y_2y_3-2y_3^2 \\ &= 2(y_1-y_3)^2-(2y_2^2-8y_2y_3+8y_3^2)+6y_3^2 \\ &= 2(y_1-y_3)^2-2(y_2-2y_3)^2+6y_3^2. \end{aligned}$$

例 2 中, 先用平方差公式造出平方项, 再配方.

令 $\begin{cases} z_1 = y_1-y_3, \\ z_2 = y_2-2y_3, \\ z_3 = y_3, \end{cases}$ 即 $\begin{bmatrix} z_1 \\ z_2 \\ z_3 \end{bmatrix} = \begin{bmatrix} 1 & 0 & -1 \\ 0 & 1 & -2 \\ 0 & 0 & 1 \end{bmatrix} \begin{bmatrix} y_1 \\ y_2 \\ y_3 \end{bmatrix}$, 解得

$$\begin{bmatrix} y_1 \\ y_2 \\ y_3 \end{bmatrix} = \begin{bmatrix} 1 & 0 & 1 \\ 0 & 1 & 2 \\ 0 & 0 & 1 \end{bmatrix} \begin{bmatrix} z_1 \\ z_2 \\ z_3 \end{bmatrix},$$

且 $f=2z_1^2-2z_2^2+6z_3^2$, 其中所作的总的非退化线性替换为

$$\begin{bmatrix} x_1 \\ x_2 \\ x_3 \end{bmatrix} = \begin{bmatrix} 1 & 1 & 0 \\ 1 & -1 & 0 \\ 0 & 0 & 1 \end{bmatrix} \begin{bmatrix} 1 & 0 & 1 \\ 0 & 1 & 2 \\ 0 & 0 & 1 \end{bmatrix} \begin{bmatrix} z_1 \\ z_2 \\ z_3 \end{bmatrix} = \begin{bmatrix} 1 & 1 & 3 \\ 1 & -1 & -1 \\ 0 & 0 & 1 \end{bmatrix} \begin{bmatrix} z_1 \\ z_2 \\ z_3 \end{bmatrix}.$$ □

利用例 1, 例 2 提供的方法, 不难证明以下定理 (有兴趣的读者可以用归纳法自行证明).

知识点讲解 6–2 二次型的标准形

**定理 6.1** 数域 $P$ 上任意一个二次型都可以经过非退化线性替换化成标准形.

利用矩阵的语言, 定理 6.1 可以改述为

**定理 6.1′** 数域 $P$ 上任意一个 $n$ 阶对称矩阵 $\boldsymbol{A}$ 都合同于一个对角矩阵 (称为 $\boldsymbol{A}$ 在 $P$ 上的合同标准形).

**证明**　设 $\boldsymbol{Q}$ 为数域 $P$ 上的 $n$ 阶初等矩阵, 则 $\boldsymbol{Q}=\boldsymbol{E}(i,j),\boldsymbol{E}(i,j(k))$, 或 $\boldsymbol{E}(i(c))(c\neq0)$, 于是对应有 $\boldsymbol{Q}^{\mathrm{T}}=\boldsymbol{E}(i,j),\boldsymbol{E}(j,i(k))$, 或 $\boldsymbol{E}(i(c))$. 把 $\boldsymbol{A}$ 变为 $\boldsymbol{Q}^{\mathrm{T}}\boldsymbol{AQ}$ 的变换相当于对 $\boldsymbol{A}$ 作对应的列初等变换后, 再对得到的结果 $\boldsymbol{AQ}$ 作相应的行初等变换. 由于任意可逆矩阵是一系列初等矩阵的乘积, 如果 $\boldsymbol{C}$ 为可逆矩阵, 那么变换 $\boldsymbol{A}\to\boldsymbol{C}^{\mathrm{T}}\boldsymbol{AC}$ 相当于作一系列上述列、行交替进行的初等变换. 我们称上述列、行交替进行的初等变换为合同变换. 显然, 合同变换把对称矩阵仍变为对称矩阵.

对 $\boldsymbol{A}$ 的阶数 $n$ 作归纳. 当 $n=1$ 时, $\boldsymbol{A}$ 本身就是对角矩阵, 定理 6.1$'$ 显然成立. 下设 $n>1$. 假设定理 6.1$'$ 对 $n-1$ 阶对称矩阵成立, 我们考虑数域 $P$ 上任意一个 $n$ 阶对称矩阵 $\boldsymbol{A}=(a_{ij})_{n\times n}$, 分下列三种情况:

(1) $a_{11}\neq0$, 把第 1 列的若干倍加到第 $j$ 列上, 可以把 $\boldsymbol{A}$ 的 $(1,j)$ 元素变成 0; 再把所得到的矩阵的第 1 行的相同倍数加到第 $j$ 行上, 必然把 $(j,1)$ 元素也变成 0, 其中 $j\in\{2,3,\cdots,n\}$. 这是因为我们所作的初等变换是合同变换而 $\boldsymbol{A}$ 为对称矩阵. 对 $j=2,3,\cdots,n$ 依次进行上述合同变换, $\boldsymbol{A}$ 变成的矩阵 $\begin{bmatrix}a_{11}&\boldsymbol{0}\\\boldsymbol{0}&\boldsymbol{B}\end{bmatrix}$, 必然是对称矩阵, 从而 $\boldsymbol{B}$ 是数域 $P$ 上的 $n-1$ 阶对称矩阵. 由归纳假设, 存在数域 $P$ 上 $n-1$ 阶可逆矩阵 $\boldsymbol{C}_1$ 使 $\boldsymbol{C}_1^{\mathrm{T}}\boldsymbol{BC}_1$ 为对角矩阵. 令 $\boldsymbol{C}=\begin{bmatrix}1&\boldsymbol{0}\\\boldsymbol{0}&\boldsymbol{C}_1\end{bmatrix}$, 则

$$\boldsymbol{C}^{\mathrm{T}}\begin{bmatrix}a_{11}&\boldsymbol{0}\\\boldsymbol{0}&\boldsymbol{B}\end{bmatrix}\boldsymbol{C}=\begin{bmatrix}a_{11}&\boldsymbol{0}\\\boldsymbol{0}&\boldsymbol{C}_1^{\mathrm{T}}\boldsymbol{BC}_1\end{bmatrix}$$

为对角矩阵.

(2) $a_{11}=0$, 但存在某个 $a_{1j}\neq0,j\in\{2,3,\cdots,n\}$, 我们可以把 $\boldsymbol{A}$ 的第 $j$ 列加到第 1 列上去, 再把第 $j$ 行加到第 1 行上去. 利用这样的合同变换就把 $\boldsymbol{A}$ 变成了 (1,1) 位置元素不为 0, 且与 $\boldsymbol{A}$ 合同的矩阵, 归为 (1).

(3) $a_{1j}=0,j=1,2,\cdots,n$. 这时我们有 $a_{j1}=0,j=1,2,\cdots,n$, 于是 $\boldsymbol{A}$ 本身就等于 $\begin{bmatrix}0&\boldsymbol{0}\\\boldsymbol{0}&\boldsymbol{A}_1\end{bmatrix}$, 其中 $\boldsymbol{A}_1$ 为 $n-1$ 阶对称矩阵. 类似 (1), 利用归纳假设也可证明. □

当 $P$ 为实数域 $\mathbf{R}$ 时, 实二次型 $f(\boldsymbol{X})=\boldsymbol{X}^{\mathrm{T}}\boldsymbol{AX}$ 的矩阵 $\boldsymbol{A}$ 为实对称矩阵. 由第 5 章定理 5.7, 存在正交矩阵 $\boldsymbol{T}$ 使 $\boldsymbol{T}^{\mathrm{T}}\boldsymbol{AT}=\boldsymbol{T}^{-1}\boldsymbol{AT}=\boldsymbol{B}$ 为对角矩阵. 于是令 $\boldsymbol{X}=\boldsymbol{TY}$ 代入 $f(\boldsymbol{X})=\boldsymbol{X}^{\mathrm{T}}\boldsymbol{AX}$, 得 $f(\boldsymbol{X})=\boldsymbol{Y}^{\mathrm{T}}(\boldsymbol{T}^{\mathrm{T}}\boldsymbol{AT})\boldsymbol{Y}=\boldsymbol{Y}^{\mathrm{T}}\boldsymbol{BY}$ 为标准形. 由此得到

**定理 6.2**　任意一个实二次型 $f(\boldsymbol{X})=\boldsymbol{X}^{\mathrm{T}}\boldsymbol{AX}$ 都可以经过正交替换 $\boldsymbol{X}=\boldsymbol{TY}$ 化为标准形 $f(\boldsymbol{X})=\lambda_1y_1^2+\lambda_2y_2^2+\cdots+\lambda_ny_n^2$, 其中 $\lambda_1,\lambda_2,\cdots,\lambda_n$ 恰为 $\boldsymbol{A}$ 的 $n$ 个实特征值.

由于二次型与它的矩阵存在一一对应关系, 我们也把一个二次型的矩阵的特征值叫做该二次型的特征值, 这样不会引起混淆.

**例 3**　用正交替换把实二次型 $f(x_1,x_2,x_3)=-x_1^2+4x_1x_2-4x_1x_3+2x_2^2-8x_2x_3+2x_3^2$ 化成标准形.

解 二次型 $f(x_1,x_2,x_3)$ 的矩阵为

$$\boldsymbol{A}=\begin{bmatrix}-1 & 2 & -2\\ 2 & 2 & -4\\ -2 & -4 & 2\end{bmatrix},$$

$$|\lambda\boldsymbol{E}-\boldsymbol{A}|=\begin{vmatrix}\lambda+1 & -2 & 2\\ -2 & \lambda-2 & 4\\ 2 & 4 & \lambda-2\end{vmatrix}=(\lambda+2)^2(\lambda-7),$$

所以, $\boldsymbol{A}$ 的特征值为 $\lambda_1=\lambda_2=-2,\lambda_3=7.$

把 $\lambda_1=\lambda_2=-2$ 代入 $(\lambda\boldsymbol{E}-\boldsymbol{A})\boldsymbol{X}=\boldsymbol{0}$ 得

$$\begin{bmatrix}-1 & -2 & 2\\ -2 & -4 & 4\\ 2 & 4 & -4\end{bmatrix}\boldsymbol{X}=\boldsymbol{0}.$$

因为要求用正交替换化标准二次型, 所以我们只能利用特征值理论求正交矩阵, 得到正交替换. 注意不能用配方法求正交替换化二次型为标准二次型.

属于 $\lambda_1=\lambda_2=-2$ 的两个线性无关的特征向量为

$$\boldsymbol{\alpha}_1=\begin{bmatrix}-2\\ 1\\ 0\end{bmatrix},\quad \boldsymbol{\alpha}_2=\begin{bmatrix}2\\ 0\\ 1\end{bmatrix}.$$

正交化得

$$\boldsymbol{\beta}_1=\boldsymbol{\alpha}_1=\begin{bmatrix}-2\\ 1\\ 0\end{bmatrix},$$

$$\boldsymbol{\beta}_2=\boldsymbol{\alpha}_2-\frac{(\boldsymbol{\alpha}_2,\boldsymbol{\beta}_1)}{(\boldsymbol{\beta}_1,\boldsymbol{\beta}_1)}\boldsymbol{\beta}_1=\boldsymbol{\alpha}_2+\frac{4}{5}\boldsymbol{\beta}_1=\begin{bmatrix}\frac{2}{5}\\ \frac{4}{5}\\ 1\end{bmatrix}.$$

单位化得

$$\boldsymbol{\gamma}_1=\frac{\boldsymbol{\beta}_1}{|\boldsymbol{\beta}_1|}=\begin{bmatrix}-\frac{2}{\sqrt{5}}\\ \frac{1}{\sqrt{5}}\\ 0\end{bmatrix},$$

$$\boldsymbol{\gamma}_2=\frac{\boldsymbol{\beta}_2}{|\boldsymbol{\beta}_2|}=\begin{bmatrix}\frac{2}{3\sqrt{5}}\\ \frac{4}{3\sqrt{5}}\\ \frac{\sqrt{5}}{3}\end{bmatrix}.$$

把 $\lambda_3=7$ 代入 $(\lambda\boldsymbol{E}-\boldsymbol{A})\boldsymbol{X}=\boldsymbol{0}$ 得

$$\begin{bmatrix}8 & -2 & 2\\ -2 & 5 & 4\\ 2 & 4 & 5\end{bmatrix}\boldsymbol{X}=\boldsymbol{0}.$$

属于 $\lambda_3=7$ 的一个线性无关的特征向量为

$$\boldsymbol{\alpha}_3=\begin{bmatrix}1\\ 2\\ -2\end{bmatrix},$$

单位化得

$$\boldsymbol{\gamma}_3=\begin{bmatrix}\frac{1}{3}\\ \frac{2}{3}\\ -\frac{2}{3}\end{bmatrix}.$$

令

$$\boldsymbol{T}=\begin{bmatrix}-\frac{2}{\sqrt{5}} & \frac{2}{3\sqrt{5}} & \frac{1}{3}\\ \frac{1}{\sqrt{5}} & \frac{4}{3\sqrt{5}} & \frac{2}{3}\\ 0 & \frac{\sqrt{5}}{3} & -\frac{2}{3}\end{bmatrix},$$

则 $\boldsymbol{T}$ 为正交矩阵, 线性替换 $\boldsymbol{X}=\boldsymbol{TY}$ 为正交替换, 且

$$f(x_1,x_2,x_3)=\boldsymbol{X}^{\mathrm{T}}\boldsymbol{AX}=\boldsymbol{Y}^{\mathrm{T}}(\boldsymbol{T}^{\mathrm{T}}\boldsymbol{AT})\boldsymbol{Y}=\boldsymbol{Y}^{\mathrm{T}}\begin{bmatrix}-2 & & \\ & -2 & \\ & & 7\end{bmatrix}\boldsymbol{Y}=-2y_1^2-2y_2^2+7y_3^2.$$

□

正交矩阵 $\boldsymbol{T}$ 的列向量都是二次型矩阵的特征向量, 并且特征向量排列次序与对角矩阵主对角线上特征值排列次序一致.

**注** 本题中正交替换 $\boldsymbol{X}=\boldsymbol{TY}$ 不唯一. 例如, 选择正交向量组 $(2,1,2)^{\mathrm{T}},(2,-2,-1)^{\mathrm{T}}$ 作为属于特征值 $-2$ 的特征向量, 再单位化后得到正交矩阵

$$\boldsymbol{Q}=\begin{bmatrix}\frac{2}{3} & \frac{1}{3} & \frac{2}{3}\\ \frac{1}{3} & \frac{2}{3} & \frac{2}{3}\\ \frac{2}{3} & -\frac{2}{3} & -\frac{1}{3}\end{bmatrix},$$

经过正交替换 $\boldsymbol{X}=\boldsymbol{QY}$, 得到 $f=-2y_1^2+7y_2^2-2y_3^2$.

## 习题 6.2

1. 用非退化的线性替换化下列二次型为标准形:

(1) $f(x_1,x_2,x_3)=-4x_1x_2+2x_1x_3+2x_2x_3$;

(2) $f(x_1,x_2,x_3)=x_1^2+2x_1x_2+2x_2^2+4x_2x_3+4x_3^2$;

(3) $f(x_1,x_2,x_3)=x_1x_2-x_1x_3+x_2x_3$;

(4) $f(x_1,x_2,x_3,x_4)=x_1^2-2x_1x_2+4x_1x_3-2x_1x_4+x_2^2-2x_2x_3+$
$$2x_2x_4+x_3^2-4x_3x_4+x_4^2.$$

2. 用正交替换化下列实二次型为标准形:

(1) $f(x_1,x_2,x_3)=x_1^2+4x_1x_2+2x_1x_3+4x_2^2+4x_2x_3+x_3^2$;

(2) $f(x_1,x_2,x_3)=x_1^2-x_2^2+x_3^2+2x_1x_2+2x_1x_3-2x_2x_3$;

(3) $f(x_1,x_2,x_3)=-2x_1x_2+4x_1x_3-4x_2x_3+3x_3^2$;

(4) $f(x_1,x_2,x_3)=2x_1^2+2x_2^2+2x_3^2+2x_1x_2-2x_1x_3-2x_2x_3$.

3. 设 $\boldsymbol{A}$ 为 $n$ 阶实对称矩阵, 其特征值为 $\lambda_1,\lambda_2,\cdots,\lambda_n$, $\boldsymbol{X},\boldsymbol{Y}\in\mathbf{R}^n$, 证明:

(1) 若 $\boldsymbol{T}$ 为正交矩阵, $\boldsymbol{X}=\boldsymbol{T}\boldsymbol{Y}$, 则
$$(\boldsymbol{X},\boldsymbol{X})=(\boldsymbol{Y},\boldsymbol{Y});$$

(2) 若 $\lambda,\mu$ 分别为 $\lambda_1,\lambda_2,\cdots,\lambda_n$ 中的最大、最小者, 则
$$\mu\boldsymbol{X}^{\mathrm{T}}\boldsymbol{X}\leqslant\boldsymbol{X}^{\mathrm{T}}\boldsymbol{A}\boldsymbol{X}\leqslant\lambda\boldsymbol{X}^{\mathrm{T}}\boldsymbol{X}.$$

## §6.3 二次型的规范形

从 §6.2 例 2 可以看出, 数域 $P$ 上一个二次型 $f(x_1,x_2,\cdots,x_n)$, 其标准形一般不是唯一的. 但标准形中非零的平方项系数的个数是由二次型唯一确定的, 因为它等于二次型的秩. 下面分别在复数域 $\mathbf{C}$ 和实数域 $\mathbf{R}$ 上讨论标准形的进一步简化问题.

先在复数域 $\mathbf{C}$ 上讨论. 设 $f(x_1,x_2,\cdots,x_n)$ 是秩为 $r$ 的复二次型, 则经过非退化线性替换, $f$ 可化为
$$f=d_1y_1^2+d_2y_2^2+\cdots+d_ry_r^2\ (d_i\neq 0, i=1,2,\cdots,r),$$
其中 $d_i$ 为复数, 再作非退化线性替换

在复数域上, 任意非零复数都可以开平方.

知识点讲解 6–3
二次型的规范形

$$\begin{bmatrix}y_1\\y_2\\\vdots\\y_n\end{bmatrix}=\begin{bmatrix}\frac{1}{\sqrt{d_1}}&&&&&&\\&\frac{1}{\sqrt{d_2}}&&&&&\\&&\ddots&&&&\\&&&\frac{1}{\sqrt{d_r}}&&&\\&&&&1&&\\&&&&&\ddots&\\&&&&&&1\end{bmatrix}\begin{bmatrix}z_1\\z_2\\\vdots\\z_n\end{bmatrix},$$

则 $f=z_1^2+z_2^2+\cdots+z_r^2$.

**定义 6.5** 如果复二次型 $f(x_1,x_2,\cdots,x_n)$ 的秩为 $r$, 那么 $f=z_1^2+z_2^2+\cdots+z_r^2$

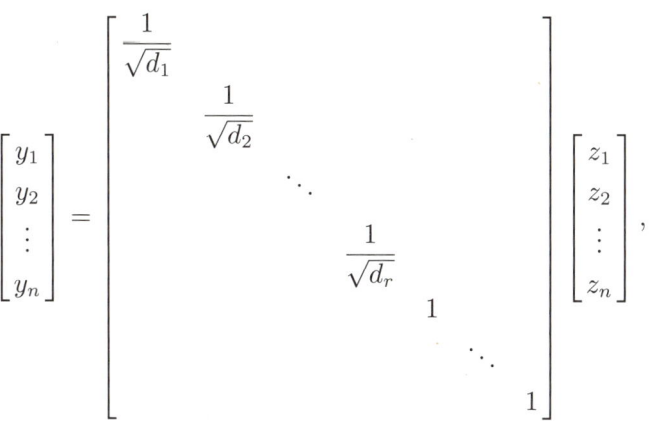

称为复数域 $\mathbf{C}$ 上二次型 $f(x_1,x_2,\cdots,x_n)$ 的规范形.

显然, 复数域上二次型的规范形由该二次型的秩唯一确定, 且规范形对应的矩阵为 $\begin{bmatrix}\boldsymbol{E}_r & \boldsymbol{O}\\ \boldsymbol{O} & \boldsymbol{O}\end{bmatrix}$. 我们有

**定理 6.3** 任意一个复二次型都可以用非退化线性替换化成复数域上的规范形, 并且规范形由该二次型的秩唯一确定.

用矩阵语言可改述为

不难得出, 两个 $n$ 阶复对称矩阵合同当且仅当它们的秩相等. 因此如按矩阵的合同进行分类, $n$ 阶复对称矩阵的集合在合同的意义下可分成 $n+1$ 类.

**定理 6.3′** 任意一个复对称矩阵 $\boldsymbol{A}$ 都在复数域上合同于一个形如 $\begin{bmatrix}\boldsymbol{E}_r & \boldsymbol{O}\\ \boldsymbol{O} & \boldsymbol{O}\end{bmatrix}$ 的对角矩阵, 其中 $r$ 为 $\boldsymbol{A}$ 的秩.

**例 1** 求复二次型

$$f(x_1,x_2,x_3)=-2x_1^2+4x_1x_2+2x_1x_3+2x_3^2$$

的规范形.

**解** $f(x_1,x_2,x_3)=\boldsymbol{X}^{\mathrm{T}}\begin{bmatrix}-2&2&1\\2&0&0\\1&0&2\end{bmatrix}\boldsymbol{X}$ 的系数矩阵 $\boldsymbol{A}=\begin{bmatrix}-2&2&1\\2&0&0\\1&0&2\end{bmatrix}$ 的行列式 $|\boldsymbol{A}|\neq 0$, 故 $r(\boldsymbol{A})=3$. 因此复二次型 $f(x_1,x_2,x_3)$ 的规范形为 $z_1^2+z_2^2+z_3^2$. □

再研究实二次型的情况. 设 $f(x_1,x_2,\cdots,x_n)$ 是秩为 $r$ 的实二次型. 经过实数域上适当的非退化线性替换 $\boldsymbol{X}=\boldsymbol{C}\boldsymbol{Y}$, 可得 $f$ 的标准形为

$$f=d_1y_1^2+d_2y_2^2+\cdots+d_py_p^2-d_{p+1}y_{p+1}^2-\cdots-d_ry_r^2,$$

其中 $p$ 为非负整数, $p\leqslant r, d_i$ 为正实数, $i=1,2,\cdots,r$. 再令

$$\begin{bmatrix}y_1\\y_2\\\vdots\\y_n\end{bmatrix}=\begin{bmatrix}\frac{1}{\sqrt{d_1}}&&&&&&\\&\frac{1}{\sqrt{d_2}}&&&&&\\&&\ddots&&&&\\&&&\frac{1}{\sqrt{d_r}}&&&\\&&&&1&&\\&&&&&\ddots&\\&&&&&&1\end{bmatrix}\begin{bmatrix}z_1\\z_2\\\vdots\\z_n\end{bmatrix},$$

则 $f=z_1^2+z_2^2+\cdots+z_p^2-z_{p+1}^2-\cdots-z_r^2$.

**定义 6.6** 上式称为实二次型 $f(x_1,x_2,\cdots,x_n)$ 的一个规范形.

显然, 实二次型 $f$ 的规范形由正平方项系数个数 $p$ 与二次型的秩 $r$ 完全确定. 下面的定理 (通常称为惯性定理) 指出, 实二次型 $f$ 完全决定了它的 $p$ 和 $r$.

**定理 6.4** 任意实二次型都可用实数域上非退化线性替换化成规范形, 且规范形由原二次型唯一确定.

* **证明** 定理 6.4 的前一部分已证明, 我们只证明规范形可由原二次型 $f$ 唯一确定.

即只要证明规范形中的 $p$ 由实二次型唯一确定即可.

设秩为 $r$ 的实二次型 $f(x_1,x_2,\cdots,x_n)$ 经过实数域上非退化线性替换 $\boldsymbol{X}=\boldsymbol{CY}$ 化成规范形

$$f=y_1^2+y_2^2+\cdots+y_p^2-y_{p+1}^2-\cdots-y_r^2,$$

又 $f$ 经过实数域上非退化线性替换 $\boldsymbol{X}=\boldsymbol{BZ}$ 化为规范形

$$f=z_1^2+z_2^2+\cdots+z_s^2-z_{s+1}^2-\cdots-z_r^2,$$

所以

$$y_1^2+y_2^2+\cdots+y_p^2-y_{p+1}^2-\cdots-y_r^2=z_1^2+z_2^2+\cdots+z_s^2-z_{s+1}^2-\cdots-z_r^2. \tag{5}$$

由 $\boldsymbol{X}=\boldsymbol{CY}$ 与 $\boldsymbol{X}=\boldsymbol{BZ}$ 得 $\boldsymbol{Z}=\boldsymbol{B}^{-1}\boldsymbol{CY}$. 令 $\boldsymbol{G}=\boldsymbol{B}^{-1}\boldsymbol{C}=(g_{ij})_{n\times n}$, 则实矩阵 $\boldsymbol{G}$ 非退化, 在实数域上非退化线性替换 $\boldsymbol{Z}=\boldsymbol{GY}$ 把规范形

$$z_1^2+z_2^2+\cdots+z_s^2-z_{s+1}^2-\cdots-z_r^2$$

化成规范形

$$y_1^2+y_2^2+\cdots+y_p^2-y_{p+1}^2-\cdots-y_r^2.$$

如果 $p>s$, 我们考察齐次线性方程组

$$\begin{cases} g_{11}y_1+g_{12}y_2+\cdots+g_{1n}y_n=0,\\ g_{21}y_1+g_{22}y_2+\cdots+g_{2n}y_n=0,\\ \qquad\cdots\cdots\cdots\cdots\\ g_{s1}y_1+g_{s2}y_2+\cdots+g_{sn}y_n=0,\\ y_{p+1}=0,\\ \qquad\cdots\cdots\cdots\cdots\\ y_n=0. \end{cases}$$

实际上, 齐次线性方程组由 (5) 式中 $z_1=z_2=\cdots=z_s=0$ 及 $y_{p+1}=y_{p+2}=\cdots=y_r=0$ 得到.

它的方程个数为 $(n-p)+s<n$, 所以它有非零解. 令 $(k_1,k_2,\cdots,k_p,k_{p+1},\cdots,k_n)^{\mathrm{T}}$ 为它的一个非零解, 则 $k_{p+1}=k_{p+2}=\cdots=k_n=0$, 从而 $k_1,k_2,\cdots,k_p$ 不全为 0. 再由 $\boldsymbol{Z}=\boldsymbol{GY}$ 知相应的 $z_1=z_2=\cdots=z_s=0$. 这样, (5) 式的左端 $=y_1^2+y_2^2+\cdots+y_p^2>0$, 而右端 $=-z_{s+1}^2-z_{s+2}^2-\cdots-z_r^2\leqslant 0$, 矛盾. 从而 $p\leqslant s$.

同理可证 $s\leqslant p$, 故 $p=s$. 因此, 规范形由原二次型唯一确定. □

定理 6.4 可用矩阵语言改述为

**定理 6.4′** 任意 $n$ 阶实对称矩阵 $\boldsymbol{A}$ 都在实数域上合同于对角矩阵

$$\begin{bmatrix} \boldsymbol{E}_p & & \\ & -\boldsymbol{E}_{r-p} & \\ & & \boldsymbol{O} \end{bmatrix},$$

其中 $r=r(\boldsymbol{A})$, 且 $p,r$ 都由 $\boldsymbol{A}$ 唯一确定, $0\leqslant p\leqslant r\leqslant n$. 我们称 $p$ 为实二次型 $f(\boldsymbol{X})=\boldsymbol{X}^{\mathrm{T}}\boldsymbol{AX}$ 或实对称矩阵 $\boldsymbol{A}$ 的**正惯性指数**, 称 $q=r-p$ 为实二次型 $f(\boldsymbol{X})=\boldsymbol{X}^{\mathrm{T}}\boldsymbol{AX}$ 或 $\boldsymbol{A}$ 的**负惯性指数**, 称 $p-q$ 为实二次型 $f(\boldsymbol{X})=\boldsymbol{X}^{\mathrm{T}}\boldsymbol{AX}$ 或 $\boldsymbol{A}$ 的**符号差**.

不难证明, 两个实对称矩阵在实数域上合同当且仅当它们的秩、正惯性指数都分别相同. 因此, $n$ 阶实对称矩阵的集合在合同的意义下可以分成 $\sum\limits_{r=0}^{n}(r+1)=\dfrac{(n+1)(n+2)}{2}$ 类.

**例 2** 用非退化线性替换化实二次型

$$f(x_1,x_2,x_3)=x_1^2-2x_2^2-2x_1x_3+3x_3^2$$

为规范形, 并指出正惯性指数、负惯性指数和符号差.

**解** $f(x_1,x_2,x_3)=\boldsymbol{X}^{\mathrm{T}}\begin{bmatrix}1&0&-1\\0&-2&0\\-1&0&3\end{bmatrix}\boldsymbol{X}$ 的矩阵为 $\boldsymbol{A}=\begin{bmatrix}1&0&-1\\0&-2&0\\-1&0&3\end{bmatrix}$. 令 $\boldsymbol{C}_1=\begin{bmatrix}1&0&1\\0&1&0\\0&0&1\end{bmatrix}$, 则

$$\boldsymbol{C}_1^{\mathrm{T}}\boldsymbol{A}\boldsymbol{C}_1=\begin{bmatrix}1&0&0\\0&1&0\\1&0&1\end{bmatrix}\begin{bmatrix}1&0&-1\\0&-2&0\\-1&0&3\end{bmatrix}\begin{bmatrix}1&0&1\\0&1&0\\0&0&1\end{bmatrix}=\begin{bmatrix}1&0&0\\0&-2&0\\0&0&2\end{bmatrix},$$

矩阵 $\boldsymbol{C}_1$ 是初等矩阵, $\boldsymbol{C}_1^{\mathrm{T}}\boldsymbol{A}\boldsymbol{C}_1$ 相当于把 $\boldsymbol{A}$ 的第一行加到第三行后, 再把第一列加到第三列.

令 $\boldsymbol{C}_2=\begin{bmatrix}1&0&0\\0&\frac{1}{\sqrt{2}}&0\\0&0&\frac{1}{\sqrt{2}}\end{bmatrix}$, 则 $\boldsymbol{C}_2^{\mathrm{T}}(\boldsymbol{C}_1^{\mathrm{T}}\boldsymbol{A}\boldsymbol{C}_1)\boldsymbol{C}_2=\begin{bmatrix}1&0&0\\0&-1&0\\0&0&1\end{bmatrix}$, 令 $\boldsymbol{C}_3=\begin{bmatrix}1&0&0\\0&0&1\\0&1&0\end{bmatrix}$, 则

$$\boldsymbol{C}_3^{\mathrm{T}}(\boldsymbol{C}_2^{\mathrm{T}}\boldsymbol{C}_1^{\mathrm{T}}\boldsymbol{A}\boldsymbol{C}_1\boldsymbol{C}_2)\boldsymbol{C}_3=\begin{bmatrix}1&0&0\\0&1&0\\0&0&-1\end{bmatrix}.$$

令 $\boldsymbol{C}=\boldsymbol{C}_1\boldsymbol{C}_2\boldsymbol{C}_3$, 则

$$\boldsymbol{C}=\begin{bmatrix}1&0&1\\0&1&0\\0&0&1\end{bmatrix}\begin{bmatrix}1&0&0\\0&\frac{1}{\sqrt{2}}&0\\0&0&\frac{1}{\sqrt{2}}\end{bmatrix}\begin{bmatrix}1&0&0\\0&0&1\\0&1&0\end{bmatrix}=\begin{bmatrix}1&\frac{\sqrt{2}}{2}&0\\0&0&\frac{\sqrt{2}}{2}\\0&\frac{\sqrt{2}}{2}&0\end{bmatrix}$$

可逆. 令 $\boldsymbol{X}=\boldsymbol{C}\boldsymbol{Y}$, 则

$$f(x_1,x_2,x_3)=\boldsymbol{Y}^{\mathrm{T}}(\boldsymbol{C}^{\mathrm{T}}\boldsymbol{A}\boldsymbol{C})\boldsymbol{Y}=y_1^2+y_2^2-y_3^2.$$

所以正惯性指数 $p=2$, 负惯性指数 $q=1$, 符号差为 1. □

## 习题 6.3

1. 求下列复二次型的规范形:

(1) $f(x_1,x_2,x_3)=2x_1^2+x_2^2-4x_1x_2-4x_2x_3$;

(2) $f(x_1,x_2,x_3,x_4)=x_1^2+2x_2^2+2x_3^2+4x_4^2+4x_1x_2+4x_1x_3+2x_1x_4+4x_2x_3+2x_2x_4+2x_3x_4$.

2. 用非退化的线性替换把下列实二次型化为规范形, 并指出其正惯性指数、负惯性指数和符号差.

(1) $f(x_1,x_2,x_3)=x_1x_2+x_2x_3+x_1x_3$;

(2) $f(x_1,x_2,x_3,x_4)=x_1^2+2x_2^2+x_3^2+4x_1x_2+4x_3x_4$;

(3) $f(x_1,x_2,x_3)=x_1^2+2x_2^2+6x_3^2+2x_1x_2+2x_1x_3+6x_2x_3$.

3. 证明: 秩为 $r$ 的对称矩阵, 可以表示成 $r$ 个秩为 1 的对称矩阵之和.

4. 证明: 一个非零实二次型可以分解成两个实系数一次齐次多项式之乘积的充要条件是它的秩等于 2 且符号差等于零, 或者秩等于 1.

# §6.4 正定二次型与正定矩阵

本节只讨论实二次型, 正定二次型在数学的许多分支 (如线性规划、微积分等) 以及工程技术上都有很广泛的应用.

**定义 6.7** 设 $f(\boldsymbol{X})=\boldsymbol{X}^{\mathrm{T}}\boldsymbol{A}\boldsymbol{X}$ 为实二次型, 其中 $\boldsymbol{A}$ 为二次型 $f(\boldsymbol{X})$ 的矩阵, $\boldsymbol{X}=(x_1,x_2,\cdots,x_n)^{\mathrm{T}}$ 为实 $n$ 维列向量.

(1) 若对任意 $\boldsymbol{X}\in\mathbf{R}^n,\boldsymbol{X}\neq\mathbf{0}$, 都有 $f(\boldsymbol{X})>0$, 则称实二次型 $f(\boldsymbol{X})$ 是一个**正定二次型**. 这时称 $\boldsymbol{A}$ 为**正定矩阵**, 又称 $\boldsymbol{A}$ 是**正定的**.

(2) 若对任意 $\boldsymbol{X}\in\mathbf{R}^n$, 都有 $f(\boldsymbol{X})\geqslant 0$, 且存在 $\boldsymbol{X}\neq\mathbf{0}$, 使 $f(\boldsymbol{X})=0$, 则称实二次型 $f(\boldsymbol{X})$ 是一个**半正定二次型**. 这时称矩阵 $\boldsymbol{A}$ 为**半正定矩阵**, 又称 $\boldsymbol{A}$ 是**半正定的**.

(3) 若对任意 $\boldsymbol{X}\in\mathbf{R}^n,\boldsymbol{X}\neq\mathbf{0}$, 都有 $f(\boldsymbol{X})<0$, 则称实二次型 $f(\boldsymbol{X})$ 为一个**负定二次型**. 这时, 称 $\boldsymbol{A}$ 为**负定矩阵**, 又称 $\boldsymbol{A}$ 是**负定的**.

(4) 若对任意 $\boldsymbol{X}\in\mathbf{R}^n$, 都有 $f(\boldsymbol{X})\leqslant 0$, 且存在 $\boldsymbol{X}\neq\mathbf{0}$ 使 $f(\boldsymbol{X})=0$, 则称实二次型 $f(\boldsymbol{X})$ 是一个**半负定二次型**. 这时, 称 $\boldsymbol{A}$ 为**半负定矩阵**, 又称 $\boldsymbol{A}$ 是**半负定的**.

(5) 若存在两个向量 $\boldsymbol{X}_1,\boldsymbol{X}_2\in\mathbf{R}^n$, 使 $f(\boldsymbol{X}_1)>0,f(\boldsymbol{X}_2)<0$, 则称二次型 $f(\boldsymbol{X})$ 是**不定二次型**. 这时, 称 $\boldsymbol{A}$ 为**不定矩阵**, 又称 $\boldsymbol{A}$ 是**不定的**.

> **注** 实矩阵 $\boldsymbol{A}$ 正定要求 $\boldsymbol{A}$ 实对称和二次型 $\boldsymbol{X}^{\mathrm{T}}\boldsymbol{A}\boldsymbol{X}$ 正定同时成立.
>
> 显然, 实对称矩阵 $\boldsymbol{A}$ 是 (半) 负定矩阵的充要条件是 $-\boldsymbol{A}$ 是 (半) 正定矩阵. 另外, 若实对称矩阵 $\boldsymbol{A}$ 是 (半) 正定的, 则 $\boldsymbol{A}$ 的主对角线上元素都 (大于或等于) 大于 0; 若实对称矩阵 $\boldsymbol{A}$ 是 (半) 负定的, 则 $\boldsymbol{A}$ 的主对角线上元素都 (小于或等于) 小于 0.

**例 1** 设 $d_i>0,i=1,2,\cdots,n$, 则

$f_1(x_1,x_2,\cdots,x_n)=d_1x_1^2+d_2x_2^2+\cdots+d_nx_n^2$ 是正定二次型;

$f_2(x_1,x_2,\cdots,x_n)=d_1x_1^2+d_2x_2^2+\cdots+d_rx_r^2(r<n)$ 是半正定二次型;

$f_3(x_1,x_2,\cdots,x_n)=-d_1x_1^2-d_2x_2^2-\cdots-d_nx_n^2$ 是负定二次型;

$f_4(x_1,x_2,\cdots,x_n)=-d_1x_1^2-d_2x_2^2-\cdots-d_rx_r^2(r<n)$ 是半负定二次型;

$f_5(x_1,x_2,\cdots,x_n)=d_1x_1^2-d_2x_2^2-\cdots-d_nx_n^2(n>1)$ 是不定二次型.

我们主要研究正定二次型. 对于半正定二次型、半负定二次型和负定二次型, 读者不难得出相应的结论.

知识点讲解 6–4
正定矩阵

**引理 1** 实对称矩阵

$$A = \begin{bmatrix} d_1 & & & \\ & d_2 & & \\ & & \ddots & \\ & & & d_n \end{bmatrix}$$

正定的充要条件是 $d_i$ 都是正数, $i = 1, 2, \cdots, n$.

**证明** 因为 $\boldsymbol{A}$ 是实对称矩阵, 所以 $\boldsymbol{A}$ 正定当且仅当二次型 $\boldsymbol{X}^{\mathrm{T}}\boldsymbol{A}\boldsymbol{X} = d_1x_1^2 + d_2x_2^2 + \cdots + d_nx_n^2$ 正定, 后者显然等价于 $d_1, d_2, \cdots, d_n$ 都是正数. □

**引理 2** 设 $\boldsymbol{A}, \boldsymbol{B}$ 为 $n$ 阶实对称矩阵, 且 $\boldsymbol{A}, \boldsymbol{B}$ 在实数域上合同, 则 $\boldsymbol{A}$ 正定的充要条件是 $\boldsymbol{B}$ 正定. 换言之, 合同变换不改变实对称矩阵的正定性.

**注** 类似可证明, 合同变换不改变实对称矩阵的有定性, 即合同变换前后两个矩阵同时为 (半) 正定或 (半) 负定或不定的.

**证明** 由假设条件知存在实可逆矩阵 $\boldsymbol{C}$, 使 $\boldsymbol{B} = \boldsymbol{C}^{\mathrm{T}}\boldsymbol{A}\boldsymbol{C}$. 如果 $\boldsymbol{B}$ 正定, 那么对任意非零列向量 $\boldsymbol{X} \in \mathbf{R}^n$, 有 $\boldsymbol{X}^{\mathrm{T}}\boldsymbol{B}\boldsymbol{X} > 0$, 即 $(\boldsymbol{C}\boldsymbol{X})^{\mathrm{T}}\boldsymbol{A}(\boldsymbol{C}\boldsymbol{X}) > 0$, 注意 $\boldsymbol{C}$ 为实可逆矩阵, 因此, 随着 $\boldsymbol{X}$ 遍取 $\mathbf{R}^n$ 中的非零列向量, $\boldsymbol{C}\boldsymbol{X}$ 也可遍取 $\mathbf{R}^n$ 中所有非零列向量, 所以 $\boldsymbol{A}$ 是正定的. 同理可证, 若 $\boldsymbol{A}$ 正定, 则 $\boldsymbol{B}$ 也正定. □

我们知道, 任意一个 $n$ 阶实对称矩阵 $\boldsymbol{A}$ 都合同于它的规范形 $\boldsymbol{B} = \begin{bmatrix} \boldsymbol{E}_p & & \\ & -\boldsymbol{E}_{r-p} & \\ & & \boldsymbol{O} \end{bmatrix}$, 其中 $p$ 为 $\boldsymbol{A}$ 的正惯性指数, $r = r(\boldsymbol{A})$. 由引理 2, 合同变换不改变矩阵的正定性, 所以 $\boldsymbol{A}$ 正定当且仅当 $\boldsymbol{B}$ 正定, 再由引理 1, 得

注意, 负定矩阵的行列式未必为负数. 例如 $\boldsymbol{A} = \begin{bmatrix} -1 & 0 \\ 0 & -1 \end{bmatrix}$ 负定, 但 $|\boldsymbol{A}| = 1$.

**定理 6.5** $n$ 阶实对称矩阵 $\boldsymbol{A}$ 正定的充要条件是它的正惯性指数为 $n$.

**定理 6.6** $n$ 阶实矩阵 $\boldsymbol{A}$ 正定的充要条件是 $\boldsymbol{A}$ 与 $n$ 阶单位矩阵 $\boldsymbol{E}$ 合同, 即存在 $n$ 阶实可逆矩阵 $\boldsymbol{C}$ 使 $\boldsymbol{A} = \boldsymbol{C}^{\mathrm{T}}\boldsymbol{C}$.

**推论** 正定矩阵的行列式大于 0.

利用引理 1、引理 2 及定理 6.5, 不难证明

**定理 6.7** 实对称矩阵 $\boldsymbol{A}$ 正定的充要条件是 $\boldsymbol{A}$ 的特征值全是正数.

**定义 6.8** 设 $\boldsymbol{A} = (a_{ij})_{n\times n}$ 为 $n$ 阶矩阵, 则行列式

$$D_1 = a_{11}, D_2 = \begin{vmatrix} a_{11} & a_{12} \\ a_{21} & a_{22} \end{vmatrix}, \cdots, D_n = \begin{vmatrix} a_{11} & a_{12} & \cdots & a_{1n} \\ a_{21} & a_{22} & \cdots & a_{2n} \\ \vdots & \vdots & & \vdots \\ a_{n1} & a_{n2} & \cdots & a_{nn} \end{vmatrix}$$

分别称为 $\boldsymbol{A}$ 的 $1, 2, \cdots, n$ 阶顺序主子式.

下面的定理给出利用顺序主子式判断一个实对称矩阵是否正定的充要条件.

**定理 6.8** $n$ 阶实对称矩阵 $\boldsymbol{A}$ 正定的充要条件是 $\boldsymbol{A}$ 的所有顺序主子式都大于 0.

* **证明** 必要性. 设 $\boldsymbol{A}$ 正定, 即 $n$ 元二次型 $f(\boldsymbol{X}) = \boldsymbol{X}^{\mathrm{T}}\boldsymbol{A}\boldsymbol{X}$ 正定, 所以对一切 $\boldsymbol{X} \in \mathbf{R}^n, \boldsymbol{X} \neq \mathbf{0}$, 有 $\boldsymbol{X}^{\mathrm{T}}\boldsymbol{A}\boldsymbol{X} > 0$.

设 $\boldsymbol{A} = (a_{ij})_{n\times n}$, 取 $\boldsymbol{X} = (x_1, x_2, \cdots, x_k, 0, \cdots, 0)^{\mathrm{T}}$, 其中 $x_1, x_2, \cdots, x_k$ 为任意

不全为 0 的实数, 则

$$\boldsymbol{X}^{\mathrm{T}}\boldsymbol{A}\boldsymbol{X}=[x_1,\cdots,x_k,0,\cdots,0]\begin{bmatrix}a_{11}&a_{12}&\cdots&a_{1n}\\a_{21}&a_{22}&\cdots&a_{2n}\\\vdots&\vdots&&\vdots\\a_{n1}&a_{n2}&\cdots&a_{nn}\end{bmatrix}\begin{bmatrix}x_1\\\vdots\\x_k\\0\\\vdots\\0\end{bmatrix}$$

$$=[x_1,x_2,\cdots,x_k]\begin{bmatrix}a_{11}&a_{12}&\cdots&a_{1k}\\a_{21}&a_{22}&\cdots&a_{2k}\\\vdots&\vdots&&\vdots\\a_{k1}&a_{k2}&\cdots&a_{kk}\end{bmatrix}\begin{bmatrix}x_1\\x_2\\\vdots\\x_k\end{bmatrix}>0.$$

依定义, 实对称矩阵 $\begin{bmatrix}a_{11}&a_{12}&\cdots&a_{1k}\\a_{21}&a_{22}&\cdots&a_{2k}\\\vdots&\vdots&&\vdots\\a_{k1}&a_{k2}&\cdots&a_{kk}\end{bmatrix}$ 正定. 再由定理 6.6 的推论, 知 $\boldsymbol{A}$ 的 $k$ 阶顺序主子式大于 0.

充分性. 对 $n$ 作数学归纳法. 当 $n=1$ 时, 显然结论成立.

假设充分性对 $n-1$ 阶实对称矩阵成立. 我们把 $n$ 阶实对称矩阵 $\boldsymbol{A}$ 写成如下分块矩阵:

$$\boldsymbol{A}=\begin{bmatrix}\boldsymbol{A}_{n-1}&\boldsymbol{\alpha}\\\boldsymbol{\alpha}^{\mathrm{T}}&a_{nn}\end{bmatrix},$$

其中 $\boldsymbol{\alpha}=(a_{1n},a_{2n},\cdots,a_{n-1,n})^{\mathrm{T}}$. 则由归纳假设, $\boldsymbol{A}_{n-1}$ 是正定矩阵, 当然也可逆.

需要指出, 定理 6.8 对半正定矩阵不能照搬. 换言之,"实对称矩阵 $\boldsymbol{A}$ 的顺序主子式全都非负"不能推出"$\boldsymbol{A}$ 半正定". 例如, $\boldsymbol{A}=\begin{bmatrix}0&0\\0&-1\end{bmatrix}$ 的顺序主子式都是 0, 但 $\boldsymbol{A}$ 是半负定的.

令 $\boldsymbol{C}=\begin{bmatrix}\boldsymbol{E}_{n-1}&-\boldsymbol{A}_{n-1}^{-1}\boldsymbol{\alpha}\\\boldsymbol{0}&1\end{bmatrix}$, 则 $\boldsymbol{C}$ 可逆, 且 $\boldsymbol{C}^{\mathrm{T}}=\begin{bmatrix}\boldsymbol{E}_{n-1}&\boldsymbol{0}\\-\boldsymbol{\alpha}^{\mathrm{T}}\boldsymbol{A}_{n-1}^{-1}&1\end{bmatrix}$, 从而

$$\boldsymbol{C}^{\mathrm{T}}\boldsymbol{A}\boldsymbol{C}=\begin{bmatrix}\boldsymbol{A}_{n-1}&\boldsymbol{0}\\\boldsymbol{0}&a_{nn}-\boldsymbol{\alpha}^{\mathrm{T}}\boldsymbol{A}_{n-1}^{-1}\boldsymbol{\alpha}\end{bmatrix}.$$

由 $|\boldsymbol{A}|>0,|\boldsymbol{A}_{n-1}|>0$, 上式两边取行列式, 可知 $a_{nn}-\boldsymbol{\alpha}^{\mathrm{T}}\boldsymbol{A}_{n-1}^{-1}\boldsymbol{\alpha}>0$. 记 $b=a_{nn}-\boldsymbol{\alpha}^{\mathrm{T}}\boldsymbol{A}_{n-1}^{-1}\boldsymbol{\alpha}$.

注意到 $\boldsymbol{A}_{n-1}$ 正定, 因此存在 $n-1$ 阶实可逆矩阵 $\boldsymbol{D}_{n-1}$, 使 $\boldsymbol{A}_{n-1}=\boldsymbol{D}_{n-1}^{\mathrm{T}}\boldsymbol{D}_{n-1}$, 从而

$$\boldsymbol{C}^{\mathrm{T}}\boldsymbol{A}\boldsymbol{C}=\begin{bmatrix}\boldsymbol{D}_{n-1}^{\mathrm{T}}\boldsymbol{D}_{n-1}&\boldsymbol{0}\\\boldsymbol{0}&b\end{bmatrix}=\begin{bmatrix}\boldsymbol{D}_{n-1}&\boldsymbol{0}\\\boldsymbol{0}&\sqrt{b}\end{bmatrix}^{\mathrm{T}}\begin{bmatrix}\boldsymbol{D}_{n-1}&\boldsymbol{0}\\\boldsymbol{0}&\sqrt{b}\end{bmatrix}.$$

这表明, $\boldsymbol{C}^{\mathrm{T}}\boldsymbol{A}\boldsymbol{C}$ 与单位矩阵合同, 从而 $\boldsymbol{C}^{\mathrm{T}}\boldsymbol{A}\boldsymbol{C}$ 正定. 再由引理 2, $\boldsymbol{A}$ 也正定. □

**例 2** 判别下列实二次型的类型:

(1) $f_1(x_1,x_2,x_3)=3x_1^2+x_2^2+5x_3^2+4x_1x_2-8x_1x_3-4x_2x_3$;

(2) $f_2(x_1,x_2,x_3)=x_1^2+6x_2^2+5x_3^2+4x_1x_2-4x_1x_3-8x_2x_3$.

解 (1) 实二次型 $f_1(x_1,x_2,x_3)$ 的矩阵

$$\boldsymbol{A}=\begin{bmatrix}3&2&-4\\2&1&-2\\-4&-2&5\end{bmatrix},$$

令 $\boldsymbol{C}_1=\begin{bmatrix}1&0&0\\0&1&2\\0&0&1\end{bmatrix}$, 则

$$\boldsymbol{C}_1^{\mathrm{T}}\boldsymbol{A}\boldsymbol{C}_1=\begin{bmatrix}3&2&0\\2&1&0\\0&0&1\end{bmatrix},$$

令 $\boldsymbol{C}_2=\begin{bmatrix}1&0&0\\-2&1&0\\0&0&1\end{bmatrix}$, 则

$$\boldsymbol{C}_2^{\mathrm{T}}(\boldsymbol{C}_1^{\mathrm{T}}\boldsymbol{A}\boldsymbol{C}_1)\boldsymbol{C}_2=\begin{bmatrix}-1&0&0\\0&1&0\\0&0&1\end{bmatrix}=\boldsymbol{B}.$$

显然 $\boldsymbol{B}$ 是不定的. 而合同变换不改变矩阵的有定性, 故 $\boldsymbol{A}$ 也是不定的.

(2) 因为二次型 $f_2(x_1,x_2,x_3)$ 的矩阵

$$\boldsymbol{A}=\begin{bmatrix}1&2&-2\\2&6&-4\\-2&-4&5\end{bmatrix},$$

其顺序主子式

$$D_1>0,\quad D_2=\begin{vmatrix}1&2\\2&6\end{vmatrix}=2>0,\quad D_3=\begin{vmatrix}1&2&-2\\2&6&-4\\-2&-4&5\end{vmatrix}=2>0,$$

所以 $f_2$ 正定. (我们也可以用合同变换来判断矩阵的正定性, 请读者自己完成.) □

## 习题 6.4

1. 判定下列实二次型的类型:

(1) $f(x_1,x_2,x_3)=x_1^2+2x_2^2+6x_3^2+2x_1x_2+2x_1x_3+6x_2x_3$;

(2) $f(x_1,x_2,x_3)=-2x_1^2-6x_2^2-4x_3^2+2x_1x_2+2x_1x_3$;

(3) $f(x_1,x_2,x_3)=2x_1^2+x_2^2-4x_1x_2-4x_2x_3$;

(4) $f(x_1,x_2,x_3)=2x_1^2+5x_2^2+5x_3^2+4x_1x_2+4x_1x_3-10x_2x_3$.

2. 判定下列实对称矩阵的类型:

(1) $\begin{bmatrix} 2 & 0 & -2 \\ 0 & 4 & 0 \\ -2 & 0 & 5 \end{bmatrix}$;　　(2) $\begin{bmatrix} -1 & 0 & -1 \\ 0 & -1 & -1 \\ -1 & -1 & -3 \end{bmatrix}$;

(3) $\begin{bmatrix} 2 & -2 & 0 \\ -2 & 1 & -2 \\ 0 & -2 & 1 \end{bmatrix}$;　　(4) $\begin{bmatrix} 0 & 1 & 1 \\ 1 & 0 & -3 \\ 1 & -3 & 0 \end{bmatrix}$.

3. 证明: 若 $\boldsymbol{A}$ 是正定矩阵, 则 $\boldsymbol{A}^{-1}, k\boldsymbol{A}, \boldsymbol{A}^*$ 都是正定矩阵, 其中实数 $k>0$, $\boldsymbol{A}^*$ 为 $\boldsymbol{A}$ 的伴随矩阵.

4. 证明: 若 $\boldsymbol{A}, \boldsymbol{B}$ 都是正定矩阵, 则 $\boldsymbol{A}+\boldsymbol{B}$ 也是正定矩阵.

5. 证明定理 6.7.

6. 设 $\boldsymbol{A}$ 为 $n$ 阶实矩阵. 证明:

(1) 若 $\boldsymbol{A}$ 非退化, 则 $\boldsymbol{A}^{\mathrm{T}}\boldsymbol{A}$ 是正定矩阵;

(2) 若 $\boldsymbol{A}$ 是退化的, 则 $\boldsymbol{A}^{\mathrm{T}}\boldsymbol{A}$ 是半正定矩阵.

7. 设 $\boldsymbol{A}$ 为实 $m\times n$ 矩阵, $m\neq n$, 证明: $\boldsymbol{A}^{\mathrm{T}}\boldsymbol{A}$ 是正定矩阵的充要条件是 $\boldsymbol{A}$ 的秩 $r(\boldsymbol{A})=n$; $\boldsymbol{A}^{\mathrm{T}}\boldsymbol{A}$ 是半正定矩阵的充要条件是 $r(\boldsymbol{A})<n$.

8. 设 $\boldsymbol{A}$ 为正定矩阵, 则存在正定矩阵 $\boldsymbol{B}$, 使 $\boldsymbol{A}=\boldsymbol{B}^2$. (提示: 利用定理 5.8)

9. 设 $\boldsymbol{A}$ 是 $n$ 阶实对称矩阵, 且 $|\boldsymbol{A}|<0$, 证明: 存在实 $n$ 维列向量 $\boldsymbol{X}\neq\boldsymbol{0}$, 使 $\boldsymbol{X}^{\mathrm{T}}\boldsymbol{A}\boldsymbol{X}<0$.

10. 设 $f(\boldsymbol{X})=\boldsymbol{X}^{\mathrm{T}}\boldsymbol{A}\boldsymbol{X}$ 为实二次型, 其矩阵为 $\boldsymbol{A}$. 若存在实 $n$ 维列向量 $\boldsymbol{X}_1, \boldsymbol{X}_2$ 使 $\boldsymbol{X}_1^{\mathrm{T}}\boldsymbol{A}\boldsymbol{X}_1>0, \boldsymbol{X}_2^{\mathrm{T}}\boldsymbol{A}\boldsymbol{X}_2<0$, 则必存在实 $n$ 维列向量 $\boldsymbol{X}_0\neq\boldsymbol{0}$, 使 $\boldsymbol{X}_0^{\mathrm{T}}\boldsymbol{A}\boldsymbol{X}_0=\boldsymbol{0}$.

11. 确定参数 $t$ 的取值范围, 使实二次型 $f(x_1,x_2,x_3)=x_1^2+4x_1x_2-2x_1x_3+5x_2^2+2tx_2x_3+4x_3^2$ 正定.

*12. 设 $\boldsymbol{A}$ 为 $n$ 阶实对称矩阵, $1\leqslant n_1<n_2<\cdots<n_k\leqslant n$. 依次取 $\boldsymbol{A}$ 的第 $n_1,n_2,\cdots,n_k$ 行, 第 $n_1,n_2,\cdots,n_k$ 列, 位于这些行、列交叉点上 $k^2$ 个元素按原来的位置关系排成一个 $k$ 阶对称矩阵, 称为 $\boldsymbol{A}$ 的一个 $k$ 阶主子矩阵. 我们称 $k$ 阶主子矩阵的行列式为原矩阵 $\boldsymbol{A}$ 的一个 $k$ 阶主子式. 证明:

(1) 若 $\boldsymbol{A}$ 为 $n$ 阶正定矩阵, 则 $\boldsymbol{A}$ 的任意一个 $k$ 阶主子矩阵正定;

(2) 实对称矩阵 $\boldsymbol{A}$ 正定当且仅当 $\boldsymbol{A}$ 的每个主子式都大于 0.

## §6.5 二次曲线和二次曲面方程的标准化

先研究平面上二次曲线方程的标准化问题.

设点 $P$ 在平面直角坐标系 $\{O;x,y\}$ 下的坐标为 $(x,y)$. 把坐标系 $\{O;x,y\}$ 沿逆时针方向旋转 $\theta$ 角后, $P$ 点在新坐标系 $\{O;x',y'\}$ 下的坐标为 $(x',y')$, 如图 6.1. 令 $|OP|=r$, 则

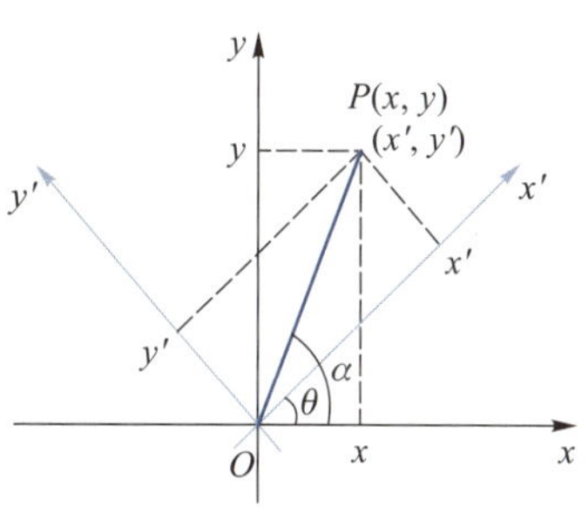

图 6.1

$$\begin{aligned} x' &= r\cos(\alpha-\theta)=r\cos\alpha\cos\theta+r\sin\alpha\sin\theta \\ &= x\cos\theta+y\sin\theta, \end{aligned}$$

同理 $y' = -x\sin\theta + y\cos\theta$. 即

$$\begin{bmatrix} x' \\ y' \end{bmatrix} = \begin{bmatrix} \cos\theta & \sin\theta \\ -\sin\theta & \cos\theta \end{bmatrix} \begin{bmatrix} x \\ y \end{bmatrix},$$

或写成

$$\begin{bmatrix} x \\ y \end{bmatrix} = \begin{bmatrix} \cos\theta & -\sin\theta \\ \sin\theta & \cos\theta \end{bmatrix} \begin{bmatrix} x' \\ y' \end{bmatrix}.$$

可以证明, 任意一个行列式等于 1 的 2 阶正交矩阵总可以写成 $\begin{bmatrix} \cos\theta & -\sin\theta \\ \sin\theta & \cos\theta \end{bmatrix}$ 的形式.

在平面直角坐标系下, 一般二次曲线的方程可写成

$$a_{11}x^2 + 2a_{12}xy + a_{22}y^2 + 2a_1x + 2a_2y + a_0 = 0,$$

其中二次项系数 $a_{11}, a_{12}, a_{22}$ 是不全为 0 的实数. 考虑实二次型 $f(x,y) = a_{11}x^2 + 2a_{12}xy + a_{22}y^2$. 我们用正交替换 (即转轴变换) $\begin{bmatrix} x \\ y \end{bmatrix} = \boldsymbol{T}\begin{bmatrix} x' \\ y' \end{bmatrix}$ 可以把实二次型 $f(x,y)$ 化成标准形, 即

$$f(x,y) = \lambda_1 x'^2 + \lambda_2 y'^2.$$

这时, 原二次曲线方程变成

$$\lambda_1 x'^2 + \lambda_2 y'^2 + 2b_1x' + 2b_2y' + b_0 = 0.$$

最后, 用配方法对方程作进一步化简, 并作坐标平移就可以把二次曲线方程标准化了.

因此, 把二次曲线方程标准化的步骤如下:

(1) 作坐标轴旋转消去 $xy$ 项;

(2) 作坐标平移.

如果实二次型 $f(x,y)$ 的秩为 1, 那么经过正交替换后 $f(x,y) = \lambda x'^2$, 其中 $\lambda$ 为 $f(x,y)$ 的唯一非零特征值 (另一个特征值为 0). 于是除了退化的情形外, 原二次曲线代表一个抛物线.

如果实二次型 $f(x,y)$ 的秩为 2 且为不定的, 那么经过正交替换后 $f(x,y) = \lambda_1 x'^2 + \lambda_2 y'^2$, 其中 $\lambda_1, \lambda_2$ 为 $f(x,y)$ 的两个特征值, 且 $\lambda_1\lambda_2 < 0$. 于是除了退化的情形外, 原二次曲线代表一个双曲线.

如果实二次型 $f(x,y)$ 的秩为 2 且为正定的 (负定的), 那么经过正交替换后 $f(x,y) = \lambda_1 x'^2 + \lambda_2 y'^2$, 其中 $\lambda_1, \lambda_2$ 为 $f(x,y)$ 的两个特征值, 且 $\lambda_1\lambda_2 > 0$. 于是除了退化的情形外, 原二次曲线代表一个椭圆.

**例 1** 求平面上二次曲线方程

$$5x^2 + 4xy + 2y^2 - 24x - 12y + 18 = 0$$

的标准方程, 并作出其图形.

解 令 $f(x,y)=5x^2+4xy+2y^2$, 则

$$f(x,y)=(x,y)\begin{bmatrix}5 & 2\\ 2 & 2\end{bmatrix}\begin{bmatrix}x\\ y\end{bmatrix}.$$

令 $\boldsymbol{A}=\begin{bmatrix}5 & 2\\ 2 & 2\end{bmatrix}$, 则

$$|\lambda\boldsymbol{E}-\boldsymbol{A}|=\begin{vmatrix}\lambda-5 & -2\\ -2 & \lambda-2\end{vmatrix}=\lambda^2-7\lambda+6=(\lambda-6)(\lambda-1),$$

故 $\boldsymbol{A}$ 的特征值为 $\lambda_1=6, \lambda_2=1$.

把 $\lambda_1=6$ 代入 $(\lambda\boldsymbol{E}-\boldsymbol{A})\boldsymbol{X}=\boldsymbol{0}$, 求出属于特征值 $\lambda_1=6$ 的一个线性无关的特征向量 $\begin{bmatrix}2\\ 1\end{bmatrix}$. 再单位化, 得 $\begin{bmatrix}\dfrac{2}{\sqrt{5}}\\ \dfrac{1}{\sqrt{5}}\end{bmatrix}$.

把 $\lambda_2=1$ 代入 $(\lambda\boldsymbol{E}-\boldsymbol{A})\boldsymbol{X}=\boldsymbol{0}$, 求出属于特征值 $\lambda_2=1$ 的一个线性无关的特征向量 $\begin{bmatrix}-1\\ 2\end{bmatrix}$. 再单位化, 得 $\begin{bmatrix}-\dfrac{1}{\sqrt{5}}\\ \dfrac{2}{\sqrt{5}}\end{bmatrix}$.

令 $\boldsymbol{T}=\begin{bmatrix}\dfrac{2}{\sqrt{5}} & -\dfrac{1}{\sqrt{5}}\\ \dfrac{1}{\sqrt{5}} & \dfrac{2}{\sqrt{5}}\end{bmatrix}$, 则 $\boldsymbol{T}$ 为正交矩阵, 且在正交替换

$$\begin{bmatrix}x\\ y\end{bmatrix}=\begin{bmatrix}\dfrac{2}{\sqrt{5}} & -\dfrac{1}{\sqrt{5}}\\ \dfrac{1}{\sqrt{5}} & \dfrac{2}{\sqrt{5}}\end{bmatrix}\begin{bmatrix}x'\\ y'\end{bmatrix}$$

下, $f(x,y)=6x'^2+y'^2$, 并且原二次曲线的方程化为

$$6x'^2+y'^2-12\sqrt{5}x'+18=0,$$

配方, 得

$$6(x'-\sqrt{5})^2+y'^2=12,\text{ 即 }\frac{(x'-\sqrt{5})^2}{2}+\frac{y'^2}{12}=1.$$

令 $x''=x'-\sqrt{5}, y''=y'$, 即

$$\begin{cases}x'=x''+\sqrt{5},\\ y'=y'',\end{cases}$$

就把原二次曲线的方程化成了标准方程

$$\frac{x''^2}{2}+\frac{y''^2}{12}=1.$$

因此, 原二次方程的图形是一个椭圆, 其长轴在 $y''$ 轴上, 长、短半轴长分别为 $2\sqrt{3}$ 和 $\sqrt{2}$, 如图 6.2. 这时, 我们所作的坐标系旋轴和平移总的坐标变换公式为

$$\begin{bmatrix} x \\ y \end{bmatrix} = \begin{bmatrix} \frac{2}{\sqrt{5}} & -\frac{1}{\sqrt{5}} \\ \frac{1}{\sqrt{5}} & \frac{2}{\sqrt{5}} \end{bmatrix} \begin{bmatrix} x''+\sqrt{5} \\ y'' \end{bmatrix} = \begin{bmatrix} \frac{2}{\sqrt{5}}x'' - \frac{1}{\sqrt{5}}y''+2 \\ \frac{1}{\sqrt{5}}x'' + \frac{2}{\sqrt{5}}y''+1 \end{bmatrix}.$$

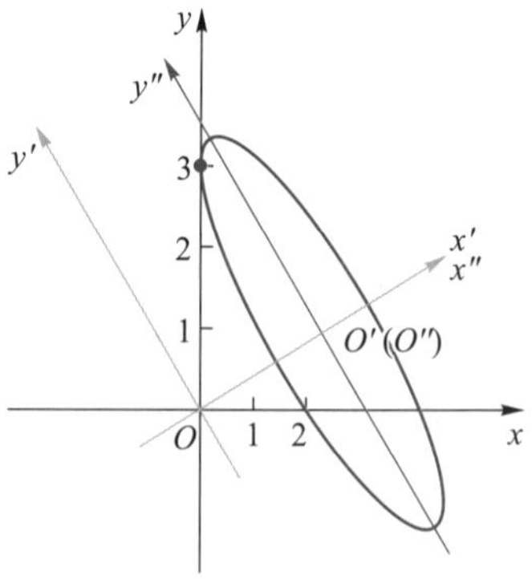

图 6.2

□

最后, 我们讨论空间中二次曲面方程的标准化问题.

在空间直角坐标系下, 空间中二次曲面方程可写成

$$a_{11}x^2+2a_{12}xy+2a_{13}xz+a_{22}y^2+2a_{23}yz+a_{33}z^2+2a_1x+2a_2y+2a_3z+a_4=0,$$

其中二次项系数 $a_{ij}$ 为不全为 0 的实数.

令 $f(x,y,z)=a_{11}x^2+2a_{12}xy+2a_{13}xz+a_{22}y^2+2a_{23}yz+a_{33}z^2$, 则

$$f(x,y,z)=\boldsymbol{X}^{\mathrm{T}}\boldsymbol{A}\boldsymbol{X},\ 其中\ \boldsymbol{X}=(x,y,z)^{\mathrm{T}},$$

$\boldsymbol{A}=(a_{ij})_{3\times 3}$ 为实对称矩阵. 由定理 5.7, 存在正交矩阵 $\boldsymbol{T}$, 使

$$\boldsymbol{T}^{\mathrm{T}}\boldsymbol{A}\boldsymbol{T}=\boldsymbol{T}^{-1}\boldsymbol{A}\boldsymbol{T}=\begin{bmatrix} \lambda_1 & & \\ & \lambda_2 & \\ & & \lambda_3 \end{bmatrix},$$

其中 $\lambda_1,\lambda_2,\lambda_3$ 为 $\boldsymbol{A}$ 的特征值.

作转轴变换 $\boldsymbol{X}=\boldsymbol{T}\boldsymbol{Y}$, 其中 $\boldsymbol{Y}=(x',y',z')^{\mathrm{T}}$, 那么二次型 $f(x,y,z)=\lambda_1x'^2+\lambda_2y'^2+\lambda_3z'^2$.

原二次曲面方程化为

$$\lambda_1x'^2+\lambda_2y'^2+\lambda_3z'^2+2b_1x'+2b_2y'+2b_3z'+b_4=0.$$

设二次型 $f(x,y,z)$ 的秩为 1, 则它的三个特征值中两个为 0, 一个非零. 不妨设 $\lambda_1\neq 0,\lambda_2=\lambda_3=0$, 不讨论退化的情形, 假设 $b_2,b_3$ 不全为 0. 先作转轴变换

$$\begin{bmatrix} x' \\ y' \\ z' \end{bmatrix} = \begin{bmatrix} 1 & 0 & 0 \\ 0 & \frac{b_2}{\sqrt{b_2^2+b_3^2}} & \frac{b_3}{\sqrt{b_2^2+b_3^2}} \\ 0 & -\frac{b_3}{\sqrt{b_2^2+b_3^2}} & \frac{b_2}{\sqrt{b_2^2+b_3^2}} \end{bmatrix}^{-1} \begin{bmatrix} x'' \\ y'' \\ z'' \end{bmatrix},$$

二次曲面方程化为 $\lambda_1x''^2+2b_1x''+2\sqrt{b_2^2+b_3^2}y''+b_4=0$ 再配方作平移变换就化成标准方程 $u^2=2pv, p\neq 0$ 为常数. 它代表一个抛物柱面.

设二次型 $f(x,y,z)$ 的秩为 2, 不妨设 $\lambda_1\neq 0,\lambda_2\neq 0,\lambda_3=0$. 若 $b_3=0$, 经过配方

作平移变换后二次曲面方程可化为 $\lambda_1 x''^2 + \lambda_2 y''^2 = c_0$. 假设 $c_0 \neq 0$, 去掉退化的情形, 当 $\lambda_1, \lambda_2$ 同号 (即 $f(x,y,z)$ 半正定) 时, 它代表一个椭圆柱面; 当异号 (即 $f(x,y,z)$ 不定) 时, 它代表一个双曲柱面. 若 $b_3 \neq 0$, 经过配方作平移变换后, 二次曲面方程化为 $\lambda_1 x''^2 + \lambda_2 y''^2 = c_0 z, c_0 \neq 0$; 当 $\lambda_1, \lambda_2$ 同号时, 它代表一个椭圆抛物面; 当 $\lambda_1, \lambda_2$ 异号时, 它代表一个双曲抛物面.

设二次型 $f(x,y,z)$ 的秩为 $3, \lambda_1, \lambda_2, \lambda_3$ 均非零. 配方消去一次项, 再平移后二次曲面方程化为 $\lambda_1 x''^2 + \lambda_2 y''^2 + \lambda_3 z''^2 = c_0$. 除去退化的情况, 当 $f(x,y,z)$ 正定或负定 (即 $\lambda_1, \lambda_2, \lambda_3$ 同号) 时, 它代表一个椭球面, 当 $f(x,y,z)$ 不定 (或 $\lambda_1, \lambda_2, \lambda_3$ 符号不完全相同) 时, 它代表一个单叶或双叶双曲面.

## 习题 6.5

1. 把下列二次曲线化成标准方程, 并画出曲线的草图.

(1) $2x^2 + 4xy - y^2 - 12x - 6y + 9 = 0$;

(2) $4x^2 + 4xy + y^2 + 5x - 10y = 0$.

2. 把下列二次曲面化成标准方程.

(1) $2x^2 + 5y^2 + 2z^2 - 4xy + 2xz - 4yz = 1$;

(2) $x^2 - 2y^2 - 2z^2 - 4xy + 4xz + 8yz = 1$.

## 研究题 6

1. 设 $\boldsymbol{A}$ 为数域 $P$ 上的 $n$ 阶矩阵, $\boldsymbol{X}$ 为 $n$ 维列向量. 证明:

(1) $\boldsymbol{A}$ 为反称矩阵当且仅当对任意 $\boldsymbol{X} \in P^n$ 有 $\boldsymbol{X}^{\mathrm{T}} \boldsymbol{A} \boldsymbol{X} = 0$;

(2) 如果 $\boldsymbol{A}, \boldsymbol{B}$ 都是 $n$ 阶对称矩阵, 且对任意 $\boldsymbol{X} \in P^n$ 有 $\boldsymbol{X}^{\mathrm{T}} \boldsymbol{A} \boldsymbol{X} = \boldsymbol{X}^{\mathrm{T}} \boldsymbol{B} \boldsymbol{X}$, 那么 $\boldsymbol{A} = \boldsymbol{B}$.

2. 设 $\boldsymbol{A} = \begin{pmatrix} \boldsymbol{A}_1 & \boldsymbol{A}_2 \\ \boldsymbol{A}_3 & \boldsymbol{A}_4 \end{pmatrix}$ 为 $n$ 阶对称矩阵, 其中 $\boldsymbol{A}_1$ 为 $m$ 阶可逆矩阵, $m < n$. 证明: 存在可逆矩阵 $\boldsymbol{T} = \begin{pmatrix} \boldsymbol{E}_m & \boldsymbol{X} \\ \boldsymbol{O} & \boldsymbol{E}_{n-m} \end{pmatrix}$, 其中 $\boldsymbol{X}$ 为 $m \times (n-m)$ 矩阵, 使 $\boldsymbol{T}^{\mathrm{T}} \boldsymbol{A} \boldsymbol{T} = \begin{pmatrix} \boldsymbol{A}_1 & \boldsymbol{O} \\ \boldsymbol{O} & * \end{pmatrix}$.

3. 设 $\boldsymbol{A}, \boldsymbol{B}$ 都是 $n$ 阶正定矩阵.

(1) 举例说明 $\boldsymbol{AB}$ 不一定是正定矩阵;

(2) 证明: $\boldsymbol{AB}$ 是正定矩阵当且仅当 $\boldsymbol{AB} = \boldsymbol{BA}$.

4. 设 $\boldsymbol{A}$ 为 $n$ 阶实对称矩阵, 多项式 $f(x) = x^2 + bx + c (b, c \in \mathbf{R})$ 没有实数根. 证明: 矩阵 $f(\boldsymbol{A})$ 是正定矩阵.

5. 设 $\boldsymbol{A}$ 为 $n$ 阶实对称矩阵, 证明: 当实数 $k$ 充分大时, 矩阵 $k\boldsymbol{E} + \boldsymbol{A}$ 正定.

6. 设实二次型 $f(x_1,x_2,\cdots,x_n)=(a_{11}x_1+a_{12}x_2+\cdots+a_{1n}x_n)^2+\cdots+(a_{n1}x_1+a_{n2}x_2+\cdots+a_{nn}x_n)^2$. 证明:

(1) $f(x_1,x_2,\cdots,x_n)$ 的矩阵为 $\boldsymbol{A}^{\mathrm{T}}\boldsymbol{A}$, 其中 $\boldsymbol{A}=(a_{ij})_{n\times n}$;

(2) $f(x_1,x_2,\cdots,x_n)$ 正定当且仅当矩阵 $\boldsymbol{A}$ 可逆.

7. 设 $\boldsymbol{A}$ 既是正定矩阵也是正交矩阵, 证明: $\boldsymbol{A}=\boldsymbol{E}$.

8. 设实二次型 $f(x_1,x_2,\cdots,x_n)=(x_1+a_1x_2)^2+(x_2+a_2x_3)^2+\cdots+(x_{n-1}+a_{n-1}x_n)^2+(x_n+a_nx_1)^2, a_1,a_2,\cdots,a_n$ 为实数. 问 $a_1,a_2,\cdots,a_n$ 满足什么条件时, $f(x_1,x_2,\cdots,x_n)$ 是正定二次型.

# 第 7 章　线性空间

本章把数域 $P$ 上 $n$ 维向量空间 $P^n$ 的概念推广, 得到数域 $P$ 上 ($n$ 维) 线性空间的概念, 并进一步研究线性空间, 特别是 $n$ 维线性空间的性质和结构. 一般线性空间的概念是从向量空间 $P^n$ 抽象得到的, 它更具有一般性, 因而在数学和其他学科里有更为广泛的应用.

## §7.1　线性空间的概念

知识点讲解 7–1
线性空间

我们考察数域 $P$ 上全体 $m \times n$ 矩阵的集合 $M_{m,n}(P)$ 和数域 $P$ 上全体 $n$ 维向量集合 (即 $n$ 维向量空间) $P^n$. 可以看出, 这两个集合中元素的加法与数域 $P$ 中数与集合元素之间的数量乘法都有十分相似的运算性质. 如果把它们抽象出来, 就得出一般线性空间的概念.

**定义 7.1**　设 $V$ 为一个非空集合, $P$ 是一个数域. 假若 $V$ 上定义了一个代数运算 (通常叫**加法**): 对 $V$ 中任意两个元素 $\boldsymbol{\alpha}, \boldsymbol{\beta}$, 按照某种固定的法则, 都有唯一确定的元素 $\boldsymbol{\gamma}$ 与它们对应, 称 $\boldsymbol{\gamma}$ 为 $\boldsymbol{\alpha}$ 与 $\boldsymbol{\beta}$ 的**和**, 记作 $\boldsymbol{\gamma} = \boldsymbol{\alpha} + \boldsymbol{\beta}$; 又定义了 $P$ 中数与 $V$ 中元素的一种代数运算 (通常叫**数量乘法**): 对任意 $k \in P, \boldsymbol{\alpha} \in V$, 按照某种固定的法则, 都有 $V$ 中唯一确定的元素 $\boldsymbol{\delta}$ 与它们对应, 称 $\boldsymbol{\delta}$ 为 $k$ 与 $\boldsymbol{\alpha}$ 的**数量乘积**, 记作 $\boldsymbol{\delta} = k\boldsymbol{\alpha}$. 并且, 这两种代数运算都满足下列运算规律:

对任意 $\boldsymbol{\alpha}, \boldsymbol{\beta}, \boldsymbol{\gamma} \in V, k, l, \in P$, 有

(1) 加法交换律: $\boldsymbol{\alpha} + \boldsymbol{\beta} = \boldsymbol{\beta} + \boldsymbol{\alpha}$;

(2) 加法结合律: $(\boldsymbol{\alpha} + \boldsymbol{\beta}) + \boldsymbol{\gamma} = \boldsymbol{\alpha} + (\boldsymbol{\beta} + \boldsymbol{\gamma})$;

(3) **零元素**: 在 $V$ 中存在一个元素 (记作 $\mathbf{0}$), 使对任意 $\boldsymbol{\alpha} \in V$ 有 $\boldsymbol{\alpha} + \mathbf{0} = \boldsymbol{\alpha}$;

(4) **负元素**: 对任意 $\boldsymbol{\alpha} \in V$, 都存在一个依赖于 $\boldsymbol{\alpha}$ 的元素 (通常叫做 $\boldsymbol{\alpha}$ 的负元素), 记为 $-\boldsymbol{\alpha}$, 使 $\boldsymbol{\alpha} + (-\boldsymbol{\alpha}) = \mathbf{0}$;

(5) $1\boldsymbol{\alpha} = \boldsymbol{\alpha}$;

(6) $k(l\boldsymbol{\alpha}) - (kl)\boldsymbol{\alpha}$;

(7) $(k + l)\boldsymbol{\alpha} = k\boldsymbol{\alpha} + l\boldsymbol{\alpha}$;

(8) $k(\boldsymbol{\alpha} + \boldsymbol{\beta}) = k\boldsymbol{\alpha} + k\boldsymbol{\beta}$,

则称集合 $V$ 连同上面的两种代数运算构成数域 $P$ 上的**线性空间**, 记为 $V/P$ 或 $(V/P, +, \cdot)$ 或 $(V, +, \cdot)$ 或简记为 $V$. 特别地, 当 $P$ 为实数域时, 称 $V$ 为**实线性空间**; 当 $P$ 为复数域时, 称 $V$ 为**复线性空间**.

习惯上, 我们把数域 $P$ 上的线性空间 $V$ 中的元素也称为向量, 用小写希腊字母 $\boldsymbol{\alpha}, \boldsymbol{\beta}, \boldsymbol{\gamma}, \cdots$ 表示, 而把数域 $P$ 中的数用小写英文字母 $a, b, c, \cdots$ 表示.

**例 1**　设 $V = \{\boldsymbol{\alpha}\}$ 只含有一个元素, $P$ 为数域, 规定 $V$ 中加法为 $\boldsymbol{\alpha} + \boldsymbol{\alpha} = \boldsymbol{\alpha}$; 对任意 $k \in P$, 规定 $k\boldsymbol{\alpha} = \boldsymbol{\alpha}$, 则 $V$ 构成数域 $P$ 上线性空间, 称为**零空间**, 记成 $V = \{\mathbf{0}\}$ 或 $V = 0$.

**例 2**　$n$ 维向量空间 $P^n$ 对向量加法、数量乘法构成一个线性空间. 特别地, $\mathbf{R}^n$

对向量加法、数量乘法构成一个实线性空间.

**例 3** 数域 $P$ 上全体 $m\times n$ 矩阵的集合 $M_{m,n}(P)$ 对矩阵加法和数量乘法构成一个线性空间, 称为矩阵空间, 记为 $M_{m,n}(P)$ (或 $P^{m\times n}$). 如果 $m=n$, 通常把 $M_{m,n}(P)$ 简写为 $M_n(P)$, 它是由数域 $P$ 上全体 $n$ 阶矩阵的集合对矩阵的加法、数量乘法构成的线性空间.

**例 4** 设 $P$ 为数域, 取集合 $V=P$, 并规定 $V$ 中加法就是数域 $P$ 中的加法, $P$ 与 $V$ 之间的数量乘法就是数域 $P$ 中的乘法, 则 $V=P$ 构成数域 $P$ 上的线性空间.

**例 5** 定义在闭区间 $[a,b]$ 上的全体连续函数的集合对函数的加法和数量乘法构成实线性空间, 记为 $C[a,b]$.

**例 6** 设 $\mathbf{R}_+$ 为全体正实数的集合. 规定 $\mathbf{R}_+$ 中加法为 $a\oplus b=ab, \forall a,b\in\mathbf{R}_+$, 实数域 $\mathbf{R}$ 与 $\mathbf{R}_+$ 之间的数量乘法为 $k\circ a=a^k$, $\forall k\in\mathbf{R}, a\in\mathbf{R}_+$, 则 $\mathbf{R}_+$ 构成一个实线性空间.

**证明** 对任意 $a,b\in\mathbf{R}_+, k\in\mathbf{R}$, 有 $a\oplus b=ab\in\mathbf{R}_+, k\circ a=a^k\in\mathbf{R}_+$, 所以 $\mathbf{R}_+$ 对上述定义的加法和数量乘法是封闭的, 且 $\forall a,b,c\in\mathbf{R}_+, k,l\in\mathbf{R}$, 有

(1) $a\oplus b=b\oplus a$;

(2) $(a\oplus b)\oplus c=a\oplus(b\oplus c)$;

(3) $\mathbf{R}_+$ 中有零元素 1, 使 $1\oplus a=a\oplus 1=a$;

(4) 对任意 $a\in\mathbf{R}_+$, 有负元素 $\dfrac{1}{a}\in\mathbf{R}_+$, 使 $a\oplus\dfrac{1}{a}=1$;

(5) $1\circ a=a^1=a$;

(6) $k\circ(l\circ a)=k\circ(a^l)=(a^l)^k=a^{kl}=(kl)\circ a$;

(7) $(k+l)\circ a=a^{k+l}=a^k a^l=a^k\oplus a^l=(k\circ a)\oplus(l\circ a)$;

(8) $k\circ(a\oplus b)=k\circ(ab)=(ab)^k=a^k b^k=a^k\oplus b^k=(k\circ a)\oplus(k\circ b)$,

所以 $\mathbf{R}_+$ 构成一个实线性空间. □

思考题: 如果把齐次线性方程组换成非齐次线性方程组, 其全部解的集合如果非空的话, 是否有可能构成一个线性空间?

**例 7** 设 $\boldsymbol{A}$ 为数域 $P$ 上的 $m\times n$ 矩阵, $V$ 为齐次线性方程组 $\boldsymbol{AX}=\mathbf{0}$ 的全部解的集合, 则 $V$ 为 $n$ 维列向量空间 $P^n$ 的一个子集合, 且 $V$ 对 $P^n$ 中向量加法和数量乘法构成数域 $P$ 上的线性空间. 这就是前面我们所提到的解空间的概念.

因此, 不论是几何中的向量–微积分中的函数, 还是矩阵, 都可以抽象地作为线性空间中的元素 (向量). 我们把它们的加法、数乘运算抽象成一般线性空间中的加法、数乘运算, 去研究其共性, 掌握一般规律.

类似第 4 章 $P^n$ 中的讨论, 我们可以把线性组合、线性表出、线性相关、线性无关、极大线性无关组等概念推广到一般线性空间中, 并且相应的结论也都成立, 我们不再赘述.

数域 $P$ 上的线性空间 $V$ 具有下列性质:

(1) 线性空间 $V$ 中的零元素是唯一的 (因此我们可以把零元素用 $\mathbf{0}$ 表示);

(2) 线性空间 $V$ 中任意元素 $\boldsymbol{\alpha}$ 的负元素 $-\boldsymbol{\alpha}$ 由 $\boldsymbol{\alpha}$ 唯一确定;

(3) $(-1)\boldsymbol{\alpha}=-\boldsymbol{\alpha}$;

(4) $k\boldsymbol{\alpha}=\mathbf{0}$, 当且仅当 $k=0$ 或 $\boldsymbol{\alpha}=\mathbf{0}$.

**证明** 只证明 (1) 和 (2),(3) 和 (4) 由读者自己证明.

设 $\mathbf{0}_1$ 和 $\mathbf{0}_2$ 都是 $V$ 中零元素, 则 $\mathbf{0}_1=\mathbf{0}_1+\mathbf{0}_2=\mathbf{0}_2$.

设 $\boldsymbol{\alpha}\in V$ 有负元素 $\boldsymbol{\beta}_1,\boldsymbol{\beta}_2$, 则 $\boldsymbol{\alpha}+\boldsymbol{\beta}_1=\boldsymbol{\alpha}+\boldsymbol{\beta}_2=\mathbf{0}$, 于是

$$\boldsymbol{\beta}_1=\boldsymbol{\beta}_1+\mathbf{0}=\boldsymbol{\beta}_1+(\boldsymbol{\alpha}+\boldsymbol{\beta}_2)=(\boldsymbol{\beta}_1+\boldsymbol{\alpha})+\boldsymbol{\beta}_2=\mathbf{0}+\boldsymbol{\beta}_2=\boldsymbol{\beta}_2.$$ □

利用负元素的概念, 我们可以定义线性空间 $V$ 中减法运算如下:

$$\boldsymbol{\alpha}-\boldsymbol{\beta}=\boldsymbol{\alpha}+(-\boldsymbol{\beta}).$$

## §7.2 维数、基和坐标

### 一、维数、基

类似于 $P^n$ 中的讨论, 可以在线性空间中引入维数、基的概念.

**定义 7.2** 设 $V$ 为数域 $P$ 上的线性空间, 如果 $V$ 中有一个线性无关的向量组 $\boldsymbol{\alpha}_1,\boldsymbol{\alpha}_2,\cdots,\boldsymbol{\alpha}_n$, 使得: 对任意一个向量 $\boldsymbol{\beta}\in V,\boldsymbol{\beta}$ 都可由 $\boldsymbol{\alpha}_1,\boldsymbol{\alpha}_2,\cdots,\boldsymbol{\alpha}_n$ 线性表出, 那么称 $V$ 为 $n$ **维线性空间**, 又称有序向量组 $\{\boldsymbol{\alpha}_1,\boldsymbol{\alpha}_2,\cdots,\boldsymbol{\alpha}_n\}$ 为 $V$ 的一个**基**, $n$ 称为 $V$ 的**维数**, 记为 $\dim V=n$.

如果对任意正整数 $n$, 在 $V$ 中都存在 $n$ 个线性无关的向量 $\boldsymbol{\alpha}_1,\boldsymbol{\alpha}_2,\cdots,\boldsymbol{\alpha}_n$, 那么称 $V$ 为**无限维线性空间**.

如果 $V$ 为零空间 $\{\mathbf{0}\}$, 那么称 $V$ 的维数为 0, 即 $\dim V=0$. 这时, $V$ 没有基.

不难看出, $n$ 维线性空间 $V$ 的一个基实际上就是 $V$ 的一个极大线性无关组, 而 $\dim V=n$ 就是极大线性无关组中所含向量个数, 即秩.

需要指出, 基是有序的向量组, 同样一个基向量组如果排列顺序不同, 就是不同的基. 例如, 若 $n>1$, 基 $\{\boldsymbol{\alpha}_1,\boldsymbol{\alpha}_2,\cdots,\boldsymbol{\alpha}_n\}$ 与基 $\{\boldsymbol{\alpha}_2,\boldsymbol{\alpha}_1,\cdots,\boldsymbol{\alpha}_n\}$ 就是两个不同的基. 有时, 我们把基 $\{\boldsymbol{\alpha}_1,\boldsymbol{\alpha}_2,\cdots,\boldsymbol{\alpha}_n\}$ 简写成 $\boldsymbol{\alpha}_1,\boldsymbol{\alpha}_2,\cdots,\boldsymbol{\alpha}_n$.

**例 1** 数域 $P$ 上 $n$ 维向量空间 $P^n$ 中的基本向量组

$$\begin{aligned}\boldsymbol{\varepsilon}_1&=(1,0,\cdots,0),\\ \boldsymbol{\varepsilon}_2&=(0,1,\cdots,0),\\ &\cdots\\ \boldsymbol{\varepsilon}_n&=(0,0,\cdots,1)\end{aligned}$$

是 $P^n$ 的一个基 (事实上, $P^n$ 中的基就是一个由 $n$ 个线性无关的向量所组成的向量组), 所以 $\dim P^n=n$.

**例 2** 在数域 $P$ 上全体 $n$ 阶矩阵所构成的线性空间 $M_n(P)$ 中, 令 $\boldsymbol{E}_{ij}$ 为第 $(i,j)$ 元素为 1、其余元素为 0 的矩阵, 则 $\boldsymbol{E}_{ij}(1\leqslant i\leqslant n,1\leqslant j\leqslant n)$ 构成 $M_n(P)$ 的一个基, 从而 $\dim M_n(P)=n^2$.

事实上, 令 $\sum\limits_{i=1}^{n}\sum\limits_{j=1}^{n}a_{ij}\boldsymbol{E}_{ij}=\boldsymbol{O}$, 即 $(a_{ij})_{n\times n}=\boldsymbol{O}$, 故 $a_{ij}=0,1\leqslant i\leqslant n,1\leqslant j\leqslant n$, 所以 $\boldsymbol{E}_{ij}(1\leqslant i\leqslant n,1\leqslant j\leqslant n)$ 线性无关. 另一方面, 对任意 $n$ 阶矩阵 $\boldsymbol{A}=(a_{ij})_{n\times n}$, 显然有 $\boldsymbol{A}=\sum\limits_{i=1}^{n}\sum\limits_{j=1}^{n}a_{ij}\boldsymbol{E}_{ij}$.

**例 3** 零空间 $V=\{\mathbf{0}\}$ 没有基, 其维数 $\dim V=0$.

**例 4** 由数域 $P$ 上次数小于 $n$ 的多项式全体, 添上零多项式组成的集合 $P_n[x]$, 对于多项式的加法和数量乘法构成数域 $P$ 上的线性空间 (请读者自己证明), 即如设

$$f(x)=a_{n-1}x^{n-1}+\cdots+a_1x+a_0\in P_n[x],$$
$$g(x)=b_{n-1}x^{n-1}+\cdots+b_1x+b_0\in P_n[x],$$

规定

$$f(x)+g(x)=(a_{n-1}+b_{n-1})x^{n-1}+\cdots+(a_1+b_1)x+(a_0+b_0),$$
$$kf(x)=ka_{n-1}x^{n-1}+\cdots+ka_1x+ka_0(k\in P),$$

且

$$\boldsymbol{\alpha}_1=1,\quad \boldsymbol{\alpha}_2=x,\quad \boldsymbol{\alpha}_3=x^2,\cdots,\quad \boldsymbol{\alpha}_n=x^{n-1},$$

是 $P_n[x]$ 的一个基. 由此, $\dim P_n[x]=n$.

事实上, $\boldsymbol{\alpha}_1,\boldsymbol{\alpha}_2,\cdots,\boldsymbol{\alpha}_n$ 显然线性无关. 又对任意

$$f(x)=a_{n-1}x^{n-1}+\cdots+a_1x+a_0\in P_n[x],$$

有

$$f(x)=a_0\boldsymbol{\alpha}_1+a_1\boldsymbol{\alpha}_2+\cdots+a_{n-1}\boldsymbol{\alpha}_n,$$

所以有 $\dim P_n[x]=n$.

## 二、坐标

类似于定理 4.5, 我们有: 设 $\boldsymbol{\alpha}_1,\boldsymbol{\alpha}_2,\cdots,\boldsymbol{\alpha}_n$ 为 $n$ 维线性空间 $V$ 的一个基, 则 $V$ 中任意向量 $\boldsymbol{\beta}$ 都可以由 $\boldsymbol{\alpha}_1,\boldsymbol{\alpha}_2,\cdots,\boldsymbol{\alpha}_n$ 唯一地线性表出, 即存在数域 $P$ 上唯一的有序数组 $(k_1,k_2,\cdots,k_n)$, 使

$$\boldsymbol{\beta}=k_1\boldsymbol{\alpha}_1+k_2\boldsymbol{\alpha}_2+\cdots+k_n\boldsymbol{\alpha}_n.$$

**定义 7.3** 设 $\boldsymbol{\alpha}_1,\boldsymbol{\alpha}_2,\cdots,\boldsymbol{\alpha}_n$ 是数域 $P$ 上 $n$ 维线性空间 $V$ 的一个基. 若 $\boldsymbol{\beta}\in V,\boldsymbol{\beta}=x_1\boldsymbol{\alpha}_1+x_2\boldsymbol{\alpha}_2+\cdots+x_n\boldsymbol{\alpha}_n$ (其中 $x_1,x_2,\cdots,x_n\in P$), 则称有序数组 $(x_1,x_2\cdots,x_n)$ 为 $\boldsymbol{\beta}$ 在基 $\boldsymbol{\alpha}_1,\boldsymbol{\alpha}_2,\cdots,\boldsymbol{\alpha}_n$ 下的坐标, 又称 $x_i$ 为 $\boldsymbol{\beta}$ 在基 $\boldsymbol{\alpha}_1,\boldsymbol{\alpha}_2,\cdots,\boldsymbol{\alpha}_n$ 下的第 $i$ 个坐标.

形式记号中, 把 $\boldsymbol{\alpha}_1$, $\boldsymbol{\alpha}_2$, $\cdots$, $\boldsymbol{\alpha}_n$ 看成数, 按照矩阵的乘法去运算.

习惯上, 如果 $\boldsymbol{\beta}=x_1\boldsymbol{\alpha}_1+x_2\boldsymbol{\alpha}_2+\cdots+x_n\boldsymbol{\alpha}_n$, 那么我们采用形式记号写成

$$\boldsymbol{\beta}=[\boldsymbol{\alpha}_1,\boldsymbol{\alpha}_2,\cdots,\boldsymbol{\alpha}_n]\begin{bmatrix}x_1\\x_2\\\vdots\\x_n\end{bmatrix}.$$

显然, $n$ 维线性空间 $V$ 中向量 $\boldsymbol{\beta}$ 在一个基 $\boldsymbol{\alpha}_1,\boldsymbol{\alpha}_2,\cdots,\boldsymbol{\alpha}_n$ 下的坐标由这个基 $\boldsymbol{\alpha}_1,\boldsymbol{\alpha}_2,\cdots,\boldsymbol{\alpha}_n$ 和向量 $\boldsymbol{\beta}$ 唯一确定.

一般地, 同一个向量在不同基下的坐标未必相同.

易见, 对线性空间 $V$ 的任意一个基, 两个向量 $\boldsymbol{\alpha},\boldsymbol{\beta}$ 之和 (差) 的坐标对应于它们坐标的和 (差), 数乘向量 $k\boldsymbol{\alpha}$ 的坐标就是 $(kx_1,kx_2,\cdots,kx_n)$, 其中 $(x_1,x_2,\cdots,x_n)$ 为 $\boldsymbol{\alpha}$ 的坐标.

**例 5** 在 $P_n[x]$ 中, $1,x,x^2,\cdots,x^{n-1}$ 是一个基, 令

$$f(x)=a_0+a_1x+a_2x^2+\cdots+a_{n-1}x^{n-1}\in P_n[x],$$

则 $f(x)$ 在这个基下的坐标是 $(a_0,a_1,\cdots,a_{n-1})$.

若在 $P_n[x]$ 中另取一个基 $1,x-a,(x-a)^2,\cdots,(x-a)^{n-1}(a\in P)$, 则依 $f(x)$ 在

$x=a$ 处的泰勒展开式, 得

$$f(x)=f(a)+f'(a)(x-a)+\frac{f''(a)}{2!}(x-a)^2+\cdots+\frac{f^{(n-1)}(a)}{(n-1)!}(x-a)^{n-1},$$

显然 $f(x)$ 在基 $1,x-a,(x-a)^2,\cdots,(x-a)^{n-1}$ 下的坐标为

$$\left(f(a),f'(a),\frac{f''(a)}{2!},\cdots,\frac{f^{(n-1)}(a)}{(n-1)!}\right).$$

**例 6** 求向量 $\boldsymbol{\alpha}=(1,-4,-4,-6)\in P^4$ 在基 $\boldsymbol{\alpha}_1=(1,1,3,2)$, $\boldsymbol{\alpha}_2=(1,2,-1,3)$, $\boldsymbol{\alpha}_3=(2,3,-1,-1)$, $\boldsymbol{\alpha}_4=(3,-1,-2,-1)$ 下的坐标.

**解** 设 $\boldsymbol{\alpha}=x_1\boldsymbol{\alpha}_1+x_2\boldsymbol{\alpha}_2+x_3\boldsymbol{\alpha}_3+x_4\boldsymbol{\alpha}_4$, 写成矩阵方程得

$$\begin{bmatrix}1&1&2&3\\1&2&3&-1\\3&-1&-1&-2\\2&3&-1&-1\end{bmatrix}\begin{bmatrix}x_1\\x_2\\x_3\\x_4\end{bmatrix}=\begin{bmatrix}1\\-4\\-4\\-6\end{bmatrix},$$

解得

$$\begin{bmatrix}x_1\\x_2\\x_3\\x_4\end{bmatrix}=\begin{bmatrix}-1\\-1\\0\\1\end{bmatrix},$$

即 $\boldsymbol{\alpha}$ 在基 $\boldsymbol{\alpha}_1,\boldsymbol{\alpha}_2,\boldsymbol{\alpha}_3,\boldsymbol{\alpha}_4$ 下的坐标是 $(-1,-1,0,1)$. □

## 三、坐标变换公式

为研究线性空间中两个基之间的联系, 先引入一个基到另一个基的过渡矩阵的概念, 我们利用矩阵作为工具进行研究.

**定义 7.4** 设 $\boldsymbol{\alpha}_1,\boldsymbol{\alpha}_2,\cdots,\boldsymbol{\alpha}_n$ 和 $\boldsymbol{\beta}_1,\boldsymbol{\beta}_2,\cdots,\boldsymbol{\beta}_n$ 为数域 $P$ 上 $n$ 维线性空间 $V$ 的两个基, 且

$$\begin{cases}\boldsymbol{\beta}_1=a_{11}\boldsymbol{\alpha}_1+a_{21}\boldsymbol{\alpha}_2+\cdots+a_{n1}\boldsymbol{\alpha}_n,\\ \boldsymbol{\beta}_2=a_{12}\boldsymbol{\alpha}_1+a_{22}\boldsymbol{\alpha}_2+\cdots+a_{n2}\boldsymbol{\alpha}_n,\\ \qquad\cdots\cdots\cdots\cdots\\ \boldsymbol{\beta}_n=a_{1n}\boldsymbol{\alpha}_1+a_{2n}\boldsymbol{\alpha}_2+\cdots+a_{nn}\boldsymbol{\alpha}_n.\end{cases}\tag{1}$$

采用形式记号, (1) 可写成

$$[\boldsymbol{\beta}_1,\boldsymbol{\beta}_2,\cdots,\boldsymbol{\beta}_n]=[\boldsymbol{\alpha}_1,\boldsymbol{\alpha}_2,\cdots,\boldsymbol{\alpha}_n]\boldsymbol{A},\tag{2}$$

其中

$$\boldsymbol{A}=\begin{bmatrix}a_{11}&a_{12}&\cdots&a_{1n}\\a_{21}&a_{22}&\cdots&a_{2n}\\\vdots&\vdots&&\vdots\\a_{n1}&a_{n2}&\cdots&a_{nn}\end{bmatrix}.\tag{3}$$

称矩阵 $\boldsymbol{A}$ 为由基 $\boldsymbol{\alpha}_1,\boldsymbol{\alpha}_2,\cdots,\boldsymbol{\alpha}_n$ 到基 $\boldsymbol{\beta}_1,\boldsymbol{\beta}_2,\cdots,\boldsymbol{\beta}_n$ 的过渡矩阵.

显然, 基 $\boldsymbol{\alpha}_1,\boldsymbol{\alpha}_2,\cdots,\boldsymbol{\alpha}_n$ 到基 $\boldsymbol{\beta}_1,\boldsymbol{\beta}_2,\cdots,\boldsymbol{\beta}_n$ 的过渡矩阵 $\boldsymbol{A}$ 的第 $j$ 个列向量恰好是 $\boldsymbol{\beta}_j$ 在基 $\boldsymbol{\alpha}_1,\boldsymbol{\alpha}_2,\cdots,\boldsymbol{\alpha}_n$ 下的坐标 (写成列向量), $j=1,2,\cdots,n$. 由此不难得到过渡矩阵是可逆的, 并且由这两个基唯一确定. 另外, 若由基 $\boldsymbol{\alpha}_1,\boldsymbol{\alpha}_2,\cdots,\boldsymbol{\alpha}_n$ 到基 $\boldsymbol{\beta}_1,\boldsymbol{\beta}_2,\cdots,\boldsymbol{\beta}_n$ 的过渡矩阵为 $\boldsymbol{A}$, 则由基 $\boldsymbol{\beta}_1,\boldsymbol{\beta}_2,\cdots,\boldsymbol{\beta}_n$ 到 $\boldsymbol{\alpha}_1,\boldsymbol{\alpha}_2,\cdots,\boldsymbol{\alpha}_n$ 的过渡矩阵就是 $\boldsymbol{A}^{-1}$.

**定理 7.1** 设 $\boldsymbol{\alpha}_1,\boldsymbol{\alpha}_2,\cdots,\boldsymbol{\alpha}_n$ 与 $\boldsymbol{\beta}_1,\boldsymbol{\beta}_2,\cdots,\boldsymbol{\beta}_n$ 为 $n$ 维线性空间 $V$ 的两个基, 由基 $\boldsymbol{\alpha}_1,\boldsymbol{\alpha}_2,\cdots,\boldsymbol{\alpha}_n$ 到 $\boldsymbol{\beta}_1,\boldsymbol{\beta}_2,\cdots,\boldsymbol{\beta}_n$ 的过渡矩阵是 $\boldsymbol{A}$. 如果 $\boldsymbol{\alpha}$ 为 $V$ 中任意向量, 它在基 $\boldsymbol{\alpha}_1,\boldsymbol{\alpha}_2,\cdots,\boldsymbol{\alpha}_n$ 和 $\boldsymbol{\beta}_1,\boldsymbol{\beta}_2,\cdots,\boldsymbol{\beta}_n$ 下的坐标分别为 $(x_1,x_2,\cdots,x_n)$ 和 $(x_1',x_2',\cdots,x_n')$, 那么

$$\begin{bmatrix} x_1\\ x_2\\ \vdots\\ x_n \end{bmatrix}=\boldsymbol{A}\begin{bmatrix} x_1'\\ x_2'\\ \vdots\\ x_n' \end{bmatrix} \quad \text{或} \quad \begin{bmatrix} x_1'\\ x_2'\\ \vdots\\ x_n' \end{bmatrix}=\boldsymbol{A}^{-1}\begin{bmatrix} x_1\\ x_2\\ \vdots\\ x_n \end{bmatrix}. \tag{4}$$

(4) 称为坐标变换公式.

**证明** 设

$$\boldsymbol{\alpha}=x_1\boldsymbol{\alpha}_1+x_2\boldsymbol{\alpha}_2+\cdots+x_n\boldsymbol{\alpha}_n=[\boldsymbol{\alpha}_1,\boldsymbol{\alpha}_2,\cdots,\boldsymbol{\alpha}_n]\begin{bmatrix} x_1\\ x_2\\ \vdots\\ x_n \end{bmatrix}, \tag{5}$$

$$\boldsymbol{\alpha}=x_1'\boldsymbol{\beta}_1+x_2'\boldsymbol{\beta}_2+\cdots+x_n'\boldsymbol{\beta}_n=[\boldsymbol{\beta}_1,\boldsymbol{\beta}_2,\cdots,\boldsymbol{\beta}_n]\begin{bmatrix} x_1'\\ x_2'\\ \vdots\\ x_n' \end{bmatrix}, \tag{6}$$

则把 (2) 代入 (5), 得

$$\boldsymbol{\alpha}=[\boldsymbol{\beta}_1,\boldsymbol{\beta}_2,\cdots,\boldsymbol{\beta}_n]\left[\boldsymbol{A}^{-1}\begin{bmatrix} x_1\\ x_2\\ \vdots\\ x_n \end{bmatrix}\right], \tag{7}$$

比较 (6) 与 (7), 并注意到向量 $\boldsymbol{\alpha}$ 在基 $\boldsymbol{\beta}_1,\boldsymbol{\beta}_2,\cdots,\boldsymbol{\beta}_n$ 下的坐标是唯一的, 即得 (4). □

**例 7** 已知

$$\begin{cases} \boldsymbol{\alpha}_1=(1,0,\cdots,0),\\ \boldsymbol{\alpha}_2=(0,1,\cdots,0),\\ \quad\cdots\cdots\cdots\cdots\\ \boldsymbol{\alpha}_n=(0,0,\cdots,1) \end{cases} \quad \text{和} \quad \begin{cases} \boldsymbol{\beta}_1=(1,0,\cdots,0),\\ \boldsymbol{\beta}_2=(1,1,\cdots,0),\\ \quad\cdots\cdots\cdots\cdots\\ \boldsymbol{\beta}_n=(1,1,\cdots,1) \end{cases}$$

分别是 $P^n$ 中的两组基, 求坐标变换公式.

解 从基 $\boldsymbol{\alpha}_1,\boldsymbol{\alpha}_2,\cdots,\boldsymbol{\alpha}_n$ 到基 $\boldsymbol{\beta}_1,\boldsymbol{\beta}_2,\cdots,\boldsymbol{\beta}_n$ 的过渡矩阵为

$$\boldsymbol{A}=\begin{bmatrix}1&1&\cdots&1\\0&1&\cdots&1\\\vdots&\vdots&&\vdots\\0&0&\cdots&1\end{bmatrix},\quad 且\quad \boldsymbol{A}^{-1}=\begin{bmatrix}1&-1&0&\cdots&0&0\\0&1&-1&\cdots&0&0\\\vdots&\vdots&\vdots&&\vdots&\vdots\\0&0&0&\cdots&0&1\end{bmatrix}.$$

设 $\boldsymbol{\alpha}$ 在基 $\boldsymbol{\alpha}_1,\boldsymbol{\alpha}_2,\cdots,\boldsymbol{\alpha}_n$ 下的坐标是 $(a_1,a_2,\cdots,a_n)$, $\boldsymbol{\alpha}$ 在 $\boldsymbol{\beta}_1,\boldsymbol{\beta}_2,\cdots,\boldsymbol{\beta}_n$ 下的坐标是 $(a_1',a_2',\cdots,a_n')$, 则

$$\begin{bmatrix}a_1'\\a_2'\\\vdots\\a_n'\end{bmatrix}=\boldsymbol{A}^{-1}\begin{bmatrix}a_1\\a_2\\\vdots\\a_n\end{bmatrix}=\begin{bmatrix}a_1-a_2\\a_2-a_3\\\vdots\\a_{n-1}-a_n\\a_n\end{bmatrix}.$$ □

## 习题 7.2

1. 检查下列集合对于指定的运算是否构成线性空间, 如果是, 请求出它的维数和一个基:

(1) 平面上所有与某一固定向量 $\boldsymbol{\alpha}_0\neq\boldsymbol{0}$ 平行的向量的集合, 关于向量的加法和数量乘法;

(2) 平面上所有与某一固定向量 $\boldsymbol{\alpha}_0\neq\boldsymbol{0}$ 不平行的向量的集合, 关于向量的加法和数量乘法;

(3) 数域 $P$ 上全体 $n$ 阶对称矩阵 (反称矩阵) 的集合, 关于矩阵的加法和数量乘法;

(4) 数域 $P$ 上全体 $n$ 阶上 (下) 三角形矩阵的集合, 关于矩阵的加法和数量乘法;

(5) 数域 $P$ 上全体 $n$ 次多项式的集合, 关于多项式的加法和数量乘法.

2. 证明例 4 中 $P_n[x]$ 对给定的多项式加法、数乘运算作成一个线性空间.

3. 求下列 $P^n$ 中向量 $\boldsymbol{\alpha}$ 在给定基 $\boldsymbol{\alpha}_1,\boldsymbol{\alpha}_2,\boldsymbol{\alpha}_3,\boldsymbol{\alpha}_4$ 下的坐标:

(1) $\boldsymbol{\alpha}=(0,0,0,1)$;

$\boldsymbol{\alpha}_1=(1,2,3,-1)$, $\boldsymbol{\alpha}_2=(1,1,0,0)$,

$\boldsymbol{\alpha}_3=(0,1,-1,-1)$, $\boldsymbol{\alpha}_4=(1,-1,2,0)$;

(2) $\boldsymbol{\alpha}=(1,2,1,1)$;

$\boldsymbol{\alpha}_1=(1,1,0,1)$, $\boldsymbol{\alpha}_2=(2,1,3,1)$,

$\boldsymbol{\alpha}_3=(1,1,0,0)$, $\boldsymbol{\alpha}_4=(0,1,-1,-1)$.

4. 求由基 $\boldsymbol{\alpha}_1,\boldsymbol{\alpha}_2,\boldsymbol{\alpha}_3,\boldsymbol{\alpha}_4$ 到基 $\boldsymbol{\beta}_1,\boldsymbol{\beta}_2,\boldsymbol{\beta}_3,\boldsymbol{\beta}_4$ 的过渡矩阵, 并求所给向量 $\boldsymbol{\alpha}$ 在指定基下的坐标.

(1) $\begin{cases}\boldsymbol{\alpha}_1=(1,0,0,0),\\ \boldsymbol{\alpha}_2=(0,1,0,0),\\ \boldsymbol{\alpha}_3=(0,0,1,0),\\ \boldsymbol{\alpha}_4=(0,0,0,1),\end{cases}$ $\begin{cases}\boldsymbol{\beta}_1=(2,1,0,1),\\ \boldsymbol{\beta}_2=(0,1,2,2),\\ \boldsymbol{\beta}_3=(-2,1,2,1),\\ \boldsymbol{\beta}_4=(1,3,1,2),\end{cases}$

$\boldsymbol{\alpha}$ 在 $\boldsymbol{\beta}_1,\boldsymbol{\beta}_2,\boldsymbol{\beta}_3,\boldsymbol{\beta}_4$ 下的坐标为 (1,1,1,1), 求 $\boldsymbol{\alpha}$ 在 $\boldsymbol{\alpha}_1,\boldsymbol{\alpha}_2,\boldsymbol{\alpha}_3,\boldsymbol{\alpha}_4$ 下的坐标;

(2) $\begin{cases}\boldsymbol{\alpha}_1=(1,2,-1,0),\\ \boldsymbol{\alpha}_2=(1,-1,1,1),\\ \boldsymbol{\alpha}_3=(-1,-2,1,1),\\ \boldsymbol{\alpha}_4=(-1,-1,0,1),\end{cases}$ $\begin{cases}\boldsymbol{\beta}_1=(-2,0,1,1),\\ \boldsymbol{\beta}_2=(0,1,1,2),\\ \boldsymbol{\beta}_3=(-1,1,2,3),\\ \boldsymbol{\beta}_4=(1,-3,2,0),\end{cases}$

$\boldsymbol{\alpha}$ 在 $\boldsymbol{\alpha}_1,\boldsymbol{\alpha}_2,\boldsymbol{\alpha}_3,\boldsymbol{\alpha}_4$ 下的坐标为 $(0,0,5,-2)$, 求 $\boldsymbol{\alpha}$ 在 $\boldsymbol{\beta}_1,\boldsymbol{\beta}_2,\boldsymbol{\beta}_3,\boldsymbol{\beta}_4$ 下的坐标.

5. 证明: 在 $n$ 维线性空间中, 由一个基到另一个基的过渡矩阵必定是可逆矩阵.

## §7.3 子空间

我们知道, 齐次线性方程组 $\boldsymbol{AX}=\mathbf{0}$ 的全体解向量构成一个向量空间 $W$, 即解空间 $W$. 比较解空间 $W$ 与 $P^n$ 之间的关系, 可以看出 $W$ 为 $P^n$ 的非空子集, 且对 $P^n$ 中加法和数量乘法也构成线性空间.

**定义 7.5** 设 $V$ 是数域 $P$ 上的线性空间, $V_1$ 为 $V$ 的非空子集. 若 $V_1$ 对于 $V$ 中加法和数量乘法也构成 $P$ 上的线性空间, 则称线性空间 $V_1$ 是 $V$ 的一个子空间.

显然, 零空间 $\{\mathbf{0}\}$ 和整个空间 $V$ 都是 $V$ 的子空间, 这两个子空间称为 $V$ 的平凡子空间.

下面的定理告诉我们, 判断线性空间 $V$ 的非空子集 $V_1$ 是否构成子空间, 只要检验 $V_1$ 是否对 $V$ 中的加法、数乘运算封闭即可.

**定理 7.2** 线性空间 $V$ 的非空子集 $V_1$ 构成 $V$ 的子空间的充要条件是对任意 $\boldsymbol{\alpha},\boldsymbol{\beta}\in V_1, k\in P$, 有 $\boldsymbol{\alpha}+\boldsymbol{\beta}\in V_1, k\boldsymbol{\alpha}\in V_1$.

**证明** 由于 $V_1\neq\varnothing$, 设 $\boldsymbol{\alpha}\in V_1$, 则 $\mathbf{0}=\boldsymbol{\alpha}+(-1)\boldsymbol{\alpha}\in V_1$, 且 $-\boldsymbol{\alpha}=(-1)\boldsymbol{\alpha}\in V_1$. 只要注意到 $V_1\subset V$, $V_1$ 对 $V$ 的加法、数量乘法也满足定义 7.1 中的 (1)—(8), 就不难得到定理 7.2. □

**例 1** $P_n[x]$ 是 $P[x]$ 的一个子空间.

**证明** $P_n[x]=\{a_0+a_1x+\cdots+a_{n-1}x^{n-1}|a_i\in P, i=0,1,\cdots,n-1\}$, 它对于 $P[x]$ 中加法、数乘都是封闭的. 由定理 7.2 知 $P_n[x]$ 是 $P[x]$ 的子空间. □

类似于定理 4.8 的证明, 可得

**定理 7.3** $n$ 维线性空间 $V$ 的子空间 $V_1$ 的任一个基都可以扩充为 $V$ 的基.

定理 7.3 告诉我们, $n$ 维线性空间 $V$ 的基可以从它的子空间 $V_1$ 的基添加若干个向量后得到. 因此 $\dim V_1\leqslant\dim V$.

设 $V_1,V_2$ 都是线性空间 $V$ 的子空间, 则 $V_1\cap V_2$ 也是 $V$ 的子空间, 称为 $V_1$ 与 $V_2$ 的交空间.

设 $\boldsymbol{\alpha}_1,\boldsymbol{\alpha}_2,\cdots,\boldsymbol{\alpha}_m$ 为 $V$ 中向量, 则

$$L(\boldsymbol{\alpha}_1,\boldsymbol{\alpha}_2,\cdots,\boldsymbol{\alpha}_m)=\{k_1\boldsymbol{\alpha}_1+k_2\boldsymbol{\alpha}_2+\cdots+k_m\boldsymbol{\alpha}_m|k_1,k_2,\cdots,k_m\in P\}$$

也构成 $V$ 的一个子空间, 称为由 $\alpha_1,\alpha_2,\cdots,\alpha_m$ 生 (张) 成的子空间. 它是 $V$ 中包含 $\{\boldsymbol{\alpha}_1,\boldsymbol{\alpha}_2,\cdots,\boldsymbol{\alpha}_m\}$ 的最小的子空间, 是 $V$ 中所有包含 $\{\boldsymbol{\alpha}_1,\boldsymbol{\alpha}_2,\cdots,\boldsymbol{\alpha}_m\}$ 的子空间

的交空间.

**定理 7.4** (1) 向量组 $\boldsymbol{\alpha}_1, \boldsymbol{\alpha}_2, \cdots, \boldsymbol{\alpha}_m$ 的任意一个极大线性无关组都是 $L(\boldsymbol{\alpha}_1, \boldsymbol{\alpha}_2, \cdots, \boldsymbol{\alpha}_m)$ 的一个基;

(2) 由 $\boldsymbol{\alpha}_1,\boldsymbol{\alpha}_2,\cdots,\boldsymbol{\alpha}_m$ 张成的子空间 $L(\boldsymbol{\alpha}_1,\boldsymbol{\alpha}_2,\cdots,\boldsymbol{\alpha}_m)$ 的维数 $\dim L(\boldsymbol{\alpha}_1, \boldsymbol{\alpha}_2, \cdots, \boldsymbol{\alpha}_m)$ 等于向量组 $\boldsymbol{\alpha}_1,\boldsymbol{\alpha}_2,\cdots,\boldsymbol{\alpha}_m$ 的秩, 即

$$\dim L(\boldsymbol{\alpha}_1,\boldsymbol{\alpha}_2,\cdots,\boldsymbol{\alpha}_m)=r(\boldsymbol{\alpha}_1,\boldsymbol{\alpha}_2,\cdots,\boldsymbol{\alpha}_m).$$

**证明** 设 $\boldsymbol{\alpha}_{i_1},\boldsymbol{\alpha}_{i_2},\cdots,\boldsymbol{\alpha}_{i_r}$ 是 $\boldsymbol{\alpha}_1,\boldsymbol{\alpha}_2,\cdots,\boldsymbol{\alpha}_m$ 的一个极大线性无关组, 则 $\boldsymbol{\alpha}_{i_1}, \boldsymbol{\alpha}_{i_2},\cdots,\boldsymbol{\alpha}_{i_r}$ 与 $\boldsymbol{\alpha}_1,\boldsymbol{\alpha}_2,\cdots,\boldsymbol{\alpha}_m$ 等价. 由 $L(\boldsymbol{\alpha}_1,\boldsymbol{\alpha}_2,\cdots,\boldsymbol{\alpha}_m)$ 的定义知 $L(\boldsymbol{\alpha}_1,\boldsymbol{\alpha}_2,\cdots, \boldsymbol{\alpha}_m)$ 中每个向量都可以由 $\boldsymbol{\alpha}_1,\boldsymbol{\alpha}_2,\cdots,\boldsymbol{\alpha}_m$ 线性表出, 从而也可以由 $\boldsymbol{\alpha}_{i_1},\boldsymbol{\alpha}_{i_2},\cdots,\boldsymbol{\alpha}_{i_r}$ 线性表出, 因此 $\boldsymbol{\alpha}_{i_1},\boldsymbol{\alpha}_{i_2},\cdots,\boldsymbol{\alpha}_{i_r}$ 是 $L(\boldsymbol{\alpha}_1,\boldsymbol{\alpha}_2,\cdots,\boldsymbol{\alpha}_m)$ 的一个基, 且 $\dim L(\boldsymbol{\alpha}_1, \boldsymbol{\alpha}_2, \cdots,\boldsymbol{\alpha}_m)=r$, 其中 $r$ 为 $\boldsymbol{\alpha}_1,\boldsymbol{\alpha}_2,\cdots,\boldsymbol{\alpha}_m$ 的秩. □

对于齐次线性方程组 $\boldsymbol{AX}=\mathbf{0}$, 其解空间的基就是它的基础解系. 因此解空间的维数为 $n-r$, 其中 $n$ 为未知量个数, $r$ 为 $\boldsymbol{A}$ 的秩.

**例 2** 求 $L(\boldsymbol{\alpha}_1,\boldsymbol{\alpha}_2,\boldsymbol{\alpha}_3)\cap L(\boldsymbol{\alpha}_4,\boldsymbol{\alpha}_5)$ 的维数和一个基, 其中 $\boldsymbol{\alpha}_1=(1,-2,3), \boldsymbol{\alpha}_2=(2, -1,3)$, $\boldsymbol{\alpha}_3=(1,-5,6), \boldsymbol{\alpha}_4=(1,1,1), \boldsymbol{\alpha}_5=(1,1,-4)$.

**解** 令 $\boldsymbol{\alpha}\in L(\boldsymbol{\alpha}_1,\boldsymbol{\alpha}_2,\boldsymbol{\alpha}_3)\cap L(\boldsymbol{\alpha}_4,\boldsymbol{\alpha}_5)$, 则存在 $P$ 中数 $x_1,x_2,x_3,x_4,x_5$, 使

$$\boldsymbol{\alpha}=x_1\boldsymbol{\alpha}_1+x_2\boldsymbol{\alpha}_2+x_3\boldsymbol{\alpha}_3=x_4\boldsymbol{\alpha}_4+x_5\boldsymbol{\alpha}_5,$$

从而得

$$x_1\boldsymbol{\alpha}_1+x_2\boldsymbol{\alpha}_2+x_3\boldsymbol{\alpha}_3-x_4\boldsymbol{\alpha}_4-x_5\boldsymbol{\alpha}_5=\mathbf{0},$$

即

$$\begin{bmatrix} 1 & 2 & 1 & -1 & -1 \\ -2 & -1 & -5 & -1 & -1 \\ 3 & 3 & 6 & -1 & 4 \end{bmatrix}\begin{bmatrix} x_1 \\ x_2 \\ x_3 \\ x_4 \\ x_5 \end{bmatrix}=\begin{bmatrix} 0 \\ 0 \\ 0 \end{bmatrix}.$$

系数矩阵

$$\begin{bmatrix} 1 & 2 & 1 & -1 & -1 \\ -2 & -1 & -5 & -1 & -1 \\ 3 & 3 & 6 & -1 & 4 \end{bmatrix}\xrightarrow[③+①\times(-3)]{②+①\times 2}\begin{bmatrix} 1 & 2 & 1 & -1 & -1 \\ 0 & 3 & -3 & -3 & -3 \\ 0 & -3 & 3 & 2 & 7 \end{bmatrix}$$

$$\xrightarrow[②\times\frac{1}{3}]{③+②}\begin{bmatrix} 1 & 2 & 1 & -1 & -1 \\ 0 & 1 & -1 & -1 & -1 \\ 0 & 0 & 0 & -1 & 4 \end{bmatrix}$$

$$\xrightarrow[②+③\times(-1)]{①+③\times(-1)}\begin{bmatrix} 1 & 2 & 1 & 0 & -5 \\ 0 & 1 & -1 & 0 & -5 \\ 0 & 0 & 0 & 1 & -4 \end{bmatrix}$$

$$\xrightarrow{①+②\times(-2)} \begin{bmatrix} 1 & 0 & 3 & 0 & 5 \\ 0 & 1 & -1 & 0 & -5 \\ 0 & 0 & 0 & 1 & -4 \end{bmatrix},$$

取 $x_3, x_5$ 为自由未知量, 并令 $x_3 = c_1, x_5 = c_2$, 其中 $c_1, c_2$ 为任意常数, 则

$$\begin{cases} x_1 = -3c_1 - 5c_2, \\ x_2 = c_1 + 5c_2, \\ x_3 = c_1, \\ x_4 = 4c_2, \\ x_5 = c_2. \end{cases}$$

故 $\boldsymbol{\alpha} = x_4\boldsymbol{\alpha}_4 + x_5\boldsymbol{\alpha}_5 = c_2(4\boldsymbol{\alpha}_4 + \boldsymbol{\alpha}_5)$ 因此, $L(\boldsymbol{\alpha}_1, \boldsymbol{\alpha}_2, \boldsymbol{\alpha}_3) \cap L(\boldsymbol{\alpha}_4, \boldsymbol{\alpha}_5) = L(4\boldsymbol{\alpha}_4 + \boldsymbol{\alpha}_5)$ 的一个基为 $4\boldsymbol{\alpha}_4 + \boldsymbol{\alpha}_5 = (5, 5, 0)$, 维数为 1. 事实上,

$$4\boldsymbol{\alpha}_4 + \boldsymbol{\alpha}_5 = -5\boldsymbol{\alpha}_1 + 5\boldsymbol{\alpha}_2 \in L(\boldsymbol{\alpha}_1, \boldsymbol{\alpha}_2, \boldsymbol{\alpha}_3) \cap L(\boldsymbol{\alpha}_4, \boldsymbol{\alpha}_5). \qquad \square$$

### 习题 7.3

1. 证明: 若 $V_1, V_2$ 都是 $V$ 的子空间, 则 $V_1 \cap V_2$ 也是 $V$ 的子空间.

2. 求 $\mathbf{R}^4$ 中下列子空间的维数和一个基:

(1) $L(\boldsymbol{\alpha}_1, \boldsymbol{\alpha}_2, \boldsymbol{\alpha}_3)$, 其中 $\boldsymbol{\alpha}_1 = (1, -2, 3, 0), \boldsymbol{\alpha}_2 = (3, -5, 4, 2), \boldsymbol{\alpha}_3 = (2, -3, 1, 2)$;

(2) $L(\boldsymbol{\beta}_1, \boldsymbol{\beta}_2, \boldsymbol{\beta}_3, \boldsymbol{\beta}_4)$, 其中 $\boldsymbol{\beta}_1 = (1, -1, 1, 2), \boldsymbol{\beta}_2 = (2, 3, -1, 0), \boldsymbol{\beta}_3 = (1, -6, 4, 6)$, $\boldsymbol{\beta}_4 = (4, -1, 1, 4)$;

(3) $L(\boldsymbol{\alpha}_1, \boldsymbol{\alpha}_2, \boldsymbol{\alpha}_3) \cap L(\boldsymbol{\beta}_1, \boldsymbol{\beta}_2, \boldsymbol{\beta}_3, \boldsymbol{\beta}_4)$, 其中 $\boldsymbol{\alpha}_1, \boldsymbol{\alpha}_2, \boldsymbol{\alpha}_3, \boldsymbol{\beta}_1, \boldsymbol{\beta}_2, \boldsymbol{\beta}_3, \boldsymbol{\beta}_4$ 如上.

3. 设 $V_1, V_2$ 都是 $V$ 的子空间, 则集合并 $V_1 \cup V_2$ 作成 $V$ 的子空间的充要条件是 $V_1 \subset V_2$ 或 $V_2 \subset V_1$. 换言之, 线性空间 $V$ 的任意两个互不包含的子空间的集合并都不能构成 $V$ 的子空间.

4. 证明: 若 $V_1$ 是有限维线性空间 $V$ 的子空间, 则 $V_1 = V$ 的充要条件是 $\dim V_1 = \dim V$.

## §7.4 和空间与补空间

我们知道, 从线性空间 $V$ 的两个子空间 $V_1, V_2$, 可以得到一个新的子空间 $V_1 \cap V_2$. 我们还可以构造出另一个子空间包含 $V_1$ 和 $V_2$, 这就是这两个子空间的和空间.

**定义 7.6** 设 $V_1, V_2$ 都是数域 $P$ 上线性空间 $V$ 的子空间. 令集合

$$V_1 + V_2 = \{\boldsymbol{\alpha} + \boldsymbol{\beta} | \boldsymbol{\alpha} \in V_1, \boldsymbol{\beta} \in V_2\},$$

则 $V_1 + V_2$ 也是 $V$ 的子空间, 称为 $V_1$ 与 $V_2$ 的和空间, 简称和.

显然, 设 $\boldsymbol{\alpha}_1, \boldsymbol{\alpha}_2, \cdots, \boldsymbol{\alpha}_m, \boldsymbol{\beta}_1, \boldsymbol{\beta}_2, \cdots, \boldsymbol{\beta}_s \in V$, 则

$$L(\boldsymbol{\alpha}_1, \boldsymbol{\alpha}_2, \cdots, \boldsymbol{\alpha}_m) + L(\boldsymbol{\beta}_1, \boldsymbol{\beta}_2, \cdots, \boldsymbol{\beta}_s) = L(\boldsymbol{\alpha}_1, \boldsymbol{\alpha}_2, \cdots, \boldsymbol{\alpha}_m, \boldsymbol{\beta}_1, \boldsymbol{\beta}_2, \cdots, \boldsymbol{\beta}_s).$$

一般地, $\dim(V_1+V_2)$ 未必等于 $\dim V_1$ 与 $\dim V_2$ 之和. 下面的定理揭示了和、交空间维数之间的关系.

**定理 7.5** (维数公式) 设 $V_1, V_2$ 都是 $V$ 的子空间, 则

$$\dim(V_1+V_2)=\dim V_1+\dim V_2-\dim(V_1\cap V_2).$$

* **证明** 设 $\dim V_1=r, \dim V_2=s, \dim(V_1\cap V_2)=t$, 则 $t\leqslant r, t\leqslant s$.

先假定 $V_1\cap V_2\neq\{\mathbf{0}\}$. 设 $\boldsymbol{\alpha}_1,\boldsymbol{\alpha}_2,\cdots,\boldsymbol{\alpha}_t$ 为 $V_1\cap V_2$ 的一个基, 则由定理 7.3, 它可以扩充成 $V_1$ 的一个基 $\boldsymbol{\alpha}_1,\boldsymbol{\alpha}_2,\cdots,\boldsymbol{\alpha}_t,\boldsymbol{\alpha}_{t+1},\cdots,\boldsymbol{\alpha}_r$, 也可以扩充成 $V_2$ 的一个基 $\boldsymbol{\alpha}_1,\boldsymbol{\alpha}_2,\cdots,\boldsymbol{\alpha}_t,\boldsymbol{\alpha}'_{t+1},\cdots,\boldsymbol{\alpha}'_s$, 我们将证明 $\boldsymbol{\alpha}_1,\boldsymbol{\alpha}_2,\cdots,\boldsymbol{\alpha}_t,\boldsymbol{\alpha}_{t+1},\cdots,\boldsymbol{\alpha}_r,\boldsymbol{\alpha}'_{t+1},\cdots,\boldsymbol{\alpha}'_s$ 是 $V_1+V_2$ 的一个基.

我们先证明这个向量组是线性无关的. 令

$$x_1\boldsymbol{\alpha}_1+x_2\boldsymbol{\alpha}_2+\cdots+x_t\boldsymbol{\alpha}_t+x_{t+1}\boldsymbol{\alpha}_{t+1}+\cdots+x_r\boldsymbol{\alpha}_r+y_1\boldsymbol{\alpha}'_{t+1}+\cdots+y_{s-t}\boldsymbol{\alpha}'_s=\mathbf{0},$$

则

$$\boldsymbol{\beta}=y_1\boldsymbol{\alpha}'_{t+1}+\cdots+y_{s-t}\boldsymbol{\alpha}'_s=-(x_1\boldsymbol{\alpha}_1+\cdots+x_t\boldsymbol{\alpha}_t+\cdots+x_r\boldsymbol{\alpha}_r)\in V_1\cap V_2,$$

所以 $\boldsymbol{\beta}$ 可由 $\boldsymbol{\alpha}_1,\boldsymbol{\alpha}_2,\cdots,\boldsymbol{\alpha}_t$ 线性表出. 设 $\boldsymbol{\beta}=k_1\boldsymbol{\alpha}_1+k_2\boldsymbol{\alpha}_2+\cdots+k_t\boldsymbol{\alpha}_t, k_1,k_2,\cdots,k_t\in P$, 则有

$$k_1\boldsymbol{\alpha}_1+k_2\boldsymbol{\alpha}_2+\cdots+k_t\boldsymbol{\alpha}_t-y_1\boldsymbol{\alpha}'_{t+1}-\cdots-y_{s-t}\boldsymbol{\alpha}'_s=\mathbf{0}.$$

因为 $\boldsymbol{\alpha}_1,\boldsymbol{\alpha}_2,\cdots,\boldsymbol{\alpha}_t,\boldsymbol{\alpha}'_{t+1},\cdots,\boldsymbol{\alpha}'_s$ 是 $V_2$ 的基, 所以 $k_1=\cdots=k_t=y_1=\cdots=y_{s-t}=0$. 这又得到 $x_1\boldsymbol{\alpha}_1+\cdots+x_t\boldsymbol{\alpha}_t+\cdots+x_r\boldsymbol{\alpha}_r=\mathbf{0}$. 同理可得 $x_1=\cdots=x_t=\cdots=x_r=0$. 这就证明了 $\boldsymbol{\alpha}_1,\boldsymbol{\alpha}_2,\cdots,\boldsymbol{\alpha}_t,\cdots,\boldsymbol{\alpha}_r,\cdots,\boldsymbol{\alpha}'_s$ 是线性无关的.

其次, $V_1+V_2$ 中任意向量 $\boldsymbol{\gamma}$ 都可写成 $\boldsymbol{\gamma}=\boldsymbol{\gamma}_1+\boldsymbol{\gamma}_2$ 的形式, 其中 $\boldsymbol{\gamma}_1\in V_1,\boldsymbol{\gamma}_2\in V_2$. 因为 $\boldsymbol{\gamma}_1,\boldsymbol{\gamma}_2$ 均可由 $\boldsymbol{\alpha}_1,\boldsymbol{\alpha}_2,\cdots,\boldsymbol{\alpha}_t,\cdots,\boldsymbol{\alpha}_r,\boldsymbol{\alpha}'_{t+1},\boldsymbol{\alpha}'_{t+2},\cdots,\boldsymbol{\alpha}'_s$ 线性表出, 所以 $\boldsymbol{\gamma}=\boldsymbol{\gamma}_1+\boldsymbol{\gamma}_2$ 也可以由 $\boldsymbol{\alpha}_1,\cdots,\boldsymbol{\alpha}_t,\cdots,\boldsymbol{\alpha}_r,\boldsymbol{\alpha}'_{t+1},\cdots,\boldsymbol{\alpha}'_s$ 线性表出. 这就证明了 $\boldsymbol{\alpha}_1,\cdots,\boldsymbol{\alpha}_t,\cdots,\boldsymbol{\alpha}_r,\boldsymbol{\alpha}'_{t+1},\cdots,\boldsymbol{\alpha}'_s$ 是 $V_1+V_2$ 的一个基, 进而

$$\dim(V_1+V_2)=r+(s-t)=\dim V_1+\dim V_2-\dim(V_1\cap V_2).$$

最后, 如果 $V_1\cap V_2=\{\mathbf{0}\}$, 那么把 $V_1,V_2$ 的基合起来所组成的新向量组就是 $V_1+V_2$ 的一个基 (证明过程类似, 略). 这时定理仍然成立. □

**例 1** 在 §7.3 例 2 中, $\dim L(\boldsymbol{\alpha}_1,\boldsymbol{\alpha}_2,\boldsymbol{\alpha}_3)=\dim L(\boldsymbol{\alpha}_4,\boldsymbol{\alpha}_5)=2, \dim(L(\boldsymbol{\alpha}_1,\boldsymbol{\alpha}_2,\boldsymbol{\alpha}_3)\cap L(\boldsymbol{\alpha}_4,\boldsymbol{\alpha}_5))=1$. 因此

$$\dim(L(\boldsymbol{\alpha}_1,\boldsymbol{\alpha}_2,\boldsymbol{\alpha}_3)+L(\boldsymbol{\alpha}_4,\boldsymbol{\alpha}_5))=\dim L(\boldsymbol{\alpha}_1,\boldsymbol{\alpha}_2,\boldsymbol{\alpha}_3,\boldsymbol{\alpha}_4,\boldsymbol{\alpha}_5)=3,$$

这表明

$$L(\boldsymbol{\alpha}_1,\boldsymbol{\alpha}_2,\boldsymbol{\alpha}_3)+L(\boldsymbol{\alpha}_4,\boldsymbol{\alpha}_5)=P^3.$$

同理可得

$$L(\boldsymbol{\alpha}_1,\boldsymbol{\alpha}_2)+L(\boldsymbol{\alpha}_5)=P^3.$$

这时 $L(\boldsymbol{\alpha}_1,\boldsymbol{\alpha}_2)\cap L(\boldsymbol{\alpha}_5)=\{\mathbf{0}\}$.

**定义 7.7** 设 $V_1, V_2$ 都是 $V$ 的子空间, 且满足 $V_1 \cap V_2 = \{\mathbf{0}\}$, 则称和 $V_1 + V_2$ 为直和, 记为 $V_1 \oplus V_2$. 若 $V_1 \oplus V_2 = V$, 则称 $V_1$ 为 $V_2$ 在 $V$ 中的补子空间 (或补空间), 简称补.

**例 2** $V = \mathbf{R}^3$ (三维几何空间), $V_1$ 表示起点为原点、终点在 $Oxy$ 平面上的全体向量的集合, $V_2$ 表示起点在原点、终点落在 $Oz$ 轴上全体向量的集合, $V_3$ 表示所有与向量 (1,1,1) 平行的向量的集合, 则 $V_1 = L(\boldsymbol{i}, \boldsymbol{j}), V_2 = L(\boldsymbol{k}), V_3 = L(\boldsymbol{\alpha})$, 其中 $\boldsymbol{\alpha} = (1,1,1)$, 且 $V = V_1 \oplus V_2 = V_1 \oplus V_3$. 这表明一个子空间的补空间一般是不唯一的.

下面的定理给出和 $V_1 + V_2$ 是直和的几个等价条件.

**定理 7.6** 设 $V_1, V_2$ 都是线性空间 $V$ 的子空间, 则下面几条彼此等价:

(1) $V_1 + V_2$ 是直和;

(2) 对任意 $\boldsymbol{\alpha} \in V_1 + V_2, \boldsymbol{\alpha}$ 都有唯一分解式, 即若 $\boldsymbol{\alpha} = \boldsymbol{\alpha}_1 + \boldsymbol{\alpha}_2 = \boldsymbol{\beta}_1 + \boldsymbol{\beta}_2$, 其中 $\boldsymbol{\alpha}_1, \boldsymbol{\beta}_1 \in V_1, \boldsymbol{\alpha}_2, \boldsymbol{\beta}_2 \in V_2$, 则 $\boldsymbol{\alpha}_1 = \boldsymbol{\beta}_1, \boldsymbol{\alpha}_2 = \boldsymbol{\beta}_2$;

(3) 零向量分解式唯一, 即若 $\boldsymbol{\alpha}_1 + \boldsymbol{\alpha}_2 = \mathbf{0}$, 且 $\boldsymbol{\alpha}_1 \in V_1, \boldsymbol{\alpha}_2 \in V_2$, 则 $\boldsymbol{\alpha}_1 = \boldsymbol{\alpha}_2 = \mathbf{0}$;

(4) $\dim(V_1 + V_2) = \dim V_1 + \dim V_2$.

**证明** (1)⇒(2). 对任意 $\boldsymbol{\alpha} \in V_1 + V_2$, 有 $\boldsymbol{\alpha} = \boldsymbol{\alpha}_1 + \boldsymbol{\alpha}_2$, 其中 $\boldsymbol{\alpha}_1 \in V_1, \boldsymbol{\alpha}_2 \in V_2$. 若又有 $\boldsymbol{\alpha} = \boldsymbol{\beta}_1 + \boldsymbol{\beta}_2$, 其中 $\boldsymbol{\beta}_1 \in V_1, \boldsymbol{\beta}_2 \in V_2$, 则有 $\boldsymbol{\alpha} = \boldsymbol{\beta}_1 + \boldsymbol{\beta}_2 = \boldsymbol{\alpha}_1 + \boldsymbol{\alpha}_2$, 从而 $\boldsymbol{\alpha}_1 - \boldsymbol{\beta}_1 = \boldsymbol{\beta}_2 - \boldsymbol{\alpha}_2 \in V_1 \cap V_2$.

因为 $V_1 + V_2$ 为直和, 所以 $V_1 \cap V_2 = \{\mathbf{0}\}$, 从而

$$\boldsymbol{\alpha}_1 - \boldsymbol{\beta}_1 = \boldsymbol{\beta}_2 - \boldsymbol{\alpha}_2 = \mathbf{0}, \quad \text{即} \quad \boldsymbol{\alpha}_1 = \boldsymbol{\beta}_1, \boldsymbol{\alpha}_2 = \boldsymbol{\beta}_2.$$

(2)⇒(3). 显然.

(3)⇒(4). 假设零向量分解式唯一. 令 $\boldsymbol{\alpha} \in V_1 \cap V_2$, 则有 $\mathbf{0} = \boldsymbol{\alpha} + (-\boldsymbol{\alpha})$, 且 $\boldsymbol{\alpha}, -\boldsymbol{\alpha} \in V_1 \cap V_2$, 故有 $\boldsymbol{\alpha} = -\boldsymbol{\alpha} = \mathbf{0}$, 从而 $V_1 \cap V_2 = \{\mathbf{0}\}$. 由维数公式知 $\dim(V_1 + V_2) = \dim V_1 + \dim V_2$.

(4)⇒(1). 由维数公式知 $\dim(V_1 \cap V_2) = 0$, 即 $V_1 \cap V_2 = \{\mathbf{0}\}$. 因此, $V_1 + V_2$ 是直和. □

利用定理 7.3, 可以证明

**定理 7.7** 线性空间 $V$ 的任意一个子空间 $V_1$ 都在 $V$ 中有补子空间 $V_2$.

**证明** 若 $V_1 = \{\mathbf{0}\}$, 则 $V$ 就是 $V_1$ 在 $V$ 中的补子空间. 下设 $V_1 \neq \{\mathbf{0}\}$. 设 $V_1$ 的一个基为 $\boldsymbol{\alpha}_1, \boldsymbol{\alpha}_2, \cdots, \boldsymbol{\alpha}_r$, 把它扩充成 $V$ 的一个基 $\boldsymbol{\alpha}_1, \boldsymbol{\alpha}_2, \cdots, \boldsymbol{\alpha}_r, \cdots, \boldsymbol{\alpha}_n$, 则 $V = V_1 \oplus V_2$, 其中 $V_2 = L(\boldsymbol{\alpha}_{r+1}, \cdots, \boldsymbol{\alpha}_n)$ 就是 $V_1$ 在 $V$ 中的补子空间. □

下面我们在 $n$ 维欧氏空间 $\mathbf{R}^n$ 中讨论.

设 $V_1$ 是 $n$ 维欧氏空间 $V = \mathbf{R}^n$ (列向量空间) 的一个子空间, $(\cdot,\cdot)$ 为 $\mathbf{R}^n$ 中通常的内积, 令

$$V_1^{\perp} = \{\boldsymbol{\beta} \in V \mid \text{对任意 } \boldsymbol{\alpha} \in V_1, \text{ 有 } (\boldsymbol{\alpha}, \boldsymbol{\beta}) = 0\},$$

则 $V_1^{\perp}$ 为 $V_1$ 在 $V$ 中的补子空间, 从而可以把 $V_1^{\perp}$ 称为 $V_1$ 在 $V$ 中的正交补子空间, 简称正交补.

事实上, 不妨设 $r = \dim V_1 > 0$. 取 $V_1$ 的一个基 $\boldsymbol{\varepsilon}_1, \boldsymbol{\varepsilon}_2, \cdots, \boldsymbol{\varepsilon}_r$. 由内积定义, $V_1^{\perp}$ 为 $(\boldsymbol{\varepsilon}_1, \boldsymbol{\varepsilon}_2, \cdots, \boldsymbol{\varepsilon}_n)^{\mathrm{T}} \boldsymbol{X} = \mathbf{0}$ 的解空间. 因此 $\dim V_1^{\perp} = n - r$, 即 $\dim V_1 + \dim V_1^{\perp} = \dim V$. 另一方面, 令 $\boldsymbol{\alpha} \in V_1 \cap V_1^{\perp}$, 则 $(\boldsymbol{\alpha}, \boldsymbol{\alpha}) = 0$, 从而 $\boldsymbol{\alpha} = \mathbf{0}$, 这表明 $V_1 \cap V_1^{\perp} = \{\mathbf{0}\}$,

由定理 7.6, 知 $V_1+V_1^{\perp}$ 是直和, 且 $\dim(V_1\oplus V_1^{\perp})=n$, 从而由习题 7.2 第 4 题结论知 $V=V_1\oplus V_1^{\perp}$.

由于 $V_1^{\perp}$ 恰好由 $V$ 中所有与 $V_1$ 中每个向量都正交的向量所组成, $V_1^{\perp}$ 是由 $V_1$ 所唯一确定的. 因此我们有

**定理 7.8** $n$ 维欧氏空间 $V$ 的任意一个子空间 $V_1$ 都有唯一的正交补子空间 $V_1^{\perp}$.

## 习题 7.4

1. 证明: 若 $V_1,V_2$ 都是线性空间 $V$ 的子空间, 则 $V_1+V_2$ 也是 $V$ 的子空间.

2. 证明: 若 $V_1$ 是 $n$ 维欧氏空间 $\mathbf{R}^n$ 的一个子空间, 则

$$V_1^{\perp}=\{\boldsymbol{\beta}\in V|\ 对任意\ \boldsymbol{\alpha}\in V_1,\ 有\ (\boldsymbol{\alpha},\boldsymbol{\beta})=0\}$$

也是 $\mathbf{R}^n$ 的一个子空间.

3. 求习题 7.3 第 2 题中两个子空间 $L(\boldsymbol{\alpha}_1,\boldsymbol{\alpha}_2,\boldsymbol{\alpha}_3),L(\boldsymbol{\beta}_1,\boldsymbol{\beta}_2,\boldsymbol{\beta}_3,\boldsymbol{\beta}_4)$ 的和空间的一个基和维数, 并分别求出这两个子空间的正交补子空间的一个基和维数.

4. 分别求出齐次线性方程组

$$\begin{cases}2x_1-x_2+2x_3-x_4=0,\\3x_1+x_2-2x_4=0,\\3x_1+2x_3+x_4=0,\\4x_1+3x_2-2x_3-3x_4=0\end{cases}$$

的解空间 $W$ 及 $W$ 在欧氏空间 $\mathbf{R}^4$ 中的正交补子空间 $W^{\perp}$ 的基、维数.

5. 证明: 若 $V_1$ 是 $n$ 维欧氏空间 $V=\mathbf{R}^n$ 的一个子空间, 则 $(V_1^{\perp})^{\perp}=V_1$.

6. 在 $\mathbf{R}^2$ 中举例说明, 若 $U,V,W$ 都是 $\mathbf{R}^2$ 的子空间, $U\subset V+W$, 则未必有 $U=(U\cap V)+(U\cap W)$.

# §7.5 同构映射

首先我们介绍十分重要的概念——映射.

**定义 7.8** 设 $A,B$ 为非空集合. 若对任意 $a\in A$, 按照某个确定的法则 $f$, 都存在唯一 $b\in B$ 与 $a$ 相对应, 则称 $f$ 为 $A$ 到 $B$ 的一个**映射**, 记为 $f:A\to B$. 我们称 $b$ 为 $a$ 在映射 $f$ 下的**像**, 称 $a$ 为 $b$ 在 $f$ 下的一个**原像**, 记为 $b=f(a)$. 我们称集合 $A$ 到 $A$ 自身的映射为 $A$ 的一个**变换**. 若 $B$ 中每个元素都是 $A$ 中某个元素在映射 $f$ 下的像, 则称 $f$ 为一个 $A$ 到 $B$ 的**满射**; 若 $A$ 中任意两个不同元素在 $f$ 下的像都不同, 即 $a_1\neq a_2\Rightarrow f(a_1)\neq f(a_2)$, 则称映射 $f$ 为一个 $A$ 到 $B$ 的**单射**. 既是满射又是单射的映射称为**双射**或 1 - 1 **对应**.

**例 1** $f(x)=\dfrac{1}{x}$ 是全体正实数集合 $\mathbf{R}^+$ 上的变换, 也是一个双射. 但是, 它不是实数集 $\mathbf{R}$ 上的变换, 因为它没有给实数 0 规定像.

**例 2** $f(x)=\sin x$ 是实数域 $\mathbf{R}$ 上的变换, 也是 $\mathbf{R}$ 到闭区间 $[-1,1]$ 上的满射, 但是它不是 $\mathbf{R}$ 到 $[-1,1]$ 上的单射.

**例 3**　$f(x)=\mathrm{e}^x$ 是实数域 $\mathbf{R}$ 上的变换, 也是 $\mathbf{R}$ 到 $\mathbf{R}$ 的单射, 但是它不是 $\mathbf{R}$ 到 $\mathbf{R}$ 的满射, 因为 0 不是任意一个实数在这个对应法则下的像.

设 $f: A \to B, g: B \to D$ 都是映射, 则这两个映射的合成映射 (记为 $gf$) 规定为

$$(gf)(a)=g(f(a)), \quad \forall a \in A,$$

它是 $A$ 到 $D$ 的一个映射.

依定义, 合成映射就是由这两个映射依次作用所得到的一个新的映射.

下面我们将研究数域 $P$ 上的 $n$ 维线性空间的分类问题. 为此先引入线性空间的线性映射及同构的概念.

**定义 7.9**　设 $V_1, V_2$ 都是数域 $P$ 上的线性空间, $f$ 为 $V_1$ 到 $V_2$ 的映射, 它保持加法和数乘运算, 即对任意 $\boldsymbol{\alpha}, \boldsymbol{\beta} \in V_1, k \in P$, 有

(1) $f(\boldsymbol{\alpha}+\boldsymbol{\beta})=f(\boldsymbol{\alpha})+f(\boldsymbol{\beta})$;

(2) $f(k\boldsymbol{\alpha})=kf(\boldsymbol{\alpha})$,

则称 $f$ 为线性空间 $V_1$ 到 $V_2$ 的一个**线性映射**. 特别地, 若 $V_2=P$ 看成 $P$ 上的线性空间, $V_1$ 到 $V_2=P$ 的线性映射 $f$ 又称为 $V_1$ 上的**线性函数**. 若 $V_1$ 到 $V_2$ 的线性映射 $f$ 为双射 (即满单射), 则称 $f$ 为**同构映射**, 简称**同构**, 记为 $V_1 \overset{f}{\cong} V_2$ 或 $V_1 \cong V_2$.

线性映射有下列性质:

设 $f$ 为线性空间 $V_1$ 到 $V_2$ 的线性映射, 则

(1) $f$ 把 $V_1$ 中零向量变成 $V_2$ 中零向量, 把 $V_1$ 中元素的负向量变成像的负向量, 即 $f(\mathbf{0})=\mathbf{0}, f(-\boldsymbol{\alpha})=-f(\boldsymbol{\alpha})$, 其中 $\boldsymbol{\alpha} \in V_1$.

事实上, 在定义 7.9 中分别取 $k=0,-1$ 即可验证.

(2) 设 $\boldsymbol{\beta}=k_1\boldsymbol{\alpha}_1+k_2\boldsymbol{\alpha}_2+\cdots+k_s\boldsymbol{\alpha}_s$, 其中 $k_1, k_2, \cdots, k_s \in P, \boldsymbol{\alpha}_1, \boldsymbol{\alpha}_2, \cdots, \boldsymbol{\alpha}_s \in V_1$, 则 $f(\boldsymbol{\beta})=k_1f(\boldsymbol{\alpha}_1)+k_2f(\boldsymbol{\alpha}_2)+\cdots+k_sf(\boldsymbol{\alpha}_s)$.

(3) 如果 $\boldsymbol{\alpha}_1, \boldsymbol{\alpha}_2, \cdots, \boldsymbol{\alpha}_s$ 在 $V_1$ 中线性相关, 那么 $f(\boldsymbol{\alpha}_1), f(\boldsymbol{\alpha}_2), \cdots, f(\boldsymbol{\alpha}_s)$ 在 $V_2$ 中也线性相关.

证明留作习题.

需要指出, 一般来说, (3) 的逆命题不成立. 例如, 设 $V_1, V_2$ 都是 $n$ 维的线性空间, $n \geqslant 1$, 规定 $f(\boldsymbol{\alpha})=\mathbf{0}, \forall \boldsymbol{\alpha} \in V_1$, 则 $f$ 为 $V_1$ 到 $V_2$ 的线性映射, 它把 $V_1$ 中任意一个向量都变成 $V_2$ 中零向量.

如果限制 $f$ 为 $V_1$ 到 $V_2$ 的同构映射, 那么 $f^{-1}$ 也是 $V_2$ 到 $V_1$ 的同构映射, 从而有

(4) 设 $f$ 为线性空间 $V_1$ 到 $V_2$ 的同构映射, 则 $V_1$ 中向量组 $\boldsymbol{\alpha}_1, \boldsymbol{\alpha}_2, \cdots, \boldsymbol{\alpha}_s$ 线性相关的充要条件是 $f(\boldsymbol{\alpha}_1), f(\boldsymbol{\alpha}_2), \cdots, f(\boldsymbol{\alpha}_s)$ 在 $V_2$ 中线性相关.

**证明**　只要注意到 $f^{-1}$ 是 $V_2$ 到 $V_1$ 的线性映射, 利用性质 (3) 不难证明, 略. □

容易证明, 线性空间的同构映射满足自反性、对称性、传递性.

最后, 我们讨论 $n$ 维线性空间的结构与分类问题.

**定理 7.9**　数域 $P$ 上任意一个 $n$ 维线性空间都同构于数域 $P$ 上 $n$ 维向量空间 $P^n$.

**证明**　设 $V$ 是数域 $P$ 上 $n$ 维线性空间, $\{\boldsymbol{\alpha}_1, \boldsymbol{\alpha}_2, \cdots, \boldsymbol{\alpha}_n\}$ 为 $V$ 的一个基. 令 $\boldsymbol{\varepsilon}_1, \boldsymbol{\varepsilon}_2, \cdots, \boldsymbol{\varepsilon}_n$ 为 $P^n$ 中基本向量组 (当然是 $P^n$ 的一个基), 并规定

$$f(k_1\boldsymbol{\alpha}_1+k_2\boldsymbol{\alpha}_2+\cdots+k_n\boldsymbol{\alpha}_n)=k_1\boldsymbol{\varepsilon}_1+k_2\boldsymbol{\varepsilon}_2+\cdots+k_n\boldsymbol{\varepsilon}_n,$$

其中 $k_1,k_2,\cdots,k_n\in P$, 则 $f$ 为 $V$ 到 $P^n$ 的映射. 容易验证, $f$ 是线性映射且为满射.

如果 $\boldsymbol{\alpha}=k_1\boldsymbol{\alpha}_1+k_2\boldsymbol{\alpha}_2+\cdots+k_n\boldsymbol{\alpha}_n$, $\boldsymbol{\beta}=l_1\boldsymbol{\alpha}_1+l_2\boldsymbol{\alpha}_2+\cdots+l_n\boldsymbol{\alpha}_n\in V_1$, 使 $f(\boldsymbol{\alpha})=f(\boldsymbol{\beta})$, 那么 $f(\boldsymbol{\alpha}-\boldsymbol{\beta})=f(\boldsymbol{\alpha})-f(\boldsymbol{\beta})=\mathbf{0}$, 即

$$(k_1-l_1)\boldsymbol{\varepsilon}_1+(k_2-l_2)\boldsymbol{\varepsilon}_2+\cdots+(k_n-l_n)\boldsymbol{\varepsilon}_n=\mathbf{0}.$$

因为 $\boldsymbol{\varepsilon}_1,\boldsymbol{\varepsilon}_2,\cdots,\boldsymbol{\varepsilon}_n$ 为 $P^n$ 的基, 所以 $k_1=l_1,k_2=l_2,\cdots,k_n=l_n$, 即 $\boldsymbol{\alpha}=\boldsymbol{\beta}$, 于是 $f$ 也是单射.

所以 $f$ 为所需要的同构映射. □

**推论**　数域 $P$ 上两个有限维线性空间同构的充要条件是它们的维数相等.

定理 7.9 告诉我们, 在同构的意义下, 数域 $P$ 上 $n$ 维线性空间只有 1 类, 即 $P^n$.

## 习题 7.5

1. 证明线性映射的性质 (3).
2. 试给出线性空间 $M_2(P)$ 到 $P^4$ 的一个同构映射.

## 研究题 7

1. 设 $\boldsymbol{A}=\begin{bmatrix}1 & & \\ & w & \\ & & w^2\end{bmatrix}$, 其中 $w=\dfrac{-1+\sqrt{3}\mathrm{i}}{2}$. 证明: $V=\{f(\boldsymbol{A})|f(x)\in\mathbf{C}[x]\}$ 是 $\mathbf{C}^{3\times 3}$ 的子空间, 并求它的维数和基.

2. 设 $V_1$ 为数域 $P$ 上全体 $n$ 阶对称矩阵构成的线性空间, $V_2$ 为数域 $P$ 上全体 $n$ 阶反称矩阵构成的线性空间, 证明: $P^{n\times n}=V_1\oplus V_2$.

3. (1) 证明: 实数域 $\mathbf{R}$ 上全体形如

$$\boldsymbol{A}=\begin{bmatrix}a_0 & a_1 & a_2 & a_3\\ -a_1 & a_0 & -a_3 & a_2\\ -a_2 & a_3 & a_0 & -a_1\\ -a_3 & -a_2 & a_1 & a_0\end{bmatrix}$$

的矩阵构成 $\mathbf{R}^{4\times 4}$ 的子空间 $H$;

(2) 求 $H$ 的维数和基;

(3) 证明:$H$ 中任意一个非零的矩阵 $\boldsymbol{A}$ 都是可逆矩阵, 且 $\boldsymbol{A}^{-1}\in H$.

# 第 8 章　线性变换

本章研究一个 $n$ 维线性空间 $V$ 到自身的线性映射——线性变换.

## §8.1　线性变换及其运算

知识点讲解 8–1
线性变换

**定义 8.1**　设 $V$ 是数域 $P$ 上的 $n$ 维线性空间, $\mathscr{A}$ 是 $V$ 到 $V$ 自身的一个线性映射, 则称 $\mathscr{A}$ 为 $V$ 上的一个**线性变换**. 两个线性变换 $\mathscr{A}$ 与 $\mathscr{B}$ 相等, 规定为这两个线性变换作为映射相等, 即它们的作用效果完全相同, 记为 $\mathscr{A}=\mathscr{B}$.

**例 1**　恒等映射是任意线性空间上的线性变换, 称为**恒等变换**, 记为 $\mathscr{E}$. 设 $V$ 为数域 $P$ 上的线性空间,$k$ 为 $P$ 中任意固定的数, 则 $\boldsymbol{\alpha}\to k\boldsymbol{\alpha}$ 是 $V$ 上的线性变换, 称为**数量变换**, 记为 $k\mathscr{E}$. 特别地, 把 $V$ 中任意向量都变成 $V$ 中零向量的变换也是一个线性变换, 称为 $V$ 上的**零变换**, 记为 $\mathscr{O}$.

**例 2**　在 2 维欧氏空间 $\mathbf{R}^2$ 中, 规定线性变换

$$\mathscr{A}:\boldsymbol{\alpha}=(x,y)\to\mathscr{A}\boldsymbol{\alpha}=(x\cos\theta-y\sin\theta,x\sin\theta+y\cos\theta),$$

其中 $\theta$ 为固定实数.

实际上, 如图 8.1, 变换 $\mathscr{A}$ 把 $\mathbf{R}^2$ 中每个向量按逆时针方向旋转 $\theta$. 所以不难验证, $\mathscr{A}$ 是 $V=\mathbf{R}^2$ 上的一个线性变换.

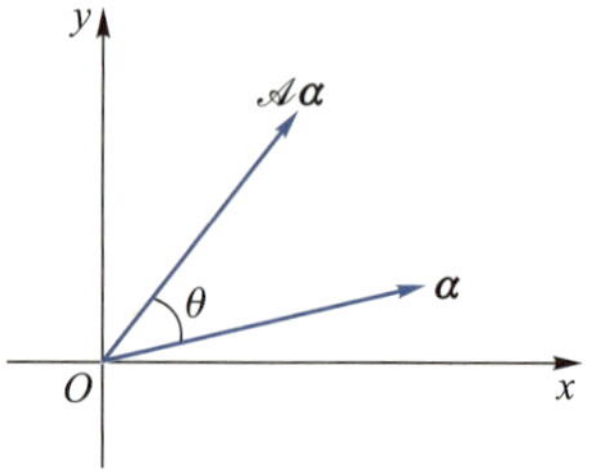

图 8.1

**例 3**　在 $P_n[x]$ 中, 规定 $\mathscr{A}f(x)=\dfrac{\mathrm{d}}{\mathrm{d}x}f(x)$ ($f(x)$ 的导数), 则 $\mathscr{A}$ 是 $P_n[x]$ 上的线性变换.

**例 4**　在 $n$ 维列向量空间 $P^n$ 中, $\boldsymbol{A}$ 为取定数域 $P$ 上的 $n$ 阶矩阵, 规定 $\mathscr{A}\boldsymbol{X}=\boldsymbol{A}\boldsymbol{X}$, $\boldsymbol{X}\in P^n$, 则 $\mathscr{A}$ 是 $P^n$ 上的一个线性变换.

因为线性变换是一类特殊的线性映射, 所以它完全具有线性映射的性质 (我们不再重述).

对 $n$ 维线性空间 $V$ 的两个线性变换 $\mathscr{A}$ 和 $\mathscr{B}$, 我们指出, 一般 $\mathscr{A}\mathscr{B}$ 与 $\mathscr{B}\mathscr{A}$ 未必相等.

**例 5**　设 $V$ 为实数域上全体可微函数构成的线性空间, 规定

$$\mathscr{A}(f(x))=\frac{\mathrm{d}}{\mathrm{d}x}f(x),\mathscr{B}(f(x))=\int_0^x f(x)\mathrm{d}x,\quad\forall f(x)\in V,$$

则

$$(\mathscr{A}\mathscr{B})(f(x))=\mathscr{A}(\mathscr{B}(f(x)))=\mathscr{A}\int_0^x f(x)\mathrm{d}x=f(x),$$

从而 $\mathscr{A}\mathscr{B}=\mathscr{E}$. 但是

$$(\mathscr{B}\mathscr{A})(f(x))=\mathscr{B}(\mathscr{A}(f(x)))=\int_0^x f'(x)\mathrm{d}x=f(x)-f(0),$$

取 $f(x)=x+1$, 则 $(\mathscr{A}\mathscr{B})(f(x))\neq(\mathscr{B}\mathscr{A})(f(x))$.

下面我们规定线性变换的运算.

## 一、线性变换的加法

设 $\mathscr{A},\mathscr{B}$ 都是 $n$ 维线性空间 $V$ 上的线性变换, 规定 $(\mathscr{A}+\mathscr{B})(\boldsymbol{\alpha})=\mathscr{A}\boldsymbol{\alpha}+\mathscr{B}\boldsymbol{\alpha}$, $\forall\boldsymbol{\alpha}\in V$, 称 $\mathscr{A}+\mathscr{B}$ 为 $\mathscr{A}$ 与 $\mathscr{B}$ 之和.

易证, $\mathscr{A}+\mathscr{B}$ 仍为 $V$ 上的线性变换. 事实上, $\mathscr{A}+\mathscr{B}$ 是 $V$ 到 $V$ 的映射, 且对任意 $\boldsymbol{\alpha},\boldsymbol{\beta}\in V$, $k\in P$, 有

$$\begin{aligned}(\mathscr{A}+\mathscr{B})(\boldsymbol{\alpha}+\boldsymbol{\beta})&=\mathscr{A}(\boldsymbol{\alpha}+\boldsymbol{\beta})+\mathscr{B}(\boldsymbol{\alpha}+\boldsymbol{\beta})=(\mathscr{A}\boldsymbol{\alpha}+\mathscr{A}\boldsymbol{\beta})+(\mathscr{B}\boldsymbol{\alpha}+\mathscr{B}\boldsymbol{\beta})\\&=(\mathscr{A}\boldsymbol{\alpha}+\mathscr{B}\boldsymbol{\alpha})+(\mathscr{A}\boldsymbol{\beta}+\mathscr{B}\boldsymbol{\beta})=(\mathscr{A}+\mathscr{B})\boldsymbol{\alpha}+(\mathscr{A}+\mathscr{B})\boldsymbol{\beta},\\(\mathscr{A}+\mathscr{B})(k\boldsymbol{\alpha})&=\mathscr{A}(k\boldsymbol{\alpha})+\mathscr{B}(k\boldsymbol{\alpha})=k(\mathscr{A}\boldsymbol{\alpha})+k(\mathscr{B}\boldsymbol{\alpha})\\&=k(\mathscr{A}\boldsymbol{\alpha}+\mathscr{B}\boldsymbol{\alpha})=k(\mathscr{A}+\mathscr{B})(\boldsymbol{\alpha}).\end{aligned}$$

## 二、线性变换的数量乘法

设 $\mathscr{A}$ 是 $n$ 维线性空间 $V$ 上的线性变换, $k\in P$, 规定

$$(k\mathscr{A})(\boldsymbol{\alpha})=k(\mathscr{A}\boldsymbol{\alpha}),\quad\forall\boldsymbol{\alpha}\in V,$$

则称 $k\mathscr{A}$ 为 $k$ 与 $\mathscr{A}$ 的数量乘积. 这种运算叫做线性变换的数量乘法.

类似可以验证, 数 $k$ 与线性变换 $\mathscr{A}$ 的数量乘积 $k\mathscr{A}$ 仍为 $V$ 上的线性变换, 请读者自己验证.

## 三、线性变换的乘法

设 $\mathscr{A},\mathscr{B}$ 都是 $n$ 维线性空间 $V$ 上的线性变换, 规定

$$(\mathscr{A}\mathscr{B})\boldsymbol{\alpha}=\mathscr{A}(\mathscr{B}\boldsymbol{\alpha}),\quad\forall\boldsymbol{\alpha}\in V,$$

则称 $\mathscr{A}\mathscr{B}$ 为 $\mathscr{A}$ 与 $\mathscr{B}$ 的乘积.

**注** 线性变换的乘积就是它们作为映射的合成, 即依次用线性变换作用. 例如, $k\mathscr{A}$ 就是数量变换 $k\mathscr{E}$ 与 $\mathscr{A}$ 的乘积.

类似可以验证,$n$ 维线性空间 $V$ 上的任意两个线性变换的乘积仍为 $V$ 上的线性变换.

## 四、线性变换的逆

设 $\mathscr{A}$ 是线性空间 $V$ 上的线性变换, 如果 $\mathscr{A}$ 作为 $V$ 到 $V$ 的映射是可逆的, 即存在 $V$ 到 $V$ 的映射 $\mathscr{B}$, 使 $\mathscr{A}\mathscr{B}=\mathscr{B}\mathscr{A}=\mathscr{E}$ (恒等变换), 那么称线性变换 $\mathscr{A}$ 是可逆的, 称 $\mathscr{B}$ 为 $\mathscr{A}$ 的逆变换, 记为 $\mathscr{B}=\mathscr{A}^{-1}$.

可以证明, 可逆线性变换的逆仍为线性变换.

**注** 从定义上并不能直接看出可逆线性变换 $\mathscr{A}$ 的逆 $\mathscr{A}^{-1}$ 也是线性变换!

事实上, 可逆线性变换 $\mathscr{A}$ 的逆 $\mathscr{A}^{-1}$ 也是 $V$ 到 $V$ 的映射, 且对任意 $\boldsymbol{\alpha},\boldsymbol{\beta}\in V,k\in P$, 有

$$\begin{aligned}\mathscr{A}^{-1}(\boldsymbol{\alpha}+\boldsymbol{\beta})&=\mathscr{A}^{-1}((\mathscr{A}\mathscr{A}^{-1})\boldsymbol{\alpha}+(\mathscr{A}\mathscr{A}^{-1})\boldsymbol{\beta})\\&=\mathscr{A}^{-1}(\mathscr{A}(\mathscr{A}^{-1}\boldsymbol{\alpha})+\mathscr{A}(\mathscr{A}^{-1}\boldsymbol{\beta}))\\&=\mathscr{A}^{-1}(\mathscr{A}(\mathscr{A}^{-1}\boldsymbol{\alpha}+\mathscr{A}^{-1}\boldsymbol{\beta}))\\&=(\mathscr{A}^{-1}\mathscr{A})(\mathscr{A}^{-1}\boldsymbol{\alpha}+\mathscr{A}^{-1}\boldsymbol{\beta})\\&=\mathscr{A}^{-1}\boldsymbol{\alpha}+\mathscr{A}^{-1}\boldsymbol{\beta},\end{aligned}$$

$$\begin{aligned}\mathscr{A}^{-1}(k\boldsymbol{\alpha}) =&\mathscr{A}^{-1}(k(\mathscr{A}\mathscr{A}^{-1})\boldsymbol{\alpha}) = \mathscr{A}^{-1}(\mathscr{A}(k\mathscr{A}^{-1}\boldsymbol{\alpha}))\\ =&(\mathscr{A}^{-1}\mathscr{A})(k\mathscr{A}^{-1}\boldsymbol{\alpha}) = k\mathscr{A}^{-1}\boldsymbol{\alpha}.\end{aligned}$$

**例 6** 设 $\mathscr{A},\mathscr{B}$ 是 $\mathbf{R}^3$ 上的线性变换

$$\begin{aligned}\mathscr{A}(x,y,z) =&(x-3y-2z, y-4z, z),\\ \mathscr{B}(x,y,z) =&(x+3y+14z, y+4z, z).\end{aligned}$$

验证 $\mathscr{B}=\mathscr{A}^{-1}$.

**证明** 因为对任意 $(x,y,z)\in\mathbf{R}^3$, 有

$$\begin{aligned}(\mathscr{A}\mathscr{B})(x,y,z) =&\mathscr{A}(\mathscr{B}(x,y,z))\\ =&\mathscr{A}(x+3y+14z, y+4z, z)\\ =&((x+3y+14z)-3(y+4z)-2z, (y+4z)-4z, z)\\ =&(x,y,z),\end{aligned}$$

同理, $(\mathscr{B}\mathscr{A})(x,y,z)=(x,y,z)$, 所以 $\mathscr{A}\mathscr{B}=\mathscr{B}\mathscr{A}=\mathscr{E}$, 故有 $\mathscr{B}=\mathscr{A}^{-1}$. □

### 习题 8.1

1. 判别下列变换哪些是线性变换, 哪些不是:

(1) 在线性空间 $V$ 中规定: $\forall\boldsymbol{\alpha}\in V$, $\mathscr{A}(\boldsymbol{\alpha})=\boldsymbol{\alpha}+\boldsymbol{\alpha}_0$, 其中 $\boldsymbol{\alpha}_0$ 是 $V$ 中一固定向量;

(2) 在 $\mathbf{R}^2$ 中规定: $\forall(a,b)\in\mathbf{R}^2, \mathscr{A}(a,b)=(2a,3b)$;

(3) 在 $\mathbf{R}^3$ 中规定: $\forall(x_1,x_2,x_3)\in\mathbf{R}^3, \mathscr{A}(x_1,x_2,x_3)=(2x_1-x_2, x_2+x_3, x_1)$;

(4) 在 $M_2(\mathbf{R})$ 中规定: $\forall\boldsymbol{X}\in M_2(\mathbf{R})$, $\mathscr{A}\boldsymbol{X}=\boldsymbol{A}_1\boldsymbol{X}A_2$, 其中 $\boldsymbol{A}_1,\boldsymbol{A}_2$ 为 $M_2(\mathbf{R})$ 中两个固定的矩阵.

2. 在 $\mathbf{R}^2$ 中已知线性变换 $\mathscr{A},\mathscr{B}$ 如下: $\forall(x_1,x_2)\in\mathbf{R}^2$,

$$\mathscr{A}(x_1,x_2)=(x_2,x_1),\quad \mathscr{B}(x_1,x_2)=(x_1,-x_2),$$

求 $3\mathscr{A}+\mathscr{B},\mathscr{A}\mathscr{B}$ 和 $\mathscr{B}\mathscr{A}$.

3. 证明: 线性变换的数量乘积、线性变换的乘积仍为线性变换.

## §8.2 线性变换的矩阵

设 $V$ 为数域 $P$ 上的 $n$ 维线性空间, $\mathscr{A}$ 为 $V$ 上的线性变换, $\boldsymbol{\varepsilon}_1,\boldsymbol{\varepsilon}_2,\cdots,\boldsymbol{\varepsilon}_n$ 为 $V$ 的一个基, 则对任意 $\boldsymbol{\alpha}\in V$, 有

$$\boldsymbol{\alpha}=x_1\boldsymbol{\varepsilon}_1+x_2\boldsymbol{\varepsilon}_2+\cdots+x_n\boldsymbol{\varepsilon}_n,$$

从而 $\mathscr{A}\boldsymbol{\alpha}=x_1\mathscr{A}\boldsymbol{\varepsilon}_1+x_2\mathscr{A}\boldsymbol{\varepsilon}_2+\cdots+x_n\mathscr{A}\boldsymbol{\varepsilon}_n$.

这表明, 如果取定线性空间 $V$ 的一个基 $\boldsymbol{\varepsilon}_1,\boldsymbol{\varepsilon}_2,\cdots,\boldsymbol{\varepsilon}_n$,$V$ 中任意一个向量 $\boldsymbol{\alpha}$ 在

$\mathscr{A}$ 下的像 $\mathscr{A}\boldsymbol{\alpha}$ 都被基的像 $\mathscr{A}\boldsymbol{\varepsilon}_1,\mathscr{A}\boldsymbol{\varepsilon}_2,\cdots,\mathscr{A}\boldsymbol{\varepsilon}_n$ 唯一确定. 因此, 我们应该讨论基的像 $\mathscr{A}\boldsymbol{\varepsilon}_1,\mathscr{A}\boldsymbol{\varepsilon}_2,\cdots,\mathscr{A}\boldsymbol{\varepsilon}_n$.

**定义 8.2** 设 $V$ 是 $P$ 上 $n$ 维线性空间, $\boldsymbol{\varepsilon}_1,\boldsymbol{\varepsilon}_2,\cdots,\boldsymbol{\varepsilon}_n$ 为 $V$ 的一个基, $\mathscr{A}$ 为 $V$ 上的线性变换. 如果

$$\begin{cases}\mathscr{A}\boldsymbol{\varepsilon}_1=a_{11}\boldsymbol{\varepsilon}_1+a_{21}\boldsymbol{\varepsilon}_2+\cdots+a_{n1}\boldsymbol{\varepsilon}_n,\\ \mathscr{A}\boldsymbol{\varepsilon}_2=a_{12}\boldsymbol{\varepsilon}_1+a_{22}\boldsymbol{\varepsilon}_2+\cdots+a_{n2}\boldsymbol{\varepsilon}_n,\\ \qquad\cdots\cdots\cdots\cdots\\ \mathscr{A}\boldsymbol{\varepsilon}_n=a_{1n}\boldsymbol{\varepsilon}_1+a_{2n}\boldsymbol{\varepsilon}_2+\cdots+a_{nn}\boldsymbol{\varepsilon}_n,\end{cases}\tag{1}$$

即

$$(\mathscr{A}\boldsymbol{\varepsilon}_1,\mathscr{A}\boldsymbol{\varepsilon}_2,\cdots,\mathscr{A}\boldsymbol{\varepsilon}_n)=(\boldsymbol{\varepsilon}_1,\boldsymbol{\varepsilon}_2,\cdots,\boldsymbol{\varepsilon}_n)\boldsymbol{A},\tag{2}$$

其中

$$\boldsymbol{A}=\begin{bmatrix}a_{11}&a_{12}&\cdots&a_{1n}\\a_{21}&a_{22}&\cdots&a_{2n}\\\vdots&\vdots&&\vdots\\a_{n1}&a_{n2}&\cdots&a_{nn}\end{bmatrix},$$

那么称 $\boldsymbol{A}$ 为**线性变换 $\mathscr{A}$ 在基 $\boldsymbol{\varepsilon}_1,\boldsymbol{\varepsilon}_2,\cdots,\boldsymbol{\varepsilon}_n$ 下的矩阵**.

有时, (2) 也写成

$$\mathscr{A}(\boldsymbol{\varepsilon}_1,\boldsymbol{\varepsilon}_2,\cdots,\boldsymbol{\varepsilon}_n)=(\boldsymbol{\varepsilon}_1,\boldsymbol{\varepsilon}_2,\cdots,\boldsymbol{\varepsilon}_n)\boldsymbol{A}.\tag{2'}$$

**例 1** 在 $\mathbf{R}^2$ 中, $\mathscr{A}:(x,y)\to(x\cos\theta-y\sin\theta,x\sin\theta+y\cos\theta)$ 是向量逆时针旋转 $\theta$ 的线性变换.

可以看出, 线性变换在一个基下的矩阵的列向量组恰好是基的像在该基下的坐标.

取 $\mathbf{R}^2$ 的一个基 $\boldsymbol{\varepsilon}_1=(1,0),\boldsymbol{\varepsilon}_2=(0,1)$, 则

$$\begin{aligned}\mathscr{A}\boldsymbol{\varepsilon}_1&=(\cos\theta,\sin\theta)=\boldsymbol{\varepsilon}_1\cos\theta+\boldsymbol{\varepsilon}_2\sin\theta,\\ \mathscr{A}\boldsymbol{\varepsilon}_2&=(-\sin\theta,\cos\theta)=-\boldsymbol{\varepsilon}_1\sin\theta+\boldsymbol{\varepsilon}_2\cos\theta,\end{aligned}$$

即

$$\mathscr{A}(\boldsymbol{\varepsilon}_1,\boldsymbol{\varepsilon}_2)=[\boldsymbol{\varepsilon}_1,\boldsymbol{\varepsilon}_2]\begin{bmatrix}\cos\theta&-\sin\theta\\\sin\theta&\cos\theta\end{bmatrix}.$$

因此, $\mathscr{A}$ 在基 $\boldsymbol{\varepsilon}_1,\boldsymbol{\varepsilon}_2$ 下的矩阵为 $\begin{bmatrix}\cos\theta&-\sin\theta\\\sin\theta&\cos\theta\end{bmatrix}$.

**例 2** $P_n[x]$ 中线性变换 $\mathscr{A}:\mathscr{A}f(x)=\dfrac{\mathrm{d}}{\mathrm{d}x}f(x),\forall f(x)\in P_n[x]$. 取 $P_n[x]$ 的一个基 $\{1,x,x^2,\cdots,x^{n-1}\}$, 则

$$\begin{cases}\mathscr{A}1=0,\\ \mathscr{A}x=1,\\ \mathscr{A}x^2=2x,\\ \cdots\cdots\cdots\cdots\\ \mathscr{A}x^{n-1}=(n-1)x^{n-2},\end{cases}$$

即

$$\mathscr{A}(1,x,x^2,\cdots,x^{n-1})=[1,x,x^2,\cdots,x^{n-1}]\begin{bmatrix}0&1&0&\cdots&0\\0&0&2&\cdots&0\\0&0&0&\cdots&0\\\vdots&\vdots&\vdots&&\vdots\\0&0&0&\cdots&n-1\\0&0&0&\cdots&0\end{bmatrix},$$

所以 $\mathscr{A}$ 在这个基下的矩阵为

$$\boldsymbol{A}=\begin{bmatrix}0&1&0&\cdots&0\\0&0&2&\cdots&0\\0&0&0&\cdots&0\\\vdots&\vdots&\vdots&&\vdots\\0&0&0&\cdots&n-1\\0&0&0&\cdots&0\end{bmatrix}.$$

**例 3** 设 $\boldsymbol{A}=\begin{bmatrix}1&2\\3&4\end{bmatrix}$, 在列向量空间 $P^2$ 中规定线性变换 $\mathscr{A}$ 如下:

$$\mathscr{A}\boldsymbol{X}=\boldsymbol{A}\boldsymbol{X},\quad \forall \boldsymbol{X}\in P^2.$$

取 $P^2$ 的基本向量组 $\boldsymbol{\varepsilon}_1=(1,0)^{\mathrm{T}}$, $\boldsymbol{\varepsilon}_2=(0,1)^{\mathrm{T}}$ 为基, 则

$$\mathscr{A}\boldsymbol{\varepsilon}_1=\boldsymbol{A}\boldsymbol{\varepsilon}_1=\begin{bmatrix}1&2\\3&4\end{bmatrix}\begin{bmatrix}1\\0\end{bmatrix}=\begin{bmatrix}1\\3\end{bmatrix}=\boldsymbol{\varepsilon}_1+3\boldsymbol{\varepsilon}_2,$$

$$\mathscr{A}\boldsymbol{\varepsilon}_2=A\boldsymbol{\varepsilon}_2=\begin{bmatrix}1&2\\3&4\end{bmatrix}\begin{bmatrix}0\\1\end{bmatrix}=\begin{bmatrix}2\\4\end{bmatrix}=2\boldsymbol{\varepsilon}_1+4\boldsymbol{\varepsilon}_2,$$

即

$$\mathscr{A}(\boldsymbol{\varepsilon}_1,\boldsymbol{\varepsilon}_2)=(\boldsymbol{\varepsilon}_1,\boldsymbol{\varepsilon}_2)\begin{bmatrix}1&2\\3&4\end{bmatrix}.$$

因此, $\mathscr{A}$ 在 $\{\boldsymbol{\varepsilon}_1,\boldsymbol{\varepsilon}_2\}$ 下的矩阵就是 $\boldsymbol{A}$ 本身.

请读者考虑一下这个结论可否推广到 $P^n$ 上?

**例 4** 设 $\boldsymbol{A}=\begin{bmatrix}1&2\\3&4\end{bmatrix}$, 在矩阵空间 $M_2(P)$ 中规定线性变换 $\mathscr{A}$:

$$\mathscr{A}\boldsymbol{X}=\boldsymbol{A}\boldsymbol{X},\quad \boldsymbol{X}\in M_2(P).$$

取 $M_2(P)$ 的一个基 $\boldsymbol{E}_{11},\boldsymbol{E}_{12},\boldsymbol{E}_{21},\boldsymbol{E}_{22}$, 其中 $\boldsymbol{E}_{ij}$ 表示 $(i,j)$–元素为 1 而其余元素为 0 的 2 阶矩阵, 则

$$\mathscr{A}\boldsymbol{E}_{11}=\boldsymbol{A}\boldsymbol{E}_{11}=\begin{bmatrix}1&0\\3&0\end{bmatrix}=\boldsymbol{E}_{11}+3\boldsymbol{E}_{21},$$

$$\mathscr{A}\boldsymbol{E}_{12}=\boldsymbol{A}\boldsymbol{E}_{12}=\begin{bmatrix}0&1\\0&3\end{bmatrix}=\boldsymbol{E}_{12}+3\boldsymbol{E}_{22},$$

$$\mathscr{A}\boldsymbol{E}_{21}=\boldsymbol{A}\boldsymbol{E}_{21}=\begin{bmatrix}2&0\\4&0\end{bmatrix}=2\boldsymbol{E}_{11}+4\boldsymbol{E}_{21},$$

$$\mathscr{A}\boldsymbol{E}_{22}=\boldsymbol{A}\boldsymbol{E}_{22}=\begin{bmatrix}0&2\\0&4\end{bmatrix}=2\boldsymbol{E}_{12}+4\boldsymbol{E}_{22}.$$

即

$$\mathscr{A}(\boldsymbol{E}_{11},\boldsymbol{E}_{12},\boldsymbol{E}_{21},\boldsymbol{E}_{22})=(\boldsymbol{E}_{11},\boldsymbol{E}_{12},\boldsymbol{E}_{21},\boldsymbol{E}_{22})\begin{bmatrix}1&0&2&0\\0&1&0&2\\3&0&4&0\\0&3&0&4\end{bmatrix},$$

所以 $\mathscr{A}$ 在基 $\boldsymbol{E}_{11},\boldsymbol{E}_{12},\boldsymbol{E}_{21},\boldsymbol{E}_{22}$ 下的矩阵为

$$\begin{bmatrix}1&0&2&0\\0&1&0&2\\3&0&4&0\\0&3&0&4\end{bmatrix}.$$

我们定义线性变换在一个基下的矩阵, 主要是为了应用矩阵这个强有力的工具去研究线性变换. 我们知道, 线性变换与矩阵一样, 也有加法、数乘、乘法、求逆等运算. 如果取定 $n$ 维线性空间的一个基, 就可以建立线性空间 $V$ 上全体线性变换的集合到矩阵空间 $M_n(P)$ 的一个 1—1 对应. 下面的定理表明, 这个 1—1 对应保持加法、数乘、乘法和求逆等运算.

**定理 8.1** 设 $\varepsilon_1,\varepsilon_2,\cdots,\varepsilon_n$ 是数域 $P$ 上 $n$ 维线性空间 $V$ 的一个基. 在这个基下, 我们有 $V$ 上全体线性变换的集合到矩阵空间 $M_n(P)$ 的 1—1 对应 $\varphi$, 使

(1) 线性变换的和对应它们的矩阵和;

(2) 线性变换的数量乘积对应其矩阵的数量乘积;

(3) 线性变换的乘积对应它们的矩阵乘积;

(4) 可逆线性变换对应的矩阵可逆, 且逆变换对应逆矩阵.

**证明** 设 $\mathscr{A},\mathscr{B}$ 是 $V$ 的线性变换, 它们在基 $\varepsilon_1,\varepsilon_2,\cdots,\varepsilon_n$ 下的矩阵分别为 $\boldsymbol{A},\boldsymbol{B}$, 即

$$\mathscr{A}(\varepsilon_1,\varepsilon_2,\cdots,\varepsilon_n)=(\varepsilon_1,\varepsilon_2,\cdots,\varepsilon_n)\boldsymbol{A},$$
$$\mathscr{B}(\varepsilon_1,\varepsilon_2,\cdots,\varepsilon_n)=(\varepsilon_1,\varepsilon_2,\cdots,\varepsilon_n)\boldsymbol{B},$$

则

类似数的情形, 在形式记号的情况下, 矩阵的分配律、乘法的结合律也成立.

$$\begin{aligned}(1)\ (\mathscr{A}+\mathscr{B})(\varepsilon_1,\varepsilon_2,\cdots,\varepsilon_n)&=\mathscr{A}(\varepsilon_1,\varepsilon_2,\cdots,\varepsilon_n)+\mathscr{B}(\varepsilon_1,\varepsilon_2,\cdots,\varepsilon_n)\\&=(\varepsilon_1,\varepsilon_2,\cdots,\varepsilon_n)\boldsymbol{A}+(\varepsilon_1,\varepsilon_2,\cdots,\varepsilon_n)\boldsymbol{B}\\&=(\varepsilon_1,\varepsilon_2,\cdots,\varepsilon_n)(\boldsymbol{A}+\boldsymbol{B}).\end{aligned}$$

(2) 对任意 $k \in P$, 有

$$\begin{aligned}(k\mathscr{A})(\varepsilon_1,\varepsilon_2,\cdots,\varepsilon_n) &= k(\mathscr{A}(\varepsilon_1,\varepsilon_2,\cdots,\varepsilon_n))\\ &= (\varepsilon_1,\varepsilon_2,\cdots,\varepsilon_n)(k\boldsymbol{A}).\end{aligned}$$

(3) $$\begin{aligned}(\mathscr{A}\mathscr{B})(\varepsilon_1,\varepsilon_2,\cdots,\varepsilon_n) &= \mathscr{A}(\mathscr{B}(\varepsilon_1,\varepsilon_2,\cdots,\varepsilon_n))\\ &= \mathscr{A}((\varepsilon_1,\varepsilon_2,\cdots,\varepsilon_n)\boldsymbol{B})\\ &= (\varepsilon_1,\varepsilon_2,\cdots,\varepsilon_n)(\boldsymbol{AB}).\end{aligned}$$

(4) 设 $\mathscr{A}$ 为可逆线性变换, 则存在线性变换 $\mathscr{B}$, 使 $\mathscr{A}\mathscr{B} = \mathscr{B}\mathscr{A} = \mathscr{E}$. 由 (3) 知,

$$(\mathscr{A}\mathscr{B})(\varepsilon_1,\varepsilon_2,\cdots,\varepsilon_n) = (\varepsilon_1,\varepsilon_2,\cdots,\varepsilon_n)\boldsymbol{AB};$$

另一方面

$$\begin{aligned}(\mathscr{A}\mathscr{B})(\varepsilon_1,\varepsilon_2,\cdots,\varepsilon_n) &= \mathscr{E}(\varepsilon_1,\varepsilon_2,\cdots,\varepsilon_n) = (\varepsilon_1,\varepsilon_2,\cdots,\varepsilon_n)\\ &= (\varepsilon_1,\varepsilon_2,\cdots,\varepsilon_n)\boldsymbol{E}.\end{aligned}$$

所以 $\boldsymbol{AB} = \boldsymbol{E}$(为什么? ), 从而 $\boldsymbol{A}$ 可逆, 且 $\boldsymbol{B} = \boldsymbol{A}^{-1}$. □

我们指出, 一个线性变换可逆的充要条件是它在任意取定的一个基下的矩阵是可逆的.

事实上, 由定理 8.1(4), 我们只要证明充分性即可. 设 $\mathscr{A}$ 为 $n$ 维线性空间 $V$ 上的一个线性变换, $\{\varepsilon_1,\varepsilon_2,\cdots,\varepsilon_n\}$ 为 $V$ 的一个基. 若 $\mathscr{A}(\varepsilon_1,\varepsilon_2,\cdots,\varepsilon_n) = (\varepsilon_1,\varepsilon_2,\cdots,\varepsilon_n)\boldsymbol{A}$, $\boldsymbol{A}$ 为 $n$ 阶可逆矩阵, 我们规定

$$\mathscr{B}(\varepsilon_1,\varepsilon_2,\cdots,\varepsilon_n) = (\varepsilon_1,\varepsilon_2,\cdots,\varepsilon_n)\boldsymbol{A}^{-1},$$

则 $\mathscr{B}$ 可以扩充为 $V$ 的一个线性变换. 对任意 $\boldsymbol{\alpha} = x_1\varepsilon_1 + x_2\varepsilon_2 + \cdots + x_n\varepsilon_n$, 只要规定 $\mathscr{B}\boldsymbol{\alpha} = x_1\mathscr{B}\varepsilon_1 + x_2\mathscr{B}\varepsilon_2 + \cdots + x_n\mathscr{B}\varepsilon_n$ 即可. 这样有

$$\begin{aligned}(\mathscr{A}\mathscr{B})(\varepsilon_1,\varepsilon_2,\cdots,\varepsilon_n) &= (\varepsilon_1,\varepsilon_2,\cdots,\varepsilon_n)(\boldsymbol{AA}^{-1})\\ &= (\varepsilon_1,\varepsilon_2,\cdots,\varepsilon_n)\boldsymbol{E},\end{aligned}$$

从而 $\mathscr{A}\mathscr{B} = \mathscr{E}$. 同理 $\mathscr{B}\mathscr{A} = \mathscr{E}$. 所以 $\mathscr{A}$ 可逆, 且 $\mathscr{A}^{-1} = \mathscr{B}$.

一般地, 一个线性变换在不同基下的矩阵是不相同的. 下面我们研究一个线性变换在不同基下的矩阵之间的关系.

**定理 8.2** 设 $\varepsilon_1,\varepsilon_2,\cdots,\varepsilon_n$ 和 $\boldsymbol{\eta}_1,\boldsymbol{\eta}_2,\cdots,\boldsymbol{\eta}_n$ 都是 $n$ 维线性空间 $V$ 的基, 且 $(\boldsymbol{\eta}_1,\boldsymbol{\eta}_2,\cdots,\boldsymbol{\eta}_n) = (\varepsilon_1,\varepsilon_2,\cdots,\varepsilon_n)\boldsymbol{C}$. 如果 $V$ 上线性变换 $\mathscr{A}$ 在基 $\varepsilon_1,\varepsilon_2,\cdots,\varepsilon_n$ 和基 $\boldsymbol{\eta}_1,\boldsymbol{\eta}_2,\cdots,\boldsymbol{\eta}_n$ 下的矩阵分别为 $\boldsymbol{A},\boldsymbol{B}$, 那么 $\boldsymbol{B} = \boldsymbol{C}^{-1}\boldsymbol{AC}$.

**证明** 由假设

$$\begin{aligned}\mathscr{A}(\varepsilon_1,\varepsilon_2,\cdots,\varepsilon_n) &= (\varepsilon_1,\varepsilon_2,\cdots,\varepsilon_n)\boldsymbol{A},\\ \mathscr{A}(\boldsymbol{\eta}_1,\boldsymbol{\eta}_2,\cdots,\boldsymbol{\eta}_n) &= (\boldsymbol{\eta}_1,\boldsymbol{\eta}_2,\cdots,\boldsymbol{\eta}_n)\boldsymbol{B},\end{aligned}$$

因此

$$\mathscr{A}(\boldsymbol{\eta}_1,\boldsymbol{\eta}_2,\cdots,\boldsymbol{\eta}_n) = \mathscr{A}((\varepsilon_1,\varepsilon_2,\cdots,\varepsilon_n)\boldsymbol{C}) = (\varepsilon_1,\varepsilon_2,\cdots,\varepsilon_n)\boldsymbol{AC}$$

$$
\begin{aligned}
&=((\boldsymbol{\eta}_1,\boldsymbol{\eta}_2,\cdots,\boldsymbol{\eta}_n)\boldsymbol{C}^{-1})\boldsymbol{AC}\\
&=(\boldsymbol{\eta}_1,\boldsymbol{\eta}_2,\cdots,\boldsymbol{\eta}_n)(\boldsymbol{C}^{-1}\boldsymbol{AC}),
\end{aligned}
$$

所以有

$$\boldsymbol{B}=\boldsymbol{C}^{-1}\boldsymbol{AC}.$$

□

线性变换在一组基下的矩阵是唯一的.

定理 8.2 表明,$n$ 维线性空间 $V$ 上的一个线性变换在 $V$ 的两组不同基下的矩阵是相似的. 因为相似矩阵有相同的秩和特征值, 所以可以把线性变换在任意一个基下的矩阵的秩和特征值分别叫做该**线性变换的秩**和**特征值**.

定理 8.2 的逆定理也成立.

**定理 8.3** 设 $\boldsymbol{A},\boldsymbol{B},\boldsymbol{C}$ 都是数域 $P$ 上的 $n$ 阶矩阵, $\boldsymbol{C}$ 可逆, 且 $\boldsymbol{B}=\boldsymbol{C}^{-1}\boldsymbol{AC}$, 又设 $V$ 为数域 $P$ 上的 $n$ 维线性空间, 则存在 $V$ 上的线性变换 $\mathscr{A}$, 使 $\mathscr{A}$ 在 $V$ 的某两个基下的矩阵分别为 $\boldsymbol{A},\boldsymbol{B}$. 换言之, 任意两个相似矩阵都可以看成一个线性变换在两个基下的矩阵.

**证明** 设 $\varepsilon_1,\varepsilon_2,\cdots,\varepsilon_n$ 为 $V$ 的一个基, 我们通过规定基元的像来定义一个线性变换 $\mathscr{A}:\mathscr{A}(\varepsilon_1,\varepsilon_2,\cdots,\varepsilon_n)=(\varepsilon_1,\varepsilon_2,\cdots,\varepsilon_n)\boldsymbol{A}$.

因为 $\boldsymbol{C}$ 可逆, 令 $(\boldsymbol{\eta}_1,\boldsymbol{\eta}_2,\cdots,\boldsymbol{\eta}_n)=(\varepsilon_1,\varepsilon_2,\cdots,\varepsilon_n)\boldsymbol{C}$, 则 $\boldsymbol{\eta}_1,\boldsymbol{\eta}_2,\cdots,\boldsymbol{\eta}_n$ 也是 $V$ 的一个基, 且从基 $\varepsilon_1,\varepsilon_2,\cdots,\varepsilon_n$ 到基 $\boldsymbol{\eta}_1,\boldsymbol{\eta}_2,\cdots,\boldsymbol{\eta}_n$ 的过渡矩阵为 $\boldsymbol{C}$. 由定理 8.2, $\mathscr{A}$ 在基 $\boldsymbol{\eta}_1,\boldsymbol{\eta}_2,\cdots,\boldsymbol{\eta}_n$ 下的矩阵就是 $\boldsymbol{B}$. □

由定理 8.2、定理 8.3 不难得到定理 5.3 的另一种说法:

设 $\mathscr{A}$ 为 $n$ 维空间 $V$ 的线性变换, 则 $\mathscr{A}$ 在 $V$ 的某一个基下的矩阵为对角矩阵的充要条件是 $\mathscr{A}$ 在 $V$ 的 (任意) 一个基下的矩阵 $\boldsymbol{A}$ 有 $n$ 个线性无关的特征向量.

**例 5** 设 $\mathbf{R}^3$ 的线性变换 $\mathscr{A}$ 在基 $\varepsilon_1,\varepsilon_2,\varepsilon_3$ 下的矩阵是

$$\boldsymbol{A}=\begin{bmatrix}1&-1&2\\2&0&1\\3&3&5\end{bmatrix},$$

求 $\mathscr{A}$ 在基 $\boldsymbol{\eta}_1=\varepsilon_1,\boldsymbol{\eta}_2=\varepsilon_1+\varepsilon_2,\boldsymbol{\eta}_3=\varepsilon_1+\varepsilon_2+\varepsilon_3$ 下的矩阵.

**解** 显然

$$[\boldsymbol{\eta}_1,\boldsymbol{\eta}_2,\boldsymbol{\eta}_3]=[\varepsilon_1,\varepsilon_2,\varepsilon_3]\begin{bmatrix}1&1&1\\0&1&1\\0&0&1\end{bmatrix}=[\varepsilon_1,\varepsilon_2,\varepsilon_3]\boldsymbol{C},$$

$$\boldsymbol{C}=\begin{bmatrix}1&1&1\\0&1&1\\0&0&1\end{bmatrix},\quad \boldsymbol{C}^{-1}=\begin{bmatrix}1&-1&0\\0&1&-1\\0&0&1\end{bmatrix},$$

故 $\mathscr{A}$ 在基 $\boldsymbol{\eta}_1,\boldsymbol{\eta}_2,\boldsymbol{\eta}_3$ 下的矩阵为

$$\boldsymbol{B}=\boldsymbol{C}^{-1}\boldsymbol{AC}=\begin{bmatrix}-1&-2&-1\\-1&-4&-8\\3&6&11\end{bmatrix}.$$

□

在套用定理 8.2 公式时, 一定要弄清过渡矩阵是哪个基到哪个基的, 已知线性变换的矩阵是在哪个基下的矩阵. 如果 $\mathscr{A}$ 在基 $\varepsilon_1$, $\varepsilon_2$, $\varepsilon_3$ 下矩阵为 $\boldsymbol{A}$, $[\varepsilon_1,\varepsilon_2,\varepsilon_3]=[\boldsymbol{\eta}_1,\boldsymbol{\eta}_2,\boldsymbol{\eta}_3]\boldsymbol{T}$, 那么 $[\boldsymbol{\eta}_1,\boldsymbol{\eta}_2,\boldsymbol{\eta}_3]=[\varepsilon_1,\varepsilon_2,\varepsilon_3]\boldsymbol{T}^{-1}$, $\mathscr{A}$ 在基 $\boldsymbol{\eta}_1,\boldsymbol{\eta}_2,\boldsymbol{\eta}_3$ 下的矩阵为 $(\boldsymbol{T}^{-1})^{-1}\boldsymbol{A}(\boldsymbol{T}^{-1})=\boldsymbol{TAT}^{-1}$.

最后, 我们讨论线性变换下向量的坐标变换公式.

**定理 8.4** 设线性变换 $\mathscr{A}$ 在基 $\boldsymbol{\varepsilon}_1,\boldsymbol{\varepsilon}_2,\cdots,\boldsymbol{\varepsilon}_n$ 下的矩阵为 $\boldsymbol{A}$, 向量 $\boldsymbol{\alpha},\mathscr{A}\boldsymbol{\alpha}$ 在基 $\boldsymbol{\varepsilon}_1,\boldsymbol{\varepsilon}_2,\cdots,\boldsymbol{\varepsilon}_n$ 下的坐标分别为 $(x_1,x_2,\cdots,x_n)$ 和 $(x_1',x_2',\cdots,x_n')$, 则

$$\begin{bmatrix} x_1' \\ x_2' \\ \vdots \\ x_n' \end{bmatrix} = \boldsymbol{A} \begin{bmatrix} x_1 \\ x_2 \\ \vdots \\ x_n \end{bmatrix}.$$

**证明** 由假设,

$$\boldsymbol{\alpha} = [\boldsymbol{\varepsilon}_1,\boldsymbol{\varepsilon}_2,\cdots,\boldsymbol{\varepsilon}_n] \begin{bmatrix} x_1 \\ x_2 \\ \vdots \\ x_n \end{bmatrix},$$

故

$$\mathscr{A}\boldsymbol{\alpha} = \mathscr{A}[\boldsymbol{\varepsilon}_1,\boldsymbol{\varepsilon}_2,\cdots,\boldsymbol{\varepsilon}_n] \begin{bmatrix} x_1 \\ x_2 \\ \vdots \\ x_n \end{bmatrix} = [\boldsymbol{\varepsilon}_1,\boldsymbol{\varepsilon}_2,\cdots,\boldsymbol{\varepsilon}_n]\boldsymbol{A} \begin{bmatrix} x_1 \\ x_2 \\ \vdots \\ x_n \end{bmatrix}.$$

又因为

$$\mathscr{A}\boldsymbol{\alpha} = [\boldsymbol{\varepsilon}_1,\boldsymbol{\varepsilon}_2,\cdots,\boldsymbol{\varepsilon}_n] \begin{bmatrix} x_1' \\ x_2' \\ \vdots \\ x_n' \end{bmatrix},$$

且 $\boldsymbol{\varepsilon}_1,\boldsymbol{\varepsilon}_2,\cdots,\boldsymbol{\varepsilon}_n$ 为 $V$ 的一个基, 所以

$$\begin{bmatrix} x_1' \\ x_2' \\ \vdots \\ x_n' \end{bmatrix} = \boldsymbol{A} \begin{bmatrix} x_1 \\ x_2 \\ \vdots \\ x_n \end{bmatrix}.$$ □

**注** 在列向量空间 $V = P^n$ 中, 规定 $\mathscr{A}\boldsymbol{X} = \boldsymbol{A}\boldsymbol{X}$, 其中 $\boldsymbol{A}$ 为某个固定的 $n$ 阶矩阵, 则 $\mathscr{A}$ 在 $P^n$ 的基 $\boldsymbol{\varepsilon}_1 = (1,0,\cdots,0)$, $\cdots$, $\boldsymbol{\varepsilon}_n = (0,0,\cdots,1)$ 下的矩阵就是 $\boldsymbol{A}$ (参见 §8.1 例 3). 注意向量 $\boldsymbol{X}$ 在 $\boldsymbol{\varepsilon}_1$, $\boldsymbol{\varepsilon}_2$, $\cdots$, $\boldsymbol{\varepsilon}_n$ 下的坐标就是 $\boldsymbol{X}$, 经过线性变换 $\mathscr{A}$ 后得到的向量 $\mathscr{A}\boldsymbol{X} = \boldsymbol{A}\boldsymbol{X}$ 在 $\boldsymbol{\varepsilon}_1$, $\boldsymbol{\varepsilon}_2$, $\cdots$, $\boldsymbol{\varepsilon}_n$ 下的坐标为 $\boldsymbol{A}\boldsymbol{X}$. 因此这可以看成定理 8.4 的特殊情况.

**例 6** $\mathbf{R}^2$ 上旋转变换 $\mathscr{A}$ 在基 $\boldsymbol{\varepsilon}_1 = (1,0)$, $\boldsymbol{\varepsilon}_2 = (0,1)$ 下的矩阵为

$$\begin{bmatrix} \cos\theta & -\sin\theta \\ \sin\theta & \cos\theta \end{bmatrix} \text{(见 § 8.2 例 1)},$$

于是有坐标变换公式

$$\begin{bmatrix} x' \\ y' \end{bmatrix} = \begin{bmatrix} \cos\theta & -\sin\theta \\ \sin\theta & \cos\theta \end{bmatrix} \begin{bmatrix} x \\ y \end{bmatrix},$$

它恰好与旋转变换的定义 $\mathscr{A}(x,y) = (x\cos\theta - y\sin\theta, x\sin\theta + y\cos\theta)$ “形式上”一致, 但本质上是不同的. 前者是向量的坐标变换, 而后者是向量变换的具体公式.

最后, 我们在欧氏空间上引入正交变换的概念, 如果 $n$ 维欧氏空间 $V$ 上线性变

换 $\mathscr{A}$ 保持内积, 即对任意 $\boldsymbol{\alpha},\boldsymbol{\beta}\in V$ 有 $(\mathscr{A}\boldsymbol{\alpha},\mathscr{A}\boldsymbol{\beta})=(\boldsymbol{\alpha},\boldsymbol{\beta})$, 那么称 $\mathscr{A}$ 为正交变换. 可以证明线性变换 $\mathscr{A}$ 为正交变换当且仅当 $\mathscr{A}$ 保持向量长度不变, 当且仅当 $\mathscr{A}$ 在标准正交基下的矩阵为正交矩阵.

知识拓展 8–1
正交变换

## 习题 8.2

1. 在 $\mathbf{R}^3$ 中求线性变换 $\mathscr{A}$:

$$\mathscr{A}(x,y,z)=(x-y,y+z,x)$$

在基

$$\boldsymbol{e}_1=(1,0,0),\quad \boldsymbol{e}_2=(0,1,0),\quad \boldsymbol{e}_3=(0,0,1)$$

下的矩阵.

2. 在 $\mathbf{R}^3$ 中, 线性变换 $\mathscr{A}$ 把基向量组 $\boldsymbol{\varepsilon}_1,\boldsymbol{\varepsilon}_2,\boldsymbol{\varepsilon}_3$ 变为向量组 $\mathscr{A}\boldsymbol{\varepsilon}_1,\mathscr{A}\boldsymbol{\varepsilon}_2,\mathscr{A}\boldsymbol{\varepsilon}_3$,

$$\begin{cases}\boldsymbol{\varepsilon}_1=(-1,0,2),\\ \boldsymbol{\varepsilon}_2=(0,1,1),\\ \boldsymbol{\varepsilon}_3=(3,-1,0),\end{cases}\qquad \begin{cases}\mathscr{A}\boldsymbol{\varepsilon}_1=(-5,0,3),\\ \mathscr{A}\boldsymbol{\varepsilon}_2=(0,-1,6),\\ \mathscr{A}\boldsymbol{\varepsilon}_3=(-5,-1,9).\end{cases}$$

求 $\mathscr{A}$ 在基 $\boldsymbol{\varepsilon}_1,\boldsymbol{\varepsilon}_2,\boldsymbol{\varepsilon}_3$ 下的矩阵.

3. 在 $M_2(\mathbf{R})$ 中规定线性变换 $\mathscr{A}:\boldsymbol{X}\to\boldsymbol{A}\boldsymbol{X},\boldsymbol{X}\in M_2(\mathbf{R})$, 其中 $\boldsymbol{A}$ 为固定的 2 阶实矩阵 $(a_{ij})$. 求 $\mathscr{A}$ 在基 $\boldsymbol{E}_{11},\boldsymbol{E}_{11}+\boldsymbol{E}_{12},\boldsymbol{E}_{21},\boldsymbol{E}_{21}+\boldsymbol{E}_{22}$ 下的矩阵.

4. 在 $\mathbf{R}^2$ 中, 求线性变换 $\mathscr{A}:\mathscr{A}(x,y)=(x+y,x)$ 在基 $\boldsymbol{\varepsilon}_1=(1,1),\boldsymbol{\varepsilon}_2=(0,1)$ 下的矩阵, 并求坐标变换公式.

5. 在 $\mathbf{R}^3$ 中, 设线性变换 $\mathscr{A}$ 在基 $\boldsymbol{\alpha}_1=(-1,1,1),\boldsymbol{\alpha}_2=(1,0,-1),\boldsymbol{\alpha}_3=(0,1,1)$ 下的矩阵是

$$\boldsymbol{A}=\begin{bmatrix}1&0&1\\1&1&0\\-1&2&1\end{bmatrix},$$

求 $\boldsymbol{\alpha}=(1,1,1)$ 的像 $\mathscr{A}\boldsymbol{\alpha}$ 在基 $\boldsymbol{e}_1=(1,0,0),\boldsymbol{e}_2=(0,1,0),\boldsymbol{e}_3=(0,0,1)$ 下的坐标.

6. 证明: 线性空间 $V/P$ 上全体线性变换的集合关于线性变换的加法和数量乘法构成数域 $P$ 上的线性空间.

7. 证明: 如果线性空间 $V/P$ 上的一个线性变换 $\mathscr{A}$ 在 $V$ 的任意一个基下的矩阵都相同, 那么 $\mathscr{A}$ 是数量变换.

## §8.3 线性变换的值域与核

本节研究线性空间上线性变换的两个很重要的子空间: 值域与核.

**定义 8.3** 设 $\mathscr{A}$ 是数域 $P$ 上 $n$ 维线性空间 $V$ 的一个线性变换. 令

$$\operatorname{Ker}\mathscr{A}=\{\boldsymbol{\alpha}\in V|\mathscr{A}\boldsymbol{\alpha}=\boldsymbol{0}\}\ (\text{或记为 }\mathscr{A}^{-1}(\boldsymbol{0})),$$

$$\mathscr{A}V=\{\mathscr{A}\boldsymbol{\alpha}|\boldsymbol{\alpha}\in V\}\text{ (或记为 }\operatorname{Im}\mathscr{A}),$$

则 $\operatorname{Ker}\mathscr{A},\mathscr{A}V$ 都是 $V$ 的子空间, 分别称为线性变换 $\mathscr{A}$ 的核和值域.

**例 1** 恒等变换 $\mathscr{E}$ 的核为 $\{\mathbf{0}\}$, 值域为 $V$. 零变换 $\mathscr{O}:\boldsymbol{\alpha}\to\mathbf{0},\boldsymbol{\alpha}\in V$ 的核为 $V$, 值域为 $\{\mathbf{0}\}$.

**例 2** $\mathbf{R}^3$ 中线性变换 $\mathscr{A}(x,y,z)\to(x+y,y+z,y+z)$ 的核为 $\{(x,-x,x)|x\in\mathbf{R}\}=L(\boldsymbol{\alpha})$, 值域为 $\{(x,y,z)|x,y,z\in\mathbf{R},y=z\}=L(\boldsymbol{\beta},\boldsymbol{\gamma})$, 其中 $\boldsymbol{\alpha}=(1,-1,1),\boldsymbol{\beta}=(1,0,0),\boldsymbol{\gamma}=(0,1,1)$.

容易看出, $\mathscr{A}$ 在基 $\boldsymbol{\varepsilon}_1=(1,0,0),\boldsymbol{\varepsilon}_2=(0,1,0),\boldsymbol{\varepsilon}_3=(0,0,1)$ 下的矩阵为

$$\boldsymbol{A}=\begin{bmatrix}1&1&0\\0&1&1\\0&1&1\end{bmatrix},$$

$\mathscr{A}$ 的秩为 2, 恰好等于 $\dim\mathscr{A}V$. 这个结论对于一般情况也成立.

**定理 8.5** 设 $\mathscr{A}$ 是 $n$ 维线性空间 $V$ 的线性变换, 则 $\mathscr{A}$ 的秩等于 $\mathscr{A}V$ 的维数.

**证明** 不妨设 $n>0$. 令 $\boldsymbol{\varepsilon}_1,\boldsymbol{\varepsilon}_2,\cdots,\boldsymbol{\varepsilon}_n$ 为 $V$ 的一个基, 线性变换 $\mathscr{A}$ 在基 $\boldsymbol{\varepsilon}_1,\boldsymbol{\varepsilon}_2,\cdots,\boldsymbol{\varepsilon}_n$ 下的矩阵为 $\boldsymbol{A}$, 则 $\mathscr{A}V=L(\mathscr{A}\boldsymbol{\varepsilon}_1,\mathscr{A}\boldsymbol{\varepsilon}_2,\cdots,\mathscr{A}\boldsymbol{\varepsilon}_n)$. 因为 $(\mathscr{A}\boldsymbol{\varepsilon}_1,\mathscr{A}\boldsymbol{\varepsilon}_2,\cdots,\mathscr{A}\boldsymbol{\varepsilon}_n)=(\boldsymbol{\varepsilon}_1,\boldsymbol{\varepsilon}_2,\cdots,\boldsymbol{\varepsilon}_n)\boldsymbol{A}$, 并且 $\{\boldsymbol{\varepsilon}_1,\boldsymbol{\varepsilon}_2,\cdots,\boldsymbol{\varepsilon}_n\}$ 为 $V$ 的基, 所以 $r(\mathscr{A}\boldsymbol{\varepsilon}_1,\mathscr{A}\boldsymbol{\varepsilon}_2,\cdots,\mathscr{A}\boldsymbol{\varepsilon}_n)=r(\boldsymbol{A})$. 因此 $\dim\mathscr{A}V=r(\mathscr{A}\boldsymbol{\varepsilon}_1,\mathscr{A}\boldsymbol{\varepsilon}_2,\cdots,\mathscr{A}\boldsymbol{\varepsilon}_n)=r(\boldsymbol{A})=r(\mathscr{A})$. □

**定理 8.6** 设 $\mathscr{A}$ 是 $n$ 维线性空间 $V$ 的线性变换, 则有

$$\dim\operatorname{Ker}\mathscr{A}+\dim\mathscr{A}V=n.$$

* **证明** 先设 $\dim\operatorname{Ker}\mathscr{A}=r\neq0$. 假定 $\{\boldsymbol{\varepsilon}_1,\boldsymbol{\varepsilon}_2,\cdots,\boldsymbol{\varepsilon}_r\}$ 为 $\operatorname{Ker}\mathscr{A}$ 的一个基, 把它扩充成 $V$ 的一个基 $\{\boldsymbol{\varepsilon}_1,\boldsymbol{\varepsilon}_2,\cdots,\boldsymbol{\varepsilon}_r,\boldsymbol{\varepsilon}_{r+1},\cdots,\boldsymbol{\varepsilon}_n\}$, 于是

$$\mathscr{A}V=L(\mathscr{A}\boldsymbol{\varepsilon}_1,\mathscr{A}\boldsymbol{\varepsilon}_2,\cdots,\mathscr{A}\boldsymbol{\varepsilon}_r,\mathscr{A}\boldsymbol{\varepsilon}_{r+1},\cdots,\mathscr{A}\boldsymbol{\varepsilon}_n)=L(\mathscr{A}\boldsymbol{\varepsilon}_{r+1},\cdots,\mathscr{A}\boldsymbol{\varepsilon}_n).$$

只要证明 $\mathscr{A}\boldsymbol{\varepsilon}_{r+1},\cdots,\mathscr{A}\boldsymbol{\varepsilon}_n$ 线性无关即可.

设 $k_{r+1},\cdots,k_n\in P$ 使 $\sum\limits_{i=r+1}^{n}k_i\mathscr{A}\boldsymbol{\varepsilon}_i=\mathbf{0}$, 则 $\mathscr{A}\left(\sum\limits_{i=r+1}^{n}k_i\boldsymbol{\varepsilon}_i\right)=\mathbf{0}$, 从而 $\sum\limits_{i=r+1}^{n}k_i\boldsymbol{\varepsilon}_i\in\operatorname{Ker}\mathscr{A}$, 即存在 $k_1,k_2,\cdots,k_r\in P$, 使

$$\sum_{i=r+1}^{n}k_i\boldsymbol{\varepsilon}_i=k_1\boldsymbol{\varepsilon}_1+k_2\boldsymbol{\varepsilon}_2+\cdots+k_r\boldsymbol{\varepsilon}_r,$$

从而 $k_1\boldsymbol{\varepsilon}_1+k_2\boldsymbol{\varepsilon}_2+\cdots+k_r\boldsymbol{\varepsilon}_r-k_{r+1}\boldsymbol{\varepsilon}_{r+1}-\cdots-k_n\boldsymbol{\varepsilon}_n=\mathbf{0}$. 注意 $\{\boldsymbol{\varepsilon}_1,\boldsymbol{\varepsilon}_2,\cdots,\boldsymbol{\varepsilon}_n\}$ 为 $V$ 的基, 所以

$$k_1=\cdots=k_r=\cdots=k_n=0.$$

因此 $\mathscr{A}\boldsymbol{\varepsilon}_{r+1},\cdots,\mathscr{A}\boldsymbol{\varepsilon}_n$ 线性无关, 从而 $\dim\mathscr{A}V=n-r$.

如果 $\dim\operatorname{Ker}\mathscr{A}=0$, 可以类似证明, 略. □

推论仅对有限维线性空间成立, 对无限维线性空间不成立.

**推论** 设 $\mathscr{A}$ 为 $n$ 维线性空间的线性变换, 则下列条件等价:

(1) $r(\mathscr{A})=n$;

(2) $\mathscr{A}$ 是满射;

(3) $\mathscr{A}$ 是单射;

(4) $\mathscr{A}$ 可逆.

## 习题 8.3

1. 证明: 数域 $P$ 上线性空间 $V$ 的线性变换的值域、核都是 $V$ 的子空间.

2. 求 $\mathbf{R}^3$ 中下列线性变换的值域与核, 并求 $\mathscr{A}$ 的秩.

(1) $\mathscr{A}(x_1,x_2,x_3)=(x_1,0,0)$;

(2) $\mathscr{A}(x_1,x_2,x_3)=(x_1,x_2,0)$;

(3) $\mathscr{A}(x_1,x_2,x_3)=(x_1+x_2,x_1-x_2,x_3)$;

(4) $\mathscr{A}(x_1,x_2,x_3)=(x_1-x_2,x_2-x_1,x_1+x_2+x_3)$.

3. 设 $\mathscr{A}$ 是 $n$ 维线性空间 $V$ 的线性变换. 若 $\mathscr{A}V\cap\mathrm{Ker}V=\{\mathbf{0}\}$, 则 $V=\mathrm{Ker}\mathscr{A}\oplus\mathscr{A}V$.(提示: 利用第 7 章 §7.3 习题 4 的结论.)

## 研究题 8

1. 设 $V=\mathbf{C}$ (复数域), $\mathscr{A}$ 为 $V$ 上每个复数求其共轭复数的变换.

(1) 当数域 $P=\mathbf{C}$ (复数域) 时, 证明: $\mathscr{A}$ 不是 $V$ 上的线性变换;

(2) 当数域 $P=\mathbf{R}$ (实数域) 时, 证明: $\mathscr{A}$ 是 $V$ 上的线性变换, 并求 $\mathscr{A}$ 在 $V$ 的一组基 $1,\mathrm{i}$ 下的矩阵.

2. 设线性空间 $V=P^{2\times 2}$, $\mathscr{A}$ 为 $V$ 上每个矩阵求转置的变换.

(1) 证明: $\mathscr{A}$ 是 $V$ 上的线性变换;

(2) 求 $\mathscr{A}$ 在 $V$ 的基 $\boldsymbol{E}_{11}=\begin{bmatrix}1&0\\0&0\end{bmatrix}$, $\boldsymbol{E}_{12}=\begin{bmatrix}0&1\\0&0\end{bmatrix}$, $\boldsymbol{E}_{21}=\begin{bmatrix}0&0\\1&0\end{bmatrix}$, $\boldsymbol{E}_{22}=\begin{bmatrix}0&0\\0&1\end{bmatrix}$ 下的矩阵;

(3) 求线性变换 $\mathscr{A}$ 的所有特征值及特征子空间;

(4) 求 $V$ 的一组基, 使 $\mathscr{A}$ 在该基下的矩阵为对角矩阵.

# 第 9 章　抽象代数简介

## §9.1　群

## §9.2　环

## §9.3　除环、域

# 部分习题参考答案与提示

**读者意见反馈**

为收集对教材的意见建议，进一步完善教材编写并做好服务工作，读者可将对本教材的意见建议通过如下渠道反馈至我社。

**咨询电话** 400-810-0598

**反馈邮箱** hepsci@pub.hep.cn

**通信地址** 北京市朝阳区惠新东街 4 号富盛大厦 1 座

高等教育出版社理科事业部

**邮政编码** 100029